本书得到教育部高校辅导员培训和研修基地（辽宁大学）、辽宁大学马克思主义学院出版基金资助。

本书是 2012 年度国家社会科学基金一般项目"美国茶党的兴起及其对外交政策的影响研究"（批准号：12BKS057）的研究成果。该课题结项成果被全国哲学社会科学规划基金办公室鉴定为优秀等级（证书号：20160045）。

美国茶党研究

RESEARCH ON AMERICAN TEA PARTY

房广顺◎著

中国社会科学出版社

图书在版编目(CIP)数据

美国茶党研究 / 房广顺著 . —北京:中国社会科学出版社,2016.11
ISBN 978 - 7 - 5161 - 9801 - 8

Ⅰ.①美… Ⅱ.①房… Ⅲ.①政治运动 - 研究 - 美国 - 现代
Ⅳ.①D771.25

中国版本图书馆 CIP 数据核字(2017)第 018645 号

出 版 人	赵剑英
责任编辑	任 明
责任校对	石春梅
责任印制	李寡寡

出 版	中国社会科学出版社
社 址	北京鼓楼西大街甲 158 号
邮 编	100720
网 址	http://www.csspw.cn
发 行 部	010 - 84083685
门 市 部	010 - 84029450
经 销	新华书店及其他书店

印刷装订	北京市兴怀印刷厂
版 次	2016 年 11 月第 1 版
印 次	2016 年 11 月第 1 次印刷

开 本	710 × 1000 1/16
印 张	23
插 页	2
字 数	405 千字
定 价	95.00 元

凡购买中国社会科学出版社图书,如有质量问题请与本社营销中心联系调换
电话:010 - 84083683

目　录

绪　论

茶党一经出现就引起了美国国内和国际社会的高度关注。由 2008 年金融危机所引发的美国"占领华尔街"（Occupy Wall Street）运动，在很大程度上预示着美国正在进入一个新的转折时期。奥巴马政府向何处去？这既是美国政府和奥巴马总统必须回答的问题，也是美国社会各阶层人们都在关注和议论的问题，并以各种各样的方式影响着奥巴马总统的政治决策。作为"占领华尔街"运动中的右翼力量，茶党一出现就直指美国经济发展和政治走向的核心问题，在抗议奥巴马政府各项改革措施的过程中，对美国民主党的政策给予批判。研究茶党不仅是美国政治家的急务，也是关心关注美国未来走向的世界各国的重要课题。《美国茶党研究》就是在广泛关注、收集、整理正在发展中的茶党运动以及茶党研究的过程中，探寻当今美国茶党运动深厚的社会历史根源及其走向，探究茶党与共和党、民主党这两大政党之间的关联度以及茶党对共和党政策的支持力度，从而探究当代美国社会发展的一般进程与规律。

第一节　美国茶党运动的研究进展

目前美国国内的"茶党"有两个来历：一是 2009 年 2 月里克·桑特利（Rick Santelli）呼吁美国应该"再现茶党"，意指 1773 年反抗英国殖民者的茶党运动（Tea Party）。二是来源于茶党成员游行所持标语"Taxded Enough Already"（"税收已经够多了"）首字母的缩写。

一　美国及其他西方国家茶党研究的多方面展开

从国外的研究情况来看，对茶党运动及其影响的研究主要集中在以下四个方面。

第一，探讨茶党产生的根源、发展历程、基本主张及界定茶党运动的性质。就基本观点倾向来说，大致可以分为三类。

第一类是将茶党运动正面化评价，如 Charly Gullett（2009）认为，茶党运动是思维清晰、理性的美国人发起的大规模的"草根"抗议运动。曾经担任过共和党议员的 Dick Armey（2011）以"给我们自由"为口号，分析了茶党运动的哲理演进和历史进程。茶党运动领导人参议员 Rand Paul（2011）在其著作中分析了茶党运动的发展进程，反驳了茶党运动是极端运动的观点，并批评民主和共和两党是在违背宪法进行运作。茶党运动的领导人 B. L. Baker 认为，茶党表达了对联邦政府权力不断膨胀、税收增加和干预个人自由的不满。Kurt Volker 认为，茶党运动是涵盖了美国的经济、政府的地位以及影响美国内外政策走向的综合性运动。茶党重要的全国性组织——"茶党快车"提出了茶党运动的核心原则和价值观：有限的政府、自由市场和财政责任。而由茶党成员投票所形成的《来自美利坚的契约》（Contract from America）集中地体现了茶党的主要主张。

第二类是对茶党运动进行负面评价。Devin Burghart 和 Leonard Zeskind（2010）考察了茶党的主要组织，他们发现，茶党组织为反犹太主义、种族主义和偏执狂提供了活动的平台，并宣扬白人优越至上论。哥伦比亚广播公司主持人 Bob Schieffer（2009）和美国广播公司的 Dan Harris（2009）将茶党运动形容为一种极端运动或者种族主义运动。英国学者梅根·特鲁戴尔认为，美国中产阶级稳定生活的物质基础日益动摇，它接近法西斯主义的早期阶段。

第三类是相对中立的评述。哈佛大学的 Vanessa Williamson 等认为，茶党的出现和发展是美国长期存在的保守主义的一种新体现。美国学者 David Von Drehle 等认为，可以从以下三种思路来考察茶党：拒绝开明政治、信奉阴谋论和本土主义、对美国经济状况不满。Chip Berlet（2011）运用社会运动的理论范式解释茶党问题。P. J. O'Rourke（2010）分析了不同的茶党组织。

第二，分析茶党产生发展的主要原因。

Donald E. Pease（2010）认为，茶党的产生是因为民主党和共和党均不能代表茶党成员和支持者的想法和利益。因此，茶党是一个新的政治集团。Peter Marcuse（2010）从美国社会运行机制的角度分析茶党产生的原因。Mark Lilla（2010）认为，茶党的兴起受到三种强烈的刺激：金融危机、奥巴马政府推行医疗保障改革、右翼媒体煽动起来的针对总统本人的个人憎恶（某些地区还夹杂着种族因素）。Will Bunch（2011）则从美国人口普查局的预计中得到了启示：到 2050 年白人就不再是美国人口中的大多数了。中产阶级担心失去工作和房产，一些右翼激进分子借助电视和网络，开始活跃和上升。Walter

Russell Mead（2011）认为，茶党运动根植于苏格兰启蒙思想的常识和传统。茶党运动在现代美国最好可以理解为杰克逊主义对精英主义观点的反对和批判。

第三，研究"茶党"的影响。这部分内容可分为"茶党"对美国国内政策的影响和对美国外交政策的影响两部分。

就国内影响而言，E. J. Dionne, Jr.（2011）认为，短短几年，茶党已经发展成为美国政治中不可忽视的一支力量，茶党已经将美国政治向"右"推动，这对温和派共和党和整个共和党构成了威胁。以 Charles S.，Ⅲ Bullock（2011）为代表的美国 21 位政治学者，通过考察 16 个州参议员选举的情况，对茶党及其领导人 Sarah Palin 在 2010 年 11 月进行的中期选举中所起的作用进行了评估，得出了茶党帮助共和党在美国众议院中获得了多数席位的结论。2011 年 8 月，奥巴马总统将标准普尔下调美国主权信用评级部分归因于"置国家利益于不顾的党派政治"，暗指议会中的茶党议员们。Marion Smith（2011）认为，茶党运动对美国国内政策的导向有着深远的影响：影响公众舆论，在政府财政支出和联邦法案修订问题上也有他们自己的声音。

对外交政策的影响方面，P. J. O'Rourke（2010）认为，如果茶党运动能够实现建立一个小而有效的政府，并实施低税收和自由企业政策，那么美国将变得更加富裕，这会使美国拥有强有力的外交政策。他还认为，茶党在两个问题上基本达成了共识：第一，美国要保持世界第一的地位；第二，反对非法移民。Walter Russell Mead（2011）认为，茶党内部佩林派和保罗派有不同的外交政策取向。保罗派对于外交政策表现出漠不关心和"孤立主义"情绪。佩林派则支持以色列，主张对伊朗核武器计划作出军事上的反应。Emily Cadel（2011）以茶党对奥巴马政府在利比亚冲突中的行为的不同评价为例，探讨了茶党成员在外交政策上的分歧。Daniel W. Drezner（2011）认为，茶党影响了奥巴马政府外交大战略的实施和国内经济的恢复。

第四，茶党运动的发展前景。

澳大利亚悉尼大学美国研究中心的 Tom Switzer（2010）认为，茶党运动正在重塑美国政治，但作为一种政治力量，茶党的未来取决其领导人能否将不同的茶党派别联合为稳固的联盟。正如美国学者 Gary Younge（2010）所说，茶党有不同的声音，但没有一个统一的组织；有不同的派别，却缺乏一个统一的声音。Bill O'Reilly 和 Mike Gallagher（2009）提出，从投票规则、竞选基金和其他成为第三党的条件来看，茶党成为第三党是非常困难的。而茶党对2012 年大选产生什么样的影响是最值得关注的重要事件。

随着时间的推移，人们对茶党的观察和分析走向审慎和理智，同时关于茶党的研究也进一步深化。北美学者最新研究认为，茶党运动的兴起在某种意义上应追溯到种族原因，"白色衰落"（decline of whiteness）是茶党兴起并在美国社会中引起广泛反响的主因。由美国斯坦福大学社会学教授罗伯·维勒（Robb Willer）、加拿大多伦多大学马修·芬伯格（Matthew Feinberg）以及美国加州大学伯克利分校瑞秋·薇茨（Rachel Wetts）组成的研究小组进行了实地的问卷调查和统计分析。合作完成的研究成果显示，"不同的政治、经济以及人口发展趋势和重大事件，例如第一个非白人总统的当选、持续增长的少数族裔人数等，都被认为是对美国白人地位的威胁。由此产生的种族怨恨激发了部分民众对茶党运动的广泛支持"①。这一结果对深入研讨美国社会矛盾、未来发展，尤其是种族因素在美国发展中将会起到重要的作用，并在一定程度上影响未来美国的走势，也给我们深入研究美国茶党和美国社会问题提供了新的思路。

二 中国学者对美国茶党的研究与关注

从国内研究来看，国内学者对美国茶党运动的研究大致涵盖了国外学者所研究的各个方面，并且已经有一定的研究深度。张业亮（2010）将茶党运动的兴起视为民主党在 2010 年 11 月美国中期选举中失利的一个重要原因。胡若愚（2010）认为，茶党这样极端保守派政策不利于共和党吸引中间选民。廖坚（2011）分析了茶党运动的特点及对美国国内政治的影响，但其继续存在并崛起为美国第三势力存在着诸多困难。赵敏（2010）认为，经济危机激发群众对现任政府政策的不满，强调个人权利与自由的自由主义传统，一些媒体与利益集团的推波助澜等是茶党兴起的主要原因。徐步、张征（2011）认为，"减少赤字""（政府）别惹我""反对奥巴马医改"是其最具号召力的三大口号。刁大明（2011）对巴克曼是否能够成为首位"茶党"总统进行了预测。

2012 年美国大选以后，我国关于美国茶党的研究有了新的进展，重点是探讨美国茶党的民粹主义传统及其对美国种族主义的影响，结合近年来美国国内政治动荡、人权保障等问题，阐述美国茶党在未来美国社会走向中的作用。2013 年 12 月 29 日，《人民日报》发表驻美国记者温宪的文章《茶党加速美国政坛裂变》，分析了由于政府和国会矛盾导致政府预算不能获得通过、联邦政府"关门"的社会原因，重点是分析两党之间的政治斗争。文章特别指出了茶党作为共和党的重要社会盟友在其中的主张和作用，认为"在美国政坛围

---

① 冯黛梅：《茶党运动兴起与"白色衰落"有关》，《中国社会科学报》2016 年 5 月 18 日。

绕联邦政府关门和债务上限问题的角力中，作为国会中共和党右翼民粹势力，茶党以不妥协的强硬态度对共和党起了极大的牵制作用，进而凸显美国政治极化现状。茶党所作所为在美国公众中成为极具争议的话题"。关于茶党在当下和未来的作用上，文章认为，"在政府运转、主权信用、金融稳定这些重大问题上，茶党的兴风作浪已使得两党妥协余地越来越小，美国政坛已坠入某种'危机驱动'模式。在此进程中，茶党仍将是美国政坛中一股不可小觑的裂变力量"①。

　　2014 年 8 月，美国发生白人枪杀黑人事件并引发重大骚乱后，茶党再次成为中国舆论关注的话题。2014 年 9 月 12 日，《人民日报》在"权威论坛"刊发了中国人民大学王义桅、闫润鱼、韩冬临和中国社会科学院赵晨四位学者的专访。他们在探讨美国民粹主义产生的社会历史原因、内涵和特征、民粹主义与民主的关系、民粹主义的现状与发展前景问题时，都自然而然地提到了茶党运动，把茶党运动作为民粹主义的表现形式和思想载体做了深刻的剖析。四位学者通过对欧洲民粹主义的分析得出的看法是："'后危机'时代，纵然极右翼政党的民粹情结会赢得一些追随者，但随着选民政治理智的上升，'反体制'政治力量、非主流或非传统政党所赖以生存的群众基础被弱化，不足以演化为撼动欧洲一体化大业的政治危机。"②

　　美国茶党影响的相对减弱并没有影响国内对茶党研究的热度。2015—2016 年，国内茶党研究出现两个趋势。一是进行热追踪后的冷思考，形成了关于美国茶党研究的深入分析；二是冷思考中的连续观察，形成了从各个方面介绍美国茶党新进展的文章。首先，关于美国茶党研究的深入分析，发表了几篇有代表性的论文。付随鑫在《美国研究》2015 年第 5 期发表《从右翼平民民主的视角看美国茶党运动》，认为茶党运动具有平民主义运动所共有的反精英的特征。付随鑫指出，这次运动可以视为美国逐渐衰落的中产阶级对过去半个多世纪以来政府权力不断扩大的趋势的强烈反应。平民主义运动在美国的周期性爆发也凸显了代议制民主对某些社会成员的代表性不足的固有缺陷③。该文指出，美国社会和政治制度对历史上的平民主义运动有良好的控制和吸纳作用，所以茶党运动不会对既有体制产生重大冲击，但美国当前的社会情况有可能使它具有一定的危险性。倪峰在《人民论坛》2015 年第 31 期《美国"茶党"现象辨析》一文中，基于对茶党 6 年多的发

---

① 温宪：《茶党加速美国政坛裂变》，《人民日报》2013 年 10 月 29 日。
② 王义桅等：《透视"政治大秀场"上的民粹主义》，《人民日报》2014 年 8 月 12 日。
③ 付随鑫：《从右翼平民主义的视角看美国茶党运动》，《美国研究》2015 年第 5 期。

展演进状况的梳理，认为茶党无法为保守主义提供整合力，也难以逆转美国自由主义回潮的基本趋势。① 在倪峰看来，茶党并不是一个政党，更像是一场组织松散的右翼保守主义社会运动。其次，关于对美国茶党持续进展的观察是国内茶党研究的重要方面。2015 年，《21 世纪经济报道》《北京商报》《学习时报》等先后发表了《"茶党代言人"开启美国总统大选提名战》（陆振华）、《茶党：问鼎白宫的革命者》（韩哲、赵毅波）、《茶党"先锋"兰德·保罗》（张蓓）等文章。2016 年，《中国社会科学报》《文汇报》等先后发表了《茶党运动兴起与"白色衰落"有关》（冯黛梅）、《焦虑的美国撕裂共和党认同感》（唐慧云）等。这些文章一方面梳理了美国国内茶党研究的最新进展，介绍了美国学者有关茶党及其走向的看法；另一方面从美国日益迫近的总统选战的角度，分析美国各种政治力量的相互角逐及其影响。尽管国内关于美国茶党的介绍和研究总体不多，但相关报道和研究显示了中国对美国国内政治和社会生活的高度关注，说明茶党仍然是人们关心关注美国政治和社会及其发展趋势的重要方面。

美国茶党理论及其主张对中美关系、进而对中国社会发展会产生什么样的影响？这是中国最为关注的事情。中国学者对此进行了跟踪式研究。从茶党一出现，国内茶党研究就提出了要关注茶党有关中美关系的主张，建议及早提出应对办法。茶党的缓慢发展及其在美国影响的逐渐消减，并没有影响我国学者对此研究的重视。《外交评论》2013 年第 6 期刊发了刁大明的文章《美国茶党的涉华态度及其成因》，系统阐述了美国茶党对华政策主张。文章通过统计第 112 届美国国会众议院茶党连线议员提出与联署涉华法案的行为，初步揭示了茶党议员在中国议题上更易持有消极态度：在经贸议题上往往不持乐观积极态度，部分来自南方的茶党议员表现出提防与谋利并存的矛盾倾向。在人权、安全以及台湾议题上则彻底固守消极态度。而统计分析揭示，造成众议院茶党议员对华相对消极态度的原因包括：更多出自南方选区、更多参与军事委员会、2008 年到 2011 年选区对华出口增长率较低等。基于这些发现，文章尝试提出了一些政策建议，如在对美国国会外交、经济外交以及公共外交中平衡区域发展，强调美国国内政治因素，重视美国国内利益诉求，关注其政治与社会保守化发展趋势。②

---

① 倪峰：《美国"茶党"现象辨析》，《人民论坛》2015 年第 31 期。
② 刁大明：《美国茶党的涉华态度及其成因》，《外交评论》2013 年第 6 期。

第二节　美国茶党研究的价值与目标

一　美国茶党研究的理论和应用价值

国内外研究成果为研究茶党的兴起及对美国外交政策的影响奠定了良好基础，但存在的问题：一是针对茶党运动的政治学和社会学理论分析还不充分，学术性和理论性均有待加强，对预测茶党运动的未来发展及其影响造成一定影响。二是缺乏较为严格和严密的量化分析。三是关于茶党运动对美国外交政策，特别是中美关系的影响尚无系统研究，这是我们研究茶党运动的重要目的和意义。就国内研究而言，与茶党组织及成员进行直接沟通交流不够，收集的第一手资料有些不足。上述不足也说明对茶党问题的研究有广泛空间和巨大潜力。

考察茶党运动有助于我们更深刻地理解和把握美国外交政策的走向。正如王缉思（2011）所言：“在观察美国外部行为的时候，要首先观察、细致研究分析美国内部，这是我们应该做但没有做好的。”研究茶党对美国外交政策的影响是本课题研究的重要意义之一。通过茶党影响美国外交政策特别是对华政策的路径和成效，分析目前国会中的茶党议员及茶党连线的涉华提案，探讨茶党对中美关系的影响，预测茶党对美国大选的影响等，有助于深刻理解美国对华政策的复杂性与多变性，有益于解决中美关系中的人民币汇率、贸易、就业等敏感而重要的问题。制定实施系统的应对茶党影响战略，则有助于进一步强化中美官民并举的交流格局，推动中美关系的顺利健康发展。

二　美国茶党研究的目标

本课题的研究目标是“求广”“求深”和“求细”。“求广”是由茶党运动组织松散、以网络为主要联络媒介和组织众多的特点决定的。“求深”是指透过茶党运动的各种表象，从理论上分析其根源、发展特征及规律，预测其发展前景，探讨茶党运动对美国国内政策、外交政策特别是对中美关系的影响。“求细”是针对茶党这样一种复杂的社会运动，详尽地分析茶党对美国对华政策的影响，并为制定和实施系统的针对战略提供建议。

第三节 美国茶党研究的内容结构

一 茶党运动产生发展的国内外背景和成员构成

茶党运动的迅速发展壮大具有深刻的国内国际背景。从国际上来看，小布什政府以来美国国家实力和地位开始下滑，恐怖主义威胁与以中国为代表的新兴市场国家的挑战并存；从国内看，对 2008 年危机的反应和奥巴马的当选都出现了民粹主义转向，"茶党"运动应运而生。虽不能拿到台面上，但毋庸置疑的是，茶党的兴起还有种族主义的因素。这从茶党成员的结构可以看出。年长的、白人和中产阶级是茶党参加者的典型特征。通常会发现，茶党的支持者收入高于平均水平，大多数属于共和党中的保守派。而茶党的产生也说明，民主党和共和党均不能代表茶党成员及其支持者的主张和利益。茶党成员对政府的不信任和对参与政府决策并为政府决策提供建议的"精英"的不信任，是茶党运动出现的重要原因。

表 0 – 1 茶党成员及其支持者基本情况

党派分布			年龄			地域分布				种族		受教育程度		
共和党	民主党	中间人士	55 岁以上	41—55 岁	26—40 岁	东部	中西部	南部	西部	白人	非白人	大学	研究生	读过大学
62%	25%	10%	57%	26%	9%	16%	19%	45%	21%	81%	16%	36%	16%	29%

资料来源：http：//www.mclaughlinonline.com/6？article＝27。

二 茶党运动的主要资源、组织形式、运动战略和未来走向

"资源动员理论"是由美国学者约翰·麦卡锡（John McCarthy）和迈耶·扎尔德（Mayer Zald）提出的理论，该理论探讨社会运动的兴起与外在资源环境之间的关系。他们认为，某项社会运动的成功与否很大程度上依赖于可以利用的资源的多寡。在运用这一理论时，重点考察茶党作为一种"网络社会运动"，直接考察茶党在 Meetup、Twitter、Skype 和 YouTube 等网络上的组织和运行机制，探讨互联网时代茶党运动独特的组织方式。

三 茶党的基本主张和基本特征

这部分的研究沿着以下三个思路展开：一是选择具有较大影响的美国全国

性茶党组织——"自由之力茶党组织"（FreedomWorks Tea Party）、"茶党1776"（1776 Tea Party）、"茶党国家"（Tea Party Nation）、"茶党爱国者"（Tea Party Patriots）、反抗网（ResistNet）和"茶党快车"（Tea Party Express）进行分析，考察它们的内部结构、领导机制、财政情况、成员情况、各自的动机主张和明显的相互区别以及这六个组织之间的实际关系；二是采用案例分析法，选择奥巴马政府进行的医疗保险改革、气候变化、美国国债债务上限和削减老年人支付社会安全费用等问题进行分析，对茶党的主张与奥巴马政府、反对茶党的组织如"咖啡党"等的主张进行对比分析；三是从历史的角度梳理美国与茶党运动相类似的社会运动，如19世纪60年代的民权运动和19世纪80年代的减税运动等进行比较分析。

四　茶党影响美国政治及外交政策的方式和途径

利用手中的选票是茶党影响美国国内政治和外交政策的最直接、最有力、最基本的途径。在2010年11月2日进行的美国中期选举中，与"党有关联的候选人获得了众议院129议席中的39个"。9个茶党候选人中的5个获得了参议员席位。议会中的茶党议员还可以通过构建"茶党连线"来增强茶党议员的团结，通过共同提出议案等方式，增强对美国国内外政策的影响力。截至2011年7月12日，正式加入"茶党连线"的议员数已经达60位。

五　茶党运动对中美关系的影响及中国的应对

尽管茶党既不具备组成独立政党的条件，也不可能在美国独立执政，但其广泛的社会影响决定他们将通过对美国国会、政府等的影响和工作，对中美关系的未来发展发挥一定的作用。关注茶党及其对美国外交政策的影响具有很强的现实性。第一，茶党运动影响奥巴马政府外交战略的实施。第二，茶党属于右翼保守派势力，属于共和党中的极右翼派别。茶党成员及其支持者大多倾向于美国例外论，主张维护美国在世界的霸主地位，将中国的崛起视为对美国霸主地位的威胁和挑战。如茶党领导人Bill Binnie（2010）认为，诸如印度和中国这样的国家正利用不公平的贸易政策来损害美国的商业和工业，美国应该进行反击。第三，应时刻关注茶党运动的发展，评估其对中美关系可能造成的影响及应对战略。茶党将中国视为美国就业和霸主地位的威胁，这必将影响中美关系的走向。

六　美国茶党研究的基本框架

基于上述内容，《美国茶党研究》从八个部分进行系统的阐述。

第一章"美国历史上的茶党和茶党运动",从美国争取独立和解放的伟大斗争说起,研究和介绍茶党反对英国殖民统治的斗争及其在美国独立战争中的历史地位,探究美国政治中的第三种力量和不断出现的新社会力量对美国社会发展的影响及其规律。在美国两党政治的历史演进中,总是随着社会的发展变化而产生新的政治力量,并在美国政治和社会发展中发挥独特的作用。研究美国历史上的茶党,就是揭示茶党与历史演进中的新政治力量的关系,以阐明茶党产生的历史必然性及其与历史上的新政治力量的关系,重在揭示茶党运动产生的历史原因。

第二章"茶党运动的经济社会动因",从2008年美国金融危机爆发后新社会运动切入,研究和分析茶党运动的深刻的社会原因。茶党运动的直接社会动因就是2008年的金融危机以及美国奥巴马政府内外政策的失败,有四个直接的相关因素。一是2008年金融危机的发生及其危害,二是奥巴马政府的内外政策及其失败,三是美国社会各阶层的新变化和政治力量的新组合,四是美国新社会运动的产生及其影响。

第三章"茶党的出现及其组织",从表现多样、组织复杂的茶党活动中梳理茶党的组织及其构成和活动特点。主要研究和回答的是茶党的组织情况、队伍构成、地域分布,研究和介绍茶党的纲领及其对外宣传。

第四章"茶党的理论及其政治诉求",从理论诉求和实践活动结合的角度,阐述美国茶党的理论基础和政治主张,分析茶党理论主张的特点,从中解释美国茶党及其运动的性质。

第五章"茶党运动的抗议活动",集中梳理和介绍美国茶党运动中所组织的形式多样的抗议活动、占领活动、示威活动,等等。

第六章"茶党运动对美国社会的影响",研究茶党运动的兴起对美国社会各方面所产生的积极和消极的影响以及茶党运动归于失败的原因。着重阐述茶党对美国政府经济社会政策的影响,对美国新社会运动的影响,分析茶党将归于失败的主观和客观原因。

第七章"茶党运动与美国外交决策机制",从研究和阐述美国外交决策机制的主要内容入手,重点分析社会力量影响美国外交决策的途径、方式、效果。以茶党的诉求和活动为例,从微观的角度进一步廓清社会组织在美国对外政策方面的要求和作用。

第八章"'美国例外论'与美国茶党的外交思想",以"美国例外论"作为研究和分析的切入点,考察茶党主张与"美国例外论"的关联,透析茶党的对外政策取向和美国外交政策的未来走向。

此外,本书还从"美国社会视域下的茶党和茶党运动"的视角研究了茶党在美国的社会影响，主要介绍美国共和党、民主党、共产党以及美国社会各界对茶党的反映和评价。一是从美国政治结构的角度，介绍美国各种政党和政治力量对待茶党的态度和策略，论述茶党与美国各种政治力量之间的关系。二是从美国社会管理的角度，介绍美国的法律、政府行政管理、司法机构对社会运动的态度和管理方法。三是从美国社会舆论的角度，特别是媒体的角度，介绍他们对茶党及其社会运动的态度和做法。

第四节　研究的基本观点和研究思路

一　美国茶党研究的基本观点

美国社会转型期往往伴随着民粹主义运动的兴起。茶党运动的兴起也是国内外环境发生巨大变化的产物。在美国陷入金融危机泥潭不能自拔的同时，面临以中国为代表的新兴市场国家"他者的崛起"，探讨美国社会现在正在发生的政治经济和社会转型，是理解茶党运动的重要角度。过去的民粹主义运动"非左即右"，而且通常是左翼运动居多。目前的左翼和右翼的主要区别在于，左翼民粹主义运动被奥巴马和国会中的民主党有效地代表着，而右翼被福克斯电视台和茶党运动所代表。美国茶党及其运动具有分散性和变异性的突出特点。随着情况的变化和时间的推移，美国茶党的情况随时都在发生变化。这既是研究的难点，也是研究取得成果的契机。因此，必须采用跟踪研究的方案，随时捕捉美国茶党的新情况及新诉求，在整体把握茶党基本主张的同时，不断深化对茶党起源及其走向的研究。

美国茶党及其运动的研究从历史到现实、从理论到实践，进行了全方位、多层面的分析和思考，在此基础上形成了对美国茶党的全方位研究成果，同时突出研究重点，紧紧围绕美国茶党对外政策以及茶党影响下美国外交政策的现状及其表现。成果的主要内容包含以下四个方面。

1. 美国历史上的茶党及其演进规律

以唯物史观为指导，站在历史发展的基点上考察美国社会可以发现，茶党不仅是当代美国人沿用的历史概念，而且是历史上的茶党在当代的新展现。历史上的茶党与当代的茶党所处的时代背景不同、所面对的历史任务不同、所提出的政治经济诉求不同，但在维护美国国家利益、排斥外来因素、保护中产阶级权益等方面，却有相同之处。美国独立后，曾经在北美独立战争中发挥重要作用的茶党似乎完成了应有的历史作用，实际不然。在美国此后200余年的发展中，茶党意识和茶党主张总是适应新的时代条件以新的形式表现出来。在美国大举西进、扩张领土的过程中，在美国内战、实现南北统一的过程中，在美国借助世界局势变化成为世界大国并主导世界事务的过程中，在美国经历20世纪70年代"退却"、转向意识形态外交的过程中，茶党的影响都有所体现，并成为美国保守主义势力的社会根基之一。

茶党及其运动在美国具有历史传统，每当美国社会发生重要转折变化时期都会出现类似茶党的主张或活动，这是美国历史发展的规律性现象。本书研究成果突破了美国茶党研究中偏重现状从而忽略茶党演进规律研究的局限，深化了美国茶党研究。这一研究内容主要体现在第一章"美国历史上的茶党和茶党运动"。

2. 美国茶党的兴起具有深厚的社会经济根源

从活动方式看，美国茶党运动是具有鲜明政治色彩的社会运动，其目的是通过对国会、政府的影响，促使美国政府改变现有的内外政策，做出符合中产阶级利益的政策转向，尤其是在提升美国对世界的主导力和影响力以及抵制外来移民对美国社会的影响等方面具有鲜明的政治诉求。但这一政治运动是以美国经济社会的发展状况为基础和前提的。

美国茶党出现在2008年金融危机之后的动荡时期，是美国"占领华尔街"的重要组成部分之一，具有深厚的社会历史根源。我们在研究中从美国经济社会发展的问题入手，依据茶党的主张和诉求，认为茶党的经济社会近因是金融危机爆发后美国出现了严重的社会动荡，茶党主张是解决社会动荡、实现茶党目标的利益诉求；认为茶党的社会政治根源是美国经济发展带来的社会阶级和阶层分化的必然结果，尽管茶党主张具有右翼保守色彩，但其代表的却是中下层社会阶层的要求和利益，是对奥巴马政府社会改革政策失衡的抗争和反对；同时认为茶党的出现与奥巴马外交政策有很深的关联度，茶党所表现出来的民粹主义意识和外交孤立思想是奥巴马政府外交政策失败的必然反映。上述研究综合了多方面的因素，借鉴了美国学者和其他西方国家学者的研究观点，同时从唯物史观的基本原则出发探索美国茶党的社会根源。这一研究内容主要体现在第二章"茶党运动的经济社会动因"以及其他各章的相关部分。

3. 美国茶党的理论主张和利益诉求

只有全面深入地考察美国茶党的组织系统、抗议活动、理论主张、利益诉求，才能较深入准确地了解和把握美国茶党的组织特点和政治性质，才能形成对美国茶党的基本认知，并提出相应的对策。

第一，美国茶党是具有组织的分散性、纲领的复杂性和诉求的相似性的社会运动。

　　金融危机背景下出现的茶党，在组织上既继承了传统茶党的形式，又反映和体现了新的时代条件下新兴社会组织的新特点。在组织形式上，美国茶党没有形成类似于政党或一般社会组织的严密组织系统和集中组织机构，而是以"运动"为载体，以共同利益诉求为纽带，大量借助网络平台，形成网上连接与社会运动相结合的组织形式和活动特点。具有代表性的茶党组织是"自由之力""茶党1776""茶党反抗网""茶党国家""茶党爱国者""茶党快车"等。尽管美国茶党没有形成统一的纲领、组织和领导人，但毕竟是一种新兴的社会力量并受到美国社会各方面的高度关注，直至受到国际社会的高度重视，研究和梳理美国茶党组织系统及其特点，对于了解茶党运动产生与发展的脉络，探究美国社会运动的演进规律，具有重要的意义。

　　第二，美国茶党的理论渊源、理论基础和理论主张，是具有右翼保守主义和民粹主义等思想的大杂烩，并与保守党的理论具有一定的关联度。

　　茶党的理论源自美国文化传统。其一，美国文化传统中的个人主义、自由主义、实用主义和民族主义四个占据主导地位的重要元素，构成了美国茶党理论的主要渊源。其二，美国茶党以美国宪法作为运动的法律基础和理论资源，倡导运用合法的渠道去维护自身的权利是完全可以实现的。其三，美国历史上的民粹主义影响深远，美国的民粹主义缺乏对现任政府颠覆性的思维意识，作为资本主义制度的变革性存在而不是类似社会主义的革命性抗争。美国的民粹主义往往采用以政党作为其参与政治的手段和方式，而且没有反对政党政治的态度。

　　茶党的理论大体可分为政治、经济和社会三个方面。其一，美国茶党的政治理论主张。茶党运动对美国的政治态度认为，一切应限定在美国宪法的范围内。在美国的政治文化中，宪法的重要性影响深远。不论是对组织、活动自身的行为限定还是对政府行为的限定，都是以宪法为最根本的理论范本。其二，美国茶党的经济理论主张。在美国人看来，追求个人的自由同追求经济的自由是一样的。茶党运动者认为，能够为美国的发展带来繁荣并且成为超级大国的经济原因就是坚持资本主义和自由市场经济。为了使美国能够长期发展，就要坚持和守卫固有的原则不动摇，只有在自由市场经济的模式下才能够提供给全社会最大的经济机遇，并且继续引领美国的经济发展。即使有贫富差距存在，也只是说明对于经济的适应能力因人而异。对于全社会来说，正是因为自由市场经济制度，美国才能提供给所有人工作的机会、获取经济利益的机会和达到更高生活质量的机会。在另一个层面，自由市场能够给公司、个人和产业带来竞争，因此才会为社会来带发展的空间。其三，茶党的社会理论主张。美国的民族主义在美国建国以来就对社会产生了巨大影响。因为民族主义的存在，美国人偏执于相信美国的优越和进步，对不同于美国民族的任何方面都采用抵触和排斥的态度，甚至在部分极端主义者的利用下演变成对待有色人种和非法移民的攻击。作为保守派右翼以民粹主义为思想指导的茶党在面对美国社会中存在的问题时也有针对这些方面的主张和偏见。美国政治文化中的民族主义在茶党运动中的体现也十分明显。

第三，美国茶党的诉求反映了社会中下层民众的要求，强调依循宪法和法律、依靠民众力量达到自己的目的。

探究茶党的理论及其政治诉求是研究茶党的重要内容，是全面了解茶党并分析其未来走向的前提和基础。总体上看，茶党认为政府规模的扩大以及政策的制定正在使美国民众的个人自由受到威胁，因此通过提出政治诉求的方式对美国政府及其执政党施加压力。反对政府通过增加税收和无节制地扩大开支的方式拉动美国经济。茶党运动在理论基础和思想基础上有历史的积淀，并不是一场突如其来的运动。茶党运动在美国发展 8 年间，从简单的规模性的集会活动到能够影响社会态度走向的能力，最后到直接影响、参与美国政治发展的进程，都是源于茶党运动背后稳定的理论基础和明确的政治诉求。茶党运动之所以能够持续发展，实际上是反映了美国民众在经济危机和美国社会状态不稳定等背景下，为维护个人权利和谋求社会发展的持续性态度以及社会思潮右倾和新保守主义重新出现的趋势。

这一研究成果主要体现在第三章"茶党的出现及其组织"、第四章"茶党的理论及其政治诉求"、第五章"茶党运动的抗议活动"以及其他相关部分。

4. 美国茶党的外交主张及其影响

对外事务是美国茶党组织关注的重点领域。美国茶党运动是 2008 年金融危机后发生在美国本土、对美国政府发出直接抗议的政治保守主义民粹运动，它不仅影响和改变着美国国内的政治生态，而且也对奥巴马政府的外交政策产生了一定的影响。茶党运动的代表人士在对外事务上深受美国两大外交政策传统——杰克逊主义和杰斐逊主义的影响，因此分裂成佩林派和保罗派，分别代表美国现行外交政策中的新保守主义和新孤立主义的观点，但所有的茶党人士在外交关系上都信奉美国例外论，反对加强国际法和国际组织在解决全球事务中的作用，主张采取单边行动来维护美国的全球霸主地位。从 2010 年中期选举后茶党政治活动家在美国国会的表现来看，以新干涉主义为主要内容的新保守主义势力在茶党内部的对外事务上占据主流，这既反映了茶党内部的杰克逊传统强于杰斐逊传统，也说明茶党在对外事务上和美国典型的右翼新保守主义者没有太大的不同。茶党外交政策思想的实质是保证美国在国际关系中的领导地位，对外输出民主价值观，做自由世界的"灯塔"，其最终目的是维护美国的全球超级大国地位。茶党在具体的对外事务上表现出悲观的现实主义意识形态，对当今世界的各种外交政治难题多持相对保守的立场，反映了茶党运动极端右倾的保守主义共识。不过从长远来看，在美国社会进入一个日益多元化的时代后，茶党在美国政治生活中的未来命运将会如何，人们拭目以待。

这一研究成果主要体现在第七章"茶党运动与美国外交决策机制"、第八章"'美国例外论'与美国茶党的外交思想"。

二　美国茶党研究的基本思路和进一步研究的建议

1. 美国茶党研究的基本思路

第一，运用社会学"资源动员理论"分析茶党运动借助的主要"有形资源"和"无形资源"，分析其组织形式、运动战略和未来走向。并以此种理论为指导，对比分析茶党运动与 19 世纪 60 年代的"反战"社会运动与 20 世纪 80 年代的减税运动的区别和联系，总结其特点。

第二，选择全国性的茶党组织，如"茶党快车""茶党国家"和"茶党爱国者"等进行分析，从内部结构及领导机制、财政情况、成员情况、政策主张、活动方式和组织特点以及茶党组织之间联系特点，既从微观又从宏观的角度对茶党运动的价值观倾向、基本主张和基本特征加以考察。

第三，采用案例分析法，选择"占领华尔街"、医疗保险改革、气候变化、美国国债债务上限、美国中期选举和 2012 年美国大选等典型事件来分析茶党的主张及其在美国政治社会生活中所发挥的重要作用。

第四，分析茶党影响美国外交政策的途径和主要内容，重点探讨茶党如何影响美国的对华政策和中国应如何制定应对战略等。

第五，在资料收集方面，通过将民意调查数据和政治分析、网上调研获得的代表性茶党组织的政策主张、与美国的茶党成员的访谈和课题组自己设计问卷调研获得资料等方式结合起来，获得第一手资料。

2. 进一步研究美国茶党及其运动的建议

首先，进一步解决研究的时效性是深入开展茶党研究的难点，也是美国茶党研究需要进一步加强的主要问题。茶党的产生及其活动均具有很强的时代性和时效性。随着情况的变化和时间的推移，茶党组织在不断分化和重新组合，其主张和诉求也在不断变化当中。本课题研究过程主要借助英文材料，并利用互联网的有利条件，开展了茶党的跟踪研究。但是，从材料来源到具体分析，本课题成果均略显滞后，需要进一步跟踪研究、深入研究。

其次，进一步细化茶党组织研究是充分了解茶党组织及其主张的重要条件，但茶党组织的复杂性和变异性增加了茶党组织及其理论研究的难度。现有的研究成果尽管力求全面反映美国茶党组织的状况，但仍显不够深入细致，不同组织之间的诉求的分析还显得不够充实。这对于全面准确地了解茶党及其未来走向，是一个很大的障碍。

再次，进一步研究茶党的外交诉求，尤其是进一步研究茶党影响美国外交决策的机制和渠道，是美国茶党研究的核心内容和重点方向。在研究过程中，受制于资料的局限，受制于茶党活动中外交政策是其相对薄弱之处，系统全面阐述外交政策的茶党文献比较罕见，增加了这方面研究的难度；同时，茶党能够影响美国外交决策的渠道只能在现有美国制度体系之内运行，在复杂的美国决策体系中，茶党如何发挥作用及其所发挥作用的评估，是一项很难的工作。这就使本课题成果关于茶党对美国外交决策的影响的研究相对薄弱，需要继续进行。

最后，进一步研究美国茶党可能给中国的借鉴是研究美国茶党的目的所在，也是本课题成果应具有的灵魂所在。但是，关于中国借鉴的研究比较薄弱，目前还没有很好地深入下去，需要进一步深入挖掘材料，科学分析、论证，为我国开展对美关系提供有益的借鉴与建议。

第一章

美国历史上的茶党和茶党运动

茶党是美国 2008 年金融危机中出现的具有明显民粹主义色彩的反抗运动。在汹涌来袭的金融危机冲击下，美国民众和舆论把导致危机的根源普遍指向了政府的错误政策，认为政府在经济、金融、税收、福利等方面的政策破坏了民众的利益，损害了国家的利益，因而形成了声势浩大的"占领华尔街运动"。"占领华尔街运动"既有反对美国金融帝国主义的左翼运动，也有反对美国不顾及国内事务对外让步的右翼运动，茶党运动就是右翼运动的典型代表。组织和主张都十分复杂的右翼运动为什么被称为"茶党"？这就与美国的历史息息相关，与"茶党"在美国建国乃至 200 多年自身发展中所发挥的作用相关。研究和阐述当今美国茶党的主张及其走向，需要回到美国建国之初，探寻茶党之源。茶党是美国独立战争前夕美利坚人民反对英国殖民统治的重大事件，代表和反映了美利坚民族当时的诉求，并对美国历史发展产生了深远的影响。

第一节　茶党在美利坚民族反抗英国压迫中诞生

一　茶党运动前的北美社会

1. 北美经济与政治社会的形成

美洲是具有悠久历史和灿烂文化的大陆，原住民印第安人所创造的古代社会，直到哥伦布发现"新大陆"之前都处于世界文明发展前列。随着"新大陆"的发现，欧洲白人涌进北美，英国继西班牙之后成为北美地区的殖民者和宗主国，从此改变了北美的发展方向。一方面，主流社会深受欧洲文化影响，白人处于社会主导地位，欧洲文化在进入北美的同时也形成了具有殖民地特色的新文化。另一方面，白人与印第安人、白人与黑人、北美人与英国宗主国之间多种矛盾并存，其中以白人为主的北美人民同英国宗主国的矛盾成为主要矛盾。在维护北美人民权益、抵制宗主国无节制要求的过程中，产生了自由、独立的运动。茶党就是这种社会背景的产物。

北美经济与政治社会的形成是从英属北美的形成开始的。15—17 世纪，随着英国取得对北美的殖民统治的主导地位，北美社会也获得了不断地发展，逐渐形成了弗吉尼亚、宾夕法尼亚、新泽西等若干块殖民地，各自建立殖民地立法机构，居民享有信仰自由，实行以"人头权利"为基础的授地制度①，社会生活趋于法制化并平稳地向前发展。1688 年英国发生了著名的"光荣革命"，自 1640 年开始的英国资产阶级革命以资产阶级和封建贵族相互妥协的方式宣告结束，英国资本主义进入稳定发展时期。英国的社会变革深刻影响了北美各殖民地的社会发展。在英国政府的主导下，实现了北美殖民地的重组，改进殖民地管理体制，将一些业主殖民地和自治殖民地变成王室直接管辖的殖民地，从而加强控制，英国在北美的殖民体系基本确立。

北美经济与政治社会的形成集中体现在殖民地土地、劳动和经济的发展，英国治下的北美形成了自己的经济特征。在英国的北美殖民体系下，北美经济形成两个突出的特点。一是在土地占有和开发方面，英国当局依据"文明的权利"和"宗教的优越性"理论，强调印第安人对土地只有实际的占有权而不存在合法的所有权，任由殖民地自行处置土地的分配和占有方式，租佃制和土地投机盛行，造成严重的土地资源浪费。二是仆役劳工和自由劳工并存。在北美殖民地，劳动制度区分为自由劳动、强制劳动和半强制劳动三种形式。仆役的法律地位来自契约、习惯和殖民地法令的规定，仆役为主人服役乃出于自愿，主人所占用的只是其劳动，而不是人身。仆役服役期满可以得到一份土地和一些生产工具以及衣物之类。自由劳工则受雇于人，领取报酬，但也受契约的约束。自由劳动存在于面积较大的农场或手工作坊，主要是在农业生产，殖民地 80% 的劳动力集中在农业。上述两种劳动形式之外，则是日渐形成的黑人奴隶制度。

北美经济与政治社会的形成还表现在北美经济生活的凸显。一是地域性经济差异的出现，出现了 5 个经济区域：（1）从哈德孙湾到密西西比河流域的毛皮产区，（2）从纽芬兰到马萨诸塞的渔业区，（3）从纽约（或康涅狄格）到弗吉尼亚北部的谷物产区，（4）从马里兰潮汐带到北卡罗来纳中部的烟草

① 这些内容于 1677 年前后由《西新泽西业主会自由持有者及居民的特许与协议》（又称"西新泽西宪章"或"基本法"）所规定。实际上，这个时期的其他各殖民地也有类似的规定。参见李剑鸣《美国通史》第一卷《美国的奠基时代（1585—1775）》，人民出版社 2002 年版，第 149 页。

产区，（5）从菲尔角河下游到佐治亚的稻米和靛蓝产区。① 二是形成了殖民地特色的进出口贸易。北美是英国最重要的海外经济来源，1756 年前后英国一半以上的商业依赖于殖民地。而殖民地的进出口贸易大致体现了重商主义原则，即殖民地向母国输出原料和半成品，而大量进口母国的制成品，在贸易上始终存在入超并日益严重。1721—1730 年的年均贸易赤字为 67000 英镑，1751—1760 年达到 896000 英镑②，以至于殖民地有人清醒地惊呼："英国的贸易如果不用我们本地的产品来加以平衡，……这种贸易肯定会毁了我们。"③ 三是与这种贸易地位相联系的则是殖民地不够发达的制造业，等等。这就造成了殖民地与母国的鲜明对比，与英国母国日益加快的工业化进程以及日益完备的工业化社会相对应的，则是殖民地更加落后的生产技术和为殖民地服务的经济体系。

北美经济与政治社会的形成在政治文化方面也有明显的特点，突出的表现是北美殖民地自身政治文化的形成与母国政治控制的加剧同步发展，与此同时则是殖民地日益增强的自治能力。早期北美政治治理机构即政府乃是脱胎于建立殖民地的商业公司的体制，逐渐形成了以总督为核心、辅以参事会和民选议会的政府体制，三者组合而称"大议会"，这既有英国母国的模式，又具有北美的自身特点，影响了美国政治制度的未来发展。通过这种制度，英国不断施加对殖民地的政治文化影响和政治统治。但是，殖民地居民的自治能力的发展是不以英国宗主国的意志为转移的，一方面普通民众拥有比英国人更广泛的参与政治的机会和权利，另一方面本地政治精英逐渐找到了发挥政治影响的有效机制，在殖民地政治舞台上扮演主角。这就为殖民地反抗英国殖民统治、争取自由和独立奠定了重要的政治文化和政治领袖的基础。

2. 英国对北美殖民地居民日益增多的要求

殖民地是英国当局和王室财富的重要来源，是保持其国内稳定的物质基础。因此，从殖民地获取财富是英国政府的基本国策。英属北美殖民地形成后，英国从这里获得了巨大的物质财富。根据英国政府的规定，北美在各种出口产品中，烟草、林木产品、毛皮、靛蓝、钾碱和柏油等为"列举品"，不能直接从殖民地销往英国以外的市场，故其出口量的 90% 以上进入了英国。同

---

① ［美］雅各布·普赖斯：《跨大西洋经济》。参见李剑鸣《美国通史》第一卷《美国的奠基时代（1585—1775）》，人民出版社 2002 年版，第 226 页。

② ［美］谢泼德等：《北美殖民地的船业、海上贸易和经济发展》，第 42 页。转引自加里·沃尔顿等《美国早期经济的崛起》，剑桥大学出版社 1979 年版，第 98 页。

③ ［美］J. E. 克劳利：《18 世纪北美居民对经济生活的认识》，约翰·霍普金斯大学出版社 1974 年版，第 90 页。

时，在北美的进口贸易中，英国和爱尔兰的货物所占比重最大，在 1768 年其价值为 2573000 英镑，而西印度群岛和南欧等地的货物相加亦仅有 627000 英镑①。与经济控制相适应的是英国对殖民地的政治控制。

根据"特许状"和其他宪法文件，英属殖民地是由英王创设的"法人和政治实体"或"永久政治实体和法人团体"。所谓"法人和政治实体"是指一些自然人通过法律自愿或强制结合起来，为实现某种经济的、精神的或政治的目标而组成的群体，可以在特定领地范围内行使政治管理权。也就是说，殖民地一方面是一个经济组织，服务于私人或团体的经济目的；另一方面又是一个政治社会，拥有实行政治统治的合法权力，这种权力来自英王的授予，殖民地只服从英王的统治。②

英国并不满足在经济和政治上对殖民地的既有控制，把殖民地当成随时可以索取的财富来源地，总是提出新的更加苛刻的要求，不断加重对殖民地人民的剥削和掠夺。卡罗尔·帕金、克里斯托弗·米勒的著作《美国史》（上册）写了这样一个标题："对殖民地居民日益增多的要求"③，深刻地反映了英国对北美剥削的历史过程。该书介绍，为了控制殖民地经济并不断掠夺殖民地财富，英国政府禁止北美在贸易中使用纸币，要求使用金银。该书写道："格伦维尔的各项措施分别针对各殖民地与母国关系上的某个漏洞。例如，《通货法》宣布，在殖民地使用纸币为法定货币是不合法的。部分程度上，这样做是为了确保英国产品的殖民地市场。尽管殖民地居民不得不以硬通货（金银）来支付进口的英国产品，但他们可以用纸币来购买当地生产的产品。如今纸币被禁止，当地制造商便被挤出市场。"④

英国还通过"法律"的形式对北美的贸易进行严格控制，加大对北美的盘剥。1764 年英国议会批准格伦维尔提出的殖民地政策改革，对殖民地的约束不断加大。例如，禁止美洲殖民地印制纸币的法律《通货法》宣布，在殖民地使用纸币为法定货币不是合法的，这样做能够确保英国产品的殖民地市

① 李剑鸣：《美国通史》第一卷《美国的奠基时代（1585—1775）》，人民出版社 2002 年版，第237 页。

② 相关论述参见《1662 年康涅狄格特许状》，索普编《美国联邦和各州宪法、殖民地特许状和其他基本法汇编》第 1 卷，第 530 页。《1732 年佐治亚特许状》，索普编《美国联邦和各州宪法、殖民地特许状和其他基本法汇编》，第 2 卷，第 766 页。卡文纳编《北美殖民地的建立：一部文献史》，第 1 卷，第 698 页。转引自李剑鸣《美国通史》第一卷《美国的奠基时代（1585—1775）》，人民出版社 2002 年版，第 278 页。

③ ［美］卡罗尔·帕金、克里斯托弗·米勒等：《美国史》（上册），葛腾飞、张金兰译，东方出版中心 2013 年版，第 216 页。

④ 同上书，第 212 页。

场，随着纸币被禁止，当地制造商便被挤出市场。这就严重打击了北美当地的生产并对殖民地人民的利益造成巨大伤害。格伦维尔殖民地政策改革的结果导致英国在殖民地处于绝对优势，他宣布：任何人因走私被捕，将在一个没有陪审团的法庭接受审判，在那里将有可能被定罪。格伦维尔推断，一旦走私成为代价高和风险高的事情，美洲船主们便会申报他们所运载的法国糖，并从王国政府购买进口权，从而极大地挤压了北美经济贸易的活动空间①。

3. 北美人民的民族觉醒

在英国统治不断升级、经济压迫不断加大的情况下，北美人民逐渐认识到作为殖民地成员与英国人之间的不平等和不自由，美利坚民族意识逐步形成了。

北美人民的民族觉醒是从反对英国殖民统治的斗争开始的。英法争夺北美殖民地的战争结束后，北美作为独立的经济和社会实体已经成熟。"1763 年以后殖民地兴起的独立运动，乃是一系列长期变动的结果。北美社会经历一百多年的演进，已经成熟到了独立和自主的程度，正是这种社会的独立性，构成了政治独立的源泉和基础。"② 与反英运动相适应，1763 年以后的 10 余年间，北美社会还发生了一系列意义深远的运动：跨大西洋的移民出现新的高潮，内陆拓殖和土地投机热火朝天，对外贸易进一步扩展，一些边疆居民向东部权势集团发出了挑战，等等。

北美民族觉醒的突出表现是在经济和贸易领域，反对英国政府对殖民地经济和贸易的控制，反对英国政府对殖民地无休止的高额纳税，构成了北美人民民族觉醒的重要方面，并逐渐形成了日益增强的北美共同体意识。在很长时期里，北美 13 个殖民地各自独立，缺乏北美的整体认同。但是，由于他们共同受英国的统治，希望获得与英国人同等的权利，因而"英国人"就成为各殖民地人的共同意识。但是，殖民地的特殊地位又使北美人民所说的"英国人"与远在英国的"英国人"完全不同，北美的"英国人"就成为殖民地人民共同的观念。17 世纪中叶，北美居民已经形成了共同特征。亚历山大·汉密尔顿于 1744 年对中北部社会进行了比较系统的观察，并描绘了北美居民的共同特征："在我经历各个殖民地时，我发现不同地区的人们在习惯上和性格方面很少差别，只是在特许状、肤色、空气和政府方面，我看到了一些不同。……至于教养和人文方面，他们也十分相似，只是大城镇的居民更开化一些，波士

---

① ［美］卡罗尔·帕金、克里斯托弗·米勒等：《美国史》（上册），葛腾飞、张金兰译，东方出版中心 2013 年版，第 218 页。

② 李剑鸣：《美国通史》第一卷《美国的奠基时代（1585—1775）》，人民出版社 2002 年版，第 503 页。

顿尤其如此。"①

一批先进的美国人有力地推动了"大觉醒"。最初是一批宗教传道士发挥了这方面的作用。据研究，"在18世纪上半叶的美国有这么一次精神事件，无论是在宗教上，还是在政治上，都有着非常大的意义。它的确是美国历史上的关键事件之一。它似乎是在德国移民当中开始的，反映了一种感激之情，感谢让他们脱离了欧洲的贫困、幸福地进入了美洲这片乐土②"。随后，产生了一批重要的人物：威廉·坦南特，于1720年在宾夕法尼亚建立了所谓的"木屋学院"。乔纳森·爱德华兹，美国历史上第一个重要的思想家，他认为，对上帝的认识，既是教育也是启示，既是一种审美的体验，也是一种精神上的体验，它使所有的感受都得以升华。还有乔治·怀特菲尔德等，通过他们的活动，形成了北美的"大觉醒"，奠定了北美彻底摆脱英国统治的先声。

民族觉醒直接推动了北美人民的抵抗运动，他们不再相信英国政府和国王，不再寄希望于英国政府对他们的保护，开始通过自己的行动保卫北美人民的利益，并同英国展开英勇的斗争。

二 波士顿事件与茶党运动的兴起

1. 抵制英国颁发针对殖民地的税法

北美人民反对英国政府的盘剥是从抵制英国政府向殖民地征税的法律开始的。18世纪中后期英国推行新殖民地政策，对美洲的管理进行全面改革，把七年战争加重了的英国财政负担转嫁给北美殖民地，是全面改革的重要内容和目的。为此，英国政府先后通过了针对北美殖民地的税法。

《糖税法》（即《种植地条例》）是根据英国贸易委员会的提议，英国议会于1764年4月通过。《糖税法》规定，禁止来自外国产地的朗姆酒输入北美，对直接进口的葡萄酒课以高额关税，对咖啡、靛蓝和纺织品等外国商品征收新税。据此，英国政府希望该法每年能带来45000英镑的收入。这项措施的特别之处就是宣布了北美居民必须分担帝国财政开支的原则，成为后来一系列税收法令的先声。《糖税法》一宣布，就遭致北美各地的一致抗议，马萨诸塞、罗得岛、康涅狄格、纽约、宾夕法尼亚、弗吉尼亚、南卡罗来纳和北卡罗来纳的议会下院均通过了正式的抗议书。纽约议会要求征税权必须完全属于人民自己，绝不能由他人控制，否则就不会有自由、幸福和安全。弗吉尼亚的抗

---

① 布里登博编：《审视的游踪：亚历山大·汉米尔顿医生旅行记》，第199页。转引自李剑鸣《美国通史》第一卷《美国的奠基时代（1585—1775）》，人民出版社2002年版，第517页。

② ［英］保罗·约翰逊：《美国人的历史》（上卷），秦传安译，中央编译出版社2010年版，第112页。

议书提出了征税法案必须由殖民地居民自己选择的代表来制定的要求。这就迫使英国政府的《糖税法》全面搁浅。

《印花税法》是英国政府财政部提出并于 1765 年 11 月获得英国议会下院通过的又一个向殖民地人民征税的英国法案。该法令规定：殖民地凡报纸、历书、证书、商业票据、印刷品、小册子、广告、文凭、许可证、租约、遗嘱及其他法律文件，都必须加贴面值半便士至 20 先令不等的印花，方可生效或发行。法令的目的在于取得必要的岁入以支付殖民地防卫的费用，并对以往议会关于殖民地贸易和岁入的措施加以修正。违反该法者可由任何法院或海事法庭审理和处以罚金①。《印花税法》的出笼不仅激发了北美人民的反抗热情，而且激发了北美人民的政治觉醒。北美人民不再仅仅从增加税负的角度对待和反抗《印花税法》，而是从美国未来的高度对待和反抗《印花税法》。他们认为，英国直接向殖民地征税，违背了英国宪法的基本原则，侵害了殖民地居民的自由和权利，因而可能造成严重的后果，斗争的实质是要不要保持殖民地的独立性。约翰·亚当斯更是鲜明地指出："如果英国议会向北美征税的权利得到承认和确立，北美的毁灭将是不可避免的。"② 从此，北美主动地争取和捍卫自由的权利和利益的斗争开始了。

2. 自由之子

对自由的渴望引发了北美人民对英国统治的抗争。在抵制和反对《印花税法》的斗争中，"自由之子"组织大量涌现，并爆发了"自由之子"的斗争。

1765 年 8 月 14 日成立了第一个"自由之子"组织。当时，由工匠和小店主组成的"忠心九人帮"俱乐部，带领一群波士顿市民举着马萨诸塞印花代销商安德鲁·奥利弗的模拟像游行，将模拟像挂在街头一棵后来被命名为"自由树"的树枝上。对此，马萨诸塞总督命人将模拟像取下，结果遭到反对。市民最终将模拟像付之一炬，并引发暴力风潮。当时波士顿民众一到晚上就举火为号，迅速聚集，高呼"自由和财产"的口号，然后就出发拆毁他们所痛恨的人的房屋，甚至闯入某个征税员的家里。

在波士顿暴动的影响下，民众的自发反抗活动很快得到其他殖民地的响应，各地民众喊出了"要自由，不要印花"的口号。1765 年年底，纽约出现

---

① ［美］摩根编：《革命的序曲：关于 1764—1766 年〈印花税法〉危机的文献资料》，第 35—43 页。转引自李剑鸣《美国通史》第一卷《美国的奠基时代（1585—1775）》，人民出版社 2002 年版，第 534 页。

② ［美］亚当斯编：《约翰·亚当斯文集》第 2 卷，第 155 页。转引自李剑鸣《美国通史》第一卷《美国的奠基时代（1585—1775）》，人民出版社 2002 年版，第 535 页。

了一个旨在联络各地反对印花税人士的委员会，后来被命名为"自由之子社"。随后，类似的组织在波士顿、奥尔巴尼、纽波特、普罗维登斯、诺福克、新泽西、马里兰和北卡罗来纳等地纷纷成立。这些团体彼此协商，协同行动，成为抵制运动的组织者。在这种背景下，各殖民地加强联系，于1765年10月7日在纽约召开了反《印花税法》大会，各殖民地派出代表参加大会。经过协商讨论，大会发布了题为《关于美洲居民的权利和不满的宣言》，分别向英王、议会上院、议会下院递交了请愿书。大会宣称：殖民地居民和王国其他臣民一样，忠于英王及其政府，他们所反对的仅是议会的具体政策；殖民地居民和英国本土居民享有同样的自由和权利，未经他们或他们的代表同意不得征税；由于殖民地在英国议会没有代表，故只有殖民地议会才能在北美征税。

自由之子的活动和斗争目标是实现北美的自由和独立，而不是效忠英王。在反印花税法大会期间，一些激进的代表表达了与温和派不同的意见。据参加会议的约翰·亚当斯的日记描述："在每一个殖民地，从佐治亚到新罕布什尔，印花代销商和监督员在人民的难以扼制的愤怒面前，被迫放弃了他们的职位。人民当中一片群情激愤，我们看到，所有那些敢于为印花税说好话或试图缓和人们所怀有的憎恶的人，无论他的才能和品德从前得到多么大的尊敬，也不论他拥有何种财富、关系和影响，都遭到普遍的蔑视和羞辱。"①

在反对《汤森税法》的斗争中，"自由之子"运动有了进一步的发展并直接导致北美人民与英国的暴力斗争。《汤森税法》是根据英国财政大臣查尔斯·汤森的提议，为既消解《印花税法》带来的北美人民的抗议，又保持英国对殖民地的征税权所采取的措施。根据汤森的提议，英国议会于1767年6月制定了一系列在殖民地征税的法令，在北美各地港口对进口的外国货物征税，该项关税收入每年多达35000—40000英镑，将用于支付管理殖民地司法的费用、王家官员的信封和防卫开支。在所列举的征税货物中，茶叶、糖蜜、葡萄酒和糖为殖民地居民生活所必需。这样一来，殖民地人民日常生活用品的支出费用就大大提高了。这是殖民地人民所无法接受的，从而引起新一轮的抗议风潮。在反《印花税法》运动中出现的"自由之子社"再度活跃起来，他们或选定"自由树"，或树立"自由柱"，以显示其捍卫自由的决心，抗议运动渐具声势。

3.《茶叶法》和茶党运动

在北美各地抗议浪潮中，发生了茶叶事件并由此形成了在美国历史上产生

---

① [美]亚当斯编：《约翰·亚当斯文集》第2卷，第154页。转引自李剑鸣《美国通史》第一卷《美国的奠基时代（1585—1775）》，人民出版社2002年版，第545页。

深远影响的茶党运动。

茶叶事件是由英国政府制定向殖民地征税的新法令引发的。当时，表面平静的北美到处都涌动着反英的气氛，1772 年 6 月 9 日普罗维登斯附近海域发生了袭击英国缉私船的事件，罗得岛商人约翰·布朗带领一群当地居民化装成印第安人，趁着夜色登上了该船，打伤船长，焚毁船只。英国政府认为这是对母国权威的挑战，成立专门委员会进行调查，拟派军队协助，结果再次激怒北美反英人士，加深了他们对英国的猜忌。与此同时，英国政府采取了一个支持东印度公司的行动，再次激起北美反英情绪。

1773 年英国政府为拯救一个重要的商业企业——东印度公司而颁发了《茶叶法》。英国东印度公司是一个股份公司，于 1600 年 12 月 31 日由英王伊丽莎白一世授予该公司皇家特诉状，给予它在印度贸易的特权而组建。英国东印度公司在英国对外扩张史上具有重要的地位，是英国国王麾下最重要的对外殖民侵略的力量，是英王和英国政府财政收入的重要来源，在英国政治舞台上具有特别重要的作用。但是，东印度公司在 18 世纪中叶出现了严重的经营困难。当时，东印度公司陷入财政困难，求助于英国政府和议会。为了使东印度公司免于破产，英国议会于 1773 年 5 月制定了《茶叶法》，授权在北美殖民地销售茶叶，并对每磅茶叶征收 3 便士进口税。虽然殖民地居民可以借此享用廉价的茶叶，但这种做法引起了普遍反感。东印度公司在波士顿、纽约、费城等地建立仓库，谋求茶叶垄断，激起更加强烈的不满。反英人士利用东印度公司的茶叶贸易垄断权大做文章，声称其最终目的是要独占殖民地的所有贸易，并迫使殖民地居民接受现存的茶税。纽约、费城等地民众相继通过决议，表示要坚决抵制茶税，任何参与或协助运输、销售东印度公司茶叶的人，都被宣布为"自由的敌人"。结果，东印度公司的茶叶在查尔斯顿虽然离船上岸，但不能出售；在费城、纽约和特拉华，运送茶叶的船只未能卸货就返回了英国。一场更大规模的反英斗争一触即发。

波士顿的茶叶事件最为突出，是茶党和"茶党运动"的标志。茶党运动是有准备的运动，"德克·赫尔德表示，在 1773 年 12 月发生的'波士顿倾茶'事件中，一年前成立的专门从事反英活动的波士顿通讯委员会'从一开始就控制着群众的反英行动'"[1]。

塞缪尔·亚当斯是波士顿茶叶事件的重要组织者。史学家认为，"波士顿的激进人士在塞缪尔·亚当斯的组织下，采用了更富戏剧效果的方式对付东印

---

[1]　[美] 霍华德·津恩：《美国人民史》（第五版），蒲国良等译，上海人民出版社 2013 年版，第 56 页。

度公司"①。赛缪尔·亚当斯 1722 年生于波士顿的商人家庭，从小就接受了正规的学校教育，具有反叛意识，并不喜欢父亲的商人职业，与父亲的愿望相反成为一名典型的群众关系的专家，并在反英斗争中成为"自由之子"的代表。在反对《印花税法》斗争中，亚当斯以犀利的笔触深刻揭露英国政府的行为，他指出：印花税法"剥夺了我们的准许状所规定的最宝贵的权利，并大大地削弱了我们的生命、自由和产业之安全"，"我们认为我们有无可争辩的责任宣布我们对这一法律的强烈不满"。② 事件爆发前，"绿龙酒店"和"发奈大厅"是波士顿自由之子集会的两个主要场所，事件发生前 2 日，他们就广泛发散传单，做了充分的动员和组织工作。

事件发生在 1773 年 12 月 16 日的晚上。从下午 5 时许，就有近百名伪装成印第安人的人向格里芬码头进发。据当时一位参与人的叙述，大体情况如下：

"天色已进入黄昏，我立刻穿上印第安人的服装，带了一柄小斧和一条木棍，我们把小斧叫作印第安斧子。我在一家铁匠铺子用煤灰涂黑了自己的脸，然后走向格里芬码头。但我做好这一切准备走上大街时，我发现街上已有不少和我同样打扮的人正在向格里芬码头走去。""当时人群集合以后，有三个人出来主持会场。他们把我们分成三个队伍，我认出我队的领队是莱奥纳德·匹特，其他二人我认不出来。三名领队各自率领人马分赴三条船上。匹特命令我去找船长，向他索取打开各个舱门的钥匙，并且还索取蜡烛。我奉命去做了，船长乖乖地交出了钥匙和蜡烛。不过他恳求我不要烧船或烧船上的索具。我们用钥匙打开了所有的舱门，取出了所能找到的茶叶箱，放在甲板上，然后，我们用小斧把茶叶木箱砍坏，再丢入大海。因为，如果不砍木箱，木箱就可能浮在水面不下沉，这样就达不到浸茶的目的了。""……我们大约干了三个小时，其他两条船上的人也差不多花了三个小时完成任务。然后，我们各自回家。虽然军舰在不远处，但它们没有向我们开枪或干涉。"③

历史学家对倾倒茶叶事件的描绘极其简短：1773 年 12 月 16 日晚，30—40个化妆成印第安人的波士顿人，将停泊在港口船只上价值 90000 英镑的茶叶倾倒在水中，使海港变成一个"大茶壶"。这次倾茶事件因而得名"波士顿茶会"。消息不胫而走，在大西洋沿岸各地激起了更强烈的反英情绪。新泽西、

---

① 李剑鸣：《美国通史》第一卷《美国的奠基时代（1585—1775）》，人民出版社 2002 年版，第560 页。

② 曹德谦：《美国通史演义》（上），辽宁大学出版社 1996 年版，第49 页。

③ 同上书，第53—54 页。

纽约和马里兰等地也发生了销毁东印度公司茶叶的事件①。

　　一个有趣的现象是，在袭击"加斯比号"缉私船和倾茶这类毁坏"财产"的行动中，北美反英人士为什么都假扮成印第安人？学术界对此有很多研究。多元主义者可能从中看出美国人的"多元文化"色彩或白人反英派的"种族意识"。实际上，这种伪装的做法可能是为了规避"违法"和破坏"财产权"的罪名。据约翰·艾伦在为罗得岛居民毁坏"加斯比号"的行为辩护时说，如果破坏英国舰船的是印第安人，就根本谈不上违法，因为印第安人从未受英国法律的支配，用《圣经》上的话说，"在没有法的地方，就无所谓违法"。他同时又说，如果真是罗得岛人所为，也不构成违法，因为一个住在北美的人怎么可能去违反英国的法律呢？②

　　历史事件的意义在于，尽管事件本身没有意识到可能的历史价值，但历史进程却把这样的历史事件推向了开启新的时代和新的历史阶段的地位。波士顿茶叶事件的发生，反映了北美人民对英国政府的不满以及实现北美人民自由和权利的要求，是顺应这一时期整个北美地区的反英斗争大趋势的，并因而引起了新的更加广泛的影响。茶叶事件的影响首先体现在被反对的英国方面，英国政府采取了更加严厉的措施，对北美人民施加高压政策。英国政府把波士顿看成反叛运动的中心，1774年3—6月，英国政府出台了4项"强制措施"，以惩治波士顿的叛逆行为。结果，不仅没有缓解英国与北美的矛盾，反而激发了北美的反英情绪，并引发了矛盾的激化。茶叶事件的影响更多地反映在北美自身，倾倒茶叶事件的成功给各地的反英行动提供了示范，激发了热情，促使北美反英行动从分散的斗争走向集中统一，实现了各个地区的斗争的联合和思想舆论斗争与反抗暴动行为的结合。

　　北美斗争的此后进程就是人们比较熟悉的了。1774年召开了北美走向独立的重要会议——第一次大陆会议。1776年召开了对美利坚合众国的成立具有决定意义的第二次大陆会议。在这个伟大的历史进程中，北美人民开展了坚持不懈的武装斗争，并最终击退了英国政府的政治干涉与军事行动，赢得了殖民地人民真正的独立和自由。随着美国的独立和发展，波士顿茶叶事件的实际影响已经微乎其微，但是它所揭示的美国人民独立解放的精神却永久地留存在美国人民的血液之中，注入美国精神的全部内容，并不断地影响美国的未来发展。

---

　　① 李剑鸣：《美国通史》第一卷《美国的奠基时代（1585—1775）》，人民出版社2002年版，第560—561页。

　　② 相关的讨论参见李剑鸣著《美国通史》第一卷《美国的奠基时代（1585—1775）》的相关介绍。李剑鸣《美国通史》第一卷《美国的奠基时代（1585—1775）》，人民出版社2002年版。

三　茶党与茶党运动的性质

1. 茶党运动引发了全美抵抗运动和美利坚合众国的诞生

茶党运动的爆发激发了北美人民的抵抗热情，零散的运动逐渐地联合起来，形成了全美的反抗斗争，其直接后果是两次大陆会议的召开和美利坚合众国的建立。

1774年9月5日在费城召开的第一届大陆会议是北美人民觉醒的重要标志，也是北美人民联合起来寻求自由独立道路的重要会议。在涉及北美未来发展前途即是否彻底摆脱英国殖民统治、采取何种手段开展斗争的问题上，尽管存在温和派的"我们不想革命"① 的众多说法，但要求革命的呼声和力量占据上风。塞缪尔·亚当斯为代表的革命派要求进行对英国产品的抵制和更多的内容。大会最后提出了要求撤销"不可容忍法"的强硬决议，批准了大陆联盟（the Continental Association）以及从1774年12月1日起抵制所有英国产品。第一次大陆会议不是以闭幕而是以休会的方式完成了自己的历史使命。这次会议的召开以及会上的讨论，我们看到了茶党给北美带来的联合抵抗的道路，看到了茶党揭示了北美人民开展反抗英国殖民统治斗争的成熟。随着大陆会议的召开，北美人民走上了武装抗英的道路。

1775年5月大陆会议再度召开，即第二次大陆会议。这时武装斗争已经摆到日程，北美的独立已经成为不可逆转的时代潮流。第二次大陆会议作出的决议对美利坚合众国的建立具有决定性意义。大会决议：授权印制纸币以购买供给品，任命一个委员会管理对外关系，批准建立大陆军并选择乔治·华盛顿出任大陆军指挥官等。第二次大陆会议特别重要的内容就是在建立独立的美利坚合众国的根本问题上逐渐形成了共识。会议期间，弗吉尼亚律师理查德·亨利·李提出了彻底摆脱英国统治的明确"请求"："这些联合的各殖民地是，且理应有权是，自由和独立的联合国家，它们将被免除所有忠于英国国王的责任，它们与英国之间所有的政治联系将会，并且应该，完全终止。"② 标志美国独立的《独立宣言》也被第二届大陆会议顺利通过。

《独立宣言》是托马斯·杰斐逊根据第二届大陆会议的决议起草的美国历史上最重要的文件之一。《独立宣言》开篇就指出："我们认为下述真理是不言而喻的：人人生而平等，造物主赋予他们若干不可剥夺的权利，其中包括生

---

① ［美］卡罗尔·帕金、克里斯托弗·米勒：《美国史》（上册），葛腾飞等译，东方出版中心2013年版，第242页。

② 同上书，第252页。

命权、自由权和追求幸福的权利，为了保障这些权利，人类才在他们之间建立政府，而政府之正当权利，是经过被治理者的同意而产生的。当任何形式的政府对这些目标具破坏性时，人民便有权改变或废除它，以建立一个新的政府。"这就宣告了北美人民摆脱英国统治、建立独立的美利坚合众国的法理基础。《独立宣言》还深刻地阐述了美利坚合众国坚持自由和独立的坚定意志："这些联合一致的殖民地从此是自由和独立的国家，并且按其权力也必须是自由和独立的国家；它们取消一切对英国王室的效忠的义务，它们和大不列颠王国之间的一切政治关系从此全部断绝，而且必须断绝；作为自由独立的国家，它们完全有权宣战、缔约、结盟、通商和采取独立国家有权采取的一切行动。"① 茶党英雄们的勇敢行动终于获得了整个北美的支持并得到了最后的成功！

由此可以看出，茶党运动是争取民族独立与解放的运动，它所凝结的精神财富就是唤醒了北美人民的民族觉醒和爱国主义精神的弘扬。

2. 茶党运动是争取自由与独立的暴力反抗运动

作为美国独立战争重要组成部分的茶党及茶党运动，其反抗英国殖民统治的性质早已获得历史的认同。回到当时的历史条件研究茶党及其运动的性质，能够看到它的鲜明的历史进步价值。这里可以做两个方面的比较分析。

第一，茶党所反对的是进行殖民统治、剥夺殖民地人民自由权利的斗争，是一场正义的斗争。茶党是暴力行动，甚至是很不"光彩"的暴力行动。参与者们把自己打扮成印第安人，不希望被当局发现自己也是白人，以免除英国法律的制裁。这就表明茶党分子最初还缺乏自信。但是，这种现象并不能掩盖茶党及其茶党运动本身在历史上所起到的革命作用。茶党所反对的是英国的殖民统治，这是不断觉醒的北美人民的共同意愿，也是历史发展所强烈要求的时代变革。到北美创业、找出路甚至避难的欧洲人来到北美之初，与宗主国有千丝万缕的联系，没有建立独立国家的条件和基础。但是，北美社会的形成、北美经济的发展是北美人民自己创造出来的，各殖民地之间经济、文化联系的不断加深已经使他们连成了整体，形成了不同于欧洲宗主国的社会基础和观念意识，并不断孕育出坚定的自由独立精神，建立独立的国家是历史发展的大势所趋。英国的统治严重剥夺了殖民地人民应该获得的权利，反抗英国的统治是北美人民的正义之举。因此，不论他们采取何种措施、运用何种策略，其斗争的

---

① ［美］J. 艾捷尔：《美国赖以立国的文本》，赵一凡、郭国良译，海南出版社2000年版，第25—29页。

性质都是顺应历史潮流之举。

当然，茶党的举措也能够看到新兴资产阶级的软弱和种族歧视的最初表露。在这些革命者的内心深处，总是希望在不搅动现有社会利益关系的基础上实行有利于自己的社会变革，担心革命会损害自己的利益。所以，茶党英雄们采取了暴力的手段，但不希望在公众面前暴露自己的面目。同时，他们把这种危险的行为指向了印第安人，让那些与此并不相关的印第安人承担可能带来的危险和伤害，这就在美国历史上留下了极不光彩的形象，造成了日益膨胀的种族主义、民粹主义传统。

第二，茶党所采取的是暴力行动，表达了北美人民誓言抗争、决不妥协的意志和精神，在反英斗争中是更加革命的行动。茶党暴力斗争的另一个重要意义是震醒了沉迷于接受英国领导、寄希望于英王悲悯与怜爱的温和派。北美反抗英国统治的斗争从一开始就受到温和派的强力影响。例如，1765 年"印花税法大会"通过的宣言第一条就明示："国王陛下之殖民地臣民，对大英帝国王室抱有与其国内臣民同样之忠顺，并一致服从大英议会之庄严体制"，北美人民所争取的权利"同样也是英国人原本拥有之权利"①。甚至在决定美利坚合众国立国的大陆会议上，反对以强力手段争取北美人民自由独立权利的温和派也占有很大的影响力。

以特殊之手段行特殊之活动，达到特殊之目的。唤醒迷信英国政府的人们就是茶党暴力行动的特殊目的。仅仅几个小时就结束了的茶党事件，向北美人民传递了两个重要的信号：其一，英国统治者最害怕人民的革命行动，在人民革命的行动面前他们必将退缩。倾倒茶叶事件的现场紧邻着英国的军舰。掌握重武器的英国军舰如果采取军事措施，仅有小斧和木棍的茶党们很难抵御。结果，英军原地停留，隔岸观望，眼看着茶叶被丢弃水中，却一筹莫展。甚至满载茶叶的船主也只是提醒茶党们除了茶叶别损毁其他的东西。这就极大地激发了北美人民的革命情绪和必胜信心。其二，英国统治者绝不会自动放弃对北美的统治，必然采取更加强烈的措施。事实如此。茶党事件引发英国统治者实施了"不可容忍法"，完全站到了北美人民的对立面。这就使殖民地人民看清了英国统治者的本来面目，必须进行武力反抗。唐纳指出："虽然已经无可辩驳地证明，他们没有权力统治我们，正如我们没有权力统治他们一样，但他们依靠枪炮和刀剑的强大逻辑，并未停止制定伤害我们的法律；无论何时我们谏劝

---

① ［美］J. 艾捷尔：《美国赖以立国的文本》，赵一凡、郭国良译，海南出版社 2000 年版，第11—13 页。

他们不要这样做，每次得到的回报都是威胁和恐吓。"① 盖德·希契科克也说："我们的危险并非虚构出来的，而是十分现实的；我们的斗争不是关于无关紧要的小事，而关系到自由和财产；这也不仅仅是我们自己的事，而关系到我们的子孙后代。"② 茶党的实践证明，以和平的方式争取"英国人原本拥有之权利"没有可行之路。

第二节　茶党运动与美国民族意识和民族精神的孕育

一　美国民族精神的形成及其实质

1. 短暂而踏实的民族精神塑造历程

民族精神是一个民族赖以生存和发展的精神依托，也是独立民族的文化依托。近代以来，民族国家的建立与民族精神的形成是一个共生的现象。美国的建立就是美利坚民族形成的必然结果，促成北美人民形成美利坚民族的精神纽带就是美国精神。

一般认为，民族精神是反映在长期的历史进程和积淀中形成的民族意识、民族文化、民族习俗、民族性格、民族信仰、民族宗教、民族价值观念和价值追求等共同特质，是指民族传统文化中维系、协调、指导、推动民族生存和发展的精粹思想，是一个民族生命力、创造力和凝聚力的集中体现，是一个民族赖以生存、共同生活、共同发展的核心和灵魂。

但是，美利坚民族的形成却与其他民族不同。其一，美利坚的民族主体是欧洲各国各个层次的人们在北美寻求生存与发展的过程中形成的，他们有自己的母国，欧洲各国的民族符号和心理要素都在北美人民的内心中有所反映，因而北美人民不是一个民族传统而是多个民族传统。其二，美利坚民族在形成的初期主要是在欧洲移民的范围内，印第安人、非洲黑人、亚裔人和其他人都是在长期历史进程中逐渐纳入美利坚民族的。比如，黑人直到南北战争之后很久，才逐渐融入美国社会，在法律和理论上获得美利坚民族的地位，然而美国

---

①　唐纳：《自由树献辞》，参见海尼曼等编《美国建国时期政论选》第 1 卷，第 101—102 页。转引自李剑鸣《美国通史》第一卷《美国的奠基时代（1585—1775）》，人民出版社 2002 年版，第 573 页。

②　盖德·希契科克：《选举日布道词》，参见海尼曼等编《美国建国时期政论选》第 1 卷，第 300 页。转引自李剑鸣《美国通史》第一卷《美国的奠基时代（1585—1775）》，人民出版社 2002 年版，第 573—574 页。

主流社会对有色族人包括印第安人的歧视直到今天依然严重存在。这就带来一个问题，能说美利坚民族是所有美国人的民族吗？

回答上述问题要从美国民族精神的形成与演进开始。美利坚民族的形成是以美国精神为纽带的，美利坚民族的发展和美国的日益强大也是以美国精神为基础的。在美国200多年的短暂历史中，贯穿始终的是美国人民要求自由和独立的强烈愿望，并由此形成了具有美国自己特色的民族追求、民族价值、民族归宿和民族梦想。这种民族精神的形成以北美社会的形成为社会基础，以北美人民共同利益的追求为根本动力，以美利坚民族的核心价值观为纽带和灵魂。在200多年的历史进程中，经过两次重大的历史转变时期，把北美各族人民融汇成一个民族，把各种价值观念整合为美国的核心价值观念。

第一个时期是美国独立战争时期，完成了以欧洲移民及其后裔为核心的白人美利坚民族。北美殖民地共同的物质和文化生活以及反抗英国殖民统治的共同政治理念，把人民凝聚到一起。深刻反映美利坚民族精神的就是《独立宣言》所表达的理想与追求。《独立宣言》的发表充满了北美人民的思想交流与交融，革命派与温和派围绕要不要建立独立的国家、以什么方式建立独立的国家所展开的争论，起到了统一思想、凝聚力量的作用。《独立宣言》宣告了美国的建国，也宣告了美国精神的形成。作为一个历史事件，茶党所起到的作用就是推动和促进了北美人民共同思想和共同意志的形成，特别是推动和促进了以革命手段获得自由与独立权利的观念与行动的形成。茶党的传统，是美国革命的传统，是凝聚民族意志的传统。

第二个时期是美国南北战争时期，完成了白人与黑人的民族融合，扩大了美国的民族基础，发展了美利坚民族争取自由和独立的价值追求和民族传统。美利坚合众国的建立只是宣告了美国的独立和美国民族精神的初步形成，因为在这个国家里，在数量上占很大比重、在经济上是主要劳动力资源的黑人并没有获得公民的地位，美国是否是一个独立的国家，美利坚民族是否形成了牢固的纽带，跟黑人没有多大的关系。《独立宣言》所倡导的价值观念和精神追求远没有实现。这就赋予了南北战争在美利坚民族形成中的特别重要的地位。南北战争结束了美国黑人奴隶制度，黑人获得了人身自由，融入美国社会当中，成为美利坚民族的成员，给美国民族精神注入了新的活力。因此，南北战争是美国《独立宣言》所倡导的价值观念的必然结果，是茶党运动的历史继承者，其思想体系和精神追求是一脉相承的。

2. 浓重的宗教传统和宗教意识

以茶党运动为代表，北美人民反抗英国殖民统治、争取自由和独立斗争的思想基础和精神支柱有两个重要的来源。一是近代资产阶级启蒙思想家所倡导的自由、平等、民主、人权等理念，"人人生而平等"的思想和观念成为北美人民反抗英国统治的理论根据。二是具有悠久历史的宗教传统。作为欧洲移民，北美早期移民是在欧洲宗教改革运动中摆脱罗马教皇的控制来到美洲的。但是，宗教思想和宗教传统并没有因此完结，他们成为北美人民的精神支柱，成为北美新居民的精神家园。在欧洲，资产阶级启蒙思想与宗教是两种不同的思想体系，经过改造的宗教在人们的日常生活中主要是私人的事情，而启蒙思想家们所倡导的自由、民主、人权理念及其政治制度设计则成为社会政治生活的准则。但是在北美，这二者被自然地结合到一起，在居民日常生活中成为一种思想和信仰，因此许多研究者指出，宗教是深深印刻在美国人日常生活和政治生活的精神支柱，美国是最具有宗教传统与宗教色彩的国家。

历史学家指出："美洲殖民地的形成和建设，以及美国的立国和建国，都源于基督新教特别是清教徒思想的影响。"[①] 这一认识在最初进入美洲的欧洲人的信仰结构中就有明显的体现。在英属、法属殖民地时代，前来美洲大陆定居的，主要是来自欧洲大陆的移民，许多人是有着宗教目标的基督教新教教徒，其中主要成分是与英国国教圣公会产生冲突的英国卡尔文宗的清教徒。人们所熟悉的最先到达美洲的"五月花号"船上的移民，就是一些有着被通缉的背景的英国清教徒。此外，宗教分离主义也是美洲新大陆移民的一个来源。据美国学者奥尔森的讲述："当清教徒在 17 世纪自动离开英国的时候，他们寻找的是一个新世界，可以不受不虔诚的黄泉和不纯洁的国家教会的阻挡，在那里建立这种基督教联邦。他们认为北美是应许之地，所以为了神与神的高度，他们要占领北美。"[②] 基督教新教的神学思想成为北美人的思想和精神家园，基督教成为他们改造社会、改造世界的精神动力。《独立宣言》就是深受基督教新教思想影响并进而影响美国社会、美国历史、美国精神的重要文献。《独立宣言》按照基督教新教的教义阐释北美人民反抗英国的思想基础，并按照基督教新教的教义阐述将要建成的美国是一个什么样的国家。《独立宣言》指出："人人都从上帝那里被赋予了一些不可转让的权利，其中包括生命、自由和追求幸福的权利。"《独立宣言》还指出，因为英国政府践踏了这些权利，所以他们才要求独立，建立保护人民的政府，"向这个世界的最高的裁判者"上帝"申诉"独立"意图的公正"，并且"对上帝的庇护充满了信心"。美国建国领袖如华盛顿、亚当斯等都把建国的合法性依据全部诉诸上帝，诉诸基督

① 于歌：《美国的本质——基督新教支配的国家和外交》，当代中国出版社 2006 年版，第 26 页。
② ［美］奥尔森：《基督教神学思想史》，北京大学出版社，第 544 页。转引自于歌《美国的本质——基督新教支配的国家和外交》，当代中国出版社 2006 年版，第 27 页。

教新教中的"天赋人权"和"主权在民""政府为民"的思想。

宗教意识在美国社会可以说无处不在。"美国人所热衷和维护的自由、人权、民主的价值观和制度，看起来是世俗的价值观和社会制度，但实际上起源于基督教新教的价值观和宗教改革，体现着基督教新教的信念。这些价值观与新教教义一起，构成了延续 200 年的美国式的价值观及社会体系，构成了美国的国家和社会本质。"①

茶党与美国的宗教传统和宗教意识是内在地相连的。茶党事件的爆发是"自由之子"们按照基督教新教教义宣传和动员了反抗的人士，以对宗教的热忱激起反抗的热情。参加倾倒茶叶的人们主要是信仰信教的教徒，并采取了宗教的形式。这反映出茶党和茶党运动一个非常突出的特性，即鲜明的宗教特色。

3. 对政治与经济利益的双重追求中形成个人主义核心价值观

实现自由和独立是北美人民反抗斗争的旗帜，是北美人民团结起来共同斗争的思想基础，并成为美国立国的思想基础和民族精神。以茶党为代表，北美人民争取的自由和权利，从一开始就具有政治自由和经济独立的双重特性，同时也就具有个人自由和民族自治的双重特性。

同时争取政治自由和经济独立，是北美人民斗争的目标和旗帜。殖民地人民反抗英国统治的起因是获得平等的经济权力，反对英国对殖民地无休止的税负和要求。这一关涉殖民地人民的共同利益把人民团结在一起，形成了反对英国的经济基础。北美人民的斗争从一开始就是围绕争取与英国人同等的权利展开的，提出要由殖民地人民自己决定纳税，而不是由英国的议会确定殖民地的纳税。这是涉及各个殖民地的共同事务，把分散的 13 个殖民地通过纳税权之争结合到一起，形成了共同利益之下的殖民地人民的共同利益。独立的经济自由权利是与政治自由权利相联系的，因为殖民地人民缺乏政治上的自由权，受到英国政府的统治，自身的经济利益由英国议会通过的法律决定，没有政治自由权利就不会有经济自由权利。随着斗争的深入，争取政治权利就成为北美人民斗争的主要目标。茶党事件是北美人民从以争取经济权利为主向以争取政治权利为主的转折点。倾倒茶叶是反对《茶叶法》、维护北美人民经济利益的斗争，但是它已经超越了经济问题。因为《茶叶法》的直接效果是可以给北美人民在茶叶消费上获得相对低廉的价格，反对《茶叶法》意味着北美人民不再仅仅思考当前的问题，而是在思考北美未来发展方向的政治问题。既争取经济利益，又争取政治权益，贯穿了北美人民斗争的始终，并由此锻造了美国

---

① 于歌：《美国的本质——基督新教支配的国家和外交》，当代中国出版社 2006 年版，第 7 页。

精神。

同时争取殖民地人民个人利益和民族利益，也是北美人民斗争的目标和旗帜。到达美洲的欧洲移民具有个人奋斗的传统，为争取个人利益而斗争也成为北美人民思想意识中的突出特点。来到新大陆，使人们摆脱了原有的社会关系，可以按照自己的需要追求自己的理想，获得了从未有过的解放。但是，他们也由此失去了社会关系的保护，如果不靠个人的奋斗就既不能生存更不能发展。美国人民在美国精神的旗帜下维护美利坚民族的共同利益，是在个人利益的驱动下形成的合力。茶党运动也是以个人利益为驱动的运动，并因此起到了维护美利坚民族共同利益的作用。在美国历史发展的特定背景下，个人主义成为美国意识形态和价值观的核心。美国个人主义的基本内涵是相信个人的价值、重视个人价值，强调个人的自我支配、自我控制和自我发展，并以个人的存在与欲望为出发点和归宿点。美国学者对此坦言："美国文化最核心的东西就是个人主义"，"我们相信个人尊严，乃至个人的圣神。我们为自己而思考，为自己而判断，为自己而决定，按照自己认为适当的方式而生活。违背这些权利的任何事情在道德上都是错误的，都是亵渎神明的。对于我们自己，对于我们关心的一切，对于我们的社会和整个世界，我们最崇高的愿望是同个人主义紧密相连的。而我们自己和我们社会的一些最深层次的问题，也是同个人主义密切相连的。放弃个人主义就等于放弃我们最深刻的本质"①。

4. 自信与自负的民族精神杂糅

欧洲乃至世界各地的移民在北美那片荒芜的大陆上建造了自己的家园，经过北美人民艰苦卓绝的奋斗和坚持不懈的斗争，获得了空前的发展，不断提振着殖民地人民的自信和自豪。从历史发展来看，北美殖民地人民的奋斗在许多问题上都优越于欧洲。其一，北美是基督教新教教义的最佳实践场所，欧洲移民是带着新教信仰和新教期待来到北美奋斗的，成为新教的布道者。这是欧洲大陆各国所无法完全做到的。其二，北美是启蒙思想家自由民主理想的试验地，早期思想家的法治思想、分权思想在欧洲缺少试验场，而没有传统羁绊的北美却是可以实现他们政治理想的最佳地点。其三，北美人民反抗英国殖民统治的斗争是殖民地人民反抗斗争的典范，美利坚合众国的建立给美洲其他殖民地人民的斗争树立了光辉的榜样，并由此影响了拉丁美洲人民的解放斗争。所有这些，都极大地激发了美国人民的自信，并形成了美国至上的强烈意识。

但是，美国的民族自信是奠基在个人主义核心价值观基础上的。这种自信

---

① ［美］罗伯特·贝拉等：《心灵的习性：美国人生活中的个人主义和公共责任》，三联书店1991年版，第3页。

缺乏对民族特征的深刻审视和对民族主义的深刻剖析，民族自信很快就被不断膨胀的民族自负所代替。这一点在美国建国之初就已出现端倪。美国建国之前，北美人普遍地把自己看成是上帝的选民，他们来到北美是在上帝的庇护下创造"新世界"的，负有其他民族所不具备的特殊使命。美国学者卡尔顿对此曾有一个深刻的论述。他指出："虽然移民们出于不同的原因从世界各地来到这片新土地上，但他们中的大部分人把它当作栖息地、避难所和一个能为之提供新机遇的国家。他们英勇无畏，坚韧不拔，并且遵守法律，崇尚道义，尊重个人宗教信仰。实际上，那些移民也正是因为宗教信仰才来到这里。他们坚定于心的清教徒欲望，使他们坚信能在此得以'再生'，并感受到上帝的庄严和正义。在这些信念中，他们更确信自己是上帝的选民——就如那些以色列人一样，他们来到这片荒野之上担负起神圣的使命，而且坚信上帝与他们同在。毕竟，上帝已经让他们安全地漂渡重洋，他们之间也已签下了一份契约，这份契约把签约双方紧紧地联系在一起。按照契约，他们的义务便是服从上帝的旨意，无比忠诚于他。用海湾殖民地第一任总督约翰·温斯罗普的话来说，就是要建造一个圣徒的社区，并在此建造一座'山巅之城'。"① 在美国建国之初的英雄们那里，美国就是由他们按照神的旨意创造的"世界的灯塔"，这座灯塔的使命就是照亮世界的每一个角落，把美国的思想、观念、意识、精神乃至美国的社会制度和美国人的生活方式，传播到世界的每一个角落。这就是美国人的使命。

美国民族自负的进一步发展就是对外意识形态输出。有的美国人认为，把外国的领土纳入美国的体系是上帝指派给美国的使命。美国哲学家拉尔夫·沃尔多·爱默生说："当世界历史的每个时期，都有一个领导国家，它具有更为仁慈的胸襟，其品行出众的公民愿意充当正义的、全人类的利益的代表。这样的国家，除了美国之外，舍我其谁？这样的领袖，除了年轻的美国人之外，舍我其谁？"② 不少当代美国学者都宣扬，按照美国宪法所建立起来的美国的民主制度，美国人所享受的人权，不仅适用于美国，而且适用于全世界。因此，自美国进入国际舞台伊始，就总是以美国的制度、人权、价值观作为衡量是非的标准，总是把向全世界推行这种制度、人权和价值观视为自己的天定使命，把"缺乏民主""侵犯人权"作为干涉别国内政的借口③。

由自信转向自负，是美国精神发展的历史逻辑和自然逻辑。这就在于美国

---

① ［美］J. 艾捷尔：《美国赖以立国的文本》，赵一凡、郭国良译，海南出版社 2000 年版，第229—230 页。

② ［美］孔华润主编：《剑桥美国对外关系史》（上），新华出版社 2004 年版，第181 页。

③ 刘国平：《美国民主制度输出》，社会科学文献出版社 2006 年版，第99 页。

缺乏反思的机制和自我反省的理念。所以，美国人的梦想就是为了美国人的，而不是为了人类的。美国人之为人类建造的"灯塔"是为了美国人利益的灯塔。

二 美国民主制度的形成及其特点

1. 孕育美国民主制度的民族理念

美国的民主制度是从殖民地时期自治思想和自治实践开始酝酿的，并且是在反抗英国统治的斗争中逐渐形成起来的。在北美这块新大陆到底应该建设一个什么样的政治制度和国家呢？其思想来源当然是基督教新教的宗教理念和资产阶级启蒙思想家的政治理念。这些思想与北美新居民的生产、生活实际相结合，与新大陆居民的思想意识相结合，就形成了以自由、独立、平等、法治和分权等核心理念为中心的政治理想与制度追求。

明确表达美国民主制度基本理念的文献主要反映在《独立宣言》和《美国宪法》等重要文献。

《独立宣言》奠定了美国独立的思想基础和理论基础，这就是《独立宣言》所明确宣布"人人生而平等"的基本原则以及每个人都有自由、平等和追求幸福的自由权利。这就鲜明地规定了个人主义在美国政治生活和政治制度中的基础地位。崇尚个人的价值和尊严，崇尚个人的进取和独立奋斗，崇尚自立、自强和自信，构成了美国政治制度的价值观基础，奠定了美国共和政体的基石。正如赫伯特·胡佛对美国共和政体的评价："强调个人主义的美国体制"，是体现美国人民精神与其他资本主义国家政治体制根本不同的地方。这种体制是"建立在这样一种概念之上，即只有通过有秩序的自由、解放和人人机会均等的原则、个人的能动性和创造精神才能充分发挥。正因为我们坚持人人均等的竞争原则，我们的体制远远超越了全世界所有其他体制"①。《独立宣言》把资产阶级个人主义的原则运用于整个北美殖民地，把具体的个人提升为整体的人民，这种个人主义就超越了个人而成为民族的奋斗、自立、自强和自信。这就极大地发展了茶党运动所代表的少数个人的利益，并把茶党运动所开启的民族独立的斗争行为扩展为美利坚民族的独立斗争。

《美国宪法》是美国政治制度的法理基础。《美利坚合众国宪法》序言指出了制定宪法的目的："我们，合众国的人民，为了组织一个更完善的联邦，树立正义，保障国内的安宁，建立共同的国防，增进全民的福利和确保我们自

---

① ［美］J. 艾捷尔：《美国赖以立国的文本》，海南出版社 2000 年版，第 200 页。

己及我们后代能安享自由带来的幸福，乃为美利坚合众国制定和确立这一部宪法。"① 这就鲜明地阐述了美国政治制度的法治原则和政治制度的根本目的。美国宪法确定了美国政治制度中两个核心的内容，一是分权制度，在个人与政府之间、各州政府与联邦政府之间实行宪法约束下的分权，把个人权利不受侵犯奠基于宪法之上。二是三权分立原则，明确规定了立法、行政、司法的权利划分，从而把资产阶级启蒙思想家的政治理念转化为实践，把政治理想转变为现实的政治制度。

2. 美国民主制度的内容与特点

美国民主制度是独立战争后在美国社会发展和政治进程中逐渐形成与发展起来的。美国社会历史进程的独特性和美国文化发展的特殊轨迹，决定了美国民主制度既具有近代资产阶级政治制度的一般特点，更具有美国特殊的民族特色。

具有美国特色的政治制度，是由一系列制度内容构成的，形成了一个特殊的政治制度体系。在这个制度体系中有五个相互作用、相互牵制的制度内容。

第一，是法律至上的宪政制度。宪政制度是美国建国初期被选择的基本制度，并在美国具有典型性。美国宪政制度所以具有特殊性在于美国从立国之初就确定了"法律至上"的原则。法律至高无上，事事有法可依，人人都用相应的法律规范自己的行为，这是美国维护资产阶级民主和社会稳定的重要手段，是在殖民地时期就开始的传统。联邦宪法作为美国民主制度的集中体现，是美国最高的法律，具有至高无上的地位，其他一切法律都不得违背这个根本大法。美国宪法的长期稳定性进一步强化了宪法的地位和权威。这是美国的制度之基。

第二，是法定基本人权制度。"人人生而平等"是美国政治制度的价值观基础，并成为美国宪法和所有法律的基本原则。从这个意义上说，美国是资产阶级人权理想得到体现并得到制度保障的国家。但是，法定基本人权却是以人与人在社会生活中事实上的不平等为基础的，它确定了已经存在的在经济、财产和社会地位等方面事实上存在的不平等的合法性，在这种不平等的基础上保障人权。

第三，是两党竞选制度。美国立国之初，政治家们都担心未来美国将形成党派之争，认为党派斗争将消解美国政治制度的权威，造成社会的分裂，反对成立政党。但是，政治制度是与资本主义社会关系和经济制度相联系的，是不以人的意志为转移的社会制度需要。美国成立后很快进入政党政治状态，并因

---

① ［美］J. 艾捷尔：《美国赖以立国的文本》，海南出版社 2000 年版，第 51 页。

此形成了两个主要政党轮流执政的局面。美国两党制是在美国核心价值观、立国理念和宪法原则基础上的，不是现有政党并在政党的领导下制定政治制度，而是现有核心价值理念和公认的《美利坚合众国宪法》并在宪法原则的基础上建立政党且发展为两党制，也就是说美国两党制是美国宪法的产物，它一开始就被限制在宪法的范围之内并在宪法规范内开展活动。

第四，是三权分立制度。在关于如何防止独裁的讨论中，美国立国者们选择了洛克的三权分立理论，并形成了美国独具特色的三权分立制度。在制定美国宪法期间，立国者们着重考虑的问题：一是如何保证政府不成为专制的统治，总统不成为经过选举的君主；二是如何保证通过选举产生的议会的议员，不背叛选民的意志；三是如何防止为不正当情绪及不法利益所左右而造成政策失误。美国宪法给出的解决这些问题的方案是分权制衡。《美利坚合众国宪法》前三条的核心是进行联邦政府的权力划分。第一条规定，立法权属于国会，国会由通过选举产生的参众两院组成；第二条规定，行政权属于总统，掌握行政、军事最高权力的总统是经过选举并有任期限制的；第三条规定，司法权属于最高法院以及国会随时规定和设立的下级法院，宪法规定法官具有终身任职权并实行司法独立原则。以三项权力的分工制衡为中心，形成了美国政治制度的权力划分体系。

第五，是利益集团作用。利益集团的存在及其不断发展是美国社会发展的一个重要现象，很好地体现和反映了美国权力划分制度的特点，并在很大程度上成为两党制度的重要补充，或者说在美国两党制下必然形成具有特殊地位和作用的美国利益集团及其在政治制度中的特殊作用。一方面，利益集团的出现和发展缓解了由于两党制不能很好地代表社会各阶层利益的矛盾与问题，社会各阶层可以根据所在社会利益关系确认自己的代言人，发表自己的意见并维护自己的权益。另一方面，利益集团的出现和发展顺应了美国社会关系的日益复杂。尽管美国的利益集团总体上都是代表不同资产阶级利益的，但是他们的存在适应了多种多样的社会政治需要。利益集团的存在，导致美国两党制的稳定与"第三党"力量的长期存在和曲折发展。

三　美国民粹主义传统及其发展

1. 茶党运动与美国的民粹主义倾向

近年来，发生在1773年12月的美国波士顿倾倒茶叶事件以及由此形成的茶党引起美国国内和世界上的普遍关注，尤其引起美国社会问题研究者的高度关注。其直接原因是2008年美国茶党及茶党运动的形成。一种普遍的认识是，2008年发端并一直缠绕美国社会问题的茶党是一种右翼社会运动，具有明显的民粹主义倾向。既然2008年美国兴起的右翼运动与200多年以前的波士顿茶叶事件相联系，那么可否认为1773年的茶党运动也是一种右翼民粹主义运动？二者之间在思想意识和政治主张上是否具有本质的联系？

在资本主义发展进程中，民粹主义在绝大多数国家都曾出现并具有一定的社会影响。有学者认为，美国民粹主义"源于19世纪中晚期，同工业化、城市化和全球化进程息息相关，在其中扮演反对者的角色。有研究认为，社会不平等和教育落后是滋生土壤"。① 按照这种观点，2008年具有明显民粹主义内涵的美国茶党运动与1773年的波士顿茶叶事件及茶党运动没有思想上的联系。但是，研究者同时指出，民粹主义并非一个固定的思想体系，它在不同的时代结合不同的右倾诉求，形成了影响不断扩大的思想潮流，随着社会的发展和形势的转变，会逐渐消沉，并在另外一个时间或地点重新抬头。中国社会科学院欧洲研究所副研究员赵晨认为，"民粹主义是一种复杂的政治思潮，其核心特征有三点：第一，片面主张人民性，反对精英政治，认为政府、政客都不道德，而且现有政治体系效率低下，背离人民的意志和利益，自己才是民众唯一的真正代表。但是民粹主义政党代表的'人民'却只是人民中的一部分，有的民粹主义带有种族主义、大民族主义倾向或反犹色彩，如欧洲的极右民粹政党歧视来自中东北非的黑人和穆斯林移民，要求驱逐罗姆人等少数民族；美国茶党的民粹主义者质疑左翼自由主义者和美国有色人种联合起来压迫美国内陆地区的白人。第二，民粹主义在政治上缺乏宽容精神，在政治不稳定的国家和地区，不时采取违反宪法的激进手段，煽动民众进行街头抗议，甚至以暴力推翻现政权。第三，民粹主义政党是典型的'异见党'，缺乏定型的执政纲领，执政经验不足，常被认为'只知批评，不懂建设'"。②

研究者关于民粹主义的上述认识和分析，显然与1773年的茶党运动没有内在联系。当时的茶党运动既没有严密的民粹主义理论，也没有形成民粹主义意识指导下的政党组织，更没有产生对美国独立战争的全面影响。然而，研究两个不同时期的茶党及茶党运动可以看出，这两个在思想体系和组织体系上都没有直接联系的政治性质的运动，其思想却具有一定的内在联系，这就是都主张北美人民的独立和自由的利益，都主张不是靠外部而是靠内部的力量解决社会不平等现象，达到社会平等的目的。当然，他们所理解的"社会平等""自由""独立"的内涵也不是在同一个社会基础和同一个思想体系之下的。

能够把二者联系起来，或者说2008年发生了茶党运动之后就被赋予1773

---

① 王义桅等：《透视"政治大秀场"上的民粹主义》，《人民日报》2014年8月12日。
② 同上。

年茶党的名称，是由于美国独立后在长期社会发展中对早期茶党运动的误读和扭曲，把正义、积极的茶党运动转换成右翼的茶党运动。这种转换表现在三个方面。

一是茶党运动衍生的民族主义发展所形成的自负观念。茶党运动的发生是北美人民美利坚民族意识增强的表现和反映，在此基础上形成了促进美国国家发展和民族自信的爱国主义和民族主义。民族主义在一定的历史发展阶段是进步的思想观念，对资本主义的发展和民族国家的形成具有重要意义。最初的美国是在13个殖民地基础上形成和发展的，新兴资产阶级在取得国家独立和政治权力后，就把民族发展的目标瞄准了广阔的北美大陆，形成了汹涌的西进运动，最终形成了雄踞太平洋和大西洋的世界大国，美国的民族主义被无限放大了。激发美国民族自信的因素很快转变成诱导美国民族自负的因素。美国高高在上，世界上只有美国才是最好的国家，让世界臣服于美国的意识在美国社会中逐渐形成。这就导致了大民族主义和民粹主义的滋生与泛滥。茶党运动的本真精神被异化了。

二是茶党运动体现的基督教使命观的美国至上观念。就像北美人民反抗英国统治的斗争始终在宗教教义影响甚至指导下进行的一样，茶党事件和茶党运动从一开始就有浓郁的宗教色彩。茶党事件实际上是通过宗教团体、宗教仪轨和宗教形式开展的斗争活动，因而可以认为，茶党是北美人民在基督教新教天定使命观的影响下开展的反对《茶叶法》、争取人民利益的斗争。人类文明发展的历史，在一定意义上可以说是宗教发展演进的历史，宗教对人类社会发展进步所起的作用是不能否定的。基督教新教对茶党运动的推动，进而对北美独立斗争的推动，是不可争辩的积极因素。但是，基督教的天定使命观还有另一个影响，就是它在激发了殖民地人民的觉醒的同时，孕育了美国至上的政治理念和政治理想。在这种理念的影响下，美国在不断强大之后，就走上了对外扩张道路。美国对外的发展也带来更多移民到美国创业和发展，形成了美国人与移民之间在就业、资源利用等各方面的矛盾。民粹主义应运而生，他们开始把美国的社会问题归结为移民的增多和非白人种族的发展。茶党运动的本真精神被异化就不是难以理解的了。

三是茶党运动歧视印第安人隐含的种族主义倾向。对印第安人的歧视贯穿北美发展的全部历史。作为北美大陆真正的主人，印第安人在热情欢迎了欧洲殖民者之后，就陷入痛苦和灾难之中。作为土著人，印第安人被挤出北美东部白人生活圈，在美国西进运动中又不断地被挤压到狭小的生活区域，不仅人口锐减，而且丧失了社会生活的主导地位。这种状况在美国独立之前就已深深烙在北美社会生活之中，被深深印刻在北美白人的思想意识之中。我们在介绍

1773 年 12 月茶党分子装扮成印第安人去倾倒茶叶时，分析了茶党分子此种做法的深刻社会原因和文化背景。这对于我们理解茶党运动后美国社会的发展以及民粹主义、大民族主义在美国的流行，具有启发的意义。从这个意义上说，1773 年的茶党，在反对英国殖民统治的时候，就在实施着对印第安人的民粹主义。

2. 美国民粹主义的历史发展

美国的民粹主义形成于美国建国之初，并随着美国社会的发展而发展。佛罗里达国际大学（Florida International University）的 Nicol C. Rae 对美国民粹主义的发展演进做了深入的研究。他认为，当今"美国所特有的民粹主义始于美国建国之初，那时建国之父们就经常鼓励美国政治谱系中的左右两派在尤其是经济困难时期发起反抗运动。这些运动中有些本身是短期的，而且解散的比较快；但还有一些就对美国产生了持久的影响"。[1] 对民粹主义的发展过程，Nicol C. Rae 做了如下的分析和阐述。

民粹主义的爆发是美国政治天生的周期性特征。洛克式自由个人主义[2]奠定了美国独立战争、《独立宣言》和美国宪法的基础，生来就对过于集中的政府权力持怀疑态度，认为它将合法性赋予那些反抗国家政府当局的周期性政治叛乱。而建国后头 50 年，美国社会民主化和公民权利的延伸更进一步提高了此类民粹主义运动产生的可能性[3]。除了自由个人主义之外，还对同期的政治精英及其对联邦政府所产生的真实或想象中的影响抱以不信任态度，这些都已经在美国政治文化中根深蒂固了。美国是一个"新国家"或者说"第一个新国家"[4]，这一事实意味着在旧世界中诸如君主制、国教以及贵族统治等制约民粹主义发展的反对力量已经消失。政治权威应以"人民"为基础，如果政治精英不能对大部分的"人民"负责，那么群众就会对此产生强烈的政治反应。

美国民粹主义运动起源于以下任意一种经典途径：一是作为社会的一部分，迄今为止仍被排斥在政治体系之外，渴望参与政府决策；二是作为一个被认为正逐渐失去政治权力和影响力的部门。事实上，有些民粹主义运动的产生

---

① 转引自 Nicol C. Rae 2011 年 9 月 1—4 日参加美国政治学协会在华盛顿西雅图召开的年会上发表的论文——《保守民粹主义的回归——茶党崛起及其对美国政坛的影响》。本文原文为英文，唐彦林等翻译。

② Louis Hartz, *The Liberal Tradition in America：An Interpretation of American Political Thought since the Revolution*, New York：Harcourt, Brace, Jovanovich, 1955.

③ Sean Wilentz, *The Rise of American Democracy：Jefferson to Lincoln*, New York：Norton, 2005.

④ Seymour Martin Lipset, *The First New Nation：The United States in Historical and Comparative Perspective*, Garden City, NY：Doubleday - Anchor, 1967.

则是借助于这两类群体。尽管美国民粹主义运动可能包含其特有的思想体系和理论家，但它只能说是一种政治"趋势"或"倾向"而不是一种意识形态。美国政治的"左"派和"右"派都曾有过此类民粹主义运动，尽管事后历史学家都为其贴上了类别的标签，但是这些分类对于解释或者理解美国民粹主义来说作用并不大。美国民粹主义还普遍具有超凡的魅力，其极端的政治领袖在民粹运动拥护者之中激起了崇拜之情，但同时也在政治体系内那些反对民粹运动的人群中引发了恐慌和厌恶之情。[①]

美国民粹主义对当时的政治当局予以周期性反抗，以此来显示其自身的价值。早在18世纪80年代中期的谢斯起义和18世纪90年代早期的威士忌酒叛乱中，美国民粹主义便得以首次崭露头角。19世纪总统大选时，托马斯·杰斐逊通过整合乔治·华盛顿、亚历山大·汉密尔顿和约翰·亚当斯的联邦政体，在南部和边陲之州的美国民众之中广泛传播不满情绪，为其获得19世纪总统大选的胜利助了一臂之力。19世纪20年代后期，安德鲁·杰克逊在边陲领导了另一个民粹主义运动以反抗约翰·昆西·亚当斯总统和亨利·克莱为代表的集权式政治体系。19世纪50年代，人们害怕不断向支持奴隶制的南方妥协会使黑奴制度延伸至西部各州进而威胁"自由劳动"，产生于那时诸如威斯康星、伊利诺伊以及密歇根等西北部边陲之州的基层群众叛乱之中的共和党便是对这种恐惧的回应。[②]

从以上事例中可以看出，叛乱的民粹主义草根运动成功打造了新的主流政党，然而像19世纪50年代共和党代替辉格党这样的事情却再也没有出现在美国政治史当中。南北战争之后，美国民粹主义运动对主流政党以及国家政策走向的改变无疑都产生了很大的影响，但仍没有一次运动能够具备长期的组织能力以取代现存的主要政党。究其原因，很可能是由于美国政坛所发生的结构性变革，比如说在进步时代（1900—1916）相继出台的参选权法案等，由此一个新生的全国性政党要想在一两次选举之后仍维持自身在国内的地位便几乎是不可能了[③]。然而绝不可小觑民粹主义社会运动，它们总是能成功转变美国政治和国家政策的发展方向，并在地区乃至全国范围内产生持久的影响力。

民粹主义社会运动再一次展现其巨大的影响力是19世纪90年代土地革命的爆发，进而促进了一个第三方政党——平民党的诞生以及1896年平民党对

---

① Nicol C. Rae, *The Return of Conservative Populism: The Rise of the Tea Party and Its Impact on American Politics*, 2011.

② Sean Wilentz, *The Rise of American Democracy: Jefferson to Lincoln*, New York: Norton, 2005.

③ Walter D. Burnham, *The Current Crisis in American Politics*, New York: Oxford University Press, 1981.

共和党的取代①。平民党人呼吁从根本上扩大联邦政府的权力以抵制大企业财团。这不仅被更倾向于城市化和中产阶级化的进步运动的政治监管议程所成功效仿，而且在 20 世纪早期对美国政府和两大主要政党产生了深远影响。新政期间，像休伊·朗"财富共享"改革中的激进派、怪异的汤森运动以及民粹主义和反犹太主义电台牧师——库格林神父狂热的追随者们等，这些都成为摆在富兰克林·德兰诺·罗斯福面前的民粹主义挑战。这些运动促使罗斯福在 1935—1936 年转向左翼激进，进而促使社会保障体系的建立和其他干预主义新政措施的出台，以上事实又反过来确保富兰克林·罗斯福在 1936 年谋求总统连任时取得了压倒性的胜利②。20 世纪 40 年代末期至 50 年代初期，约瑟夫·麦卡锡议员宣称，包括共和党人和民主党人在内的整个美国政治体制已经出卖给了共产主义，这一言论如晴天霹雳，引得举国上下一片哗然。作为一场有组织的政治运动，麦卡锡主义的影响尽管在事后看似有些微不足道③，但它仍为美国民粹主义的发展提供了一种严肃而重要的学术文献资料④。然而麦卡锡的反共信息通过约翰·伯奇协会得以保留和发扬，该协会于 20 世纪 50—60 年代在南加州确立了众多的政治追随者⑤，并在发起戈德华特运动中扮演了十分重要的角色。20 世纪 60 年代，伴随着对黑人公民权利的追求和反越战争情绪的高涨，左翼民粹主义运动风潮云起。但在保守民粹主义复苏的这十年当中，贝利·高华德参议员获得了总统提名；基层保守主义运动于 1964 年接管共和党⑥；前种族隔离主义者兼亚拉巴马州州长乔治·华莱士筹办了备受瞩目的竞选活动，他作为第三党派的候选人在 1968 年总统大选的全国普选中保住了 13% 的选票。因美国南部和西部地区的迅速崛起，古德瓦特运动正是对这些地区追求政治权利的一种回应，而华莱士运动则是北部和南部地区由中低层白人和工人阶层选民反对和抵制日渐发展的黑人公民权利运动、城镇种族暴力

---

①　Richard A Hofstadter, *The Age of Reform: From Bryan to FDR*, New York: Knopf, 1955.

②　David M Kennedy, *Freedom from Fear: The American People in Depression and War*, New York: Oxford University Press, 1999.

③　Michael Rogin, *The Intellectuals and McCarthy: The Radical Specter*, Cambridge: MA, MIT Press, 1967.

④　Daniel Bell (ed), *The Radical Right. Garden City*, NY: Anchor Books, 1964. Seymour Martin Lipset, *Three Decades of the Radical Right: Coughlinites, McCarthyites, and Birchers*, *The Radical Right*, Garden City, NY: Anchor Books, 1964, pp. 307 – 446. Richard A Hofstadter, *The Paranoid Style in American Politics*, Chicago: Phoenix Press, 1979.

⑤　Seymour Martin Lipset, *Three Decades of the Radical Right: Coughlinites, McCarthyites, and Birchers*, *The Radical Right*, Garden City, NY: Anchor Books, 1964, pp. 307 – 446.

⑥　Nicol C. Rae, *The Decline and Fall of the Liberal Republicans from 1952 to the Present*, New York: Oxford University Press, 1989.

以及 20 世纪 60 年代中期以校园为基础的日渐兴起的反越战运动[1]。这些运动
为共和党人在 1968—1992 年持续执政奠定了基础，同时还促使了罗纳德·里
根总统任期内美国国家政策的极速右倾化[2]。

---

[1]　Kevin P. Phillips, *The Emerging Republican Majority*, New York：Anchor Books, 1970.

[2]　上述材料来自佛罗里达国际大学的 Nicol C. Rae 2011 年 9 月 1—4 日参加美国政治学协会在华
盛顿西雅图召开的年会上发表的论文——《保守民粹主义的回归——茶党崛起及其对美国政坛的影
响》。本文原文为英文，唐彦林等翻译。

第二章

茶党运动的经济社会动因

2009 年茶党应运而生，引发了美国的一场政治"海啸"。茶党并非严格意义的党派，只是一场草根运动，他们因反对精英政治的权力集中而聚集在一起，自认为是保守派或自由论者。这种现象折射了美国民粹主义抬头的政治倾向。奥巴马上台时美国金融危机加剧，于是通过扩大财政赤字、刺激经济政策，推出一系列经济救助和刺激计划，反而造成美国财政赤字空前膨胀，导致茶党的强烈反对。他们认为，奥巴马政府为了照顾穷人、少数族裔和移民，却损害了多数中产阶级纳税人的利益。茶党运动的直接导火索是奥巴马政府签发的《2009 年复苏与投资法案》等一系列刺激经济措施以及医保改革法案。

第一节　全球金融危机的发生和影响

一　金融危机的发生

震惊世人的全球性金融危机始于 2007 年的夏天，最初只被视为美国次级抵押贷款市场的风波迅速升级并蔓延，由金融市场到实体经济所造成的全部损失仍有待评估。这次全球性的金融危机是历史上第一次与衍生市场紧密联系的金融危机。危机始于美国，由住房抵押贷款市场，尤其是所谓的"次贷"的按揭贷款的市场危机开始，次贷蔓延到优质抵押贷款、商业地产、企业垃圾债券以及其他形式的债务。危机导致银行贷款大幅度减少，而这又对美国造成了严重的经济衰退，使美国经济经历了大萧条以来最严重的衰落。

随着金融危机的不断加剧，2008 年的几个月时间内，花旗集团的银行利润大幅度下降的消息导致了纽约证券交易所交易急剧下降，全球各大股票市场大幅度下跌，随后又经历了一系列的崩溃。一些美国和欧洲的银行宣布其年度业绩巨额亏损。世界最大的证券零售商和投资银行之一的美林银行被收购，雷曼兄弟破产，高盛萨克斯和摩根士丹利寻求援助或破产保护。2009 年第一季度，美国和其他许多国家的经济状况显著下降，同时失业率急剧上升。

二　金融危机发生的原因

危机的直接原因在于美国次级按揭贷款。次级抵押贷款的风险较高，因为它们是提供贷款给有经济问题，或有不可预知的低收入的人，因此往往有更高的利率，可以获取更高的收益。在过去的十年中，银行为大量早前被视为不良信用风险的人提供按揭贷款。因为房价一直在上涨，贷款量也在不断增加。房价上升推动此类贷款，提供的按揭资金越大，越容易导致更大的住房需求。

房地产泡沫有一个双重的效果：不仅使美国消费者对房地产投资有信心，他们的房子的价值上升，从而使他们愿意继续投资房地产业，在银行强大的宣传攻势下，他们采取了第二按揭使用新钱消费支出。然而，1980 年以来，金融监管不断放宽，使监管的作用微乎其微。

从 2007 年 8 月至 2008 年 9 月开始，人们就普遍认为，美国抵押贷款行业对穷人的激励机制导致了问题的产生。许多年以来抵押贷款行业的工作方式发生了很大改变。传统上，银行将募集资金、评估借款人，然后批准的钱借贷出去。如果借款人违约，银行将承担损失。该系统提供了良好的激励机制，银行对借款人的信用进行审慎评估。

随着时间的推移，这一过程和激励机制发生了改变。经纪人和一些银行开始发起并出售证券化，不再是银行持有并发放抵押贷款。这个新的方式被称为"发起和销售模式"。这一模式的第一阶段是由发起者、经纪人和银行支付批准的抵押贷款的数量，以达到能够激励出售尽可能多的抵押贷款动机的人。因为他们将抵押贷款售出了，那么如果借款人违约，就不会是他们的问题。第二阶段是证券化。那些为证券化提供担保的经济实体，例如投资银行，将抵押贷款整合到一起，由于这些贷款来自全国各地，其多样性又使其具有很高的风险属性。那些提供担保的投资银行根据他们拥有的部分将股票划分，导致了风险不同程度的蔓延。资历最浅的沟槽的买家将会首先遭到违约损失，随着违约损失逐渐积累，随着损失的不断扩大，下一个较高级别的买家也将受到波及。因此担保银行就必须在大量亏损波及最高等级买家之前的买家承担下所有损失，这样他们才仍会被评为无风险的 AAA 级别。

然而随着美国经济增长放缓，投资者们赫然发现他们所拥有的东西的价值急剧下降。因此，房价大幅度下跌，按揭贷款者发现他们抛售的房产无法偿还银行的贷款。越来越多的买家没有能力还款和支付利息，越来越多的银行贷款无法收回。所以，一直愿意把钱借给抵押贷款机构的投资银行突然发现，他们正面临着数万亿美元的损失。许多银行基本不再彼此放贷，贷款几乎全部停止，造成"信贷紧缩"。在信贷紧缩情况下，一些企业的生产运行因资金缺乏而中断，进而影响整个经济体系。

此次金融危机，是二三十年来利用信贷投资推动经济发展的不良结果，其爆发不是简单的银行家的错误或贪婪，也不单单是金融工具和金融产品的问题，而是政府、银行家和盲目的投资者多方造成的严重后果。

三　金融危机产生的影响

金融危机不仅影响了金融体系，也影响到了政府经济部门、企业、员工和普通消费者。不仅是经济危机，也给政治、社会、卫生、教育和环境各个方面带来动荡和不良影响。

1. 金融市场的崩溃导致实体经济的下降

金融危机暴露出了全球金融系统的弱点，一些不良金融产品和金融工具无法正常运转，信用体系也开始瓦解。

在银行危机之后，危机传输到其他更普遍的经济领域。现在，贷款收缩这个债务燃料的扩张不再是可能的，经济急剧放缓看起来不可避免。房价下跌也恶化了消费开支放缓，家庭可以不再借用对股票价值上升。

根据联合国的估计，全球产量的年增长率在2006—2007年从4%左右下降到1.6%，在2008年，产量增长的速度到2009年进一步下降至－2%，99个国家人均收入下降。全球失业率大幅上升至2009年的205万人[1]。

受经济危机加剧的影响，2007年和2008年食品和燃料的价格上涨。据联合国粮农组织统计，全世界饥饿人口的数量在2009年达到高峰，打破了一亿人的最高纪录。在经济衰退之后，食品和燃料价格再次上扬。面对多重危机，许多国家都对实现国际商定的发展目标，包括千年发展目标的进展丧失了信心[2]。

2. 全球范围的经济衰退

美国次级抵押贷款市场的崩溃和其他工业化经济体的房地产市场大跳水，在世界各地产生了连锁反应。根据国际劳工组织（2011年）的估计，全球失业率仍居高不下，基本维持在2010年的水平。[3]

全球经济急速衰退，严重扰乱全球经济增长，对实现千年发展目标和其他国际商定的发展目标所取得的进展造成重大挫折。根据联合国的估计，全球产

---

①　United Nations：*The Global Social Crisi*，http：//rio20. net/en/documentos/the－global－social－crisis/.

②　Ibid. .

③　Ibid. .

量的年增长率在 2006—2007 年从 4% 左右下降到 1.6%，在 2008 年，产量增长的速度在 2009 年进一步下降至 -2%①。

欧洲经济共同体国家受金融危机的影响巨大，股票市场大幅下跌，物价飞涨，普通民众对高档商品望而却步。经济不断萎缩，欧元贬值，失业加剧，欧共体国家因自身难保，不仅无法向泥沼中的美国施以援手，而且批评美国经济政策和应对措施不力，给其他国家的经济带来了不利影响。其中，冰岛的经济对金融业依赖严重，因此金融危机使其受到重创。银行系统几乎崩溃，政府不得不向国际货币基金组织和其他国家寻求援助，试图挽救经济。

在全球化的背景下，金融危机也影响到了主要新兴市场经济体，如巴西、中国、印度和俄罗斯等。这些国家面临更严格的国际信贷条件、预算限制、大宗商品价格下降和需求减少。俄罗斯主要的出口产品是石油，在金融危机中石油价格下跌，投资从该国撤出，使俄罗斯经济急剧萎缩。另外，由于新兴市场经济体融入世界金融体系的程度较浅，且在最近几年保持高增长水平，这些国家在全球经济衰退的大背景下将仍然保持相对强劲的增长状况②。

3. 社会危机

金融危机直接冲击到个人的生活，对当代资本主义的生活方式造成巨大冲击。美国人口普查局调查数据显示，国际金融危机爆发后，美国失业率一路飙升到 2009 年的 10%；一年后的 2010 年 9 月，仍高达 9.6%。

经济困境、企业倒闭、通货膨胀大大降低了人们的支付能力，这不仅使还不起房贷的人增多，许多人的生活质量也大大降低了。随着经济危机的不断发展，普通美国民众不断抱怨他们连日常开支都要一再思量、一再缩减的困境。经济方面的剧变使人们看到，这次排山倒海般到来的金融危机可以说是美国经济领域的"9·11"。因此，美国民众开始质疑联邦政府的决策能力，否定美国的国家路线，对社会怀有不满情绪。

在金融和经济危机发生时，家庭往往采取如改变住房条件、改变家庭开支模式等应对。然而，支出的缩减会对教育、卫生和医疗营养尤其是儿童成长产生负面影响，随着时间的推移，在教育和卫生等领域关系到社会进步的负面影响会越来越充分体现，这可能会导致长期的经济紧缩和赤字，从而使贫困延续。

受危机的影响，大量受过高等教育的知识人群沦落为贫困人口，使美国中

①　United Nations：*The Global Social Crisi*，http：//rio20. net/en/documentos/the - global - social - crisis/.

②　Franklin Allen& Elena Carletti：The Global Financial Crisis：Causes and Consequences，http：//www. bm. ust. hk/gmifc/Prof. %20Allen%20&%20Carletti_ The%20Global%20Financial%20Crisis. pdf.

产阶级的分化和困顿更为严重。以前，美国的中产阶级在社会上一直占据中心位置，而近年来经济增长的收益却流向了中产阶级的上层和富豪阶层。经济不景气的情况下，许多中产阶级家庭为了保持生活水准，夫妇不得不双双出去工作，却仍难维持体面生活。美国中产阶级内部贫富差距日益扩大，作为一个整体有"崩溃"的风险。

4. 美国经济霸权陷入"结构性衰弱"

此次金融危机是冷战后美国各种矛盾累积迸发的结果，美国经济霸权陷入"结构性衰弱"[1]。虽然美国的 GDP 总量仍位居世界第一，占全球的近四分之一，远超第二、三位的中国和日本，金融危机造成美国经济大幅衰退，失业率增高，购买力降低，金融体系几近瓦解，严重损害了美国经济霸权的国际信誉，粉碎了人们对自由放任的市场的推崇，降低了美国对国际经济机构的主导力和对全球经济的控制力，美元的霸权地位受到挑战。同时，经济方面的制约也减弱了保障其霸权地位的军事力量的发展。与此同时，一些其他国家和地区，如中国、印度、巴西和俄罗斯等国受金融危机波及较轻，凭借自身人力资源增长和技术管理水平的提升，积极进行改革和合作，对美国的经济霸权形成了挑战。

不仅是经济霸权，整个美国霸权地位都受到了此次金融危机的影响，成为涉及美霸权根基的结构性问题。从大处看，它是冷战后国际体系变迁的应有之局，基辛格"四百年未有之大变局论"、哈斯"无极论"、梅德韦杰夫"多极时代来临论"、萨科齐"相对大国论"等，都出笼于金融危机全面爆发之前，表明"9·15金融海啸"只是体系变迁山雨欲来大势的加速器而已。从小处看，则是冷战后美国几届政府耽于"单极独霸"迷梦、疏于体制变革的必然结果[2]。这令奥巴马政府，以及整个美国都认识到了改革的紧迫性。

尽管从布什政府到奥巴马政府已经采取措施来刺激经济，争取尽快走出危机的泥潭，然而仍然面临低迷的经济状况，居高不下的失业率，普通民众生活艰难，社会阶层分化严重，这些金融危机的"后遗症"在短期内无法根治。在这种情况下，民众会把对生活状况的不满情绪转化成政治诉求。因此，全球性的金融危机与茶党的兴起有着重要的联系。

---

① 袁鹏：《金融危机与美国经济霸权：历史与政治的解读》，http://www.guanchac.cn/Macroeconomy/2011_07_13_58685.shtml，2011.7.13。

② 同上。

第二节　奥巴马的内外政策及失败

一　对内政策

1. 经济政策

金融危机影响了经济实体部门，最终使美国遭遇几十年罕见的经济衰退。在通常情况下，政府会运用货币、财政等宏观政策工具来刺激拉升总需求。然而这次危机的不同之处在于，此前美联储应对金融危机时早已把利率降到接近零值区间，货币政策工具在与危机对抗的前半段就已无能为力。面对实体经济衰退只好主要依靠更具威力的财政刺激工具，因此制定实施美国经济复苏及再投资法案（American Recovery and Reinvestment Act，简称 ARRA）成为奥巴马政府财政刺激的主要措施。

2009 年 2 月 17 日，美国总统奥巴马签署了"2009 年美国复苏与再投资法案"（American Recovery and Reinvestment Act of 2009，简称"ARRA"）而使其成为法律。这一经济刺激计划总额达 7870 亿美元，包括 720 亿美元直接投资和 220 亿美元税收鼓励，主要用于多项针对清洁能源行业的税收优惠规定、补贴、债券和贷款担保。

消费刺激占主导地位是奥巴马刺激经济计划的主要特点。2000 多亿美元减税措施具有明显刺激消费特点。支出总额超过 1400 亿美元用于对州政府"财政平衡"和"财政纾困"，较大部分会用于保留地方政府雇员、维持基础公共服务等消费相关项目。另有近 600 亿美元用于"失业和最困难家庭救助"。因此整体看消费刺激占整个预算一半以上。对基础设施的投资占据较大比重也是一大特点。近 500 亿美元用于高速公路以及隧道、桥梁和铁路等基础设施投资，其中高速公路 275 亿美元，铁路投资如 Amtrak、高速和城际铁路等 93 亿美元。另外投资 140 亿美元用于"公共房屋基金和其他住房补贴计划"。此外，此项经济刺激计划也注重对新能源等新兴领域的投入，直接预算规模约为 450 亿美元，考虑相关投资达 500 亿—700 亿美元。

2. 社会政策

第一，医疗保险改革法案。2008 年美国大选之际，作为总统竞选人的奥巴马指出，要努力为没有医疗保险的民众提供合适的健康计划，构建真正的全民医保体系。这一计划将使政府的权力空前地扩张。自 2009 年 1 月 20 日上任以来，奥巴马便开始力推医改。但由于美国各种利益难以调和，意见难以达成一致，奥巴马的医改之路充满挫折。据美国国会预算办公室称，这一法案将使3200万以前没有医疗保险的美国人享受医疗保险，从而使几乎所有美国人能享受到医疗保险，2010年为83%，到2019年覆盖面达到95%。国会预算办公室还估计，联邦预算赤字将因此在10年内减少1430亿美元。2010年3月23日，众议院以219票赞成对212票反对最终通过了一个全面改革美国医疗保健系统计划签署成为法律的提案。美国总统奥巴马在白宫签署了医疗保险改革法案，美国民主党人通过多年努力终于取得了实现全面医改目标的标志性胜利。"对美国人来说，我们今晚将为我们的国家创造历史和进步，"议长南希·佩洛西（Nancy Pelosi）投票前不久宣布，"今天，我们有机会完成我国伟大的未竟事业。"然而，这项民主党通过的法案没有一个共和党人投赞成票，在投票时公众对于社会的整体努力方向仍存在很严重的分歧，这很有可能结束了一些投票人的政治生涯。"如果我们通过这个法案，将没有回头路"，少数党领袖博纳发出警告，"这将是对美国人民的最后一根稻草"。①当前美国的医保改革方案可以归纳为三部分内容：一是扩大享受医疗保险公民的范围，帮助解决低收入家庭和老年人的医疗问题。根据医改方案，在2019年年底将有超过3200万没有医保的人拥有医疗保险，即在9年期间将医保覆盖率提高12%，将年收入1.5万美元的约1600万人纳入医保体系内，允许为已经患有"癌症"和"心脏病"的申请人投保或续保，并向一部分老年人提供"处方药补助"。二是向高收入群体增加征税。由于美国政府将投入9400亿美元用于医改，政府将对年收入超过20万美元的个人和年收入超过25万美元的家庭加征个人所得税，税率将从原来的1.45%提高至2.35%，为医疗改革提供资金保障。三是对未购买医疗保险者进行罚款。医改方案要求每一名美国公民都要参与医疗保险，用人单位也必须为员工投保，否则政府将对个人和用人单位施以罚款。

第二，移民改革。非法移民问题是长期以来困扰美国社会的一大热点问题。美国的移民问题成因复杂，牵涉面广，随着美国经济形势逐渐好转，美国的非法入境的移民人数有所上升。皮尤美研究中心（Pew Research Center）发布报告称，美国非法移民的总人数从2009年的1130万人小幅上升至2011年的1170万人②。大部分非法移民来自墨西哥，而随着墨西哥裔及拉美裔移民数量的不断增大，拉美裔选民对选情的影响力也令两大政党不得不对移民问题高度重视。奥巴马在第一任竞选期间就提出了移民改革方案，承诺当选总统

---

① Kimberly Amadeo：*Obama's Health Care Reform Bill Passed - TIME*，http：//content. time. com/time/politics/article/0，8599，1973989，00. html.

② 新迹象显示美国非法移民数量上升，墨裔占52%。http：//www. sinovision. net/portal. php? mod = view&aid = 267414。

后就将改革美国的移民政策，改善移民的社会地位和生活条件。上台后，他推动 2001 年就已提出的《非美籍未成年人发展、救济和教育法案》（即"梦想法案"），法案主要内容是，16 岁以前非法赴美、在美连续生活 5 年且无犯罪记录的非法移民，若能够取得美国高中学历或 GED（一般教育发展考试）证书，就读大学或服兵役两年，就可以申请取得在美国的合法身份。奥巴马在讲话中说，宣布的新政策，将修补国家的移民政策，使其更加公平，更加高效和更加公正。此项法案在 2010 年 12 月虽获得众议院通过，在参议院的投票中却未能通过。奥巴马在 2012 年谋求连任的总统竞选中一直承诺将推行移民政策改革。他在自己首个任期内并未推动从立法层面改革现有移民政策，但在第二届竞选白热化阶段通过行政手段暂缓遣返部分年轻非法移民。

二　对外政策

1. "巧实力"理念的提出

"巧实力"概念最早是由美国学者苏珊妮·诺瑟于 2004 年《外交》杂志上发表论文《巧实力》中提出的。"9·11"事件发生以后，布什政府发动伊拉克战争将美国拖入战争泥潭，对内增加了美国社会的不稳定因素，对外使美国外交形象受损。诺瑟在文中指出："必须实行不仅能够有效打击恐怖主义，而且能长远发展的外交政策，通过灵活运用各种力量，在一个有稳定盟友、机构和框架内扩大美国的利益。必须设立一个能够将所有力量和资源组合起来，可以坚定务实地应对挑战、捕捉机遇的路线。这种政策能平息美国公众的不安，统筹缺乏协调的政府部门，在全球实现美国的目标。"[1]

布什政府严重依靠硬实力的安全政策和外交政策引起了其他国家的惶恐和反美情绪，不仅破坏了美国的对外形象，更损害了美国的安全和外交利益。同时，世界形势发生了重大变化，国际挑战增多，美国的实力和影响力也相对下降。在大选中抨击小布什外交策略、承诺改善美国形象的奥巴马总统执政后，采取了更具有灵活性的巧实力外交战略，以此指导美国的对外战略。这是奥巴马吸取前任教训，继承和发展美国外交传统的新的外交理念。

巧实力战略的提出，立刻吸引了全世界的目光，而巧实力战略的实施，也确实扭转了美国的外交颓势，摆脱了国际困局，重塑了美国全球领导者的角色与形象。巧实力战略并非只是美国部分学者和智库的意见与建议，而是美国主流战略界的共识，并且已得到了美国军政界的认可。奥巴马政府巧实力战略的出台，也并不是因为奥巴马政府喜欢巧实力，而是形势使然，是美国在布什政

① Suzanne Nossel, "Smart Power", *Affairs*, Vol. 83, Issue2, p. 131, March/April 2004.

府凸显硬实力做法受挫而导致美国国际声望和影响力下降，为应对国际反美主义浪潮、应对金融危机和经济衰退以及进一步保障美国国家安全、维护美国全球主导地位的综合考虑和选择。

总体来看，奥巴马政府"巧实力"战略的核心内容就是通过软硬实力的结合，综合利用外交、经济、军事和文化等诸多可行手段，突破外交瓶颈，提高美国的软实力，弥补硬实力的相对不足，稳固并发展其在国际社会重大事件的领导地位，实现美国的对外战略目标。奥巴马上台后即宣布会尽早结束伊拉克战争，向卷入反恐战争的相关国家示好，展示与伊斯兰国家友好交往合作的诚意，改变伊斯兰世界与美国的对立局面。同时，一改布什政府在处理国际事务方面依靠硬实力与国际主流相背而行、一意孤行的行为，巩固欧美的传统伙伴关系，拉近与拉美各国的伙伴关系，重视发展与俄罗斯和亚洲国家的关系，加强多边合作，发展对外援助，灵活运用"巧实力"开拓外交新局面。"巧实力"的理念不仅包括外交战略方面的调整，也延伸到了美国的内政改革方面，体现在着重解决经济衰退带来的失业问题、积极推进医疗保险改革、推行新能源技术等方面，旨在获取民众对政府的广泛支持，提高社会的凝聚力，进而提高美国的软实力。

然而，我们必须认识到的是，美国的"巧实力"战略虽然表现出对他国示好、寻求广泛合作共同协商、推动世界和平进步的姿态，并不意味着美国真正想要放弃全球霸权政策，只是其面临外交困境和金融危机沉重打击、其他大国发展迅速、自身实力有所下降多重因素同时施压下的暂时性的外交战略调整。

2. 在单边主义和多边主义的关系上，突出多边主义

布什穷兵黩武的"单边主义"对外政策使美国卷入外交困境，奥巴马明确放弃"先发制人"战略，在军事问题上态度更谨慎，体现了奥巴马奉行"多边主义"的执政理念，放弃滥用武力，重视对话合作和多方协调。奥巴马强调，美国面临的主要问题和威胁无法通过一个国家单独解决，甚至无法通过与传统盟友的合作得到解决，其他国家也不应期待美国一国解决世界范围内的重大问题，而是必须通过美国与大多数国家和国际组织的协调合作来解决。奥巴马政府突出了与传统盟国加强合作、与新兴大国广泛接触、与"敌对国家"积极对话的外交风格，努力构建"全面接触"的新型国际关系。由于多边主义的全球性，多边主义政策在美国外交方面的密集运用可以获得巨大的回报。

奥巴马努力修复因伊拉克战争而受到损害的美国与伊斯兰国家之间的关系，重点定位美国在伊拉克战争和阿富汗战争中的地位，保证不与伊斯兰国家

发生战争，修复双方破损的信任关系。

奥巴马发起了两项新的以美国为首的多边倡议，即开放性政府伙伴关系和全球反恐论坛。开放政府伙伴关系（OGP）寻求确保全球各地的透明的政府运作。OGP 的八个创始国分别是美国、英国、南非、菲律宾、挪威、墨西哥、印度尼西亚和巴西。主要原则包括增加无障碍的政府信息，支持政府一视同仁的公民参与，政府在促进职业操守、利用技术来促进开放和政府的问责性。全球反恐论坛于 2011 年 9 月 22 日在纽约启动，包括中国在内的 29 个国家以及联合国、欧盟代表与会。该论坛的四个主要目标有：探索如何发展司法系统"植根于法治"，有效地打击恐怖主义，想方设法加强薄弱环节（如边境安全）被恐怖分子利用，确保动态、战略思维和行动的反恐努力[1]。

奥巴马虽表面上大肆宣称其多边主义的外交政策，但实际并未与布什政府的单边主义和"先发制人"战略完全决裂，而是明确保留了单边行动的权利，只是比布什态度略有缓和，强调使用武力之前会努力尝试其他方法，并对动武的风险与成本进行谨慎评估，承诺遵守使用武力的国际标准。此外，奥巴马正试图借此让更多国家承担所谓的"全球责任"，减轻美国负担，意在以退为进。因此，奥巴马所谓的多边主义，实质是在美国主导下的多边主义，仍然要求参与国际体系的各国服从美国的战略意图，这和真正意义上的多边主义相差甚远。

3. 反恐策略由进攻向防御转变

自 2011 年 5 月本·拉登被击毙，奥巴马政府全面调整反恐战略。由于美国经济的衰退和复苏情况的不明朗，美国政府已无法继续承受全球性大规模反恐需要的巨额开支，而击毙本·拉登这一美国十年反恐的标志性事件，正好为美国向防御型反恐转变提供了契机。另外，近几年美国本土滋生的极端和恐怖分子频现，并先后策动了多起恐怖案件，成为美国社会一大不稳定因素，而境外恐怖分子对美国进行恐怖威胁的事件则很少发生。由此美国也认识到巨大付出下进行的反恐战争不能增强本土安全，将反恐的重心由境外的反恐战争转为境内的安全巩固。同时，美国境外反恐模式也正在发生转变，逐步制定低成本高回报的反恐策略：一方面在前沿部署军事力量建立军事基地；另一方面继续寻求和巩固可靠的地区盟友和反恐伙伴。

2011 年 6 月，美国出台新的《国家反恐战略》，强调收缩反恐战线，缩小打击范围，军事上重点打击对美威胁较大的"基地"组织及其分支，将摊子

---

① Steve Jones, *What is Multilateralism*, http：//usforeignpolicy. about. com/od/introtoforeignpolicy/a/ What‑Is‑Multilateralism. htm.

铺得很大的全球反恐战争重新定义为局部特种反恐，强调运用情报战、特种作战和无人机打击，以实现低成本高效反恐。8 月，美国政府又颁布《授权地方伙伴以防止在美国的暴力极端主义》，将防范极端思想渗透和铲除境内暴力恐怖分子滋生土壤为优先任务，打造政府组织和社区参与的国民防恐体系。12 月，美国政府再推出"反恐战略执行计划"，要求联邦政府各部门加强与社区紧密合作，密切监控和分析互联网与社交网站影响，防止"基地"分子在美国本土招募人员①。

4. 重返亚太

2011 年 11 月，奥巴马进行了其长达 9 天的亚太之行，在这些地区申明美国是太平洋国家，阐明了东南亚地区对美国经济复苏的重要意义，宣传了自身的安全合作观念和经济合作意向，宣布在澳大利亚驻军扩大了美军在东南亚的军事部署并以强硬的语气向中国施压。2012 年 12 月，奥巴马竞选连任成功后，将亚洲定为首访地区，并在出席东亚峰会前顺访泰国、缅甸和柬埔寨三国。这一系列行为表明，美国正在将战略重点转移向亚太地区，也就是说确立了"重返亚太"战略。

美国这一战略调整主要考虑到以下几个原因：第一，在中东和北非地区，美国已损耗巨大，继续纠缠也没有更多获利，为避免在泥潭越陷越深，应该尽快抽身。第二，全球性的金融危机后，美国经济大受打击。来自世界银行的统计数据，东亚和太平洋地区的经济增长在 2012 年达到了 7.5%，而全球经济增长仅为 2.2%。该地区对世界经济增长的贡献率达到 40% 以上。如果延伸到整个亚洲地区，它已经超越了 50%②，美国希望通过加强国际经济合作带动本国经济的复苏。第三，中国迅速发展，在亚太甚至世界范围内影响力逐步扩大，被美国看作其全球主导地位的潜在威胁，虽然事实上中国与美国的差距十分明显，但奥巴马仍需以制约中国发展来维护亚洲盟友利益，稳固自身地位。

因此，美国基于战略意图和经济意图两方面的考虑，将侧重点转向亚太地区：一方面为中国的发展设置障碍，努力消除可能改变区域格局、威胁地区主导权的潜在对手，提高亚洲盟国对美国的支持和信任度，巩固同盟的区域利益；另一方面，充分开发亚洲这一美国的巨大市场，推动跨太平洋伙伴关系（TPP）的谈判，确保美国在亚太地区经济的主导权，实现经济收益，重振美

---

① 《从本·拉登被击毙看美国反恐战略的转变》，http：//gb. cri. cn/27824/2011/12/16/5311s3481305. htm。

② Chen Jimin, *Double Intentions of Obama's Asia - Pacific Rebalance*，http：//www. chinausfocus. com/foreign - policy/double - intentions - of - obamas - asia - pacific - rebalance/.

国经济，甚至成为亚洲经济的主宰。

三 奥巴马内外政策的失败之处

1. 财政赤字问题严重

金融危机以来，美国联邦政府的财政赤字数额巨大，2009财年一度达到创纪录的1.41万亿美元。之后三年虽有所好转，但仍超过万亿美元：2010财年12940亿美元，2011财年12990亿美元，2012财年10870亿美元。直到2013财年才减至9730亿美元。

究其原因，首先是全球性的金融危机降低了联邦税收。随着经济的重挫，税收也随之凋敝，从2007财年的25680亿美元的政府收入的历史最高纪录，下降至2009财年的21000亿美元，经过2012财年也未能恢复，仅达到24500亿美元①。然而美国政府将更多的资金投入"9·11"事件以来对美国产生的影响上，而不是积极应对金融危机上面。2007年经济衰退前用于反恐战争的财政支出是6710亿美元。尽管发生金融危机，国防和安全的相关支出却在财政收入减少的情况下仍然有所增加：2008财年6860亿美元，2009财年8080亿美元，2010财年8510亿美元，2011财年8470亿美元，2012财年8100亿美元，2013财年7870亿美元②。

不能忽视的是，使财政赤字愈加严重的是奥巴马上台以来的经济刺激计划和社会福利保障支出。耗资7870亿美元的经济刺激计划于2009年3月推出。这是扩张性的财政政策，推行减税，延长失业救济金，并资助公共工程项目创造直接就业机会。这一财政政策虽然是带动经济走出困境的需要，但也加大了财政负担。医疗保险和其他经授权的方案自2011财年已经超过每年20万亿美元，这些款项消耗了每年大部分的收入。

2. 债务问题令世界担忧

美国国债是指由联邦政府所欠的所有未偿债务的总和。截至2013年10月17日，美国国债数量达到了17万亿美元（确切数字是17075590107963.57美元）。由此美国是全球债务最大的单一国家（与包含28个国家的经济联盟欧盟持平）③。国债中近三分之二的公共债务，是民众、企业和外国政府购买持有的美国国债、票据和债券。其余的是政府和政府账户持有的证券，其中大多

---

① Kimberly Amadeo, *Current U. S. Federal Budget Deficit*, http：//useconomy. about. com/od/fiscalpolicy/p/deficit. htm.

② Ibid.

③ Francis E. Warnock, *How Dangerous Is U. S. Government Debt*? http：//www. cfr. org/financial - crises/dangerous - us - government - debt/p22408.

数被社会保障和其他信托基金持有。

借债在短期内可以使经济状况好转，民众也可以从用于提高福利的赤字开支受益。然而，从长远来看，越来越多的联邦债务像驾驶与急刹车，进一步减缓了美国经济。因为债务持有人想要更大的利息支付，以补偿他们认为的危险增加。利息的增加不仅会大大提高未来政府借贷的成本，也会威胁到房地产的复苏和其他对利率变化敏感的领域。一旦美国因为没有偿还能力而违约，将会导致美元的大幅贬值，股票和金融市场随之崩溃。由于世界经济的紧密联系，加之超半数的美国国债被外国所持有，世界经济也会随之再次陷入大萧条。这都令美国国内和整个世界为美国对巨额债务的承受度和可控度担忧。

3. 医疗保险改革法案引发的社会争议

奥巴马坚持不懈推动的医疗保险改革终于在坎坷和质疑之中得到确定，然而这项旨在更广泛地提高公民医疗保障福利的法案并未得到广泛的认可。

首先，向高收入人群征收更高税额的赋税来补贴低收入家庭的医保，由此带来的税收变化引起了增税群体的不满。其次，医保体系的改革，扩大了医保范围，政府对此加大了财政投入，面对美国财政赤字严重、债务沉重的现状，不少人认为拿出大量资金投入到周期长见效慢的项目中无疑使财政状况雪上加霜。最后，医疗法案不仅是强制个人购买保险，也要求具有 50 名或以上员工的公司为工人提供健康保险或支付员工税。随着美国经济的逐渐复苏，美国企业招聘增速强劲，但问题在于，新增岗位中有四分之三为兼职，而且许多为低薪岗位。原因就是由于医疗法案的规定，很多中小企业不愿雇佣全职员工，因为要承担员工的健康保险支出。另外，医改法案突出了政府对医疗市场的管理，与美国人一直比较推崇的自由市场观念相违背，这也加深了民众对政府的质疑。

4. 反恐未能根除，成本收益难以平衡

在奥巴马任期内，美国击毙了"基地"头目本·拉登，可以说是取得了美国反恐斗争的标志性胜利，但不得不承认的是，这并不是从根源上解决了恐怖主义问题，恐怖主义威胁仍需戒备。在巴以问题上，美国偏袒以色列的做法容易遭致巴勒斯坦极端分子对美国的怨恨和报复行为。特别是 2013 年 4 月 15 日发生的波士顿爆炸案，更凸显了美国偏重境外的不足和保障境内安定的艰巨性，使美国面临对外反恐兼顾内部反恐的双重压力。

奥巴马的反恐斗争除了未能从根源上解决恐怖主义问题外，其付出的代价与收益也难以平衡。财政赤字数额巨大，债务问题令人忧心忡忡，但美国仍为扩充军事力量花费巨大。

本·拉登被击毙后，民众对奥巴马的支持情况有所改善。2011 年 5 月 12—15 日，《今日美国》盖洛普民意调查结果显示，如何处理本·拉登之死是美国人对奥巴马评价效果的关键问题。击毙拉登之后，奥巴马的总体支持率从事件发生前的平均 44% 上升至一周后的 51%。尽管他的整体支持率和许多问题上的支持率都上升了，但鉴于他对经济问题和财政赤字问题的表现平平，美国民众并没有全面提高对奥巴马的评价。[①]

美国的大多数人认同奥巴马总统处理恐怖主义、阿富汗局势和外交事务的方式。这跟大多数反对他解决经济问题和联邦预算赤字问题的方式形成了对比。这表明，在当前形势下，美国民众并不能因为某些反恐成果就容忍政府在解决经济问题方面的无力，长此以往，这样的反恐成果也无法冲淡民众的不满情绪。美国需要考虑，在巨大的财政负担下如何平衡反恐代价与收益平衡这一现实问题。

第三节 美国社会各阶层的新变化和政治力量的新组合

一 美国的社会阶层

1. 美国社会阶层的划分

关于美国社会阶层一直有着很大的争议，而对于阶层的定义也有许多不同的观点。有人以财富、收入、教育程度、职业和社交网络为基础将美国社会分为上层阶层、中上层阶层、中低收入阶层、工人阶层和低下阶层六个层次。上层阶层，是在社会阶层中的最高社会经济支架，并通过其成员的巨大财富和权力来定义。中上阶层，指的是中产阶级内部的人具有高学历、高薪水、高地位的工作。中低收入阶层，是那些有教育和舒适的薪金，但与下面的上层中产阶级的社会经济状态有相当差距。工人阶级，是由个人和家庭与低学历、低地位的职业，并低于平均收入。低下阶层，包括那些在社会经济阶层低学历、低收入、低社会地位的职业的底部[②]。

许多美国民众认为可分成三个阶层，分别是"富人""中产阶级"和

---

① http：//web. b. ebscohost. com/ehost/detail？ sid = c735ce3b - f7a4 - 44e5 - 8563 - 064b4618571f%40sessionmgr114&vid = 3&hid = 113&bdata = Jmxhbmc9emgtY24mc210ZT1laG9zdC1saXZl#db = buh&AN = 62665997.

② Boundless, *The Class Structure in the U. S*, https：//www. boundless. com/sociology/stratification - inequality - and - social - class - in - the - u - s/the - class - structure - in - the - u - s/.

"穷人"。其他许多更复杂的社会阶层模型将分类扩展为十数种等级；也有观点否认美国存在社会阶层之分。大部分的定义是依据财富、收入、教育水平、职业类别以及是否参与特定的次文化或社交圈来区分一个人所在的社会阶层①。

据美国梦的逻辑，美国社会精英和阶级的确认基于其个人成就。也就是说，一个有资格成为特定的社会阶层的人是基于他们的教育和职业成就，因此，一个人所属的阶层是可变动的。

2. 美国社会各阶层发挥的影响

每一个社会阶层具有特定的文化特质，如不同的消费观念和社交方式，从而加强不同阶层之间的分隔。

上层阶层，即所说的"富人阶级"是公认"顶级"或"精英"类社会阶层，只占不到1%的人口却掌握了国家约40%的财富。上层阶层是地位最稳定、最具权势的集团。上层社会的成员建立精英社交俱乐部，这些组织在创造其内部凝聚力和排他性方面发挥了重要作用。通过这些组织机构，上层阶层的成员之间可以交换信息，发展共识，进而合作，创造更多的财富。上层阶层拥有和控制大企业，与众多跨国公司和海外机构有着密切联系，他们的行为对国家乃至世界的经济状况产生着影响。上层阶层的成员有影响政治选举的能力，许多有影响力的政治人物出自其中，因此可以说，上层阶层在一定程度上也支配着联邦政府的行为。

关于美国中产阶层的划分和限定，一直没有明确的标准，有以家庭年收入8万美元以上划分的，也有按拥有的房产和汽车、教育医疗支出、休假时长及费用等划分的，总结起来就是生活水平和社会地位处于社会中间部分的人群。综合各种标准，约有40%的美国人属于中产阶层。美国的中产阶层虽然没有像上层阶层一样集中掌握社会财富，但中产阶层人群所占比例重大，几个世纪以来美国中产阶层成为社会的支柱，其显著贡献是使美国成为今天世界上占主导地位的经济体。中产阶层也成为美国大多数选民的代表。

政府每年根据当年的通货膨胀率和居民消费价格指数，根据一个家庭的人口数和年收入划定贫困线，如2013年的标准是一个三口之家的家庭年收入在18552美元以下，一个四口之家的家庭年收入在23836美元以下②。美国人口普查局2012年11月公布的数据显示，至少16%的美国人生活在贫困线以下，

① Wikipedia, *Social class in the United States*, http：//en. wikipedia. org/wiki/Social_ class_ in_ the_ United_ States.

② 数据来源：http：//www. census. gov/hhes/www/poverty/data/threshld/index. html。

其中包括美国儿童的近20%①。几年来美国的贫困人口不断呈上升趋势，特别是少数族裔和青少年儿童所占比重更大。贫困人群主要是靠工资生活而且不处于领导岗位的普通工人阶层，当然也包含数量相当大的无固定职业者。贫困人群需要接受政府的食品和医疗救济解决温饱问题，没有住处的贫困者需要住进政府的收容住所，有的甚至流浪街头。这部分家庭的儿童和青少年自然也无法接受到良好的教育，其营养健康问题令人担忧。贫困人口的增多成为奥巴马政府亟待解决的又一难题。

二　金融危机后各阶层的变化

1. 社会各阶层贫富差距拉大

金融危机爆发以来，金融部门的崩溃蔓延到实体经济，大批工厂倒闭，通货膨胀加剧，失业率一度达到10%。这使民众收入减少、支出增加，普通工人阶级的生活水平下降，社会底层的贫困人群陷入困境。2010年美国贫困人口达到4620万人，为52年来最高。

1976年，最富的1%的美国人收入占所有美国人总收入的9%，到了2010年则占24%；2007年，最富的400个美国人拥有净资产1.5万亿美元，最穷的1.55亿美国人的净资产也不过1.6万亿美元，也就是说，400个最富的人几乎富敌半国；2007年，1%的最富美国家庭的净资产占全国私人财富的34.6%，紧随其后的19%的家庭拥有50.5%的财富，也就是说，最富的20%的家庭拥有全国85%的财富，80%的其他人只占有15%的财富②。

2010年的人口普查报告（The 2010 census report）表明，自1998年以来，美国富人阶层的家庭年收入在增长，底层家庭的年收入却在降低，而且增长的数额约是降低的数额的三倍。

2. 中产阶级呈现衰落趋势

受金融危机的波及，美国中产阶级经济增长呈现下降趋势，特别是他们的收入停滞不前和他们对工作的不安全感增加。如今美国中产阶级家庭的收入比10年前要少，甚至比20年前也仅增加一点点。而失业率因经济衰退增加了一倍，这使中产阶层对经济产生的不安全感比那些失去了工作的工人更多，因为他们更忧心于步入贫困阶层的险境。

由于次贷危机引发了房地产危机，美国的房地产大幅贬值，这导致房地产

---

① Census, *U. S. Poverty Rate Spikes*, *Nearly 50 Million Americans Affected*, http：//washington. cbslo-cal. com/2012/11/15/census－u－s－poverty－rate－spikes－nearly－50－million－americans－affected/.

② 朱为众：《美国的阶级和阶级斗争》，《新财富》2011年11月刊，2011年11月28日。

投资者的资产大幅缩水。截至 2011 年 3 月，由于房价的下跌，房地产资产仅为 2006 年的一半，从 12 万亿多美元缩减为 6 万亿多美元。其中中产阶层受到的冲击最大，因为中产阶层将房地产投资视为主要的投资方式，他们资产的重要部分就是房地产的净资产。纽约大学的一项研究指出，美国最具代表性的中产阶层（即最中段 20% 的美国家庭，不包括中上阶层）的净资产在 2001—2007 年每年平均增幅仅为 2.4%，但在 2008 年和 2009 年的两年之间却大缩水 26.2%①。这些都反映了金融危机后美国中产阶级经济状况的恶化。

另一个显著表现是美国中产阶级作为一个群体在社会总人口的占有比重在下降。在金融危机冲击下，贫困人口增多，中产阶级人口的数量自然减少。比重的减少不单单是简单的数字变化，更多影响的是中产阶层对整个社会的影响力以及政策对本阶级的偏重程度。

普林斯顿大学经济学教授克鲁格曼在《中产阶级美国的终结》一文中感叹，二三十年前，美国的中产阶层占据社会中心位置，可最近几年来，经济增长的收益却流向了中产阶层的上层和富豪阶层②。经济状况的恶化，资产的缩水，社会比重的降低，都使中产阶层面临生活质量下降、生活方式转变，甚至影响到了受教育的环境和未来的发展。

三　政治力量重组

1. "草根"阶层觉醒，政治参与度提升

由于各阶层财富的悬殊日益凸显，贫富差异愈加明显，阶层之间的鸿沟越来越深，社会的下层阶层甚至中间阶层越来越为自己身处的不公平社会地位感到不满。他们认为，处于社会顶层的 1% 的人群却掌握了 40% 的社会财富，更严重的是，政府不仅不解决财富集中这一问题，反而对富人维护和偏袒，在当前经济体制下，财富从中产阶层和穷人流向富人阶层。这 1% 人群没有把利润投资在提供工作岗位和生产更多需要的产品和服务上，而是将财富继续用于收购兼并和更多投机上。诺贝尔经济学奖得主约瑟夫·斯蒂格利茨指出："因金融系统过错造成的损失正由社会均摊，收益却进入私人腰包。这不是资本主义，不是市场经济，这是扭曲的经济。长此下去，美国将不能实现增长，不能建立公正的社会。"③

---

① 朱为众：《美国的阶级和阶级斗争》，《新财富》2011 年 11 月刊，2011 年 11 月 28 日。

② 周宏：《后金融危机时代资本主义社会的新变化》，http://www.qstheory.cn/zxdk/2011/201109/201104/t20110428_78797.htm。

③ 《美草根阶层抗议决策机制失灵 尝试更新美国政治》，http://news.xinhuanet.com/2011-10/08/c_122125680.htm? prolongation = 1。

因此，处于社会中下层的草根阶层认识到必须发出自己的声音，与现有政治经济政策抗争才能维护自己的福利，保证自身的社会地位和未来发展。其中，最引人瞩目的事件是"茶党"的创立发展和"占领华尔街"运动。

茶党最早起源于1773年"波士顿倾茶事件"时的"波士顿茶党"。2009年，在金融危机打击下，美国经济衰退，失业率居高不下，而普通民众却仍然要承受高额的税负，在此情况下，"草根"阶层开始反对政府高支出预算和高税收的运动，新"茶党"运动就此展开。"茶党"运动的抗议活动已经在全美蔓延开来，成为一股不容忽视的新兴政治力量。

"占领华尔街"开始于2011年9月17日，当时有将近1000名示威者在纽约华尔街举行抗议活动。抗议者矛头直指美国的经济体制，谴责华尔街金融机构的腐败贪婪的投机行为导致了金融危机的爆发，而在经济陷入困境的当下却能坐享政府的经济援助。抗议活动不仅扩展到了纽约以外的多个美国主要城市，还蔓延到了捷克、法国、加拿大、日本等国。通过一系列声势浩大的抗议活动，美国"草根"阶层谋求自身利益和社会影响，引起了美国国内和国际社会的广泛关注。

2. 独立选民重要性凸显

独立选民，在美国通常被称为无党派选民，是指不从属于某一个政党的选民。独立选民在投票时考虑的是支持哪个候选人的问题，而不是政治意识形态或党派。独立选民对政党没有长久的忠诚和认同，不会一直投票给同一政党的候选人。

与忠诚于民主党或共和党的选民相比较，独立选民对政府的决策抱有更多的怀疑态度。他们认为政党的政治活动究其根本都是在维护自身集团的特殊利益，而不是从民众角度出发考虑整个社会的福利。基于这种怀疑态度，独立选民在选举中不会因为对某一政党的忠诚而投票，而是根据某一政党的当前政策和候选人的能力及魅力进行选择。尽管在他们心中可能对某一政党的政策有很大程度上的认同，但仍不会认定自己就是这一政党的选民。

在过去，美国人对于政党有很大的依附性和忠诚度，但随着公民权利意识觉醒，更多的美国人不再坚信政党可以维护全体民众的利益，首先是对政党的政治意图产生怀疑。2012年1月公布的一项盖洛普民意测验显示，确定自己是独立选民的人数已经上升到了40%，是盖洛普所测量到的最高水平；其次是民主党和共和党的选民，分别为31%和27%[①]。无党派人数的激增表现了

① Stephen Kaufman, *Who are America's Independent Voters? Why are They Crucial?* http://iipdigital. usembassy. gov/st/english/article/2012/04/201204133847. html? distid = ucs#axzz2vKef4HgB.

民众对于当前政治党派的争斗的不满，两大政党之间的僵局无疑对政府的正常运作、社会秩序的稳定和公民的利益产生不良影响。

由于独立选民所占比例最大，两大政党在选举中都会努力争取他们的支持，在竞选中提出他们更易接受的政策条件。因此可以说，独立选民很大程度上影响着美国大选的结果和政策选择。

第四节 美国新社会运动的产生及其影响

一 新社会运动

1. 何为新社会运动

新社会运动（NSMS）是一种社会运动的理论，用来描述自20世纪60年代中期（即在后工业经济）起在西方社会发生的新一轮有别于工业经济时期的社会运动。新社会运动理论有两个核心主张。其一，后工业经济的崛起推动了新社会运动发生发展的浪潮。其二，新社会运动的目标与工业经济以前的社会运动有显著不同。新社会运动关注的焦点是涉及社会文化方面的问题而不仅是经济方面的问题。

2. 新社会运动产生的背景

"二战"后，西方国家的政治民主化得到了大力发展，政府决策的开放性增强，公民有了更多表达自身诉求的渠道，政治参与度提高，公民与政府有了更多的互动。同时，在经济上，实现了经济的快速发展，社会经济的多元化和产业结构的升级促进了社会阶层的分化重组，社会矛盾也不再按照阶级斗争划分。社会政治经济发展的同时也不可避免地带来许多复杂的矛盾，例如公民对政府职能的质疑、社会资源分配的不公、贫富分化严重、经济发展和环境保护之间的矛盾突出等。

新社会运动出现还与"二战"后东西方社会关系以及全球化的发展趋势密切相关。在冷战时期，形成了苏联和美国两个超级大国主导的世界格局，它们在国际领域采取霸权行为和实施军备竞赛，给世界的和平与发展制造了不安的气氛[①]。

此外，全球化程度逐渐加深，一些全球性问题受到了世界的广泛关注，反全球化运动、环保运动就此产生，这也是新社会运动能够迅速蔓延的原因

---

① 高春芽：《新社会运动的形态特征及其治理效能》，《国际论坛》2009年第3期。

之一。

3. 新社会运动的显著特点

新社会运动的显著特点是，它们主要表达的社会和文化方面的诉求，其次才是政治诉求，其核心出发点是谋求工人阶级的公民权与工人运动不同，新社会运动致力于通过文化的创新，带来新的生活方式的发展和公民身份的转变。

新社会运动也强调"后物质价值观"在当代和后工业社会中的重要作用，反对物质资源的竞争。换句话说，当代社会运动通过追问与成长、进步和生产力提高密切联系的对幸福和成功的追逐相关的现代观念、通过推销一种和社会生活有关的社会价值与替代观念来反对物质社会的资本主义的消费主义观念[①]。例如 20 世纪 60 年代末在世界各地尤其是在美国和北欧发展迅速的环保运动，给人们带来了对经济、社会和自然之间的关系的"戏剧性逆转"。

新社会运动都是在民间社会或文化领域作为其集体行动的主要舞台，而不是在国家层面的工具行动。工具行动，是评估实现某一目标的后果和代价以及实现的各种手段后竭力推行的社会行动[②]。

另外，旧的社会运动，即工人运动，其先决条件是工人阶级基础和意识形态，而新社会运动则有一个包含不同层次人群的社会阶级作为基础，即"新阶层"。

二　美国新社会运动的发生和影响

2008 年全球性的金融危机爆发以来，从 2009 年"草根"阶层的"茶党"成为一股不可忽视的运动到 2011 年爆发的"占领华尔街"运动席卷全美甚至影响世界，这一系列运动都表明，近年来美国的社会运动走向了一个高峰。

1. 美国新社会运动发生的原因

金融危机带来的经济困境确实是社会运动来势汹汹的重要推动力量，但并非其根源，运动参与者所针对的高失业率、高税负、贫富分化严重、社会分配不公等问题也不单是从金融危机开始产生的，而是几十年来社会政治经济问题累积的结果。

---

① Boundless, *New Social Movements*, https://www.boundless.com/sociology/social‐change/social‐movements/new‐social‐movements/.

② Wikipedia, *Instrumental and value*‐rational action, http://en.wikipedia.org/wiki/Instrumental_action.

　　早在 20 世纪 80 年代里根政府时期推行新自由主义政策之后，美国基本是在这一框架内制定政策的。"新自由主义"政策主要包括以下几个主要方面：倡导自由市场的作用，鼓励竞争，减少国家的干预；削减公共事业支出，缩减福利投入；实行减税政策，对富人阶层的税负也进行了大幅削减；推行金融自由化政策，减少对金融业的限制和屏障。

　　在这样的政策之下，美国的贫富差距越来越大，大部分财富集中掌握在极少数人手中，而由于失业率的提高，贫困人口的数量却在不断扩大。新自由主义政策下，金融资产膨胀，制造业等实体经济部门竞争力下降。这也导致了社会阶层结构的变化，金融精英利用政策倾斜，掌握了越来越多的财富，社会地位不断得到巩固和发展，继续影响着政府的社会政治经济政策。由于国家公共职能的衰退、福利支出的缩减以及政策的压制，社会中间阶层和底层的民众福利得不到保障，诉求也难以达成，对现有社会体制的不满情绪越积越深。但是，政治力量差距的悬殊和运动组织纪律性的松散导致社会运动一直没能形成规模，这些不满情绪直到 2008 年金融危机发生之后才爆发为大规模的社会运动。

　　2. 美国新社会运动的发生和发展

　　美国的新社会运动最早引起关注是在 1999 年 11 月，成千上万的示威者走上街头抗议在西雅图举行的世贸组织部长级会议，最终使会议失败。这是世贸组织自成立以来遭遇的最大危机。

　　2009 年，要求奥巴马政府降低税收、缩减政府开支的"茶党"运动拉开帷幕。他们反对高税收、高开支的主张建立了广泛的群众基础，之后几年，他们举行了几千次集会，势力分布全美。

　　2011 年 9 月，"占领华尔街"运动掀起了美国新社会运动的又一高潮。抗议者矛头直指美国的经济体制，谴责华尔街金融机构腐败贪婪的投机行为和政府经济援助的倾向性。抗议活动扩展到了美国多个主要城市和很多其他国家和地区。

　　3. 美国新社会运动的影响

　　第一，对美国国内政策制定的影响。通过一系列的抗议活动，美国各阶层对政治决策和决策体制的不满得以传达，促使执政者考虑到民众的呼声，进行政策调整，推动政治经济决策的良性发展。例如，"茶党"发出减税呼声后，奥巴马政府于 2010 年 12 月 6 日与共和党达成妥协，同意将布什时期推出的个人所得税减税政策延长两年。2011 年 1 月，奥巴马同意签署了规模达 8580 亿美元的减税法案。同年 2 月，奥巴马政府向国会提出了 2012 财政年度联邦政府预算，总额达 3.73 万亿美元，比 2011 财年预算减少了 2.4%[①]。抗议者对华尔街的不满与愤怒促使奥巴马政府调整自己的经济刺激策略和重点，推动政府对经济进行多方面的干预和调控，进一步改革和完善金融体系和税收政策。不仅如此，"占领"运动还促使政府关注收入不平等、公司责任、就业、环保、教育等方面的问题并做出一定的改革[②]。

第二，对美国两党政治的影响。一方面，新社会运动的抗议活动的爆发揭示了民众对当前执政党的不满，暴露了当前执政党政策的缺陷和弱点，这往往成为其他党派对其进行攻击的软肋，迫使执政党对在野党在一定程度上妥协，达成双方利益的折中。另一方面，抗议活动掀起的反对热潮进一步扩展，会改变一党在选民心中的认可度，影响两党竞选的结果。例如"茶党"运动宣扬对奥巴马税收政策和医疗改革政策不满，就是民主党在选举中失利的原因之一。

第三，对政治文化的影响。新社会运动为美国民众维护自身权利、参与社会变革和解决全球性问题指引了一条新的路径，是督促解决社会冲突和矛盾的可行性手段，发展了国家权力和社会力量的新型关系。民众通过运动更加深了对民主观念、公民意识和社会责任感和使命感的认识，这种认识凝结起来形成了新的社会思潮，推动新型政治文化氛围的形成，反过来继续推动社会政治经济的不断完善和发展。

---

① 王洋：《茶党运动影响美国社会政治进程》，http://world.gmw.cn/2011 - 04/16/content_1840049.htm。

② 刘颖：《21 世纪的西方新社会运动：从反全球化运动到"占领"运动》，《理论月刊》2013 年第 8 期。

第三章

茶党的出现及其组织

金融危机背景下出现的茶党，在组织上既继承了传统茶党的形式，又反映和体现了新的时代条件下新兴社会组织的新特点。在组织形式上，美国茶党没有形成类似于政党或一般社会组织的严密组织系统和集中组织机构，而是以"运动"为载体，以共同利益诉求为纽带，大量借助网络作用，形成网上联结与社会运动相结合的组织形式和活动特点。尽管美国茶党没有形成统一的纲领、组织和领导人，但毕竟是一种新兴的社会力量并受到美国社会各方面的高度关注，同时也受到国际社会的高度重视。研究和梳理美国茶党组织系统及其特点，对于了解茶党运动产生与发展的脉络，探究美国社会运动的演进规律，具有重要的意义。

第一节　茶党运动的组织构成

一　茶党的产生及其组织形式

美国茶党虽不是真正意义上的党，但其力量却不可低估。2009 年 4 月 15日的纳税日，茶党发动了全国性的游行示威活动，示威者高举"税收已经够多了"（Tax Enough Already）的横幅，其首字母拼在一起，正好也是茶（TEA）一词。同年 7 月 19 日，美国众议院通过一项为茶党成立一个政党会议小组的决议，这使茶党在国会中获得了立足点[1]。明尼苏达州共和党议员巴克曼随即表示，美国参议院已经为成立这个小组亮了绿灯，这个会议小组将确保他们中每个人的声音都能传达到国会大厅[2]。

茶党运动一出现就引起了各方面的高度关注和跟踪研究。茶党组织形式成

---

①　李劲民：《美国"茶党运动"及其背后的智库》，《中国经济时报》2010 年 10 月。

②　Teludaier, Megan, "Extremely Madness? Tea Party Movement in America", *International Socialist*, 2011（1）.

为关注和研究的重点之一。

2011 年 1 月英刊《国际社会主义》刊登了梅根·特鲁戴尔题为《极度疯狂？美国的茶党运动》的文章，分析了茶党兴起的原因①。有充分证据表明，茶党明显是得到共和党右翼以及保守派游说组织资助和指导的草根运动。其中一个游说团体是共和党议员迪克·雅梅领导的"自由事业"。

在 1994 年"共和党革命"期间，雅梅曾与纽特·金里奇共同撰写了《美利坚契约》宣言，也正是在这一年，比尔·克林顿的民主党丧失了对国会和参议院的控制权。

保尔·哈里斯和谢默斯·米尔恩都曾在《卫报》上撰文认为，民主党需要一个自己的茶党来推行进步政治。尽管有些过分相信"进步政治"，但他们也的确触及了核心问题。数百万人动员起来不顾一切地寻求变化，通过奥巴马的竞选来寻求代表权，这表明美国人并非都是冷漠麻木的，也并非都是右翼②。在可能发生一些不同的情况时，他们能够参与其中并发挥影响。哈里斯和米尔恩之所以可能感到失望，是他们曾经期望民主党本身能够重燃这种热情，奥巴马竞选的成功让他们感到将会优先考虑美国工人的利益。但奥巴马政府显然不能也不愿意挑战大企业和富人的优先权。

诺姆·乔姆斯基等左翼观察家认为，茶党相当于早期的法西斯主义，它具有将所有右翼煽动家聚集在一起的危险，将茶党运动的资金提供者与许多正在应对危机的人混为一谈的危险，将缺乏政治替代与一种经常是分散的愤怒情绪归并在一起的危险，使茶党运动的工人阶级同情者极端化的危险——尽管这些人是少数，但的确存在。在不确定的氛围以及美国资本主义正在操控的巨大社会变化中，尽管愤怒和恐惧推动中产阶层向右转，尽管保守力量在官方政治中占优势，但就公共舆论和社会态度而言，没有明显的、大幅度的右转。显然，宗教广播和电视主持人以及茶党的宠儿格伦·贝克也同样明白这一点。贝克展现了对茶党支持者的焦虑情绪以及美国社会态度的相对进步性的认知：他没有滔滔不绝地进行通常的右翼福音传道，而是通过将传统保守主义对宗教和家庭的强调，与反对伊拉克和阿富汗战争以及华尔街的影响结合起来宣传。

《纽约时报》专栏作家、经济学家保罗·克鲁格曼（Paul Krugman）说，茶党并不真正代表民众情绪的自然发泄，是伪草根运动，其背后的势力众所周知。尤其是理查德·阿米（Richard Armey，前众议院多数党领袖、共和党人）

---

① Harris, Paul & Milne, Seamus, "America is better than this: paralysis at the top leaves voters desperate for change", the Gaurdian, 2011 (11).

② Krugman Paul, *Friday Night Music: The Civil Wars Become A Trio*, http://krugman. blogs. nytimes. com.

运作的"自由之力"（Freedom Works）在其中扮演了关键角色。

茶党运动是特定时期的特定产物，其兴起既与当前美国经济、社会状况密切相关，它也可能会随着美国经济、社会状况的改变而渐渐淡出政治舞台，因此不宜过分夸大其对美国政治生态的冲击。但我们应该看到，茶党的发展直至其参加美国地方选举，是一种对民意的最大限度的表达，并且是通过有序、合法的渠道表达民意。正如《时代周刊》所指出，茶党运动的意义在于，它告诉我们那些传统政党对政治的掌控，远不如其领导人所愿意相信的那样严密，而在问题丛生的时代，比如当前这个时代，无论民主党还是共和党，最好都要对此心存畏惧。

中国的研究者也对茶党给予了很多关注，许多学者认为，茶党已经成为一股不可忽视的力量，并且对中美关系的发展、走向也发挥着重要的作用及影响。赵敏认为虽然没有统一的党纲、组织和领导人，但茶党已成为美国政坛不容忽视的新兴政治力量，其形成与未来走向都引人关注。[①] 赵可金表示，2010 年中美关系所经历的种种变故，背后都时隐时现地浮出茶党的影子，其根本的原因在于在对华政策问题上牺牲中国利益不会支付国内的政治成本，反而可以从中获取政治私利，毕竟中国并不享有美国政治的投票权。更加令人担忧的是，近年来美国政府对华战略试探的一系列动作，受到茶党强烈草根民粹主义和草根极端主义情绪的影响，进一步加大了美国国会和白宫在对华政策上的不负责任倾向。一方面，奥巴马多次表现出一种建设积极、合作和全面的中美关系的谦卑，另一方面，美国政府各部门却又时不时地做一些令中国难受但又不值得发怒的小动作[②]。如何准确研判茶党兴起对美国政治生态产生的影响，妥善应对由此引发的对中美关系的挑战，已经成为中国对美外交的一个新课题。

中国《世界经济报》记者熊敏亲身和明尼苏达州的几位茶党成员进行了接触，接触后他发现茶党的主要诉求就是限制政府开销、限制政府权力、减少民众税收。熊敏说，茶党运动是导致民主党选情两年内急转直下的重要因素[③]。

中国社会科学院马克思主义研究院研究员于海青表示，茶党的部分吸引力在于它清楚地表达了一种感情：无论是民主党还是共和党都不能为正在形成的

① 赵敏：《美国"茶党"运动初探》，《现代国际关系》2010 年第 10 期。
② 赵可金：《"新草根运动"撕裂美国政治版图》，《世界知识》2010 年第 4 期。
③ 熊敏：《39 名"茶党人"国会在望，保守党挑战民主党大政府》，［N/OL］．http：//epaper. 21cbh. com/html/2010 - 11/02/content_ 133503. htm。

大混乱提供替代选择①。茶党指责共和党和民主党都将会失败，敦促国会承担责任，呼吁建立有限政府，所有这些都表达了这种意思。尽管多数参与民调的茶党支持者认为美国正在走向"社会主义"，但绝大多数人认为这个术语的界定意味着"政府控制"。

二　茶党运动历史来源、人员组成及地理分布

一些调查问卷已经被运用在对茶党运动的人口调查方面。虽然一些调查问卷有时候在结果上呈现出轻微的不同，它们仍然显示了茶党的支持者基本上都是白人，大多数是已婚的年龄大于45岁的男性，他们比一般的人群更加趋于保守，可能更加健康也受过良好的高等教育。②

表3-1　　　茶党成员及其支持者基本情况（2010年夏季皮尤调查统计）

		茶党支持者 （%）	全国数据 （%）
性别	女性	41.2	51.9
	男性	58.8	48.1
种族	非西班牙裔白人	83.3	69.1
	非西班牙裔黑人	3.8	11.6
	西班牙裔	6.2	12.4
	其他种族	5.1	6.0
年龄范围 （岁）	18—24	6.0	12.6
	25—34	11.4	16.9
	35—44	17.6	17.0
	45—54	21.1	19.7
	55—65	18.9	15.1
	大于65	22.5	16.8
区域	东北地区	17.3	19.1
	中西部	21.3	22.5
	南部	39.1	37.3
	西部	22.1	21.2

---

① 于海青：《美国茶党运动分析》，《国外理论动态》2011年第8期。

② CBS News Poll, "National Survey of Tea Party Supporters", *New York Times*, April 14, 2010; U. S. Census Bureau, "Data Set: 2008 American Community Survey 1 - Year Estimates", *Survey: American Community Survey*.

续表

		茶党支持者 （％）	全国数据 （％）
收入层次（年收入）	少于 3 万美元	12.2	25.4
	3—5 万美元	18.0	18.0
	5 万—7.5 万美元	17.0	13.1
	7.5 万—10 万美元	15.0	11.1
	多于 10 万美元	19.9	15.0
教育背景	未上到高中	5.4	12.3
	高中毕业	29.5	33.8
	专科	26.6	24.5
	本科学位	38.2	28.9
婚姻状况	已婚	68.0	57.6
	未婚	31.2	42.4

资料来源：CBS News Poll, "National Survey of Tea Party Supporters", *New York Times*, April 14, 2010; U. S. Census Bureau, "Data Set：2008 American Community Survey 1 - Year Estimates", *Survey：American Community Survey*。

　　一项盖洛普民意测验显示除了性别、收入和政治倾向，自称为茶党的成员与人口统计的总成员人数基本相似①。当我们尝试对政党运动的支持者和参与者进行考察时，民意调查显示了他们在很大程度上可以被定义为共和党人，有许多连共和党都赞许的思想和观点，但也有许多令民主党生厌的激进的理论观点②。彭博资讯针对全国 18 岁以上的成年人的调查显示，同整个调查群体的 32％相比，41.4％的茶党支持者是 55 岁或者以上；69.1％的调查者是白人，61％调查者是男人，44％被定义为重生的基督徒③。

① CBS, "NY Times Poll：National Survey of Tea Party Supporter", *New York Times*, April 12, 2010., http：//documents. nytimes. com/new - york - timescbs - news - poll - national - survey - of - tea - party - supporters？ref = politics. Retrieved April 24, 2010.

② Miller Sean, *Survey：Four in 10 Tea Party Members are Democrats or Independents*, http：//thehill. com/blogs/ballot - box/polls/90541 - survey - four - in - 10 - tea - party - members - dem - or - indie, retrieved February 11, 2011；Przybyla, Heidi, "Tea Party Advocates Who Scorn Socialism Want a Government", *Job. Bloomberg News*, March 26, 2010.

③ 该数据包括了白人西班牙裔和拉丁美洲裔美国人。如果除去这些人，这些数据包含了 65.4％的基督徒。"B02001. RACE—Universe：Total Population". 2008 American Community Survey 1 - Year Estimates United States Census Bureau；Retrieved December 8, 2009, and "B03002. Hispanic or Latino origin by race—Universe：Total pupulation". 2008 American Community Survey 1 - Year Estimates United States Census Bureau；Retrieved December 8, 2009。

很难准确计算整个茶党运动的成员数，该运动涵盖了大量不同的伞状组织，这些组织宣称代表着全国数以百计的地方团体，团体成员数从一位数到两位数不等。粗略估计，"茶党全国联盟"（并非所有茶党都是其附属组织）宣称在 85 个组织中拥有 100 万成员。它的附属组织包括"为繁荣而斗争的美国人"以及"自由事业"等。"茶党快车"也宣称代表着 85 个团体。

《纽约时报》和哥伦比亚广播公司的民意测验表明，茶党成员一般更可能是老年男性白人、共和党支持者、经常去教堂的人，他们拥有枪支，比一般美国人更加富裕。约 52% 的茶党支持者认为，黑人所面临的问题已经讨论得太多了。与之相比，全部人口中只有 28% 的人持这种观点。然而，如果对茶党的"支持"力量进一步分析，其结果引人深思：78% 的人不曾给茶党捐款，也不曾出席茶党的任何会议或集会；47% 的人只是通过电视获取茶党的相关信息，而且他们多数看的都是福克斯新闻①。

三　茶党运动的党派及其他政治倾向

茶党的立场接近于共和党，茶党运动在中期选举中曾助推了共和党的选举胜利。茶党成员信守保守主义的政治哲学，不满民主党的政策主张，在 2008 年总统大选中，这些茶党人中大部分投票支持了共和党候选人麦凯恩，所以，他们原本就属于共和党阵营，只是对共和党的做法也有诸多不满，因而借茶党来表达自己的立场。共和党在中期选举中也利用了茶党运动带来的政治效果，他们接受了茶党的一些政治主张，将其转变为共和党 2010 年的竞选口号，例如削减政府开支、减少财政赤字等，一些共和党候选人还积极向茶党靠拢，以争取更多的选票。其实，美国传统的两党制在一定程度上已经有所变化，茶党运动在"初选"中已经成功影响了共和党的内部选举结果。所以，目前有些共和党候选人正式成为茶党的候选人，只是因为他们希望得到"初选"中茶党活动家们的大力选票支持②。

有充分证据表明，茶党明显是得到共和党右翼以及保守派游说组织资助和指导的草根运动。茶党激进分子中大部分人都不认为其观点与共和党的观点有很大不同。但他们强烈反对某些共和党官员，包括那些在总统预选中被他们打

---

① Joe Garofoli, *Limbaugh is talk host king*, *not leader of GOP*, San Francisco Chronicle, January 29, 2009, http：//www. sfgate. com/cgi - bin/article. cgi? f =/c/a/2009/01/29/MNEU15IVR0. DTL&type = printable; *Porkulus*, New York Times, February 8, 2009, http：//ideas. blogs. nytimes. com/2009/02/08/porkulus/.

② Vanessa Williamson, Theda Skocpol, and John Coggin, "The Tea Party and the Remaking of Republican Conservatism", *Perspectives on Politics* 9, No. 1 (March 2011): 25 – 43.

败的现任官员。他们往往觉得这些人是在共和党主流之外的，不是茶党。茶党
集体从该类共和党政治行动委员会中收到过重要的资助。

此外，茶党激进分子有强烈的党派偏见感。他们蔑视民主党人，同样也蔑
视很多共和党人（包括两位布什总统），他们相信党派作为一个组织的承诺是
腐败和僵局的源头。茶党成员喜欢自称他们并未受意识驱使，只是保护美国宪
法的条例。在他们看来，这是所有美国人都需拥有的价值，所以不需要党派组
织。迄今为止，他们故意使其组织又小又分散，并且认同政府工作的方式。

表 3 - 2　　茶党成员及其支持者的党派和政治倾向（2010 年皮尤调查统计）

		茶党支持者 （%）	全国数据 （%）
党派	共和党	79.1	39.2
	民主党	13.9	47.1
	无党派人士	5.9	8.8
	不确定	1.1	4.9
观念	非常保守	19.0	6.6
	保守	52.4	31.6
	中性	22.7	34.9
	自由派	2.5	15.1
	非常崇尚自由	1.5	5.3
	不确定	1.9	6.4
奥巴马的赞同	支持提高就业率	12.4	46.8
	不支持提高就业率	84.0	45.1
	不确定	3.6	11.8
预期国会投票	共和党候选人	84.0	39.5
	民主党候选人	9.4	46.4
	不确定	6.7	14.0
对预期国会投票非常重要的因素	经济	92.0	88.5
	同性恋婚姻	34.9	28.0
	流产	51.2	43.4
	环境	36.9	59.4
	就业率	58.3	56.2
	能源	85.3	87.7
	金融系统	57.4	64.4
	移民	67.9	63.7
	恐怖分子	78.9	71.4

续表

		茶党支持者 （%）	全国数据 （%）
对预期国会投票非常重要的因素	医疗保障	74.3	79.3
	税收	79.3	67.2
	联邦预算	82.7	66.8

资料来源：Kaufmann, Karen, "Culture Wars, Secular Realignment, and the Gender Gap in Party Iden-tification". *Political Behavior*, 24 (3)：283 - 307, 2002。

从政治上来说，表3 - 2显示茶党与美国大众持有不同的政治与意识特征不足为奇。尽管茶党激进分子宣告茶党并非任何党派的朋友，但很明显那些支持茶党的几乎都是共和党人。茶党支持者比一般美国人更喜欢自称为保守或非常保守。在2010年春天，茶党支持者们表达了其强烈的投票意愿（虽然双方都经受了自我膨胀的偏差），大部分人都保证他们对共和党人国会候选人的忠诚。毫不惊讶地说，茶党支持者们对奥巴马有更多负面看法：他们中84%的人不认可其工作表现，在全国范围内平均是45.1%的人。[1]

四 茶党运动的宗教构成

美国最新民调显示，茶党和基督教保守派之间有着密切的关系。作为一股新兴的政治力量，茶党运动所提出的主张代表了很多对时局不满的美国人的诉求，例如反对庞大的政府，主张削减政府开支、降低税收、限制政府对私人企业的调控、逐步取消社保福利退休计划以及废除奥巴马的医疗改革法等[2]。

设在首都华盛顿的"公共宗教研究所"的执行长罗伯特·琼斯指出，鉴于茶党的上述观点，很多人最初以为该运动大多数成员是自由主义者。琼斯说，该机构最新民调证明情况正好相反。民调显示，10名茶党成员中，有8人自称基督徒，47%的人认为自己是基督教保守派运动的一部分[3]。琼斯说："在引起美国政治广泛关注的堕胎和同性恋等社会问题上，我们发现，认同茶党的人看上去好像是自由主义者，但实际上，他们更像社会保守派。三分之二的茶党成员表示，他们认为，所有或大多数情况下的堕胎都应该是非法的，5

---

① Kaufmann, Karen, "Culture Wars, Secular Realignment, and the Gender Gap in Party Identification". *Political Behavior*, 24 (3)：283 - 307, 2002.

② See, for example, *Tea Party Patriots*, *Tea Party Patriots Mission Statement and Core Values*, Http：//www. teapartypatriots. org/mission. aspx.

③ Los Angeles Times, September 15, 1009, online at http：//articles. latimes. com/2009/sep/15/na-tion/nacrowd15.

名茶党成员中，只有不到 1 人支持同性恋婚姻。"①

表 3 - 3　　　　茶党成员男女比例、宗教比例（2010 年夏季皮尤调查统计）

		茶党女性成员（%）	茶党男性成员（%）
宗教传统	新教	56.0	44.7
	罗马天主教	24.0	21.0
	摩门教	2.0	3.5
	犹太教	1.0	2.3
	其他宗教	14.3	17.6
	不信教人士	2.8	10.4
出生为基督教徒对基督教的态度	反对	55.8	48.1
	支持	41.0	49.0
做礼拜次数	每周一次或更多	61.8	41.2
	每月一到两次	14.5	14.9
	每年少量次数	9.0	18.5
	很少	9.3	11.7
	从未做过	4.4	12.4
宗教在个人心目中的地位	非常重要	83.8	55.4
	一般	10.4	27.9
	不太重要	2.5	6.4
	不重要	2.7	9.8
对待圣经的观点	上帝一定是对的	52.4	36.8
	上帝不一定是对的	31.3	32.5

资料来源：Andrew Sernatinger, *At the Madison Capitol: Demands and Tactics Have Shifted*, Labor Notes, 17 February 2011, http://www.labornotes.org/blogs/2011/02/madison - capitol - demands - and - tactics - haveshifted。

　　另外，调查还显示，认同茶党的人当中，有近一半的人相信《圣经》就是神的话语，还有相当数量的人认为，政府官员对宗教不够重视。认同茶党的

① Howard Ryan, "Wisconsin Labor Jams Capitol to Resist Governor's Attaacks", Labor Notes, 16 February 2011, http://labornotes.org/2011/02/wisconsin - labor - jams - capitol - resistgovernor% E2% 80% 99s - attacks.

人比普通大众更有可能把美国看作基督教国家①。

第二节　茶党运动的主要活动和基本主张

茶党运动（简称 TRP）是一项美国民粹主义的政治运动②。通常被认为是保守的和持自由言论的③，从 2009 年开始相继资助和支持了美国的抗议活动和政治参选活动。他们赞同减少政府开支④，反对在诸多领域中的征税行为⑤，减少国家赤字以及联邦政府财政预算，并坚持对于美国宪法的最原始的解释⑥。关于当代美国茶党运动的起始时间，有很多不同的理解。这些组织有的在本质上就是一种草根阶层，在华盛顿现有权力中心外发展，更多的是在保守政治遇到自由主义反对的偏远地区，其他一些茶党组织是直接由共和党衍生出来的。

茶党与右翼组织有着很深的渊源，他们希望与约翰·麦凯恩的见解划清界限。约翰·麦凯恩刚刚在总统竞选中落败，同时也伴随着布什时代名誉扫地的保守主义的终结。在这种情况下，他们计划组建反对总统奥巴马和民主党的反对派组织。

一　主要的茶党组织及其主要活动

1. 自由之力

"自由之力"诞生于 2003 年。2008 年美国总统大选后，"自由之力"开始逐渐活动起来。他们的组织活动旨在将保守派人士与布什政府分割开来。他们

---

① Andrew Sernatinger, *At the Madison Capitol: Demands and Tactics Have Shifted*, Labor Notes, 17 February 2011, http://www.labornotes.org/blogs/2011/02/madison – capitol – demands – and – tactics – haveshifted.

② 参考自 Liz Halloran, What's behind the mew populism?, NPR, February 5, 2010; David Baritow, Tea party lights fuse for rebellion on right, NEW YORK TIMES, Feberary 16, 2010; Part times, NEWS-WEEK, April 06, 2010。

③ 参考自 Morris Dick,, The new republican right, The hill. com October 19, 2010, 有关于茶党保守主义的论述参考自 Tea party, religious right of ten overlap, poll show. Washington Post, October 5, 2010; Servatius David, "Anti – tax – and – spend group throws tea party at capitol". Desert News, June 16, 2009。

④ 参考自 Gallup, Tea Party's top concerns are debt,, size of government, The Hill, July 5, 2010; Tea Party DC March: "Lower Taxes and Less Spending", Fiscal Times, September 12, 2010。

⑤ Ibid.

⑥ Liptak, Mark, "Tea – ing Up the Constitution", *Week in Review. The New York Times*, March13, 2010.

寻找之前由民主党积极分子组织的草根阶层。茶党的兴起证明了这正是"自由之力"所需要的。

尽管茶党组织"自由之力"很少像其他组织一样吸收成员，但是他们的支持率却是最高的。"自由之力"这个组织比较复杂，它包括基金会和 c（4）成员组织。2008 年，c（4）成员组织的花销超过 400 万美元，而基金会当年的收入为 300 万美元。自 2010 年 2 月起，"自由之力"收纳了 13 名专业人士，包括北卡罗来纳州、佐治亚州和佛罗里达州的地方主管人。迪克·阿梅是"自由之力"的领导者。根据美国国税局的档案记载，2008 年阿梅从基金会获得了 30 万美元的补偿金，并且同年还从另外的相关组织中获得了 25 万美元的资金①。"自由之力"的主张包括：社会安全私营化、针对美国富人进行减税、提高诉讼赔偿金额、解除管制和实现贸易自由。它反对国家将精力用在全球气候变化上，此外，它获得的工业金额也相当丰厚。

像保罗·克鲁格曼这样的评论员也代表"自由之力"出席茶党内部的会议。事实上，"自由之力"的茶党成员人数是所有国家组织派系中第二少的，在 2010 年 8 月 1 日，该组织的人数仅有 15044 人②。这些人大多集中在美国的东北地区，尤其是从波士顿到纽约城以及华盛顿这一带。其他的茶党组织大都在得克萨斯州和佛罗里达州。"自由之力"茶党组织成员所在的十大城市包括：佛罗里达州的杰克逊维尔、华盛顿、纽约市的纽约城、得克萨斯州的休斯敦、得克萨斯州的圣安东尼奥、佛罗里达州的坦帕、弗吉尼亚州的里士满、内华达州的拉斯维加斯、弗吉尼亚州的亚历山大以及佛罗里达州的劳德代尔堡③。自由之力的成员有 40% 的男性、36% 的女性，还有 24% 的成员暂未确定④。

自由之力帮助组织内部的沟通。他们发起了一个建议，来自该地区的所有茶党积极分子每周都举行一次电话会议，可以让他们互相增进了解⑤。自由之力的成员还会为美国其他茶党组织提供技术支持⑥。在茶党运动的初期阶段，

---

① FreedomWorks Foundation Inc. , IRS Form 990, 2008; FreedomWorks, Inc. , IRS form 990, 2008.

② See Note 1 for details on data collection and analysis methodology.

③ Ibid.

④ Ibid.

⑤ YouTube Video, *Jeff Frazee interviews Brendan Steinhauser of FreedomWorks to discuss the Tax Day Coalition. 82 | TeaParTyNaTioNalism—a sPecial rePorT of The irehr*, March 30, 2009, http: //www. youtube. com/watch? v = yHDFWViHL7o.

⑥ Brian Buelter, *Industry - Backed Anti - Health Care Reform Group: Yeah, We're Packing And Disrupting The Health Care Town Halls*, *Talking Points Memo*, August 4, 2009, http: //tpmdc. talkingpointsmemo. com/2009/08/anti - health - care - reform - group - yeah - were - packing - and - disrupting - the - health - care - town - halls. php.

自由之力为组织成员提供医疗保健和气候变化的服务①。2009 年 8 月，迪克·阿梅宣布，他的茶党组织成员已经准备好破坏移民政策改革②。同年 8 月 18 日，自由之力加入"我们国家应该组建更好的行政委员会"，与其他 6 个组织一起发动了为期 16 天的茶党公交车游行活动，也就是后来衍变成的"茶党快车"组织③。8 月 28 日，这个游行活动从加利福尼亚州的萨克拉门托开始，举行了 9—12 场集会活动，最后在华盛顿落幕。

2010 年 1 月，自由之力开始将茶党活动的注意力集中于 2010 年美国中期选举。在被称为"茶党首届领导人峰会"时期，大约有 60 名茶党人士来到华盛顿特区，规划中期选举计划，让自由之力有机会就种族相关问题向国会提问，而且该组织还开办研讨会教授茶党成员如何有效地利用电视及社会媒体。茶党爱国者的主要成员戴安娜·雷默也被列入自由之力的志愿者当中④。茶党爱国者参加了 2010 年 1 月在华盛顿哥伦比亚特区召开的会议，这两个茶党组织在地方事务上进行合作，如 2010 年 4 月 15 日亚特兰大的茶党纳税日活动⑤。在 1 月的这次会议后，几个茶党组织发布了茶党独立声明⑥。长达 5 页的声明对共和党和民主党进行宣战，同时声明中还指出："我们是美国的茶党运动，我们深信美国的例外主义。"⑦ 声明还试着定义茶党教义之外的文化战争问题，而且在声明中仅有的三点团结一致的言论是，"财政责任、宪法限制政府以及贸易自由"，这条声明是茶党运动团结一致的来源⑧。这份声明报告将证明茶党组织需要紧急处理的问题是更多地限制政府和财政责任。

① Jackie Kucinich, *Anti - Tax Groups Reprise Tea Parties*, Roll Call, June 24, 2009, http：//www. freedomworks. org/news/anti - tax - groups - reprise - tea - parties.

② Matthew Murray, *Armey Says FreedomWorks Ready to Mobilize Beyond Health Debate*, Roll Call, August 18, 2009, http：//www. freedomworks. org/news/armey - says - freedomworks - ready - to - mobilize - beyond - h.

③ Jake Sherman, *Conservatives Plan New Round of Tea Parties*, Wall Street Journal, August 18, 2009, http：//www. freedomworks. org/news/conservatives - plan - new - round - of - tea - parties.

④ Kate Zernike, *With No Jobs, Plenty of Time for Tea Party*, New York Times, March 27, 2010, http：//www. nytimes. com/2010/03/28/us/politics/28teaparty. html? _ r = 1.

⑤ Georgia Tea Party Patriots Website, *Tax Day Tea Party*, March 7, 2010, http：//georgiateapartypatriots. com/wordpress/? p = 142.

⑥ Alex Pappas, *Tea Party activists circulate ' declaration of independence' and distance selves from Republicans*, The Daily Caller, February 22, 2010, http：//dailycaller. com/2010/02/24/tea - party - activists - circulate - declaration - of - independence - and - distance - selves - from - republicans/#ixzz0qzlLXlW8.

⑦ The Daily Caller, *Declaration of Tea Party Independence*, February 22, 2010, http：//dailycaller. firenetworks. com/001646/dailycaller. com/wp - content/blogs. dir/1/files/Tea - Party - Dec - of - Independence - 22410. pdf.

⑧ Ibid.

2. 茶党 1776

"茶党 1776"也就是人们熟知的 TeaParty. org，它是美国茶党的一个组织，与民兵计划和反移民运动有着千丝万缕的联系。其主要根据地分布在得克萨斯州的伍德湖。茶党 1776 的成员大多在加利福尼亚州工作，该组织把自己描述成一个"基督教政治团体"，它可以缩小美国所有组织之间的差距，尤其是民主党和共和党。茶党 1776 欢迎有人提出新观念，这一举措旨在让政府更加合理化、坚持美国宪法的权利。这个组织的平台包括移民问题、税收问题以及联邦政府预算问题。该组织强调政府必须缩小、国家预算需要平衡，这样财政赤字才可以解决。国家制定的应急措施和刺激预案都是不合乎常理的……英语作为重要语言是备受需要的。茶党 1776 鼓励传统的家庭观念，保守的国家宪法需要受到管理①。

茶党 1776 拥有 6987 名网络成员，到 2010 年 8 月 1 日，这个组织是美国茶党组织中规模最小的一个，其成员分散在全国各地，每个城市的成员人数不超过 30 人，排在前 10 位的城市包括：内华达州的拉斯维加斯、得克萨斯州的休斯顿、亚利桑那州的凤凰城、纽约州的纽约城、佛罗里达州的杰克逊维尔、得克萨斯州的奥斯丁、科罗拉多州的丹佛、亚利桑那州的梅萨、内华达州的亨德森以及佛罗里达州的迈阿密②。这个组织主要由男性成员支配，其中 66% 的网络成员是男性、27% 是女性，还有 6% 目前尚未确定③。

这个组织成立时的主管人是黛尔·罗伯森，曾是一名服役于海军陆战队的海军军官。根据罗伯森的说法，"我们可以用简单的方法来处理问题，当然也可以用复杂的方法，如果共和党和民主党不是保守派，那么茶党别无选择只能接管他们手中的权力"④。"茶党 1776"对于这一目标的进一步做法是，在自己的网站上开始公开募集资金用于参加竞选活动。他们将这一举措称为"茶党资金炸弹"⑤。

2009 年 2 月 27 日，罗伯森出席了在休斯顿举行的茶党活动，这次活动的标

---

① Steve Eichler, *We Agree On Most Points！ Fight On！* TeaParty. org Social Networking site, May 16, 2010, http：//teapartyorg. ning. com/profiles/blogs/we － agree － on － most － points － fight? xg_ source = activity.

② See Note 1 for details on data collection and analysis methodology.

③ Ibid.

④ "Tea Party Takes Over Utah！" email from TeaParty. org to supporters. April 20, 2010.

⑤ "Tea Party Money Bomb", 1776 Tea Party website (teaparty. org), undated, http：//teaparty. org/teapartymoney － bomb. html.

语是"国会就是奴隶主，纳税人是吝啬鬼"①。他还发出了种族集资的电子邮件，将奥巴马总统描述成一个皮条客②。此外，罗伯森还是反犹太人的支持者，他曾经在自己的电播节目"茶党时间"中表露过这种说法。这两件事给茶党 1776 带来了消极影响，但是这些恶名并没有阻止两名领导人组建反移民的团体——"民兵计划"，这一团体也介入"茶党 1776"的管理当中。为了完成从"民兵计划"到茶党组织的转变过程，teaparty. org 网站于 2010 年 5 月进行了改版。

3. 茶党反抗网

茶党反抗网是一个营利组织。根据它的网站描述，"人们可以通过这个组织用和平的、爱国的方式进行反抗，将我们的国家由崇尚个人自由发展成一个更注重集体主义的'美好新世界'"。茶党反抗网的组建目的是给公民提供一个爱国的网络资源。

这个组织的结构就像俄罗斯套娃那样，茶党反抗网是一个营利组织，它是草根阶层的一部分，其主管人是斯蒂夫·埃利奥特③。埃利奥特居住在弗吉尼亚州，但是其办公地点却是爱荷华州的一个小镇 Maxwell（人口 793 人），之所以在那办公，是因为 Maxwell 有埃利奥特可以利用的网络开发商。为了进一步使结构复杂化，草根活动（Grassroots Actioninc）同传统的实体企业相比更像是一个虚拟的组织④。茶党反抗网除了它的营利性质外，还有一个 501c4 的非营利团体 Grassfire. org Alliance，其总部位于爱荷华州。501c4 创办于 2004 年，2008 年该团体的总收益为 1415667 美元⑤。埃利奥特每周当主管人的时间

① David Weigel, *N – Word' Sign Dogs Would – Be Tea Party Leader*, The Washington Independent, January 4, 2010, http：//washingtonindependent. com/73036/n – word – sign – dogs – would – be – tea – party – leader.

② Zachary Roth, *Tea Party Email Shows Obama As Pimp*, Talking Points Memo, January 28, 2010, http：//tpm – muckraker. talkingpointsmemo. com/2010/01/tea_ party_ fundraising_ email_ shows_ obama_ as_ pimp. php.

③ Grassfire. com Website, *What is Grassfire Nation?* August 9, 2010, http：//www. grassfire. com/faq. shtm.

④ Amy Lorentzen, *Web groups claim victory in bill defeat*, AP News, June 30, 2007, http：//www. thefreelibrary. com/_ /print/PrintArticle. aspx? id = 1611367799; According to its website, http：//www. grassrootsaction. 84 | TeaParTyNaTioNalism— a sPecial rePorT of The irehrcom/, its clients have included Focus on the Family Action, the National Republican Congressional Committee, and Reclaiming America.

⑤ Figure available from Grassfire. org Alliance, IRS Form 990, 2008. According to the non – profit website, Guidestar. org, Grassfire. org Alliance Inc. was formed in 2004, http：//www2. guidestar. org/ReportNonProfit. aspx? ein = 20 – 0440372&name = grassfire – org – alliance#; In Colorado only, the non – profit fund – raising status of Grassfire. org Alliance was suspended in January 2010, according to the Colorado Secretary of State website summary page for Grassfire. org Alliance Inc, http：//www. sos. state. co. us/ccsa/ViewSummary. do? ceId = 38928.

为 20 个小时，每年会支付 6.1 万美元的资金。

"草地火灾"（Grassfire）通过利用网络请愿运动而发展壮大，他们的请愿活动在本质上是指向关注比税收和预算更加广泛的政治基础。首次请愿活动开办于 2000 年 9 月 15 日，当时该团体排出 200 名人员支持一个反同性恋的童子军，这次运动用时不到 45 天就有超过 14 万人签署了他们的请愿书①。请愿书的内容包括：挽救传统婚姻、反对堕胎、停止网络色情、愿上帝保佑美国、为国家效忠以及支持罗伊·摩尔法官将十诫条例用于法庭调查②。在 2005—2007 年这段时间，反移民组织的成员队伍壮大了 600%，"草地火灾"开启的几个请愿活动旨在反对移民政策改革。直到 2010 年 6 月，"草地火灾"开发了一个包含 3713521 名成员的数据库（这其中包括 2608818 个电话号码以及 1211259 个电子邮件地址）③。

2008 年美国大选之后，草地火灾发出大量的电子邮件，旨在警告人们"总统当选人奥巴马和佩洛西·里德可能会很快将美国变成社会主义左派"。人们被要求在"草地火灾"的网站上注册并加入这一组织。2008 年 12 月 15 日，埃利奥特注册了茶党反抗网的网站域名（ResistNet.com），不久便正式启动命名为"茶党爱国者"。这一新网站的主要观点就是："反抗只是第一步，这就是为什么我们建议保守党要分三步走：反抗、重建、恢复。我们相信反抗会在保守党中建立新的统一的团体。"④

不久后，达拉·达沃尔德加入这一组织，并且在 2009 年 1 月还组建了一个志愿者小组在每个州政府门前宣传茶党。2 月初，达拉获得一个职位，成为茶党反抗网的主管人⑤。事实上，茶党反抗网的所有领导阶层均是女性（当然这一组织最初也是由埃利奥特主导的，他也是最终发号施令的人）。这一点与

① Grassfire. net website, *Frequently Asked Questions（FAQ）*, http：//web. archive. org/web/20021221164825/www. grassfire. net/images/myGrassfire/faq. asp.

② Grassfire. net Website, *Petition to Support the Public Display of the Ten Commandments in Our Com-munitles*, October 2, 2002, http：//web. archive. org/web/20021002223641/www. grassfire. net/mygrassfire. asp? rid = .

③ NextMark, Inc., *Grassroots Action Masterfile（Formerly Known as Grassfire. net Masterfile）Mailing List*, Next - Mark Mailing List Finder Website, Accessed August 1, 2010, http：//lists. nextmark. com/market；jsessionid = C2198A3CCA36582397BCACC2B41FCBD6? page = order/online/datacard&id = 74913.

④ Darla Dawald, *Key Contacts on ResistNet. com, Home of the Patriotic Resistance*, ResistNet Website, December 20, 2009, http：//www. resistnet. com/notes/Key_ Contacts.

⑤ S. A. Miller, *Tea Party Warns GOP of Fla. Repeat*, The Washington Times, January 6, 2010, http：//www. washingtontimes. com/news/2010/jan/06/tea - party - head - warns - gop - florida - repeat/.

其他茶党组织不同，因为其他组织一般都是由男性主导[①]。

一些组织开始支持茶党是因为看到了网络上的宣传信息。例如 2009 年 2 月 24 日，路易斯安那州的一个组织宣布将在拉斐特这个城市支持茶党。同年 4 月，茶党反抗网开始和自由之力一起合作，达拉变成了茶党组织的协调人之一。[②] 茶党反抗网在美国 34 个州的不同地区拥有 142 个拥护的组织，并且会和茶党的其他组织进行不同程度的合作。自 2010 年 8 月 1 日起，茶党反抗网成为茶党的第二大组织，网上成员有 81248 名[③]。该组织的成员分布在该国的各个区域，人数最多的前 10 个城市为：得克萨斯州的休斯顿、内华达州的拉斯维加斯、亚利桑那州的凤凰城、得克萨斯州的圣安东尼奥、亚利桑那州的图森、得克萨斯州的达拉斯、加利福尼亚州的圣迭戈、得克萨斯州的奥斯汀、得克萨斯州的沃斯堡市、俄克拉何马州的俄克拉何马市。茶党反抗网的领导阶层均为女性，不过该组织的大部分成员却是男性，其中 56% 的成员为男性，36% 为女性，还有 8% 的成员不确定性别[④]。

茶党反抗网还创建了自己的内部组织——"flip this House"，并且主张将国会交由保守派管理。随着社交网络使用的范围逐渐扩大，茶党的一些组织也开始活跃起来，茶党反抗网也成了针对穆斯林信奉者的聚集地点。该网站上宣称："我们在某一点上反对所有穆斯林教徒，穆斯林没有好坏之分，有一些穆斯林教徒混进了我们的政府、军队以及其他的单位部门。我们一直等着他们将国家彻底地归还到我们的手里……"[⑤]

茶党反抗网将自己分成几个部分，这样它就可以吸纳更多的成员扩充自己的规模，以便把自己发展成一个极端保守的组织。在这些分支当中，自 2010

① Stephanie Mencimer, *Dick Armey Skips Reid Protest*, Mother Jones, March 12, 2010, http://motherjones.com/mojo/2010/03/dick–armey–skips–reid–protest.

② Tea Party Patriots Website, *Tea Party Patriots Statement on Dale Robertson*, http://www.teapartypatriots.org/PressReleases.aspx.

③ 1776 Tea Party Group Profile on Tea Party Patriots Website, Last Accessed August 5, 2010, http://teapartypatriots.org/GroupNew/1287db83–2a48–46cb–ac9d–27c388a56ba3/1776_Tea_Party.

④ David Weigel, *N–Word' Sign Dogs Would–Be Tea Party Leader*, The Washington Independent, January 4, 2010, http://washingtonindependent.com/73036/n–word–sign–dogs–would–be–tea–party–leader.

⑤ Figure available from Grassfire.org Alliance, IRS Form 990, 2008. According to the non–profit website, Guidestar.org, Grassfire.org Alliance Inc. was formed in 2004, http://www2.guidestar.org/ReportNonProfit.aspx? ein = 20–0440372&name = grassfire–org–alliance#; In Colorado only, the non–profit fund–raising status of Grassfire.org Alliance was suspended in January 2010, according to the Colorado Secretary of State website summary page for Grassfire.org Alliance Inc, Accessed August 1, 2010, http://www.sos.state.co.us/ccsa/ViewSummary.do? ceId = 38928.

年7月成立的美国宪法第十修正案中心（The Tenth Amendment Center）在美国23个州中发展了26个分支机构。这些机构的网站主要用于民众支持所在州的权利以反对联邦政府，美国宪法第十修正案中将"废除""分离"等理论合理化，以作为反对奥巴马政府的手段。

另一个分支就是"我们人民创立的宪法教育大会"（We the People Foundation for Constitutional Education，Inc.），其总部设在纽约的昆斯伯里。该组织由鲍勃·舒尔兹领导，2010年1月27日，国内税收部门取消了该组织的非营利地位。2010年1月27日，在经过了小布什执政时期之后，美国国税局取消了企业的免税政策。然而，尽管这样，"我们人民创立的宪法教育大会"仍宣称要坚持自己的做法。

4. 茶党国家

"茶党国家"的创始人是贾德森·菲尔普斯以及他的妻子雪莉·菲尔普斯。贾德森是纳什维尔的一名律师，是当地共和党的一名积极分子，并且是美国地方检察官的前任助理①。2010年的时候，他专注于研究酒后驾车和人身伤害的案件。根据一些公共档案，1999年，贾德森·菲尔普斯申请了个人破产。在过去的十几年中，他面临着三项来自联邦课税扣押，总金额超过22000美元。但是他向外部宣称已经偿还了这些税务②。

"茶党国家"把自己描述成一个用户主导的群体，这个群体由一群志趣相投的人所组成，这些人渴望创始人所描述的那种上帝赐予他们的个人自由。他们信仰有限政府、言论自由、第二修正案，信仰他们的军队、安全边界和他们的国家③。贾德森·菲尔普斯解释道："我并不是想要去吸引那些温和派的人，因为他们没有自己的核心观念。"④

"茶党国家"的诞生也是一些其他党派的写照。2009年2月27日，菲尔普斯在纳什维尔地区促成了一次"茶党国家"的活动。这次活动吸引了数百人参加，他们中的个别人成了活动的志愿者。4月6日，菲尔普斯注册了Tea-

---

① NextMark，Inc.，*Grassroots Action Masterfile*（*Formerly Known as Grassfire. net Masterfile*）*Mailing List*，Next‐Mark Mailing List Finder Website，Accessed August 1，2010，http：//lists. nextmark. com/market；jsessionid = C2198A3CCA36582397BCACC2B41FCBD6？page = order/online/datacard&id = 74913.

② People for the American Way，*The Emerging Right‐Wing' Resistance*，Right Wing Watch Website，November19，2008，http：//www. rightwingwatch. org/content/emerging‐right‐wing‐resistance.

③ Darla Dawald，*Key Contacts on ResistNet. com*，*Home of the Patriotic Resistance*，ResistNet Website，December 20，2009，http：//www. resistnet. com/notes/Key_ Contacts.

④ ResistNet Website，*Tea Party' and 'Anti‐Pork' Protest Rally in Lafayette，Louisiana*，February 24，2009，http：//www. resistnet. com/events/tea‐party‐and‐antipork‐protest.

PartyNation. com 这一域名[①]。同年 4 月 15 日，也就是纳税日的当天，菲尔普斯和他的志愿者们在纳什维尔地区组织了一次抗议活动。纳什维尔地区有一万人参加了这次活动，在临近的田纳西州的富兰克林，有大约 4000 人参加了活动。这次活动的成功为"茶党国家"向全国范围发展提供了动力[②]。

"茶党国家"是美国第三大的茶党广播网络，从 2010 年 8 月 1 日开始，已经有 31402 名在线会员。从地理的角度来说，这些会员大多集中在田纳西州。在东北部地区的得克萨斯州、佛罗里达州、伊利诺伊州、加利福尼亚州以及内华达州，同样也有不小规模的会员集中在一起。"茶党国家"会员大多集中的地区有：田纳西州的纳什维尔、内华达州的拉斯维加斯、得克萨斯州的休斯顿、田纳西州的富兰克林、田纳西州的墨菲斯堡、纽约、伊利诺伊州的芝加哥、华盛顿州的丹佛尔科罗拉多、加利福尼亚州的圣迭戈[③]。

5. 茶党爱国者

"茶党爱国者"的官方网站是 2009 年 3 月 10 日注册的。它的信条包括：信仰开国元勋、主张财产私有化。"茶党爱国者与我们国家的开创者站在一起，作为共和国的继承者，该组织宣称我们的权利和义务可以保护我们自身及财产安全[④]。和创始人一样，我们也认为，私有财产权和私有财产的繁荣得到法律的保护对我们国家是有益的。"2009 年 6 月，"茶党爱国者"成为一个非营利性组织。2010 年 1 月，茶党爱国者委员会（Tea Party Patriots Inc. PAC）在联邦选举委员会登记注册，然而这一情况报道后，茶党爱国者委员会既没有募集资金也没有向外界捐赠任何财物。

在茶党所有的派系组织中，"茶党爱国者"可谓是最有草根性的一个组织[⑤]。自 2010 年 8 月起，在"茶党爱国者"的网站上有超过 2200 个的地方分支注册，比其他茶党组织分支的总和还要多。该组织主要网站上的成员有115311 人，并且自 2010 年 8 月 1 日起，就有 74779 人已经注册了它们的社交

---

①　See Note 1 for details on data collection and analysis methodology.

②　Francesco V. Pennese, *IT'S TIME TO TALK BACK OUR COUNTRY NOW!!!!!!*, ResistNet Website, December 9, 2009, http: //www. resistnet. com/group/resistnetradioshow/forum/topics/its - time - to - take - back - our - 1.

③　The names of the individuals listed were found by querying the username, city, and state of the Resist-Net. com social network membership database compiled by IREHR in May/June 2010 against the IREHR - compiled database of State and Local Nativist organizations, leader names, city, and state. The names that emerged from that query were then confirmed by telephone.

④　As a for - profit entity, Tea Party Nation doesn't make its revenue or expenditures available to the public. Hence, it isimpossible to gauge how they would compare to other factions.

⑤　Colorado Secretary of State Licensing Center website, *Summary Page: Tea Party Patriots, Inc*, http: //www. sos. state. co. us/ccsa/ViewSummary. do? ceId = 62632.

网站。"茶党爱国者"的网络成员分布在美国的各个地区，人数最多的前 10
个地区分别是：纽约州的纽约城、得克萨斯州的休斯顿、科罗拉多州的科泉
市、内华达州的拉斯维加斯、加利福尼亚州的洛杉矶、佐治亚州的亚特兰大、
亚利桑那州的凤凰城、加利福尼亚州的圣迭戈、伊利诺伊州的芝加哥、加利福
尼亚州的贝弗利希尔斯。茶党爱国者成员中男性的比例较大，大约 63% 的成
员为男性，31% 为女性，还有 6% 的成员性别未能确定①。

除了人员规模之外，茶党爱国者的预算只少于自由之力、茶党快车和茶党
反抗网这三个组织。截至 2010 年 5 月 31 日，茶党爱国者财政方面的总资产为
538009 美元，共支出 40059 美元②。

2010 年 2 月，该组织给其成员寄了一封附带有名为《国家政府专制的解
决方案》这篇文章的新闻邮件。文章中提到了两种解决方案。第一种是渐进
式，提倡接受宪法第十修正案中提到的州权力及州主权来阻止过度扩张的联邦
政府。第二种是将分裂描述为一种"巨变"，这种巨变"可能会影响到大多数
公民的舒适生活，但是仍然值得我们认真考虑"。

就像一些茶党爱国者当地团体紧揪着武装民兵和基督教家国主义，其他当
地分会也在大肆宣扬本土主义及反对移民的政治。当地茶党爱国者分会，如帮
助解救马里兰州，已经在 CASA（一个移民权利团体）州总部举行抗议。作为
一个明显的反移民组织，"帮助解救马里兰州"成立于 2005 年，现在它属于
一个茶党团体。

在亚利桑那州通过了严苛的 SB1070 反移民法案后，哥伦布和佐治亚州的
茶党都团结一致支持该州。很多其他的当地茶党爱国者团体也支持亚利桑那州
的反移民条例，将其视为国家的领导。

---

① Zachary Roth, *Top Tea Partier, Husband, Owed IRS Half a Million Dollars*, Talking Points Memo, http：//tpmmuckraker. talkingpointsmemo. com/2009/10/top_ tea_ partier_ husband_ owed_ irs_ half_ a_ million_ do. php; Oren Dorell, *Tax Revolt a recipe for tea parties*, USA Today, http：//www. usatoday. com/ news/washington/2009 – 04 – 12 – teaparties12_ N. htm.

② Prior to the bankruptcy, the couple lived in a five – bedroom house in a Woodstock, Georgia subdivision. The couple had purchased twin Lincoln Navigator SUVs, contracted a yard service, purchased an expensive club membership, and more. For details, see Mark Davis, "Jenny Beth Martin: The Head Tea Party Patriot," Atlanta Journal – Constitution, May 9, 2010, http：//www. ajc. com/news/georgia – politics – elections/ jenny – beth – martin – the – 522344. html; Bankruptcy details found in Ford Motor Credit Company, LLC. A Delaware Limited Liability Company v. Lee Sanders Martin, IV, Jennifer Elisabeth Martin, and Robert B. Silliman, as Trustee, Chapter 7, Case no. 08 – 76980 – CRM, United States Bankruptcy Court, Northern District of Georgia, December 5, 2008; and Voluntary Petition, Case 08 – 76980 – crm, United States Bankruptcy Court, Northern District of Georgia, August 29, 2008.

6. 茶党快车

茶党快车，这是"我们的国家需要更好的政治行动委员会"——一个保守派于2009年举行的活动。这个派别进行了全国性的观光巴士宣传，同时也募集资金支持共和党候选人。它不是一个会员制组织①，而且茶党快车与国家其他派别的区别在于，他们并不会试图去建立或支持当地的团体。其最初的主席马克·威廉姆斯，多次跨越公民政治话语底线，表现出恶意的咆哮和明确的种族主义。此外，其领导与其他茶党组织多次发生冲突，并成为公众争议的热点②。

茶党快车及其总集团——"我们的国家需要更好的政治行动委员会"，缺乏一个像其他的茶党派的在线社交网络。作为一个政治行动委员会，能够接受捐助者的资金捐赠，但不可以报名参加组织。这种差异使它很难与其他派别进行直接的比较③。

虽然捐助者分布在全国各地，但是有许多人在组织的主要分布州，加利福利亚州和得克萨斯州。茶党快车捐助者排名前十的城市是：休斯敦，得克萨斯州；贝塞斯达，马里兰州州；达拉斯，得克萨斯州；纽约，纽约州；兰乔圣菲，加利福尼亚州；圣安东尼奥，得克萨斯州；拉斯维加斯，内华达州；斯科茨代尔，亚利桑那州；亚加纳，关岛；新奥尔良，路易斯安那州④。

2008年"我们的国家需要更好的政治行动委员会"实施了"阻止奥巴马巴士之旅"的策略。败于奥巴马后，"我们的国家需要更好的政治行动委员会"继续支持萨拉·佩林，包括运作支持佩林的广告。之后因此成为茶党快车第三次游行⑤。

与其他群体不同的是，茶党快车的设计在一开始就作为一个攻击"政治

① Russ Marsh & Rogers Website, *Principals*, http：//www. rmrwest. com/index. php/RMRWest/Principals/.

② Sheriff Mack website, *Event date*, *Speaking Engagements*, http：//sheriffmack. com/index. php/speaking - engagements.

③ Our Country Deserves Better – TeaPartyExpress. com PAC query of individual donors, from "Detailed Files About Candidates, Parties, and Other Committees" databases, Federal Elections Commission, downloaded June 15, 2010, http：//fec. gov/finance/disclosure/ftpdet. shtml.

④ Gun Owners of America, *Staunch Gun Rights Defender Vying for Open Congressional Seat*, Kaloogian was exposed during this campaign for using a photo of Istanbul and claiming it was a picture of Baghdad. Dana Milbank, "Baghdad on the Bosporus," Washington Post online, March 30, 2006, http：//www. washingtonpost. com/wp – dyn/content/article/2006/03/29/AR2006032902277. html.

⑤ Zachary Roth, *Conservative Activist Forwards Racist Pic Showing Obama As Witch Doctor*, Talking Points Memo website, http：//tpmmuckraker. talkingpointsmemo. com/2009/07/conservative_ activist_ forwards_ racist_ pic_ showing. php.

脆弱的选举候选人"的竞选车辆。

二 茶党运动的基本主张

为了应对经济危机，奥巴马政府在过去两年里救两房、帮银行。这些开支加上 7800 亿美元经济刺激计划，给美国政府背上沉重债务。在很多茶党人看来，这简直忍无可忍。他们的理财观念保守，尤其一些中老年人，他们不曾加入房市投机潮，也没有在华尔街投资中大捞一把。现在他们却不得不为投机客埋单，忍受自身养老金账户随股市走跌而缩水，并担忧政府债务对子女一代的影响。因此，限制政府开销、限制政府权力、减少民众税收，就成为茶党人的一项突出的呼求。

茶党运动在美国众议院和参议院中都有自己的党团会议，他们没有核心领导层，但是有松散的团体联盟及地方团体组织来决定党内的各种事务和议程。茶党运动是草根政党活动的代表，同时也是"伪草根舆论"的一个典型例子。

茶党中最有标志性的人物包括共和党政客莎拉·佩林、迪克·阿梅和罗恩·保罗，保罗被誉为茶党运动的"知识之父"。

茶党运动的推动力是高昂的政府开支和税款，其任务就是利用财务责任、宪法限制政府、自由市场的价值来保证公共政策的一致性，这期间要将美国公民组织起来接受更好的教育。具体来说，茶党的基本主张如下。

1. 减税

"茶党"这个名字指的是波士顿茶叶党，它发端于 1773 年，当时仍属英国殖民地的美国东北部的波士顿民众，为反抗英国殖民当局的高税收政策，发起了波士顿倾茶事件，愤怒的人们把英国东印度公司 3 条船上的 342 箱茶叶倾倒在波士顿海湾。一些评论员表示茶在"茶党"一词中意为"税收得够多了"。比起一般意义上有明确的纲领、完善的组织的政党来说，"茶党"并不像是一个政党，而是一场政治运动。它由数百甚至上千个松散团体组成，每个分支成员的人数不等，多的数百人，少的是光杆司令。他们在餐厅、起居室、图书馆、办公楼甚至通过网络聚会。它在民众聚会上没有单一话题，也没有推动组织信息、动员"党员"和筹款的明确领导人。

当然，虽然组织松散，但把这些人聚在一起的仍有一条主线，就是对现实的愤怒和不满。他们扮演着忠实的反对派的角色：只要是奥巴马政府支持的，就是"茶党"反对的。

奥巴马竞选时曾对选民许下了减税的承诺，但他上台后，正值金融危机，不得不选择扩大财政赤字以刺激经济的政策。减税承诺并没兑现，美国的纳税人自然很愤怒。一项民调显示，三分之二受访者对奥巴马政府的工作表示

"不满意"或"生气"。这是 1996 年 3 月以来，定期民调中对政府不满意率最高的一次。对奥巴马政府不满的人群，正是"茶党"滋生的土壤。

茶党成员更倾向于认为奥巴马已经提高了税收，而大多数美国人不这么看。[1]

表 3 - 4　　　　　　　奥巴马政府是否增加税收的调查结果

	全体美国人（%）	茶党（%）
增加了税收	24	44
降低了税收	12	2
没有变化	53	46

资料来源：CBS News，"The Tea Party Movement"，*NY Times Poll*，For release：Thursday，February 11th, 2016：30 PM（EST）.

茶党运动是美国民粹主义的一种政治运动，是自由派和保守派的意识形态在缩减政府开支这一共识下的调和，自 2009 年开始发起抗议，旨在支持政治候选人参加美国大选。茶党组织赞同政府削减支出，减少国家债务和联邦预算赤字，从不同程度上反对税收。

"茶党"还要求缩减政府规模。他们反对奥巴马向底特律的通用、克莱斯勒等汽车巨头"输血"，还反对政府用纳税人的钱来救助所谓"太大了而不能任其垮掉的华尔街金融机构"……总之奥巴马政府的种种政策，都会成为他们攻击的目标。

甚至奥巴马本人也成为"茶党"的靶子，在一次"茶党"大会上，"茶党"支持者、前科罗拉多州众议员汤姆坦克雷多称，奥巴马之所以能当选总统，全赖那些不会讲英语的选民。"茶党"甚至把美国历史上第一位黑人总统描述成种族主义者，因为他们认为"奥巴马对白人有根深蒂固的仇恨"。

2. 减少财政赤字

茶党的立场更接近于共和党，茶党运动在中期选举中也曾助推了共和党的胜利。茶党人信守保守主义的政治哲学，不满民主党的政策主张，在 2008 年总统大选中，这些茶党人中大部分投票支持了共和党候选人麦凯恩，所以，他们原本就属于共和党阵营，只是对共和党的做法也有诸多不满，因而借茶党来表达自己的立场。共和党在中期选举中也利用了茶党运动带来的政治效果，他们接受了茶党的一些政治主张，将其转变为共和党 2010 年的竞选口号，例如

---

[1]　CBS News，"The Tea Party Movement"，*NY Times Poll*，For release：Thursday，February 11th，20106：30 PM（EST）.

削减政府开支、减少财政赤字等，一些共和党候选人还积极向茶党靠拢，以争取更多的选票。其实，美国传统的两党制在一定程度上已经有所变化，茶党运动在"初选"中已经成功影响了共和党的内部选举结果。所以，目前有些共和党候选人正式成为茶党的候选人，只是因为他们希望得到"初选"中茶党活动家们的大力选票支持。

减少财政赤字是茶党运动的重要主张。也就是政府要有财政责任。财政责任最终体现为个人自由，认为个人花销是自己劳动的果实。宪法限制政府是为保护自由而创建，这就要求公民承担财政花销，否则就要付出高额的税费，而公民付出高昂税费又与我们创建宪法限制政府的原定目的不一致。就如目前所见的华盛顿出现的巨额的财政支出赤字，对于逐渐增加的国债来说是一个巨大的威胁，我们应该采取行动来保证我们的主权，来保证未来一代的人身和经济自由①。

3. 反对奥巴马的"大政府"

茶党运动没有明确的领导，没有中枢结构。也不是所有参加茶党运动会议的人都在担心独裁统治。有些人是反感大政府，反感奥巴马或者讨厌进步。有些茶党团体实际上是地方共和党的附属，但多数不是。

茶党运动秉承了美国传统的政治思想，茶党人信奉"小政府"的政治哲学，认为过高的税收会消耗普通民众过多的财富，同时，国家权力也会因而过于膨胀。而许多美国人认为，政府支出过大同样是有害的，因为这会导致更高的税收和更多的公共债务。茶党人认为，国家与普通公民一样，必须量入为出。就像生活在一个大家庭中一样，"如果能花的钱不多了，那就少花点"。所以不妨说，茶党运动是美国公众发起的一场反对政府庞大预算计划（包括经济刺激、房贷救济、医疗改革等）、主张小政府、低税收、弱监管、同时崇尚市场自由原则的自发性社会运动。茶党成员主张用宪法限制政府。如"茶党爱国者"的成员把宪法视作美国的最高法律。我们认为了解到建国者最初的意图是有可能的。就如创建者们一样，我们也支持州的权力，政府取之于民、用之于民，在不触犯法律的情况下，我们支持个人追求自由。

4. 支持自由市场经济

茶党成员认为自由市场是个人自由的经济结果，自由市场的创建者认为个人和经济自由是不可分割的，正如我们一样。目前政府的干涉扭曲了自由市场，也抑制了个人和市场追求自由。因此，我们支持自由市场法则，反对政府

---

① Meckler Mark，*Tea Party Patriots*，Henry Holt and Company，LLC 2012.

干预私企的运营①。奥巴马政府对金融机构的紧急救援及其提出的改变医疗委托确实对美国人最亲密的安全归属感产生了影响——工作、健康和家。

茶党的口号是反对高税收，反对以扩大政府开支拉动经济，反对高支出和全民医保改革，认为这一举措是"用纳税人的钱贴补那些外来的穷人"；他们坚决反对奥巴马政府过多介入经济和金融领域，也反对增加税收和发行新的国债等。

总体来看，茶党拥护小政府。首先，政府不应享有绝对权力，必须受到法律的约束和限制。其次，控制联邦政府开支。政府预算必须严控，奥巴马政府以新债补旧债的做法，使赤字持续攀高，这种经济发展方式被多数经济学家认为难以为继。再次，宣扬公民责任和依法治国。我们鼓励公民互助，但求助者寻求外援时，须先自助。最后，支持国家主权全民所有。美国民众应自主决定最适合的法律，政府将意志强加于民众的做法是不正确的。

5. 反对非法移民

茶党成员认为，非法移民破坏了美国的就业环境，是造成美国失业率攀升的重要原因。而且奥巴马政府为了获得连选连任，向有色人种和非法移民提供各种福利，以获得他们的选票。因此，主张白人至上的茶党成员坚决反对政府对非法移民提供各种福利。

继亚利桑那州推出颇具争议的移民法之后，佛罗里达州总检察长麦科勒姆（Bill McCollum）提议在少数族裔众多的佛罗里达实施打击非法移民的法规，而且相关规定将比亚州移民法"更进一步"。此外，该提案还规定：法官可以在判刑的时候考虑涉案者的移民身份；屡次在佛州犯案的非法移民将受到更严厉的处罚；佛州的商家企业必须考察员工的移民身份是否合法等②。

茶党运动组织计划周日在亚利桑那州边境地区举行集会，支持该州打击非法移民的强硬态度，同时支持国会参议员麦凯恩的挑战者。茶党成员塞拉提（Tim Selaty Sr.）说："我们要支持州长布鲁尔，联邦政府正在推进对亚利桑那州新移民法的起诉案。"塞拉提说，尽管茶党组织一直呼吁对非法入境者予以严厉惩罚，但在边境地区举行大规模集会却是第一次。有人预测此次集会规模与当年3月的反对医疗改革法案集会可有一比，组织者希望这场集会能引起人们对边境问题的关注。

2011年，加州一名茶党成员的议员提出一项反非法移民议案，基本上与

---

① Meckler Mark, *Tea Party Patriots*, Henry Holt and Company, LLC 2012.

② 《佛州拟制定严法反非法移民》2010.08.12。http：//news. sinovision. net/portal. php? mod = view&aid = 144006。

亚利桑那州 2010 年提出的引起激烈争议的议案相似。代表圣伯纳丁诺县（San Bernardino）的共和党州众议员唐纳利（Tim Donnelly）提出的 AB 26 号议案，专门针对所谓的移民庇护城市和雇用非法移民的雇主。众议院司法委员会预期审议此案。但是，这项议案获得民主党控制的州议会批准的概率极微。AB 26 号议案未包含亚州法律中引起高度注目的条文，即责成执法官员在怀疑某人为非法居留时可检查其身份，该条文被人批评为鼓励警察依据种族外貌执法。亚州议案的提出者州参议院共和党籍执行主席皮尔斯（Russell Pearce），偕同唐纳利参与一场宣扬此案的公开集会，辩称他的议案并未造成民众的分裂，只不过是在执行法律①。

唐纳利是加州民兵团（Minuteman）创办人，电视节目曾播出他修筑边境围墙的画面，但他宣称自己并非反对移民。他说，自己的妻子即是来自移民家庭的后代，他始终都赞成提高合法移民数量。他续称，鉴于非法移民大量涌入，美国应协助墨西哥解决造成当地居民向北迁移的结构性问题。他的议案还建议对走私毒品和卖淫妇女加重处罚以及处罚非法居留美国的临时劳工，从而收到遏阻效果，同时检查所有申领社福者的公民身份。

第三节　茶党运动的组织特点

一　茶党组织松散而灵活

茶党的蔓延暗潮并不统一。它是没有形状、分散化的反叛，没有明确的领导，没有中枢结构。也不是所有参加茶党运动会议的人都在担心独裁统治。有些人是反感大政府，反感奥巴马或者讨厌进步。有些茶党团体实际上是地方共和党的附属。

茶党运动中虽也有些较大的组织，但它们中大部分都是以民间组织的身份运作，而非政党。例如成立较早、影响力也较大的"茶党爱国者"，它在全美有 1000 多个地方分会，2800 多个茶党团体，但它的性质是在《美国国税局组织机构条例 501（c）（4）》下登记注册的非营利组织。条例规定 501（c）（4）的组织可以参与政治活动和选举，但与政党不同的是竞选不能成为组织的主要目的。

---

① 《茶党提反非法移民议案》.2011.04.05 http：//dailynews. sina. com/gb/news/usa/uslocal/singtao/20110405/09152349924. html。

到目前为止，茶党还不是一个真正意义上的政党。因为从性质上讲，政党是一定社会集团中有着共同政治意愿的人们自愿结合在一起、以取得政治权利为首要目标的政治组织。茶党虽然有较为明确的政治意愿，且也开始影响政治权力，但它缺乏统一的组织系统。茶党目前还只是一个有机的社会网络，是一个松散的政治联盟，大家主要是通过议题倡导和网络动员交流信息、开展集会。

从桑特利的即席电视讲话到各大媒体的竞相报道，再到广大民众的普遍共鸣和响应，以至于通过网络、电话、出版物沟通思想、协同行动，无不体现出茶党运动松散和灵活的特征。

二　具备中产阶层属性

茶党风暴在美国的兴起是一件非同凡响的事。表面上来看，茶党表达的是对奥巴马政府的不满，抗议高税收，反对高预算。实际上，茶党释放的是美国社会草根领域对美国现状的不满，是随着全球化和信息化发展而在草根领域中释放出的不可控制的社会流动性力量。与老草根运动不同，以茶党运动为代表的新草根运动是一种依靠现代信息传播手段动员起来、致力于实现特定政治理念的社会运动。它具有三个基本特征：一是政治基础不是地域性的组织建制，而是脱域化的社会运动；二是政治诉求不是赢得选举和影响政策，而是表达政治理念和实现政治理想；三是动员手段不是依赖政党认同或者意识形态，而是依赖信息网络特别是网络2.0技术动员起来的社会议题网络。

左翼相对不太强势的原因至少有三个。第一个原因，最近右翼赢得了故事之战。茶党讲了一个国家在人民的重压之下濒临坍塌的故事，因为人民渴望政府的帮助而不是靠自己的努力生存。这个群体包括穷人、移民者、非裔美国人、公会员工（尤其是参加公会的普通员工），但也包括寻求政府援助的投资银行家和各行业高管。Williamson、Skocpol和Coggin认为，茶党人士将"劳动人民"和"非劳动人民"做了基本划分，并将自己划入前一类群体（即使受调查者中有三分之一在接受调查时并不拥有一份真正意义上的工作）。相反，那些站在街角找零工的公会员工和移民者却被划入了非劳动群体的行列。而一旦这种心理范畴予以确认，那么从医保到救助这样的政府政策就会从应得人士向非应得人士倾斜和制定①。

该例子表明了茶党所讲述的故事的本质。民主党人（或者也许是"社会

---

① 　Vanessa Williamson, Theda Skocpol, and John Coggin, "The Tea Party and the Remaking of Republican Conservatism." *Perspective on Politics* 9, No. 1, pp. 25 – 43, March 2011.

党人")想把钱给那些不可靠的人：那些生活在依附环境下贫困的非裔美国人①，那些负债累累的官僚，大量靠联邦补贴换取劣等商品的承包商，那些无效服务以及无用之桥。在茶党人士看来，其解决办法很简单：我们必须重新恪守宪法，因为联邦政府所制定的宪法不允许此类事情发生②。

但左翼也讲述了自己的故事——如果大企业并非牢牢掌握在政府手中，而贪婪的资本家为了自身的利益可恣意压榨劳动者和市场，那么危机就会引发一系列后果。故事中所提供的解决办法是采取强有力的政府行为，在刺激疲软衰弱经济的同时重新调节投资行业，创造更多就业岗位以填补攸关生死的国内需求（比如有效的高速铁路网，可再生能源以及桥梁、隧道和高速公路的维修）。然而，这个故事并没有得到有力的宣传，甚至很多地方都没有听过这个故事。这就是第二个原因③。

茶党的惊人之处就是它从不缺钱。Sarah Palin 以 10 万美元的价格出席纳什维尔茶党大会并作为主要发言人，这钱花得值不值先暂且不提，不管在什么情况下，一个左翼群体能支付如此庞大的金额都是令人难以想象的。许多茶党群体背后都有像"自由工程"这样资金雄厚的共和党政治行动委员会撑腰，而且其成员通常都要比一般市民富裕得多，所以他们也是茶党资金募集的来源之一④。此外，福克斯新闻网也积极通过其新闻报道为茶党宣传造势。Williamson、Skocpol 和 Coggin 就曾指出，福克斯新闻"把筹划和维持茶党动员活动放在首要位置"⑤。因此茶党凭借其更加有力而丰富的资源，能够轻而易举地刊登与自身相关的新闻报道。

第三个原因是冷战结束后，其影响长期未得到根除。尤其是美国，在创造社会民主方面几乎没有历史传统可循。而苏联解体有力地印证了玛格丽特·撒切尔夫人的那句话：发展自由市场没有第二条路可选。美国左翼反对"另一个世界是可能的"这种观点，但这种观点仍未冲破那种坚信社会主义已被驳

①　一份《纽约时报》民意调查发现，相比较随机调查中 28% 的比率，茶党中有 52% 的人在回答"近些年，黑人是否面临太多难题？"这一问题时给予了肯定的答案。详见 Kate Zernike 和 Megan Thee - Brennan "Poll Finds Tea Party Backers Wealthier and More Educated". *New York Times*, 14 April 2010. Http：//www. nytimes. com/2010/04/15/us/politics/15poll. html？＿r＝1&ref＝teapartymovement。

②　比如"茶党爱国者"，茶党爱国者的使命宣言和核心价值观，http：//www. teapartypatriots. org/mission. aspx。

③　John C. Berg, President Obama, *the Tea Party Movement, and the Crisis of the American Party System*, p. 16, Http：//ssrn. com/abstract＝1879523.

④　Kate Zernike, Megan Thee - Brennan, "Poll Finds Tea Party Backers Wealthier and More Educated." *New York Times*, 14 April 2010.

⑤　Vanessa Williamson, Theda Skocpol, and John Coggin, "The Tea Party and the Remaking of Republican Conservatism", *Perspective on Politics* 9, No. 1, p. 29, March 2011.

倒的壁垒①。

三 茶党社会影响的组织途径

从社会组织的角度看，茶党的组织者和响应者很重视通过新的组织方式和新的组织载体，特别是善于利用网络载体，扩大自己的组织，提高自己的影响。茶党社会影响的组织途径多且分散。

1. 组建"茶党连线"

"茶党连线"是指美国众议院和参议院的议会党团，于 2010 年 7 月 16 日由明尼苏达州的议院女议员米歇尔·巴赫曼建立并担任其主席②。该连线致力于促进财政责任，坚持运动中对宪法的诠释和有限政府的原则③。"茶党连线"的思想来源于肯塔基州参议员兰德·保罗，当时他正在竞选自己现在的席位④。

"茶党连线"于 2010 年 7 月 19 日得到众议院监督管理委员会"官方议会成员组织"的称许，并于 7 月 21 日召开第一次会议⑤。第一次公众事件是国会大厦的记者招待会，同样是在 7 月 21 日召开。2011 年 1 月 27 日，有四名参议员加入了连线⑥。

目前所有 49 名成员以及曾经在连线里的所有 66 名成员，都属于共和党。其中有三名是共和党的领导⑦。托马斯·普莱斯是共和党政策委员的主席，并成功成为众议院里第七届资深共和党委员，约翰卡特是众议院共和党会议的秘书，并成为第九届资深共和党人，彼物塞森斯是第六位共和党人，成为美国共

① John C. Berg, President Obama, *the Tea Party Movement*, *and the Crisis of the American Party System*, p. 16, Http: //ssrn. com/abstract = 1879523.

② Sherman, Jake, "Bachmann forms Tea Party Caucus", *Politico*. http: //www. politico. com/news/stories/0710/39848. html. Retrieved August 4, 2010.

③ Pappas, Alex, "Congressional Tea Party Caucus receives mixed reviews from Tea Party activists", *The Daily Caller*. http: //dailycaller. com/2010/07/22/congressional - tea - party - caucus - receives - mixed - reviews - from - tea - party - activists/. Retrieved August 4, 2010.

④ Condon, Stephanie, "Bachmann's Tea Party Caucus Approved", *CBS News*, http: //www. cbsnews. com/8301 - 503544_ 162 - 20010958 - 503544. html. Retrieved August 4, 2010.

⑤ Zdechlik, Mark, "Bachmann gathers Tea Party Caucus for first time", *Minnesota Public Radio*, http: //minnesota. publicradio. org/display/web/2010/07/21/bachmann - tea - party - caucus/. Retrieved August 4, 2010.

⑥ Lorber, Janie, "Republicans Form Caucus for Tea Party in the House", *The New York Times*, http: //www. nytimes. com/2010/07/22/us/politics/22tea. html. Retrieved September 13, 2010.

⑦ Siegel, Elyse, "Marco Rubio Shows Little Love For Tea Party Caucus (AUDIO)", *Huffington Post*, http: //www. huffingtonpost. com/2011/02/07/marco - rubio - tea - party - caucus_ n_ 819800. html. Retrieved February 21, 2011.

和党国会委员会的主席。"茶党连线"的其他成员有的担任委员会的主席职务，如拉马尔·史密斯代表，他是众议院司法委员会的主席①。

根据政治响应中心的调查，对"茶党连线"有重大贡献的成员有：卫生技术人员、离退休人员、房地产、石油和天然气股份。中心说，这些成员对连线做出的贡献以及共和党和保守党派对连线做出的贡献，平均高于众议院议员和其他共和党人的总体贡献。与众议员平均13000美元和众议院共和党人21500美元的数字相比，"茶党连线"成员平均能收到来自石油和天然气行业的捐助超过25000美元②。

"茶党连线"是美国众议院的一个官方组织，2010年形成初期作为美国人与国会议员日常交流自己观点的渠道。"茶党连线"代表财政责任、有限政府以及严格遵守宪法的基本原则。2010年7月，国会议员米歇尔巴赫曼组织了每一届"茶党连线"会议，当时议会已偏离了宪法的基本原则，也不聆听美国公众的心声。"茶党连线"的诞生，给美国人提供了与众议院议员交流自己观点的渠道。其开幕典礼有美国的普通人参加——小型企业主、建筑工人和家庭主妇，各自对24名众议院议员表达了他们的关切之情。到第111届议会止，议员人数已增长到52名。

新一届议会于2011年1月翻开了新的篇章，茶党连线也随之重新建立起来。连线从茶党运动中受到了鼓舞，并看到了他们成功将新保守派带入众议院做出的努力。如今，连线仍然愿意做美国人与华盛顿交流意见的聆听者。

"茶党连线"的使命与原则声明包括：茶党连线的本质是以问题为基础的，推进财政责任、有限政府与严格遵守宪法的原则。茶党运动等同于这些原则，"茶党连线"的成员目前在议会中使用并推进这些原则。

作为美国人向众议院议员各抒己见的渠道，"茶党连线"并不是茶党的传话筒。更重要的是，它并不是领导着茶党前进。确切来说，"茶党连线"的存在是为了倾听那些关心这个国家将来的美国辛勤劳动者的心声。作为"茶党连线"的成员，他们相信：美国人已经交纳足够的税收；我们的开国元勋建立了一项共和政体的法律，任何选举产生的官员不得凌驾于法律之上；美国人才是财富和就业最好的创造者，而不是政府；政府的支出应该小于收入；政府

---

① Drake, Bruce, "The New House Tea Party Caucus: Where Its Members Get Campaign Cash", *Politics Daily*, http://www.politicsdaily.com/2010/08/01/the-new-house-tea-party-caucus-where-its-members-get-campaign-c/. Retrieved August 5, 2010.

② Bachmann.house.gov, *Members of the Tea Party Caucus*, http://teapartycaucus-bachmann.house.gov/membership. Retrieved January 4, 2013.

应该维护其誓言要捍卫的宪法①。

2. 举行集会和示威游行

金融危机以来，在美国，贫穷和无家可归到处可见，并处上升趋势。普遍面临的问题有两种类型：直接的物质问题，有时是对未来物质问题的早期看法。概括地说，我们可能会说的第一个是直接剥削的结果，第二个是对进一步的或未来的剥削的理解。直接物质问题是明显的，我们可以说他们是经济过程的直接结果：直接无家可归、失业、储蓄的损失、被忽略的疾病、灾害、犯罪被害、歧视、缺乏保护、拥挤、饥饿、寒冷。

除了这些直接的物质的问题，还在于物质观念的问题，在于未来的物质问题，在于深刻的不满产生的问题。他们包括：对恐怖主义的恐惧，就业的不安，害怕年老，感知机会的有限和令人沮丧的创新，认为这个世界失去控制，我们失去了曾经有过的确定性和用来提供一个稳定可靠的依据，日常生活可依靠的原则。它是一种直接宣传，传播的不确定性，一种恐惧，通过无所不在的监视、警告、标志："如果你看到什么，说什么"，对恐怖主义产生的恐惧。在你的日常生活中，你每一天去的地方，你到那里的方式中，什么是你应该看到的，害怕的，是故意模糊的，什么可能是危险的。

在美国，茶党运动是积极镇压日常中支持激进改变这一趋势最明显的表现之一。茶党有助于形成一个先发制人的整合，不包括新的想法，抑制的其他备选方案。它不应该被理解为一个政治运动，因为它没有任何真正的政治内容：低税收、没有政府、种族主义、不容忍异议、没有政治基础、意识形态立场；他们在日常生活中，实施取代，先入为主，起先是反抗，最后是批评实践。在日常生活中，这是在地面上的新自由主义，被剥夺了其意识形态的面具和自命不凡。它的目标是统治日常生活，从智力难题到性行为到公共行为和对有序行为的定义。

四　属于右翼保守主义运动

在奥巴马选举胜利后，茶党运动的兴起是在白人中产阶级和工人阶级选民中不断上升的焦虑、忧愁、害怕的结果。茶党以一种精英式的保守主义态势的战略计划，茶党运动一开始就很快就汇聚了较为雄厚的群众基础，随后又转变成为一种在美国历史上早有的右翼民粹主义运动②。这可以从表 3-6 中得到

---

① http：//teapartycaucus‑bachmann. house. gov/about‑me.

② Chip Berlet, "Taking Tea Parties Seriously：Corporate Globalization, Populism, and Resentment", *Perspectives on Global Development & Technology*, Vol. 10 Issue 1, pp. 11-29, 2011.

印证。

表 3 - 6　　　　　　　茶党支持者和非支持者的社会角色和政治态度

		茶党支持者	非支持者
社会角色和态度	大于 44 岁	70%	59%
	白人	85%	75%
	男性	63%	45%
	已婚	62%	49%
	收入超过 75000 美元	31%	24%
	大学毕业	27%	30%
	重生派基督教徒/福音派信徒	52%	33%
	每周去做礼拜者	50%	36%
	相信圣经中上帝之道	49%	28%
	枪械持有者	43%	29%
政治和种族态度	强烈的共和党认同感	86%	32%
	保守主义认同感	85%	29%
	不喜欢奥巴马	84%	27%
	喜欢佩林	77%	19%
	反对清洁能源	74%	21%
	反对医疗改革	81%	33%
	反对干细胞研究	66%	29%
	反对经济刺激计划	87%	41%
	不同意黑人是受害者	74%	39%
	不同意黑人所得越来越少	77%	42%
	同意黑人需要继续努力	66%	36%
	同意不向黑人提供帮助	80%	48%

　　资料来源：Vanessa Williamson, Theda Skocpol, and John Coggin, "The Tea Party and the Remaking of Republican Conservatism." *Perspective on Politics* 9, No. 1, p. 29, March 2011。

第四章

茶党的理论及其政治诉求

茶党运动作为新时代的右翼民粹主义运动从 2009 年开始在美国社会中复苏，对美国政治、经济、文化等诸多方面产生了巨大影响。起因在于美国政府在经济危机的大背景下作出的政治决策和政府行为没有得到美国民众的广泛认可，同时使民众对于政府的所作所为产生了不信任的感觉。探究茶党的理论及其政治诉求是研究茶党的重要内容，是全面了解茶党并分析其未来走向的前提和基础。总体上看，茶党认为政府规模的扩大以及政策的制定正在使美国民众的个人自由受到威胁，因此通过提出政治诉求的方式对美国政府及其执政党施加压力。反对政府通过增加税收和无节制扩大开支的方式拉动美国经济。然而，究其原因在于茶党运动在理论基础和思想基础上有历史的沉淀，并不是一场突如其来的运动。茶党运动在美国发展中，从简单的具有规模性的集会活动到能够影响社会态度走向的能力，最后到直接影响、参与美国政治发展的进程，都是源于茶党运动背后的稳定的理论基础和明确的政治诉求。茶党运动之所以能够持续性发展，实际上反映了美国民众在经济危机和美国社会状态不稳定等背景下，为维护个人权利和谋求社会发展的持续性态度以及社会思潮右倾和新保守主义重新出现的趋势。

第一节　茶党理论及其政治诉求的社会历史背景

美国的茶党运动已经成为美国政治历史有史以来最具有实力和极大影响力的社会运动之一。它的知名度和政治参与度在美国国内已经同民主党和共和党一样平起平坐，其潜在的影响力强大到足以影响州议员、州长，甚至国会议员的竞选，或许它在未来的某天能够强大到影响下一任美利坚合众国总统的选举。对不确定的未来的情况做这样的结论为时尚早，但是时间或许可以证明。尽管在运动的最初阶段茶党运动被美国社会的众多方面所忽视、轻视、排斥、边缘化，这其中包括来自政界、学界和媒体的言论，但与这些人所发表的言论相反的是，茶党运动却一步步地成长、壮大、成熟。茶党运动的产生是由多个方面因素构成的。在社会方面，美国的历史背景、社会背景和运动发生时期所处的特殊阶段，是茶党运动产生的重要原因；同时，美国在2007年爆发的经济危机也是此次运动发展到如此规模的根本原因之一。

一 茶党运动及其政治主张的社会原因

1. 茶党运动产生的历史背景

1773年12月16日是历史上的茶党运动的起源时间，在反抗英国殖民当局的高税收政策的过程中，美国东北部的波士顿民众发起了波士顿倾茶事件。民众将东印度公司船上的342箱茶叶倒进波士顿湾，因此参加这项运动的组织和团体就被统称为"茶叶党"（Tea Party）。从此之后，茶党也就成了革命的代名词。在之后的1774年，一场由潘妮洛浦·贝克尔领导的更加正式的茶党运动在北卡罗来纳州发起，她召集了51名妇女来支持抵制殖民地增加税收的活动。虽然这次活动与茶叶无关，但却被认为是美国政治历史上第一次基于普通民众的女性的政治运动[1]。

现阶段公认的当今发生在美国的茶党运动缘于2009年2月NBC（美国国家广播公司）电视主持人里克·桑特利在主持节目时，直接表示反对奥巴马政府的房屋救济贷款政策，同时积极呼吁茶党组织和运动再现的言论。这样的积极态度促使茶党组织从2009年年初开始出现，在发展过程中茶党的活动和组织如雨后春笋般出现在美国全国范围内。在茶党活动中，有示威者举出"Tax Enough Already"（税已经够多了）的口号，首字母缩写就是茶叶的英文TEA，从此茶党的名称再度出现。但在此之前，这场民粹主义运动的苗头作为美国政治历史、文化的一部分早已在美国社会发展的过程中出现。

19世纪末，民粹主义社会运动和第三党派在政坛的积极活动就不断地在两党制的美国政治生活中出现，它们不停地挑战着美国"一如既往的、正常的"政治体制，这个阶段往往是通过政党的出现、党派性的争论和独立的政治家活动等模式在进行[2]。有人认为茶党运动的起源之一是出现在1955年的民权运动，黑人女裁缝罗斯·帕克斯因拒绝在公交车上为白人让座而引发的黑人民权运动。民权运动在20世纪五六十年代引起了巨大反响的同时，也成为现代美国国内民主运动的起源。

---

[1] Mead, Walter Russell, "The Tea Party and American Foreign Policy", *Foreign Affairs*, Vol. 90 Issue 2, pp. 28 - 44, 17, Mar/Apr 2011.

[2] Ronald P. Formisano, *The Tea Party Baltimore*, Maryland: The Johns Hopkins University Press, 2012, p. 6.

在 1992 年美国总统大选中，得克萨斯州富商罗斯·佩洛特作为独立选举人出乎意料地获得了 18.9% 的选票，这一情况是在历史上首次出现，虽说最后佩洛特没有赢得选举，但是作为一个民粹主义运动发展、进化的结果，对美国民众形成的政治影响在 20 多年之后也没有消散，至今反而依旧被不断提起①。独立的选举态度、不偏袒任何一个主要党派、真正为民考虑提出相关政策等行动，佩洛特的选举过程和成功经验作为现阶段茶党运动作为民粹主义的榜样被茶党参与者所津津乐道。

2007 年 12 月 16 日，为纪念"波士顿倾茶事件"234 周年的活动中，2008 年总统大选候选人、右翼民粹主义领导者罗恩·保罗和他的同僚们在波士顿港重演了当年"倾茶"的举动。但是这次他们倾倒的不是茶叶而是向水里投掷了装满写有标语的旗帜的箱子，上面写有"暴政"和"无代表，不征税"等口号②。这个事件可以认为是现代茶党运动复苏的苗头。因为保罗作为政治边缘人物，他过往所提交的法案从未在委员会通过，其中就包括针对联邦收入所得税的法案。这个事件发生的时间恰好就在大选之前，布什政府即将卸任之时，保罗此举的目的也是想以此来唤起民众对政府开销问题的重视。

2007 年因次贷危机引起的金融危机使美国很多大型银行、投资银行、大企业倒闭破产，从而引起失业率上升、债务危机、民众投资严重损失。2008 年美国国会通过援助法案对银行以及汽车行业进行救助而通过国会申请上千亿美元的紧急救助资金，这种政府行为被民粹主义者认为是破坏美国自由市场经济原则的行为。政府一系列的行动直接引起全美民众对政府的不信任和厌恶的情绪。因为在这一系列的政府行为中，获得利益的并不是深受经济危机所害的美国民众，而是在民众眼中占据美国大部分财富的上层精英和利益集团。因此，大部分民众对待这一阶段的政府行为是持有反对的态度。虽然新一届政府在奥巴马以"变革"为主题的竞选宣言中看到了希望，但是在之后的种种事例表明，这一届政府并没有让饱尝经济危机痛苦的民众感到他们的期望得到了实现，反而使民众不再信任政府，对政府的一系列行为产生抵触的情绪，直至最后民众付诸反对政府行为、表达自身意愿和诉求的茶党运动。自由评论家、《时代》周刊专栏作家保罗·克鲁格曼说："这些反对税收、反对政府的行为

①　Scott Rasmussen, Douglas Schoen, *Mad As Hell*, New York: HarperCollins Publishers, 2010, p. 116.

②　James F. Smith, *Ron Paul's Tea Party for Dollars*, Boston Globe, December 16, 2007 is available in the website, www.boston.com/news/politics/politicalintelligence/2007/12/ron_pauls_tea_p.html.

证明一件事，那就是这将激起民众对波士顿茶党和美国革命的记忆。"① 因此 2009 年 2 月，当桑特利在节目中呼吁茶党再次出现的时候，也仅仅是茶党运动的一个导火索而已。

2. 茶党运动产生的社会背景

当里克·桑特利的言论在网络上被右翼的网络博主们所传播的同时，美国福克斯（FOX）电视台也不间断地重复播放着他的言论。仅仅数小时之后，众多右翼组织意识到这是一个表达自己政治态度和意见的时机。从 2009 年开始，随着经济的衰退，政府执政党的转换带来的社会的改变给茶党运动的出现提供了契机。2009 年年初，经济、政治的不稳定激起了全国范围内大多数积极的民众的反对情绪，这其中不仅包括保守派共和党人，还包括普通民众和媒体的介入，其中现代社会中散播消息面积最广的新媒体——"网络"也作为组织茶党运动的活动的新模式发挥了重要作用。

2009 年 4 月 15 日，美国的纳税日。全美国对税收持有反对意见的人们走上街头。此时此刻，美国的政治精英们和媒体工作者们根本没有想到这次抗议的发展在未来居然可以对美国产生深远的影响。在众多上层人士中无一例外地没有认识到这次活动带来的危机，而且很多人直接忽视了这次抗议活动，并且认为这样的一种抗议活动仅仅是美国社会历史上众多抗议活动的一个小插曲，至于持续时间也将是昙花一现而已。但出乎意料的是，事实却远远超出想象。

2009 年 8 月，茶党运动参与者对奥巴马政府提出的医疗健康保险计划进行控诉，认为这一行为干涉了美国人民的个人自由。当部分参与者喊出："将你们政府的手从我的医疗保险上拿开！"的时候，社会中反政府的情绪已然到了最高点。

2010 年 3 月 20 日，国会通过新的健康法案。众多议员成为众矢之的。在一年之内，茶党运动中各种组织呼吁的活动都有广泛的支持者参与其中。2010 年 4 月 15 日集会活动中，全国超过 750 个反对的团体和个人作为单独的个体在全国范围内参与其中。据统计，这样积极、狂热、大范围的单次集会活动是美国近代政治有史以来规模最大的一次。根据这次集会活动之后采集的拉斯姆森调查报告表明，这段时间内，全国有大约四分之一（24%）的选民将自己定义成茶党运动的参与者，这个比例在上个月的调查中仅仅是 16% 而已②。这期间，各大媒体甚至包括《纽约时报》和 CBS News 统计出全美有接近五分之

① Paul Krugman, *Tea Parties Forever*, New York Times, April 12, 2009. www. nytimes. com/2009/04/13/opinion/13krugman. html.

② Scott Rasmussen, *Douglas Schoen. Mad As Hell*, New York：HarperCollins Publishers, 2010, p. 2.

一的民众称自己是茶党运动的支持者。广泛的支持形成了现阶段美国社会面对茶党运动的态度，为茶党运动在全美范围内的发展奠定了群众基础。

但是在美国社会中还有一类人群持相反态度，包括社会精英和主流媒体。自下而上的抗议活动通常被美国人称为"Grassroots"（草根运动）。有些评论家和政界要人却错误地估计了这次活动的根本情况和抗议目的，认为这次抗议并不是一次真正意义上的草根运动，而仅仅可以称为"Astroturf"（人造草坪），也就是假的草、不真实的草，所以可以称为"伪草根"。美国社会中反对、鄙夷茶党运动的声音与支持的声音并存。时任美国众议院议长南希·佩洛西接受采访时说："这次自发的抗议活动是来自上层阶级的支持，我们可以称之为'伪草根'，因为这绝对不是真正意义上的'草根'运动。这次抗议是美国一部分富裕阶层的人为了针对为富裕阶层减税而不是针对中产阶级的减税而组织筹划发起的一场'伪草根'运动。"① 因此在当时绝大部分上层人士眼中，这仅是一场以资金支持的为小部分阶层谋取自身利益的虚假的草根抗议活动。

能够广泛影响社会舆论环境的主流媒体也为茶党的产生起到了作用。其中部分主流媒体的评论最初也并没有将这次抗议活动看成长期且有重大意义的活动。从随后 2010 年 4 月媒体研究中心的资料调查研究发现，在过去的 12 个月中，对 ABC（美国广播公司）、CBS（哥伦比亚广播公司）、NBC（美国全国广播公司）美国三大商业广播电视公司仅仅播报了 61 条与抗议政府减少开销的活动相关的内容，而且其中大部分都是对其进行的反面言论。在这其中仅仅有 19 条是关于茶党运动的②。但另一方面，主流媒体之外的持有右翼态度的媒体也同时在做宣传。美国 21 世纪福克斯电视台（FOX）对茶党运动的过程、组织和抗议活动进行全天播报，甚至在任何节目的下面都会滚动播出近段时间内将要进行的茶党活动，呼吁民众积极参与其中，并且在政治诉求方面站在茶党的一边。

因此，面对这样的抗议活动和自下而上的民众运动，美国社会中的政界、主流媒体的精英们都认为这是不重要的，仅仅是一小部分人被某些言论煽动了而已。然而，他们忽视的是民众的力量和事态的发展和社会广泛的美国民众在美国面对衰落和下坡路的时候采取的政府行为的态度。在社会各部分阐述完各自的态度的同时，这场运动的参与者们意识到，在整个社会中必须形成固定的

---

① Scott Rasmussen, Douglas Schoen, *Mad As Hell*, New York：HarperCollins Publishers, 2010, p. 116.

② Ibid., p.32.

组织或者组织成一个具有共同政治诉求的社会圈子，他们要有相同的理论主张，要有共同的态度和目的，要有共同的政治态度，即使各人具体想法不同，但总体的大方向要保持一致。之后各种茶党组织不断出现，团体性的茶党组织或者持有相同态度的个人，抑或是与此有相关利益的利益集团所支持的游说团体，都纷纷出现在美国社会中。因此，可以说存在于美国社会中的所谓的"茶党"并不是一个政党的名称，而是一场在美国社会中出现的民粹主义运动的称呼而已。

3. 茶党产生的特殊时段

从 2007 年开始到现在，茶党运动从静默到活跃的阶段正是进入 21 世纪以来美国经济、政治最不稳定的时期。对于时任政府来说，如何确保自身发展、如何处理好出现的问题、如何能够使美国的地位得到保障不受威胁是重中之重。但是根据现实情况来看，这段时间的美国政府做得并不好。

经济方面。从 2007 年 8 月的流动性危机开始，金融危机初现；到 2008 年经济危机爆发，美国多家证券公司、投资银行倒闭，政府方面发布 7000 多亿美元救助计划、134 亿美元汽车行业救助计划等救市举措。这是美国自 20 世纪 30 年代"大萧条"以来最严重的一次经济衰退。在经济危机的大环境下，经济出现问题将直接导致的问题是失业率居高不下，进而影响国民生活质量和水平。因此美国民众反对政府政策的声音在所难免。

政治方面。2008 年是布什政府的最后一年，也正是美国总统大选年；2008 年，布什政府两届到期，美国第一任黑人总统历史性地登上政治舞台，同时在竞选演说和入职宣言中标榜的"变革"也作为美国民众对于新一届政府能够使美国走出困境的信念和未来美国走出危机的信任。值得注意的是，民主党政府的执政是因为美国的独立选举人在各个重要州超过 50% 的选票而当选。然而正是这些独立选举人将政府的政治走向同自身所能得到的利益相关联。他们原本认为奥巴马的"变革"能够为美国带来新气象，走出经济危机的困境的同时为民众生活带来好的转变。可是，在随后的几年中，奥巴马政府提出的削减税收、救助机制、医疗保险计划等一系列法案和政策却没有得到民众的认可；同时政府规模不断扩大，开支超标。种种问题使社会中的右翼民粹主义者认为这不仅破坏了美国固有的经济模式，甚至违背了美国宪法。2009 年，奥巴马政府提出一系列振兴经济的方案没有得到这部分民众的认可，对于税收的法案直接引起了民众的抵制。在 2010 年，每 4 年一度的美国中期选举中，因经济形势的拖累和民众的情绪，使共和党对在任政府民主党的对抗中获胜，赢得了众议院大多数席位。

因此，经济和政治的变动成为美国社会动荡的原因的同时，也是激起美国右翼民粹主义运动上升成为全国性质运动的原因。经济紊乱、政治不稳定成为茶党运动在全国范围内活动的主要原因。从 2008 年美国大选之后，美国的政治版图也就发生了变化。①

二　美国的经济危机与茶党运动的关系

1. 美国经济危机的出现及其对社会造成的影响

2007 年 2 月，次贷危机爆发。同年 4 月，美国第二大次级贷款公司新世纪金融公司宣告破产。随之而来的情况是，美国国内次级贷款行业和各类公司接近崩溃，在此过程中有接近 30 家次贷产品的经销商面临着破产、损失、被收购的状况。随后，2008 年 9 月 7 日，美国政府提出出资 2000 亿美元来接手和管理"房利美"和"房地美"。2008 年 9 月 15 日，作为美国第四大的投资银行雷曼兄弟宣布破产。就在同一天，美国银行同时宣布，它们将收购美国第三大投资银行——美林公司（Merrill Lynch）。在此之后，这场次贷危机继续发展，进而转化成全面的金融危机。与此同时，危机的发展方向开始向实体经济转移，从而使美国经济衰退的迹象开始慢慢出现。在大环境极度困难的情况下，美国政府宣布通过提出 7000 亿美元的救市计划来应对这场经济衰退。在这场危机的过程中，美国三大汽车巨头也同时陷入困境，随之受到影响的便是美国汽车制造业和建筑业，因为对钢铁的需求大幅度下降，生产量也骤然减少。至此，美国的经济情况从金融危机转变成经济危机的事实使美国国内社会开始动荡。经济危机通过一环环的传导最终也形成了美国的社会危机。直接导致的结果便是美国国内的购买力下降，失业率不断攀升，截至 2008 年 9 月美国的失业率为 6.1%，就业岗位连续 9 个月下滑②。美国社会中原本就存在的部分社会问题也逐渐凸显出来。

失业是经济危机转变成社会危机并导致社会大环境不稳定的关键因素。因此，在美国国内的这场经济危机中，受到损失最严重的就是普通民众。因为占据美国总人口 50% 以上的中产阶级的损失是最严重的：第一，财产性损失。股市亏损、住房不再能够自我保障，这部分中承受的主体是中产阶级；第二，在美国社会中的中产阶级往往普通债务问题明显。这部分人绝大部分的消费往往是通过信贷的方式来进行的。在经济情况正常的模式下，偿还债务不是中产阶级所考虑的问题，可是在经济危机的大环境中，因为失业和减薪的现实状

---

① Scott Rasmussen, Douglas Schoen, *Mad As Hell*, New York: HarperCollins Publishers, 2010, p. 161.

② 甄炳禧：《金融危机下的世界经济走势及对中国影响》，《当代世界》2009 年第 1 期。

况，平时所承受的债务在此时也成为中产阶级必须负担的包袱；第三，在经济危机中，中产阶级不仅仅是财富方面的损失，对于他们来说，更为重要的是原本建立在自身优越基础上的自信心的消失。这些特点也就证明了在美国经济危机的时刻，遭受打击最大的阶级将成为对社会表达不满的主要代表。有媒体分析类似情况时认为，"当国家经济每年保持 3% 到 4% 的成长率时，社会问题尚可粉饰遮盖，但当时至今日经济恶化，所有问题便像火山爆发"，因此"任何一个社会实践，都是足以点燃街头火焰"①。

　　2. 美国经济危机对茶党运动兴起的作用

　　经济危机发生的不可避免地对美国的国内政治产生影响。首先，因要求得不到满足，民众对于政治的关注度、参与度不断提高；其次，美国社会对于政府经济政策的反对声音越来越多。因此自下而上的社会活动组织以及抗议活动才会开始出现。

　　2010 年 1 月 15 日，根据美国投票统计网站 McLaughlin & Associates 的问卷调查得出的数据，美国国内关于茶党运动参与者中对于关心美国未来经济走向的民众超过了 50%，达到了 56.8%，比例远超过调查中其他两种社会态度的数据②。在面对社会出现问题的情况下，参与政治投票的民众首先考虑的是经济情况能否得到好转。因此经济问题成为民众所关心的首要问题。如果经济情况一直没有好转，那么对于民众来说，表达出自己的态度和意见也就成为个人权利的体现，为将其付诸实践，民众就要参与到反对政府政策、表达民众意愿的活动中去。因此，茶党运动的出现与经济情况的不理想有着直接的关系。

　　茶党运动产生的最初的动力源于这段时间内政府的各种救助政策。从布什政府后期开始，政府为应对经济危机而提出的一系列经济政策也吸引了民众的注意力。然而面对新的流动性管理手段，对金融机构的直接救助，对实体产业集团的巨额救助，让美国民众感觉到这样的救助太浪费纳税人的钱，从而产生了对这些救助方式质疑和反对的声音。例如在对 AIG（美国国际集团）的救助中，丑闻频发。在获得 1700 多亿美元经济援助的情况下，AIG 声称为了不使纳税人遭受更大损失，它们准备给危机制造者、金融产品部门发放总额 1 亿多美元的奖金，其中最高的奖金额达到 650 万美元。AIG 奖金分红事件凸显了奥巴马的政治困境，也引发了人们对于巨额经济恢复计划的质疑。共和党议员借此严厉指责奥巴马政府是在浪费纳税人的钱，并扬言采取一切手段阻止国会

---

　　① 黎民：《金融危机引发全欧革命？不完全是危言耸听》，[N/OL]. http：//military. china. com/zh_ cn/critical3/ 27/20090113/15280897. html。

　　② Scott Rasmussen, Douglas Schoen, Mad As Hell, New York：HarperCollins Publishers, 2010, p. 135.

通过新的政府支出法案。一些民众也开始怀疑政府拯救经济的能力和效率①。在经济危机的情况下，政府采取的举措最后却成为证明自己政策失败的证据，这就使民众已经丧失对于政府的信任。为保证自身作为纳税人的利益不再受侵害，为表达个人的态度，为要求政府作出正确的举措，拥有共同观点的美国民众必须走到一起让全社会听到自己的声音。

第二节　茶党运动理论主张及其特点

一　茶党的思想渊源

1. 美国的政治文化

美国的文化最早来源于殖民地时期开拓北美新大陆的欧洲移民，因此美国的文化可以说是对欧洲文化的继承和发展。这就证明了美国的政治文化受到欧洲的深刻影响。来自欧洲的宗教、文化和意识形态都是美国文化的主要源头，因此也就形成了美国的政治文化。在这其中，基督教，特别是新教中的清教是美国文化的主要源头。其次是源自欧洲的自由主义思想。例如，美国《独立宣言》的起草者托马斯·杰斐逊就是接受了洛克的"自然法"学说，并将其进一步发展的②。最后，英国的保守主义也是美国政治文化的一个重要源头。

四个重要的元素在美国政治文化中占据着不可忽视的地位，包括个人主义、自由主义、实用主义和民族主义。

第一，个人主义。个人主义作为一种意识形态，是指个人与社会及国家间的关系。作为美国主流社会意识形态的个人主义，其要义是："个人先于社会而存在。个人是本源，社会是派生的。社会、国家是个人为了保障自己的某种权利或利益而组成的机构。除了个人的目的之外，社会或国家没有任何其他目的。"③ 能够解释美国这种个人主义意识形态作为美国政治文化中的主要因素并且表达个人主义价值观的实例，在《独立宣言》可以清楚看到。"人人生而平等，造物主赋予他们某些不可转让的权利，其中包括生命权、自由权以及追

---

① 《分红事件凸显奥巴马的政治困境》，转引自《中国青年报》[N/OL]. http://world.people. com.cn/GB/1029/ 42355/9000568.html。

② 刘建飞：《美国政治文化的基本要素对其国民行为的影响》，《中共中央党校学报》2003 年第7 期。

③ 李强：《自由主义》，中国社会科学出版社 1998 年版，第 155 页。

求幸福的权利",建立政府的目的就是"保障这些权利"①。个人主义在美国政治文化中的地位是根深蒂固的,因为美国这个国家从开拓新大陆开始都是以个人奋斗为精神支柱;美国的资本主义经济能够迅速发展在很大程度上也是源于具有个人主义的政治文化。所以说,在美国社会中如果个人利益受到影响,那么根植于美国人最本质的个人主义原则便受到了冲击,因此为维护个人利益,反抗在所难免。

第二,自由主义。在美国的自由传统中,强调追求个人利益,并以此来激发对集体崇敬的节制,并拥有对个人权利表达的神圣性。自由主义的典型特征是,它坚定地相信自由对于实现任何一个值得追求的目标都是不可或缺的。对个人自由的关切激发自由主义反对一切绝对权力,不论这种权力来自国家、教会或是政党②。自由主义作为美国政治文化的重要组成部分和核心内容,"美国人……要证明自己对国家的忠诚,就要表示出对个人主义、自由、机会平等这些价值观念的崇敬。作为一个美国人,不仅要表现出对这片特殊的土地的忠诚,更要表现出对古典自由主义的无保留的接受"③。在美国人的政治口号中,最常出现的词是自由和民主。因此自由主义是美国民众必备的精神。在任何情况下,当自由受到威胁时,不论是选择政党或是影响到个人自由的法案出台,根植于本性中的自由主义思想便不允许个人坐以待毙。在美国的《独立宣言》中也提到"人人生而平等,被造物主赋予各种权利;于是,人们有权选择政府……"在这种态度下,只有在自由的前提下人才有自由选择的权利,因此为了保障自由,美国人将价值观定位为需要共和、需要民主、需要法治、需要宪政……那么,在美国社会中,美国民众为了保障自由也会选择与限制、威胁到个人自由的政府行为作对抗。

第三,实用主义。实用主义被认为是在美国建立起来的哲学流派,它的存在对美国的社会、民众的思维方式、行为准则和性格定位都产生巨大的影响。在实用主义的态度下,结果大于过程,结果大于原则。"实用主义的方法,不是什么特别的结果,只不过是一种确定方向的态度。这个态度不是去看最先的事物、原则、'范畴'和假定是必需的东西;而是去看最后的事物、收获、效果和事实。"④ 虽然说美国大部分的外交政策是使用实用主义的方式,但是作为美国政治文化中唯一土生土长的意识形态,美国人在生活中的应用也有体现。如果美国人没有运用实用主义,在短短200年的历史发展中,美国不会发

①　[美]加里·沃塞里:《自由主义》,朱曾汶译,商务印书馆1979年版,第31页。

②　李强:《自由主义》,中国社会科学出版社1998年版,第155页。

③　John Kenneth White, *Still Seeing Red: How the Cold War Shapes the New American Politics*, p.11.

④　[美]威廉·詹姆斯:《实用主义》,陈羽纶、孙瑞禾译,商务印书馆1979年版,第31页。

展成为全球唯一一个超级大国。如果美国没有运用实用主义，那么软实力就不会在美国的政治中出现，也就可能直接导致冷战的失败。如果美国没有使用实用主义思想支持国家行为，那么在 20 世纪发生的几次资本主义周期性危机波动就不会得到有效的控制。不仅是政府，美国民众对于实用主义的态度也是普遍接受的。因此当面对社会不稳定、政府不作为的情况下，民众直接提出想要达成的结果也是出于实用主义的正常反应。

第四，民族主义。世界上绝大部分国家都有自己的民族主义，美国也不例外。像很多情况一样，美国的民族主义同样深深影响着民众的行为方式。美国的核心价值观主要有两点：自由、民主。本国的价值观是直接与美国的民族主义相联系的。所以作为政治文化的一部分，民族主义就是民族文化在政治方面的体现。

美国的政治文化在美国的社会中具有不同的特点，表现为稳定性、持久性、渗透性等。"美国政治文化塑造了美国人的性格、精神、偏好和思维方式，进而影响其行为。"刘建飞在《美国政治文化的基本要素及其对国民行为的影响》一文中总结到，"个人主义，它熏陶出美国人自强、竞争、诚实的精神……自由主义打造出美国人的民主精神和法治精神……实用主义使美国人能够接受客观现实……民族主义培育了美国人的爱国精神……"① 因此美国的政治文化决定了，当这个国家或者民众，尤其是民众，面对个人的自由与民主受到挑战时，一定要第一时间站出来进行反抗。根植于美国民众内心中的文化基础是美国民众当利益受到威胁时是否为保护自身利益而"战斗"的重要原因之一。

2. 美国宪法对于茶党运动的重要性

1787 年颁布的美国宪法至今已有 200 多年的历史，除了续加的 26 条宪法修正案外，美国宪法本文没有变化。西方的宪法理论普遍认为，宪法具有约束政府的权力、保护人民的权利的作用。宪法的重要性在美国不言而喻。可是在美国，联邦宪法最初是一部没有权利法案的宪法，1791 年通过了第十条修正案——权利法案。正是权利法案的存在，才影响了美国人的政治态度和行为特点。权利法案规定，美国公民享有宗教信仰自由、言论出版自由、和平集会和请愿自由、携带武器自由、人身自由、财产权、陪审权、律师辩护权、正当法律程序等权利自由②。这样一系列的权利从 200 年前就奠定了美国人维护自身

① 刘建飞：《美国政治文化的基本要素对其国民行为的影响》，《中共中央党校学报》2003 年第 7 期。

② 王凡：《美国宪法与美国民权》，《中山大学学报》（社会科学版）1997 年第 1 期。

权益——民权的思想基础和法律保障。美国宪法，主要是《权利法案》用概括性的语言，简短、抽象地规定了美国公民所享有的权利和自由。因此在法案的保护下，美国民众为实现自身权利而作出不违反宪法的行为都是理所应当的。而捍卫和扩展这些权利也就成为美国人民在社会中表达政治态度的原因。

因此，这样固有的思想根植于美国民众的思维中。运用这些合法的权利去维护自身的权利是完全可以实现的。例如，在《权利法案》中规定公民享有和平集会和请愿自由权，那么，作为表达政治意见的茶党运动就是不违法的，同时也是美国宪法所支持的。美国宪法的存在也平衡着联邦政府与人民之间的关系。在茶党运动与政府行为之间没有立法的偏袒存在。那么，对于运动的合理合法性就是被社会所接受的。因此宪法作为公民维护权利的重要法律依据在美国社会中起到了巨大的作用，同时，美国宪法的存在也是美国民众思想的一个重要组成部分，也就成为茶党运动思想渊源的一个部分。

3. 美国历史上的民粹主义及其特点

就民粹主义本身来说，从20世纪50年代以来，西方学者对于民粹主义的定义和概念因在方法论上的不同而对概念的界定有着广泛的分歧。但是，核心元素是始终不变的。"民"和"民粹"是构成民粹主义的核心元素，也是我们从概念上认识民粹主义的起点①。民，人民、大众；民粹，人民中的精英、成为精英的人民。

迈克尔·卡津认为，美国几乎就是一个民粹主义的典型国家，因为民粹主义都是美国政治所必需的②。在美国政治历史上，19世纪晚期"人民党"运动的出现，使学界对于民粹主义的研究都以此为重要论据。美国的民粹主义作为民粹主义的典型代表，其中三大代表人物：休伊·朗、乔治·华莱士、罗斯·佩洛特的作用至今仍然被民粹主义运动者所提及和引用。美国政治中的第一场具有全国影响的群众运动——"人民党"运动，作为自下而上的社会运动是一场真正意义上的民粹主义运动，在美国历史上产生了深远的影响。民粹主义运动在美国主要表现为基层参与者参与政治活动中的形式，这种运动的兴起预示着，一旦运动得到认可，那么广泛的底层民众被动员起来积极参与维护个人权利的活动中去。

美国历史上具有民粹主义的政治活动对美国政治文化、政治思想产生了深远的影响。19世纪，"人民党"运动除了作为历史上第一次尝试美国第三党的

---

① 林红：《民粹主义——概念、理论与实证》，中央编译出版社2007年版，第31页。

② M. Kazin, *The Populist Persuasion: An American History*, New York: Basic Books, 1995, pp. 1 - 7.

独立政治力量发挥作用的同时，它主要还"建立了一种与当前流行的政治文化相适应的政治氛围……最终形成美国文化的一个重要特征，即美国允许并鼓励改良主义者使用民粹主义的政治模式"①。在美国的政治历史上，"民粹主义"的名词往往被滥用在政党选举期间，"不管是自由主义还是保守主义的政治家，都不约而同地发誓为'中间阶级的纳税者'而战，坚决地反对各种各样的'官僚'、'大人物'"②。标榜自己的政治态度是以民众为出发点，为民考虑，希望得到广泛的民众认可。

真正具有民粹主义思想的运动在 20 世纪的美国只有三次：30 年代休伊·朗的"共享财富"计划，60 年代乔治·华莱士的争议性民粹主义态度，90 年代罗斯·佩洛特的独立竞选之路。虽然只有三次真正意义上的运动，但这三次典型的民粹主义运动却对美国的政治社会产生了巨大的影响，民粹主义的思想也深入人心。

美国的民粹主义经过历史的发展，其特点如下：第一，美国的民粹主义缺乏对现任政府颠覆性的思维意识，作为资本主义制度的变革性存在而不是类似社会主义的革命性。第二，美国的民粹主义往往都是采用以政党作为其参与政治的手段和方式，而且没有反对政党政治的态度。第三，历史上的美国民粹主义缺乏独立的指导理论，总是维持单一的政治目的去实现目标。总的来说，美国的民粹主义是名副其实的自下而上的社会现象，因此在 21 世纪的美国发生的为维护民众自身权利、抒发政治诉求而发起的"茶党运动"也应归纳于民粹主义运动之列。

二　茶党的理论基础

1. 美国民粹主义的两面性

"作为一种核心，民粹主义在美国一直保持着它固有的状态：由底层最普通的民众表达出想要社会系统保持一种理想的状态，就是不富裕的民众在对待市场地位和政府状态的行为准则中保持公平、诚实的态度。"③ 因为在美国，民众至今所普遍持有的强烈的感觉就是"对自身的需要和利益的考虑，远比对政府、政治精英的关心要多"④。当民众的权益受到威胁时，他们就会自然而然地激起对威胁的反抗。有时这些反抗会清楚地表示自己的运动是右翼的、

---

①　[英] 保罗·塔格特：《民粹主义》，袁明旭译，吉林人民出版社 2005 年版。

②　M. Kazin, *The Populist Persuasion: An American History*, New York: Basic Books, 1995, p.1.

③　Michael Kazin, "The Outrage Factor", *Newsweek*, March 30, 2009.

④　Scott Rasmussen, Douglas Schoen, *Mad As Hell*, New York: HarperCollins Publishers, 2010, p.19.

反系统的民粹主义运动，而有时这些运动是左翼的。因此，作为美国政治社会能够发生的民粹主义运动的主要方向对于自身的意识形态和声音的表达的不同就形成了美国民粹主义运动的两个方向。

右翼民粹主义普遍采取保守主义的态度，因此也被称为保守派民粹主义。美国右翼民粹主义者认为，现阶段美国的整体形势，原因在于政府而不是具体的解决危机的办法。出于对庞大的政府体系的反感以及对布什政府和奥巴马政府针对特殊利益的政治举措的反对，美国民众意识到人民大众的利益不再受到重视。政府已经被左倾的意识形态所引导，被公会所控制，甚至被左倾的民粹主义运动者所提倡和影响。右翼民粹主义者惊讶于美国政府的开销，社会系统被政府所控制，税收被政府滥用。这样的情况让民众感觉到美国的资本主义制度受到了集权的威胁和挑战，美国最基本的制度恐怕要发生改变，因为一旦基本制度改变，民众原本所拥有的生活也将可能改变。所以，右翼民粹主义运动者是普遍的保守主义态度，他们认为在自身利益不受到侵害的同时，按照原有正常的运行方式进行政治、经济、社会发展是理所应当的。

而美国左翼民粹主义者更加激进，认为改变固定的模式才是发展的唯一途径。因此他们认为，唯一能够弥补、解决普通民众每日生活状况的办法在于，政府应该更多地介入国家的政治、经济、社会运行。"普通民众的生活需要政府的介入，从而保护他们免于被侵犯。事实上，在他们的观念中，政府在美国社会的民主功能中应当有一种道义上的责任感和义务。"[1] 左翼民粹主义者寻求的办法是更多的政府介入、更多的法律法规、更多的集中控制权。"左翼民粹主义运动参与者想要达到的目标是美国传统的资本主义体制的修改，同时赋予政府更多在金融市场、私人工业方面的影响力和控制力。这些方面在多年来从未被考虑过。"[2] 所以，左翼民粹主义的参与者的态度更加激进地提出，在上层建筑方面能够产生对社会具有巨大影响的变化。在他们的态度下，目标可以分成三类：第一，建立起社会的保护网络；第二，限制富裕阶层；第三，限制大公司集团的实力和禁止社会权力滥用。全部是基于政府领导的从根本上寻求改变，所以也有批评家认为左翼的态度过于偏激，有向共产主义靠近的倾向。

在美国整体状况每况愈下的情况下，对于社会政治系统的愤怒、对社会体系的失信、经济复苏信心的消散、民众对自己生活失去控制的情绪，这些强烈

---

[1]　Scott Rasmussen, Douglas Schoen, *Mad As Hell*, New York: HarperCollins Publishers, 2010, p. 203.

[2]　Ibid., p. 203.

的状态需要一个发泄的出口。于是他们自然而然地建立起基于民粹主义两个方向的意识形态作为他们的信仰和态度，基于此在社会中发起了众多的抗议活动。右翼和左翼民粹主义在美国，都无视意识形态的存在，普遍认为政府为实现特殊利益而做出的不负责任的行为。当美国的工业开始衰落，工作机会流向海外，美国民众的共同信念认为美国的经济形势和经济走向不再是为国民考虑，转而开始违背民众的利益向特殊利益集团靠拢。在这样一场民粹主义运动中，美国民众已然不再信任任何政党原有的政策，甚至政府的态度。因为他们不知道政府和大企业哪一方面会站在民众的角度看问题、解决问题。

民粹主义运动再次兴起的原因在于，政府与民众间的对峙、精英与民众间的差异、接受巨额救助的大公司的上层和每日辛苦工作的普通民众的差距。同时因为基于解决问题的方式的不同，才产生了美国目前民粹主义的运动，同时基于不同的方式和美国人思维态度的方向性，右翼和左翼的民粹主义运动也在美国社会中发挥着不同的作用。

2. "伪草根"还是真正的草根

当 2009 年"茶党"以一个活动或者组织的名目第一次出现在美国社会时，有批评者驳斥他们是"伪草根民粹主义"。

"伪草根"的概念最初来源于 20 世纪 80 年代，用来形容那些名义上打着草根旗号却用来实现某些个人和团体利益的行为。这种行为通常会采取游说的形式，通过组织阵营来召集积极的参与者参与某些抗议的活动中来，真正受益的却是那些会因政策受到抵制之后获利的集团或公司。因此，可以说批评者们对待"伪草根"的定义是由上至下的、有组织支持的、有目的的、有利益驱使的活动。而真正的草根运动是自下而上发展起来的，以普通民众为基础的、为抗议自身利益受到威胁的民粹主义运动。对于某些政治评论者来说，茶党运动的真伪并不是十分明显，所以如果将其界定为"真正的草根"并不是十分准确。因为在茶党组织的特点中，不仅包括独立的个人，同时还包括某些社会的独立的组织通过提供资金的方式支持、组织茶党参与者们进行游行活动等。因此部分媒体评论者认为，茶党运动是共和党为实现政治目的而支持的运动形式，目的是在 2010 年的中期选举和 2012 年的大选中重新执政。也有文章指出："尽管茶党运动的组织者坚持说他们成立的是一个无党派的草根运动，但是有批评者认为这些活动的组织却展现了'伪草根'的诸多特征：有的是有线新闻所大肆播报的活动，还有一些来自现任或前任共和党领导人的经济和政治支持……例如，网站'TaxDayTeaParty.com'，在他的资助人名单中就有一个叫作 FreedomWork（自由之力）的团体，由前任众议院多数党领袖迪克·阿梅伊建立；Twitter 网站上的 Top Conservatives；还有 RFCRadio.com 等。"①

　　而罗纳德·佛米萨诺在《茶党》一书中给出的答案是："伪草根民粹主义？还是真草根民粹主义？最简单的答案就是茶党建立的基础是基于这两种'草根'的。一部分拥有来自上层大集团提供的资金支持；而同样有一部分来自那些富有热情参与精神的民众……草根活动者和大集团的资金一起形成了这样一场右翼民粹主义的抗议。草根参与者们有激情、有动力参与共和党 2010年中期选举中来。但是值得注意的是，不论这些参与的草根民众是否接受来自大集团或者有大集团支持背景的政党的赞助，他们所要表达的态度却一定是独立而且凶猛的。"② 可以说，不论是否拥有赞助和支持，茶党参与者的态度是不会因此转变的。例如在亚利桑那州，茶党组织者面对共和党立法委员提出发放给茶党组织能够用来募集捐款的牌照时纷纷拒绝来自州政府的方案。原因在于即使这个牌照很吸引人，但是茶党运动者秉承的态度是政府的职权和规模应当是被限制的。就像是吉姆·维斯所说："如果接受了这个牌照，岂不是就正好接受了我们所反对的情况吗？"③

　　现实的状况与评论者们和最初的媒体报道却不同。可以肯定的是，共和党的组织和政治家是明确反对现任总统的政策的，因此他们会公开地支持和帮助茶党运动的快速发展。因为在某些层面上，既然反对的方向是相同的，就可以看作同盟。但是参与茶党的人强烈强调他们的活动努力的方向是无党派抗议，与所有党派不产生任何利益方面的联系。茶党参与者的活动范围在于反对政府政策的制定和对民众利益的威胁，不论是任何党派执政，只要威胁到美国民众利益的就会被反对。华盛顿特区茶党组织共同主办人菲尔·凯本在接受 FOX电视台采访时说："作为这种规模如此之大，范围如此之广的活动，唯一能将人们聚集一起的所具备的条件包括成千上万的志愿者、积极参与者、普通民众愿意走到一起来。然而就在这里，华盛顿特区，我们做到并且为全国做出了范例……这是关于共和党、民主党、独立选举人、自由主义者、保守主义者的活动，所有的、任何对经济刺激计划感到不满的人。"④《疯狂像地狱》的作者拉斯姆森和索恩在 2010 年 2 月发起的调查投票得出一个结论，即使被政界、商

---

　　① Janie Lorber and Liz Robbins，*Tax Day Is Met With Tea Parties*，www. nytimes. com/2009/04/16/us/politics/16taxday. html?＿r = l&ref = your - money.

　　② Ronald P. Formisano，*The Tea Party*，Baltimore，Maryland：The Johns Hopkins University Press，2012，p. 8.

　　③ David Brooks，*The Tea Party Teens*，http：//www. nytimes. com/2010/01/05/opinion/05brooks. html.

　　④ Transcript，*On the Record*，http：//www. foxnews. com/story/0，2933，516618，00. html.

界精英所排斥，被媒体偏向宣传很久之后，在调查中依然得出接近一半的受调查者认为茶党运动是属于草根运动的①。因此，参与茶党运动中的人范围之广证明，如果这不是由下而上发起的草根运动，那草根运动的定义就要重新规划了。

三　茶党的理论主张

1. 茶党的政治理论主张

茶党运动对美国的政治态度认为，一切都应限定在美国宪法的范围内。在美国的政治文化中，宪法的重要性影响深远。不论是对组织、活动自身的行为限定还是对政府行为的限定，都是以宪法为最根本的理论范本。因此，宪政作为茶党的政治理论主张而具有极其稳定的理论基础。宪法是阶级斗争的一种形式与工具，它是反映阶级力量的实际对比的，同时也是反映一定阶级的意志和利益的。当茶党运动激起美国这场民粹主义运动的同时，对于政府错误理解宪法并且滥用宪法的权力的做法，对于民众来说是不可原谅的。所以，茶党运动将改革的原则确定在对宪法的信仰上。

对宪法的重视，使茶党运动将宪政作为自己的政治理论主张。这缘起于奥巴马政府超过限度地使用政府权力，尤其是医疗改革法案的提出激起了民众对于宪法的重新关注。"对于宪法的滥用而产生的抗议，在于奥巴马政府轻视或者忽视了宪法第一章第八节中对于'所列举的权力'的范围。"② 对于立宪主义者，也就是绝大部分茶党运动者来说，他们关心的是宪法的限定范围与政府之间哪一个能够指导美国民众未来的方向。评论家查尔斯·克劳萨穆尔称：对于宪政的关心在于，他是作为一种保守主义中心思想的延伸的核心而存在的③。因此，茶党运动对于宪政的关心和倾向，是因为持有右翼民粹主义态度的民众对政府所代表的政治方向产生了怀疑。

对于宪法的原则，从美国建国以来就被美国社会所接受并沿用至今，即使有过修正案的填补也从没有在方向上偏离。在奥巴马执政以来，民众普遍认为政府对于宪法的尊重没有达到美国人应有的水平，甚至似乎越走越远。例如医疗改革法案，由于政府补贴要投入很多资金，据推算它将控制美国六分之一的

---

① Scott Rasmussen, Douglas Schoen, *Mad As Hell*, New York: HarperCollins Publishers, 2010, p. 134.

② Douglas E. Schoen. Hopelessly Divided [M]. Lanham, Maryland: Rowman & Littlefield Publishers, INC., 2012: p. 137.

③ Jim Newell, *CHARLES KRAUTHAMMER DESPISES 'FAIRNESS'*, *DAGNABBIT*, http://wonkette.com/407525/charles - krauthammer - despises - fairness - dagnabbit.

经济。如果它作为法律被通过，那么也就预示着政府的权力将上升并且极大影响到美国的社会经济和个人生活环境。当茶党运动重新聚焦在宪政问题上的时候，是因为政府的执政哲学超出了其应有的范围。在违背宪法前提下运行的政府是不能被保守派所接收的，也是违背美国自建国以来的社会哲学的。对于宪法的重视，对于宪政的坚守，是茶党运动的理论主张之一。

2. 茶党的经济理论主张

在美国的政治文化中，自由主义的影响根深蒂固。追求个人的自由同追求经济的自由是一样的。美国人民一贯认为，能够为美国的发展带来繁荣并且成为超级大国的经济原因就是坚持资本主义和自由市场经济。因此，茶党运动者认为，为了使美国能够长期发展就要坚持和守卫固有的原则不动摇，只有在自由市场经济的模式下才能够提供给全社会最大的经济机遇，并且继续引领美国的经济发展。即使有贫富差距存在，也只是说明对于经济的适应能力因人而异。对于全社会来说，正是因为自由市场经济的情况，美国才能提供给所有人工作的机会、获取经济利益的机会和达到更高生活质量的机会。在另外一个层面，自由市场能够给公司、个人、产业带来竞争，因此才会为社会带来发展的空间。

正是如此，自由市场经济的发展才是美国资本主义发展的重要原因。因此，"我们支持自由市场法则，反对政府干预私营企业的运营"①。茶党运动对于经济的态度作为保守派需要美国继续坚持经济的自由发展，而不能采取介入企业的方式。应当继续按照资本主义自由市场经济的运行模式进行有效的发展。在茶党的眼中，对于自由市场经济的追求是社会优胜劣汰的必然趋势，既然在经济危机中底特律汽车行业已然崩溃，为什么要救助？可以让汽车业转移到更加需要工业发展的区域。如果底特律汽车行业在失去竞争力之前能够提高效率、发明创新，就不会使政府插手自由市场经济来对他们进行救助。在茶党的观点中，"即使自由市场经济不是完美的，但是它能够给社会带来竞争的机制，从而在根本上解决危机的发生"②。

3. 茶党的社会理论主张

任何一个民族国家都存在民族主义。美国的民族主义在美国建国以来就对社会产生了巨大影响。因为民族主义的存在，美国人偏执于相信美国的优越和进步，对不同于美国民族的任何方面都采用抵触和排斥的态度，同时，

① Meckler Mark, *Tea Party Patriots*, Henry Holt and Company LLC: New York, 2012.
② Douglas E. Schoen, *Hopelessly Divided*, Lanham, Maryland: Rowman & Littlefield Publishers, INC., 2012, p.136.

在部分极端主义者的利用下演变成对待有色人种和非法移民的攻击。作为保守派右翼民粹主义为思想指导的茶党，在面对美国社会中存在的问题时也有针对这些方面的主张和偏见。美国政治文化中的民族主义在茶党运动中的体现十分明显。

表 4 – 1　　　　　茶党支持者和非支持者的社会角色和政治态度

		茶党支持者	非支持者
社会角色和态度	大于 44 岁	70%	59%
	白人	85%	75%
	男性	63%	45%
	已婚	62%	49%
	收入超过 7.5 万美元	31%	24%
	大学毕业	27%	30%
	重生派基督教徒/福音派信徒	52%	33%
	每周去做礼拜者	50%	36%
	相信圣经中上帝之道	49%	28%
	枪械持有者	43%	29%
政治和种族态度	强烈的共和党认同感	86%	32%
	保守主义认同感	85%	29%
	不喜欢奥巴马	84%	27%
	喜欢佩林	77%	19%
	反对清洁能源	74%	21%
	反对医疗改革	81%	33%
	反对干细胞研究	66%	29%
	反对经济刺激计划	87%	41%
	不同意黑人是受害者	74%	39%
	不同意黑人所得越来越少	77%	42%
	同意黑人需要继续努力	66%	36%
	同意不向黑人提供帮助	80%	48%

资料来源：Vanessa Williamson, Theda Skocpol, and John Coggin, "The Tea Party and the Remaking of Republican Conservatism". *Perspective on Politics* 9, No.1, March 2011, p.29。

根据表 4 – 1 的数据分析可知，茶党参与者由于大部分都是白人，所以对非洲裔美国人和拉丁裔人有较少的好感。根据 CBS 和《时代》周刊的民意调查发现，52% 的茶党参与者认为在面对黑人的问题上我们已经做得太多了，而这一问题相比于全部成年作为调查对象时，比例是28%①。在随后的华盛顿大学在12个州做的调查报告中，也得到了类似的数据。研究者做了一个更加显著的调查，将主流的保守派分成"保守派共和党"和"茶党共和党"两个组。当提出总统是否是一个身体力行的基督教徒的问题后，后一组中有27%的人认为总统是一个身体力行的伊斯兰教徒，另一组是16%；而且后一组有26%的人确信总统的出生证明是伪造的②。对于顽固的少数人，不在乎文件是否存在，主要是针对总统个人甚至对于非裔的偏见而做出的言论。因此有部分评论家认为茶党运动具有种族主义的倾向，即使茶党组织不愿意承认，但是现实情况证明茶党运动过程中明显地表现出种族歧视的态度。即使在参与茶党活动的成员中存在有色人种，但是在"全国有色人种协进会"2010年6月的报告中称在茶党集会过程中发现有太多用种族主义语言诋毁奥巴马的标语，从而谴责有种族主义分子渗入活动中，并且呼吁活动领导人迅速解决这个问题。因为参与茶党运动的人数众多，而且标榜多元化的活动很可能有极端的因素出现。但是对于茶党运动来说，这种极端种族主义不在自身的活动原则中，因此不会受到支持。

　　另外一个值得关注的社会问题是茶党普遍反对非法移民。美国与周边国家甚至许多发展中国家之间经济发展不平衡是非法移民产生的重要原因。经过长期的历史发展，美国非法移民逐渐地形成移民潮。因此造成的社会问题已成为美国非传统安全的重要因素而引起了美国社会的普遍关注。不仅仅是经济危机，多年以来，美国的非法移民占据了美国劳动力市场上的部分资源，同时影响了本国人民的就业环境。茶党认为，这正是美国的失业率居高不下的重要原因之一。民众普遍认为，非法移民的存在已经对于美国经济的发展、技术的进步、本国工人工资待遇的提高与工作条件的改善起到了负面作用③。根据美国法律，非法移民可享有紧急医疗救助以及他们的子女可以接受公立学校教育的福利④。美国移民研究中心学者斯蒂芬·卡马罗塔（Steven A. Camarota）指出："2002年，非法移民家庭所造成的美国联邦政府开支超过了263亿美元，而其缴纳的税款仅为160亿美元，从而造成了净财政赤字104亿美元，即每个

　　① University of Washington Institute for the Study of Ethnicity, Race, and Sexuality（WISER）, 2010 *Multi - State Survey of Race and Polictics*, http：//depts. washington. edu/uwiser/racepolitics. html.

　　② WISER, "2011 Multi - State Survey of Race and Politics."

　　③ 陈积敏：《利弊之辩——浅析非法移民对美国经济的影响》,《新远见》2012年第3期。

　　④ Thomas J. Espenshade. Jessica L. Baraka. George A. Huber, "Implications of the 1996 Welfare and Immigration Reform Acts for U. S. Immigration", *Population and Development Review*, Vol. 23. No. 4. December 1997, pp. 769 – 801.

非法移民家庭造成 2700 美元赤字。"① 如果美国在非法移民方面没有出台更加
严苛的政策，那么这个数据一定会随着时间的过渡和人口数量的增加而逐年递
增。这种认为非法移民对于美国经济产生消极影响的观点不仅见于那些具有限
制移民思想的学者，更见于普通的美国公众。因此从茶党的角度出发，非法移
民作为在美国社会中由来已久的对美国社会的发展产生了消极的长久的影响的
问题，如果现任政府不能够有效解决，那么反对政府的民粹主义的声音可能会
将此作为另外一个核心主张来对政府抗议。

第三节 茶党运动的政治诉求

一 茶党运动对政府提出的要求

1. 限制政府规模

从 20 世纪 90 年代开始，美国在很多部门的人员冗余和机构臃肿作为客观
事实即已存在。国防部、退伍军人服务局、农业部等部门的雇员编制庞大。自
2001 年 "9·11 事件" 以来，布什政府使联邦政府的规模不断扩张，基于对
国家安全的角度出发，2003 年国土安全局的建立、国防部的扩张都在不同程
度上扩大了美国政府机构的数量。机构的扩张意味着政府雇员数量的增加，从
而政府财政支出在这方面需要更多的投入。

虽然左翼激进主义认为现阶段的美国需要的是一个更加有控制力和权力的
政府，以此来保障人民抵御经济下滑和大公司的贪婪，甚至民众安全。而右翼
保守主义认为，政府本身应当维持现有的方式并且远离专制。但是支出的上涨
并没有在激进主义分子的考虑范围之内。因此，茶党运动的态度表示更少的制
度限制和制度管理者，更少的社会程序，更少的政府部门和官僚机制，才是美
国社会发展的前提条件。政府的规模过于庞大可能造成联邦政府的权力超出预
期，但更重要的是规模的庞大将直接造成政府高昂的开支，由此会造成税收上
涨，给普通民众带来经济负担的可能性。政府应当维持的是一种能够满足社会
基本需求的规模。例如，教育部门应当削减并且将全部的职权功能交付给州一
级别或者本地的机构，这样就能更加贴近人民的生活，更加清楚民众的需

---

① Mary Fitzgerlad, *Illegal Immigrants Cost to Government Studied*, http://www.washingtonpost.com/
wp-dyn/articles/A33783-2004Aug25.html.

求①。关于民生问题，往往将更多的注意力放在社会福利、环境保护甚至消费者权益保护等问题上，这些问题往往是自由主义者和激进主义者所关心的，并不能为民众的生活水平带来提升。如果不削减，那么政府多余的开销将由纳税人承担。

2. 减少财政开支

能够使政府规模缩小的唯一办法就是减少政府的开支。"只有当政府的层级减少，并且尽量地减少开销，才能开始努力地缩减规模。"② 但是奥巴马政府过分浪费国库资源，从 8000 亿美元经济刺激计划到医疗改革法案的提出，震惊和激怒了对于限制政府规模的支持者们。奥巴马政府的经济刺激政策被网民起了一个名字"猪刺激"（Porkulus，Pork 猪肉和 Stimulus 刺激的合成词），因为所有的政策制定都是有益于能够得到特殊利益的团体。部分茶党运动者提出疑问："如果第一个刺激经济的方案有效的话，为什么还会有一系列的刺激方案？经济刺激方案的钱都是纳税人的钱，使用得如此没有效率岂不是浪费纳税人的钱吗？"③ 因此，刺激政策的开销问题造成的财政支出数额巨大也是茶党运动所极力反对的情况。

茶党喷怒于奥巴马政府过度的开销，例如，计划对房屋拥有者的补偿。桑特利呼吁道："有多少人愿意为你的邻居的房子埋单？"不仅是政府开销规模庞大，资金流向也受到质疑。很多美国民众感到不理解的是，很多购房者是通过个人信用贷款购买房屋，但其实他们根本负担不起这种贷款，因而拿大部分民众的税收对其进行补助是不合理的。对于华尔街的救助，民众的态度，正是这些造成经济泡沫的人影响了美国经济的发展并且造成了经济危机，为什么要让他们继续存在？同时，AIG 的奖金丑闻也使政府救助的合理性受到质疑。

茶党运动者认为，当政府滥用民众每一美元的时候，政府就违背了民众意愿的一个单位层级，也就打击了民众自由的一个单位层级，当这种开支达到了上万亿美元的时候，那么美国民众的态度将会发生剧烈的变化。在右翼民粹主义者看来，当政府过度开销的同时，人民因为失去被浪费的钱而失去个人的权利，从而失去个人的自由。"政治家往往会将他们国家财政的不负责任称为'一场公共的赐福'，但是当他们拯救了上百家银行、接手上万亿美元的抵押、支持两三家汽车企业、掌管了世界上最大的保险公司、将全国六分之一的经济

---

① Douglas E. Schoen, *Hopelessly Divided*, Lanham, Maryland: Rowman & Littlefield Publishers, INC., 2012, p.131.

② Ibid., p.131.

③ Meckler Mark, *Tea Party Patriots*, Henry Holt and Company LLC: New York, 2012, p.47.

投入到奥巴马医改中的时候，这种赐福也就仅仅是对人民不负责的一个挡箭牌而已。"① 因此，政府一系列的举措对于民众来说是将人民推向危机的最前端。对于茶党运动者来说，这是对他们生活的一种威胁，将美国民众的正常生活打乱是必须要反的。

3. 减少债务上限

债务上限指的是，在特定的国际社会和国内社会中，既定的行为主体在其自身正常运营情况下，所能承受的最大的债务能力。债务上限根据收支配比，扣除固有支出部分，剩余的即是最大债务承受力。对于剩余的核准定义不完全，但是当债务大于固有资产，营运周期收益总和不能维持债务偿还和可持续运营时，将不再享有资产自主权益。美国的债务上限是指美国国会批准的一定时期内美国国债最大发行额。

"如果我们能够看到激起茶党运动的一个重要原因，那就是我们惊愕地看到我们的政府超负荷的开支，因为他们拥有上万亿美元的债务。"② 债务上限提高就是允许美国财政赤字增加，财政赤字增加在短期内能刺激需求和增加产出，这也是美国在国际金融危机期间采取经济刺激方案的主要依据。不过，从长期看，当经济复苏接近充分就业时，政府的赤字及增发的美元势必会引发财政危机和通货膨胀，进而迫使利率上升，抑制投资和消费③。2011 年 8 月，美国债务上限提高至 4000 亿美元，11 月底前就进一步削减至少 1.5 万亿美元政府开支拟定方案，国会预定 2011 年年底对方案进行表决。届时方案如获通过，美债上限可再提高 1.5 万亿美元。到 2012 年年初，美债上限将最低提高 2.1 万亿美元，最高提高 2.4 万亿美元④。

因此在茶党运动者看来，债务上限的提高将使美国民众所纳的税有一大部分用来给美国政府还债，对于政府增加的这部分债务，最终的负担者将是美国民众。对于茶党运动者来说，债务上限的无休止上涨是美国政府财政方面的不负责任的行为，因为政府开支上涨造成的债务是将民众的钱拿去做政府开销的先决条件；甚至认为，政府的债务问题将成为美国几代人的负担，因此会让民众感觉到自己的下一代甚至下下一代都将生活在国家债务危机的阴影中。

---

① Meckler Mark, *Tea Party Patriots*, Henry Holt and Company LLC：New York，2012，p. 37.

② Ibid.，p. 26.

③ 《美国突破"债务天花板"困难重重》，《中国财经报》。［N/OL］. http：//www. chinanews. com/cj/2011/06－02/3085754. shtml。

④ 刘丽娜、蒋旭峰：《奥巴马签署债限法案 并称首要任务是创造就业》，转引自 http：//finance. eastmoney. com/news/1366，20110803153022276_ 1.html。

4. 税收问题

"茶党"一词的最初起源在 1773 年就是税收问题。当时还作为殖民地的美国人为了抵制英国殖民当局的高税收政策，发起了"波士顿倾茶事件"。在茶党运动再次出现后，因为有标语"Tax Enough Already"缩写成"TEA"，因此被称为茶党。所以，税收问题不论是在历史和现在，都是茶党运动兴起的重要原因。

税收问题是与民生问题直接相关的，税收的高低直接影响一个国家的运行以及民众生活水平的质量。2008 年奥巴马参加总统竞选时就明确表示，要降低税收，这也成为他获得广大中间派选票的原因之一。然而在经济危机的大背景下，奥巴马政府为了刺激经济不得不扩大政府的财政开支和提高债务上限，因此最初的减税承诺并没有做到，从而民众的愤怒也是显而易见的。

另外，在茶党看来美国的税收制度是存在问题的。首先，美国的税务系统过于复杂，不论是在个人层面还是企业层面。来自卡托研究所的材料证明，"美国的税法守则，在 1984 年时有 26300 条，而这个数字到了 2011 年则达到了 71684"①。如此复杂的税务守则，民众根本无法理解税务的内容。其次，美国税率过高影响了社会的发展。当世界 30 个工业化国家的企业平均税率在 1992—2011 年从 38% 降到 25.5% 的时候，美国的企业平均税率却是 39.2%②。间接的问题是，当全美民众都在抱怨税收问题的时候，往往已经忽视了抱怨的时间可以用来工作。可是美国税收制度的存在却使工作的人不得不去抱怨，因此影响了社会工作效率并最终导致生产力下降。然而很大一部分美国人没有反对收入税上涨的动机，因为这些人根本不去缴纳这个税。然而，在经济危机中受伤害最严重的中产阶级却不得不反对税率过高的问题。

茶党运动对于税收问题的解决态度在于，第一，将美国的税务系统化繁为简；第二，降低税率；第三，极力逆转长达十年的破坏国家生产力的、压榨个人和企业的税法。

5. 对外政策的要求

对于茶党运动来说，对政府的政治诉求基本都是限定于国内政治，对外政策的要求并不明显。但是，外部环境的稳定才能为国内环境的安全提供保障。半个世纪以来，美国的外交政策和国土安全都离不开"美国例外论"的驱使。美国例外论可以认为是美国作为独一无二的国家，能够俯视全球其他国家的资本。是指美国作为世界上第一个，也是独一无二的以自由、个人主义、法律面

---

① http：//www.cato.org/research/fiscal_ pilicy/facts/tax_ charts.html.

② Meckler Mark，*Tea Party Patriots*，Henry Holt and Company LLC；New York，2012，p.48.

前人人平等、自由放任资本主义等思想为建国基础的国家，人民特别富裕幸福，国家特别稳定强盛，并在世界上领导与保卫自由潮流，因此独特优越，具有其他国家无可比拟之处①。因此在对外方面上，美国认为自身有义务担负传播自由和民主的责任。美国例外论作为外交理论，以保护国家安全为自己的准则，这也是被美国民众所广泛接受的。同样也是保守主义的重要原则之一。

对于右翼民粹主义者来说，即使是今天，小布什政府的对外政策、反恐行动和国土安全政策对于他们来说都是合理的、正确的。尽管右翼民粹主义者对于奥巴马政府相对于小布什政府的对外政策有背离而进行过攻击，但奥巴马政府在积极对巴基斯坦、也门的恐怖主义者进行打击的行动却被认为是相当受欢迎的，甚至部分右翼认为在这方面，奥巴马比他的前任做得更有效率、更加优秀。其实，对于国土安全方面，茶党运动者并没有做出针对奥巴马的举动。因为在这方面，奥巴马守护着美国的核心原则——美国例外论。虽然在国内政治方面奥巴马政府受到的攻击很多，但是在对外政策方面，奥巴马却作为一个鹰派的自由主义国土安全卫士广泛受到茶党运动者的赞扬。毕竟，在任期内能够抓出本·拉登这个重量级恐怖分子是应当被民众所接受的。

因此，作为以保守主义为原则的茶党运动者们，对于对外政策的态度就是维持以国土安全为首要任务，其实这也正是华盛顿政府所主导的外交政策。因为他们不折不扣地阐明了美国例外主义的世界观的态度，同时也杜绝了不必要的对国家的防务工作，更加实用，更加简单。

二　茶党运动政治诉求的原因

1. 茶党代表的阶级及其成员构成

茶党运动是由广大民众参与其中，同时还有小部分政界精英也站在茶党的角度对现任政府的政策进行公开的批评，而且是通过自下而上形成的草根运动。茶党所代表的阶级是保守的、右翼的、民众发起的运动，因此可以将其归为右翼民粹主义运动。随着经济危机夺去了上百万中产阶级的工作，当右翼民粹主义反对政府开支和缩减政府规模的决心重新出现时，茶党运动作为采取这种态度的关键阶级出现在美国社会中。

茶党运动的成员结构比较复杂，覆盖了美国整个社会中的各个方面。但是集中于白人、45 岁左右、受过高等教育、有宗教信仰，他们往往崇尚自由主义，而且具有更加保守等共同特点。

---

① *Foreword*: *on American Exceptionalism*; *Symposium on Treaties*, *Enforcement*, *and U. S. Sovereignty*, Stanford Law Review, 2003 - 05 - 01, p. 1479.

表 4 - 2　　　　茶党成员及其支持者基本情况（2010 年夏季皮尤调查统计）

		茶党支持者（%）	全国 数据（%）
性别	女性	41.2	51.9
	男性	58.8	48.1
种族	非西班牙裔白人	83.3	69.1
	非西班牙裔黑人	3.8	11.6
	西班牙裔	6.2	12.4
	其他种族	5.1	6.0
年龄范围	18—24（岁）	6.0	12.6
	25—34（岁）	11.4	16.9
	35—44（岁）	17.6	17.0
	45—54（岁）	21.1	19.7
	55—65（岁）	18.9	15.1
	大于 65 岁	22.5	16.8
区域	东北地区	17.3	19.1
	中西部	21.3	22.5
	南部	39.1	37.3
	西部	22.1	21.2
收入层次（年收入）	少于 3 万美元	12.2	25.4
	3 万—5 万美元	18.0	18.0
	5 万—7.5 万美元	17.0	13.1
	7.5 万—10 万美元	15.0	11.1
	多于 10 万美元	19.9	15.0
教育背景	未上到高中	5.4	12.3
	高中毕业	29.5	33.8
	专科	26.6	24.5
	本科学位	38.2	28.9
婚姻状况	已婚	68.0	57.6
	未婚	31.2	42.4

资料来源：National Survey of Tea Party Supporters New York Times/CBS News Poll；April 14，2010.；U. S. Census Bureau. "Data Set：2008 American Community Survey 1 - Year Estimates". Survey：American Community Survey。

虽然对于茶党运动准确的成员数量难以计算，但是通过数据的百分比可以看出茶党运动的成员绝大部分都是美国社会中处于中产阶层的普通民众，而且都对现任政府的政策持有反对意见。

2. 茶党拥护的政党及其政治倾向

在 2011 年政治中心华盛顿的日程中，出现最多的是共和党与奥巴马政府（民主党）关于削减政府开销和限制债务上限的辩论，基于共和党的压力，政府对于最初的数额做出了妥协。其实背后的情况是"当国会共和党人同民主党政府做出交涉的同时，茶党发挥了灵活的作用。茶党对于共和党所做出的努力是巨大的，即使在茶党运动与共和党之间有一道模糊的界线"①。

当茶党运动保守主义态度与在野的共和党具有相同态度的时候，普遍的媒体和部分政界精英认为，茶党运动的政治倾向应该更能与共和党走到一起。由此可能发生的情况是共和党将茶党运动作为实现该党政治目标的一种工具，或者作为合作伙伴吸纳其成为共和党的一个组成部分，来集体反对执政的民主党政府。基于这种观点的理由在于，美国政治历史中长期存在的两党制党争的情况始终存在。但是随着茶党运动的进行，人们逐渐发现茶党作为一个同民主党与共和党具有同样政治影响力的、独立的政治力量在美国政治中发挥作用。茶党爱国者的组织者说："对我们进行诽谤的人声称我们是作为一种政治工具而存在。他们说我们的所作所为都是由来自华盛顿的政府的某些力量所计划好的……但是他们不能否认的真相是，我们是完完全全地来自民间的草根运动，因此加入到我们的民众都是为了集体反对那些曾经发誓要守护美国宪法却用我们纳税人上万亿的美元做着不光彩事情的政治家们。"② 因此，茶党运动所反对的不是一个单独的政党，而是做出对民众生活产生影响的政策的执政政府。

2010 年美国中期选举中，在共和党胜利的情况下，很多言论表示是茶党与共和党走到一起帮助共和党赢得了选举。然而，"任何一个候选者支持我们的三个核心价值（财政责任、有限度的政府、自由市场经济）都将是我们支持的人。那些我们攻击的人不会在任何选举上成功"③。

在面对批评者们对于茶党的非独立性做出批评的时候，2010 年茶党网络组织"拯救我们的组织"发布茶党独立宣言。"我们声明我们自己是独立的，是独立于共和党的，对于选举的胜利是基于保守主义阵营的胜利，选举之后我们依然会反对任何有悖于我们信仰的人……我们拒绝认为共和党的胜利的目的是实现茶党运动成功的目标……我们拒绝任何共和党成员为寻求实现他们的政

① Chris Good, *The Dwindling*, *Victorious Tea Party*, The Atlantic Monthly, April 18, 2011, available ate www. theatlantic. com/politics/print/2011/04/the - dwindling - victorious - tea - party/237514/.

② Meckler Mark, *Tea Party Patriots*, Henry Holt and Company LLC：New York, 2012, p. 18.

③ Ibid. , p. 24.

治目的而采取的合作……我们拒绝接受来自共和党为拉选票却与我们持有相反意见的人……我们坚持茶党运动与共和党的选举无关……我们希望共和党能够理解我们拒绝被纳入成你们的一分子。"①

《华尔街日报》的杰拉尔德·赛博写道："像这样的运动不可能被轻松地控制……共和党人认为他们能够驾驭茶党运动参与者们的态度，可能反而被他们的粗鲁行为而震惊。"② 毫无疑问的是，茶党运动中的积极活动者和关心茶党运动的民众是不受任何政党、任何组织或者任何独立的领导者所控制的。茶党没有明显的政治倾向，只是秉持活动本身的原则而存在。

3. 政治之外的因素对茶党运动的影响

在茶党运动的过程中，不仅仅是茶党本身和政府两个主要方面。在美国社会中其他方面的几种力量也对这场运动产生了重要的影响。这其中包括媒体、政界商界的精英分子和普通民众。他们出发点的不同，对茶党运动产生了不一样的影响，正是因为角度的不同，所以对于茶党运动的影响也有不同的作用。

媒体作为现代社会对于新闻传播最广并且能够在某些情况下引导社会舆论的一个群体在很多方面都发挥着极其重要的影响力，美国发生的茶党运动也不例外。而不同媒体的倾向性的不同也引导了美国民众的政治态度。而媒体的作用主要区分在新形式的媒体——网络和传统的媒体——电视、报纸等。当茶党运动已经出现在美国社会的时候，对于其影响范围最大的无异于媒体的存在。

传统媒体中，广播、电视作为主流媒体是影响民众态度的主要引导者。绝大部分茶党运动的支持者们称自己获取这场政治运动的消息都来源于 FOX 新闻，传媒大亨默多克的媒体产业一直以来都以维持右翼观点为传播导向，因此对于右翼民粹主义运动的茶党也是广泛播报和支持。其他传统的主流媒体则持有相反的态度，美国广播公司、哥伦比亚广播公司、美国全国广播公司等三大商业广播电视公司，在茶党活动最活跃的 2009 年仅仅播报了 61 条与抗议政府减少开销的活动相关的内容，而其中大部分都是对其进行的反面言论。因为所谓的主流媒体可能因自身利益问题，基于自己所支持的政党的角度对新闻事件进行倾向性的报道。比如在茶党运动刚刚起步的 2009 年，即使里克·桑特利的言论是明显对茶党运动有导向作用的，但是基于他所处的 CNBC 却只有少数的收看群体，直到通过新媒体发挥的作用才让他的言论被众所周知。

科技发展的今天，民众接收新闻的形式已经不再局限于传统电视、报刊等

---

① *Declaration of Tea Party Independence*，http：//www. saveourmovement. com.

② Gerald Sib，*Populist Vein Resurfaces in Protest*，September 15，2009，http：//online. wsj. com/article/SB125295374286409541. html.

形式,更多地通过网络接触新闻事件的发生和评论。作为一种媒介,You-tube. com、Facebook、Twitter、MeetUp 等工具以及 TeaPartyPatriots. org 等网站,能将具有广泛共同政治态度的民众聚集在一起,并以这种方式对茶党运动的组织活动、政治态度、政治诉求等发表意见。因此现如今的新媒体是由自下而上的、反对制度的民众精神的汇聚,它赋予了众多博客写手、视频制作者、独立电影人、网站经营者等想表达左翼或者右翼政治态度的人们。在他们的影响下,主流媒体开始不再受到重视。而茶党运动的宣传和影响力大部分就是通过这样的形式散播开来的。

在茶党运动的最开始,很多政界精英人士认为,这场新发起的政治运动会很快消散,社会将会很快回归到正常状态,因为在美国政治历史的过程中没有任何一场政治运动会持续很长时间,这是摆在历史面前的一个循环。但是他们错误地理解了美国现在所迫切需要的东西,他们所没有认识到的情况是,正常状态早已荡然无存。

在茶党之外的行为体中,除去政治因素,大部分对茶党运动产生的影响主要来自媒体。作为一个沟通工具、一种信息平台、一种联络形式,它对茶党影响巨大。

第四节 美国茶党的基本特点及其未来走向

一 美国茶党的基本特点

1. 茶党政治理论基础的特点

茶党运动参与者们作为拥有独立核心价值观的无党派的草根组织,坚持财政责任感、限定政府规模和自由市场经济的政治诉求,坚持以美国宪法、权利法案和独立宣言为基础向执政党提出自己的诉求。茶党是具有力量的草根组织,力量来源于行为主义和作为美国一名普通民众的社会责任感。对于政治要求的特点包括:第一,坚持美国本质不可更改的价值观;第二,具有明确的政治立场。

首先,茶党运动认为美国是一个建国者们构筑的人民享有不可侵犯、不可剥夺的权利的共和制的国家。在美国,人民追求生活自由和幸福的权利始终被摆在第一位。茶党运动者们与建国者们拥有同样的态度,他们将自己标榜成"共和制"的继承人,对基于宪法和个人的权利和义务要绝对尊重。"我们相信,就像建国者们所说的,当私人的财产和由自然法和个人权利保障的繁荣同时存在的时候，这对于我们来说是一个固有的优势。"① 所以在茶党运动的过程中，他们的政治理论一直围绕在美国所固有的理论基础上，宪法、权利法案和独立宣言。对民众个人的权利的重视是这场由下至上引发的民粹主义运动在政治理论上凸显的特点之一。

其次，茶党在政治诉求的过程中，始终坚持几项基本的政治要求，包括限制政府规模、政府对财政支出负责和坚持自由市场经济等。因为茶党运动者认为，茶党运动的原则是同美国普遍大众的原则是一致的，是与美国所固有的政治、经济、社会模式一致的。而绝大多数的美国民众对此是普遍接受的。同茶党具有相同原则的政府议员和候选人，茶党采取间接支持的态度帮助其竞选，并且以此来宣传自己的政治理论。对于反对茶党运动政治原则的竞选者，茶党将通过各种方式进行攻击。因为在茶党运动看来，不坚持这几项核心原则就是不坚持美国从建国以来便存在的政治模式，是对国家、对人民的挑战。

2. 茶党活动的主要行为体及其特点

在主流媒体和反对茶党的观点中，往往会有这样一个问题，为什么茶党运动成了当下社会一个难解的问题？这来自茶党活动主要行为体的特点。归纳起来，茶党主要行为体可以分为三种，即独立构建的组织、独立个体组织者、象征性领导者。

第一类，形成独立组织的茶党组织为茶党运动的积极参与者们提供了建议和意见，同时一部分已经建立起来的小规模的茶党组织也加入这些大型的组织中去。对于全国众多的茶党组织中，有五个核心的右翼组织在全国范围内行动最为广泛。"自由之力"（FreedomWorks），一个领导倡议低税收、小政府和自由权利的组织，由前任德州议员众议院领袖迪克·阿梅尔领导。由于有政治背景的领导者，"自由之力"的活动往往对国家政治政策有极高的敏感度。"Our Country Deserves Better"，作为"茶党快车"的前身创建于2008年时的目的是反对奥巴马的竞选，它们的观点有极多的右翼民粹主义者的主张，包括低税收、反对救助法案、国土安全防范、安全边界和完善的能源政策等②。在2009年，这个组织发起了为期六个月的巴士游行，最后演变成众所周知的"茶党快车"。"茶党爱国者"是一个全国性的组织，它的提供和支持对赞同茶党运动观点的人们进行培训，马克·迈克勒作为组织者区别于其他组织的是他坚持茶党运动应当以草根为主，拒绝任何党派的活动安排。"繁荣的美国"（Amer-

① Meckler Mark, *Tea Party Patriots*, Henry Holt and Company LLC：New York，2012，p. 23.

② Jim Spellman, *Tea Party Movement Has Anger*, *No Dominant Leaders*, http：//www. cnn. com/2009/POLITICS/09/12/tea. party. express/index. html.

icans For Prosperity）成立于 2004 年，组织背后有科氏工业的资金支持，被称为"不是茶党的茶党"①，因为它虽然支持了很多茶党的活动，但是并没有体现出它与茶党具有相同的政治诉求。这五个核心的茶党组织体现出茶党组织具有政治敏感性、广泛参与性、独立自主性和多种功能性等特点。

第二类，独立的个体组织者运营的茶党组织。茶党运动不仅依靠大型组织的活动，部分独立个人的作用在释放其能量的同时也对茶党运动起到了重要作用。例如，克里·卡兰德作为一个茶党的支持者，依靠自己的博客和具有前瞻性的召集活动为茶党成员所熟知；被媒体称为茶党运动建筑师的乔·维尔兹毕克奇，作为公共关系专家在茶党运动的过程中自称为"草根协调员"，将茶党运动与时政紧密地联系在一起，并能够及时提出正确的运动口号；马克·威廉姆斯，圣地亚哥一档政治脱口秀的主持人，在近几年的茶党运动中不断发挥影响力，他在几场领导茶党运动的集会中提出支持在伊拉克和阿富汗的军人的权利，让民众也关心军队的状态，使茶党运动中对民权的诉求得到了扩展；艾瑞克·奥多姆，一名年仅 29 岁的网页开发员，"茶党爱国者"的重要成员、"美国自由联盟"的创始人、多个组织和网站的策划者，因其激进的自由主义态度被茶党运动推崇为自由战士。在这些独立的个人中，可以清晰地看到这一类的茶党"组织"具有更加专业化、更有深度运作的特点。他们以个人来影响整个活动的方向，同时将个人突出的能力作为茶党运动中的特殊贡献而存在。

在茶党运动中是否有一个或多个真正的领导者？根据几年来茶党发展的过程可以看出，并没有一位真正的领导者出现，那么第三类茶党"组织"的象征性领导人也不能确定是能够带领茶党发展的某个个人，却能给茶党运动带来重要的影响。当莎拉·佩林在茶党全国例会中说出"这是与人民息息相关的，这比任何一个人领导茶党更加重要"时②，佩林就被公认为茶党运动的一个标志性领导人而被推崇。在针对奥巴马政府的态度中，佩林站在茶党一边曾指出："美国已经准备好了另一次革命"，在指责奥巴马的救助政策时说："这种行为就是用公共的不负责任替代个人的不负责吧！"③ 佩林的言论使她成为美国政治历史上第一个全面呼吁并且直接激发右翼民粹主义运动的在任政治领导者，在华盛顿政府中也是唯一一个。在佩林的政治态度影响下，茶党运动将佩

---

① Scott Rasmussen, Douglas Schoen, *Mad As Hell*, New York: *HarperCollins Publishers*, 2010, p. 150.

② Mary Papenfuss, *Sarah Palin to Headline Tea Party Convention*, http://www.newser.com/story/77758/sarah - palin - to - headline - tea - party - convention.html.

③ Charles Hurt, *Sarah's Tea Talk Sounds Presidential*, New York Post, February 8, 2010. http://www.nypost.com/p/news/national/sarah_ tea_ talk_ sounds_ presidential_ w3U7DqYM18s7uhq6ydzDiL.

林视为民粹主义运动的领导者，也是这场茶党运动的精神领袖。另外一位被茶党视为英雄的人物是米歇尔·巴赫曼，共和党人，曾在 2009 年 11 月 FOX 新闻出镜呼吁能够召集更多的保守派加入与她一起抵制医疗改革法案。同时她也是共和党内茶党联盟的创始人，支持民主自由，她曾在一次电话会议中说：“除了热爱自由的民众，没有什么能够吓到国会成员们。”①

从茶党的组织形式来看，它没有一个固定的总部，也不是一个单独注册的独立政党，没有一个真正意义上的领导者，仅仅是具有相同政治意识的通过网络聚集在一起的积极参与者们形成的一个运动的“社会网络”，通过一个美国社会的关系网而创建组织、发动集会、发挥影响。

3. 茶党在对外政策中的特点

在茶党运动中，普通的茶党运动参与者并没有提出明确的对外政策，但茶党运动的积极支持者因作为政治家和右翼民粹主义的支持者给出了答案。萨拉·佩林和罗恩·保罗对于对外政策给出了不同的方向。保罗一方代表一种内向型的新孤立主义外交政策，这样更贴近于杰斐逊主义（以民主制度至上为主）；而佩林一方则更支持杰克逊主义（价值观和军事实力至上）②。通过拉塞尔的分析，佩林一方的观点可能更被接受，因为杰克逊主义作为一个人民主义学派，认为美国政府在外交和国内政策方面最重要的目标应该是美国人民的物质安全和经济富足。杰克逊主义者认为，美国不应当主动挑起国际争端，但是在其他国家对美国发动战争时，杰克逊主义者的观点认为“除了胜利，别无他求”③。

关于共同观点。第一，保罗和佩林都认为世界政府的情况不应该出现，这将影响美国对外政策的发展和制定。即使美国在国际影响最大的情况下，也要尽量避免“国际警察”这个头衔的出现。第二，他们对待“自由国际主义”都采取消极的态度，认为通过尝试在日益收紧的国际法和条约来引导多边机制下的国际关系是对美国不利的，国际社会的无政府状态是既定存在的。第三，关于中东地区问题，在对美国盟友以色列的问题上，佩林认为在中东地区保持一个坚强的盟友很重要，而保罗认为与这个地区保持距离更重要。但是从美国历史来看，中东地区对于美国意义重大，通常是美国资源、安全的一个重要地

①　Scott Rasmussen, Douglas Schoen, *Mad As Hell*, New York: HarperCollins Publishers, 2010, p. 156.

②　Mead, Walter Russell, "The Tea Party and American Foreign Policy", *Foreign Affairs*, Vol. 90 Issue 2, Mar/Apr2011.

③　［美］沃特尔·拉塞尔·米德：《美国外交政策及其如何影响了世界》，曹化银译，中信出版社 2003 年版。

区，因为意识形态和宗教问题，美国在此保证与以色列的盟友关系比与阿拉伯国家政府保持亲密联系更可靠。再有，对伊朗核问题和朝鲜核问题，杰克逊主义者强烈建议对此进行军事打击，从美国民众投票来看，64%的投票者认为用军事打击的方式解决伊核问题更加正确，同时有超过 50%的投票者认为，对待伊朗问题与以色列合作是最好的办法①。

在民粹主义活动广泛的情况下，对于外交政策的意见和特征在茶党支持者看来希望被美国的政治界所听到，通过媒体和受过教育的人的理解和传播才能使茶党运动的外交政策也能受到重视。但是"茶党需要警惕的是确保政治精英分子的'世界单一政府'想法和特权阶级的官僚制度议程不占据外交政策辩论的方向"②。

二 茶党运动的走向

1. 2009—2010 年茶党运动的发展模式

从 2009 年 4 月 15 日开始，美国的茶党运动正式兴起。在之后一年的时间内，茶党运动的发展模式形成了主要以茶党组织为行为主体，社会媒体配合宣传造势，与具有相同政治观点的右翼民粹主义政治家共享诉求和抗议平台的普遍模式。在美国社会产生茶党价值观的影响的同时，对美国政府的政治行为也产生了影响。正是这一年的发展，为茶党运动的发展模式奠定了基础，同时这样的发展模式也成为茶党组织至今使用的主要模式。

茶党的价值观在得到美国民众普遍认同之后，茶党组织的纷纷建立成为运动发展的主要行为体。美国广大民众基于不同的参与方式组成了多种多样的茶党组织。"茶党爱国者"以其分支庞大、人数众多和培训机制为特点；"茶党快车"以全国性的观光巴士游行集会为宣传方式；"茶党国家"以其广播网络而出名；"自由之力"以其政治倾向性明显而广为人知。众多组织都在这一年内形成了自己独特的风格和行为特点。

在茶党运动最开始的发展过程中，就有与茶党具有相同政治观点和政治诉求的政治人员与茶党站在同一战线上，这里面不仅有民主党，还有共和党人士。他们通过在政坛的影响力和行为能力为茶党运动的发展模式增添了精英政治元素。

在组织数量和政治人物元素的基础上，通过社会中重要媒介的传播才是使

---

① Mead, Walter Russell, "The Tea Party and American Foreign Policy", *Foreign Affairs*, Vol. 90·Issue 2 Mar/Apr 2011.

② Ibid.

运动发展的重要途径。而且通过这段期间的发展形成了茶党运动的固定对外模式：第一，利用反驳反对观点的机会来表达自己的观点；第二，利用相同观点媒体的支持；第三，主动建立宣传网络。

首先，主流媒体以 ABC、NBC 等老牌广播电视公司为主，广泛质疑茶党运动的根据，例如认为茶党是共和党的附庸、茶党被华盛顿的精英阶层所利用、茶党运动不会影响选举、茶党运动是极端右翼分子的工具，等等。即使是批评和质疑，主流媒体给予茶党运动的关注却使茶党组织反对的声音更加鲜明，从而也给自身的发展形成了宣传的渠道。其次，例如右翼态度明确的 21 世纪福克斯公司在经营者默多克的指挥下，对茶党运动的特点、态度、诉求等进行宣传的同时，还利用自己的平台来宣传发布茶党各组织活动的具体情况和集会安排，以此来支持这场运动。最后，在这场运动中，网络的使用使茶党运动具有了新时代的特点，快速、广泛、易沟通。茶党组织及其成员通过网络的沟通聚集在一起就能作出集会的决定或者活动主题的拟定。这就是茶党运动从一开始就形成的模式，通过现代化的工具主动建立起自己的沟通、交流的网络，快速组织、覆盖面广、传播速度快的运行模式。

2. 2010 年中期选举到 2012 年大选期间的活动发展

2010 年 11 月 2 日结束的中期选举被称为 20 世纪以来最关键的中期选举，共和党赢得了众议院多数席位，在 435 个席位中占据了 239 个。这场中期选举的重要性不仅是因为美国现实状况的不理想，同时也因为有茶党运动的参与。

在中期选举之后，茶党运动的发展走向如何，在美国社会中不同角度的视野下看到的情况确实是相似的。茶党支持者坚持相信当共和党占据众议院大多数席位之后给予民主党的压力会越来越大，从而在削减税收和控制财政支出方面会有成效。部分利益集团和政客认为茶党并不会很快结束他们的活动。事实上，种种迹象表明茶党运动已经对 2012 年的大选开展了种种活动。因此，在这段时间中，茶党运动的发展集中在继续宣传、提出自己的政治诉求和为 2012 年大选作出一定的动作。所以，茶党运动的发展在这段时间中依然十分活跃。

在这一段期间，尽管存在一定的缺乏具体证据的质疑声音，例如，"随着活动的分散和缺乏固定组织，在中期选举之后并不能持续太长时间……因为厌恶政党政治而且拒绝将草根力量融入协调选举的努力上，中期选举的胜利仅仅是一个意外收获而已"①。还有类似因纽约、洛杉矶、旧金山、亚特兰大和芝加哥等大城市中茶党支持的选举者的落选而推论出"茶党的生涯将十分短暂"

① Zachary Courser, "The Tea Party at the Election", *The Forum* 8, No. 4 (2010): 2, 15.

的结论。但是，在这段时间内，茶党的活动并没有减少，部分评论者捕风捉影的分析而得出的结论是站不住脚的，并且过分夸大了茶党运动的衰落。事实上，这部分评论者忽略了问题的重点，茶党运动所反对的不仅仅是政党，而是与民生相关的政府政策。在 2011 年春季和夏季，政府的内部事务安排被两党之间的辩论所占据，主题就是削减开支和降低债务上限。基于共和党成员的压力，奥巴马不得不在原本民主党内自认为明智的财政预算上进行了大规模的削减，然而这种压力的最终根源来自茶党组织对共和党的压力。国会中的共和党在与政府及民主党的交涉中体现出的是因茶党的作用而产生的一种明确的态度。茶党对于共和党的影响始终是巨大的，因此茶党这段时间对于政府政策的影响也不言而喻。

例如，当身为州长的米特·罗姆尼提出适用于马萨诸塞州的医改方案并建议将其推广至全国时，茶党组织"自由之力"宣布 2012 年之前的最主要目标就是"阻止罗姆尼"，以此来反对利用财政预算为医改方案埋单；2011 年 6 月，米歇尔·巴赫曼、前任参议院里克·桑特拉姆、前任众议院议长纽特·格林里奇、赫曼·凯恩和前任新墨西哥州州长加里·约翰逊参加了由爱荷华州茶党组织的巴士游行，以此来抗议抵制美国货币政策。这段时间内，茶党对中期选举之后部分共和党在州议会占据大多数的州的决策产生了巨大的影响。例如，在茶党的影响下，得克萨斯州议会通过了一项削减 230 亿美元预算的法案来平衡预算的同时并没有上涨税率，以此来满足茶党对于动用应急基金的诉求。这笔基金将用于修建公立学校、医疗救助和其他社会项目。

总的来说，中期选举之后的茶党运动并没有因为共和党的胜利而忽视自身的核心政治诉求和理论主张，而是在一系列活动中继续体现茶党运动的根本目的以实现最终的目标。

3. 茶党运动是否具有持续性

在 2012 年大选之后，茶党运动在美国的发展仅仅局限于类似最初的发展模式，并没有爆发性的活动出现。但是对于这场 21 世纪发生在美国最重要的民粹主义运动，茶党给美国社会带来的意义是重大的。研究一个运动的最终走向需要从多重角度进行分析，回顾以往的民粹主义运动的基本特点，都是在活动没有新方向的情况下慢慢走向不同的结局，即使因活动产生的对民众的影响也成为社会的隐性条件而存在。关于茶党运动的持续性问题，需要从宏观角度和微观角度分别进行分析和描述。

一种观点认为，作为民粹主义的一个代表，茶党运动的发展是与民粹主义的特点不可分割的。民粹主义运动在美国的历史中时有出现，当民粹主义的组织或者政党在社会中的作用越来越大的时候，美国的两大主流政党往往是不会坐视不管的。因为宪法的存在，采取强硬的手段是违反宪法的行为，所以两大主流政党往往会通过几种方式来控制社会方向。第一，改变自身形象，通过党内纲领的转变以适应社会的需求；第二，尽量通过瓦解和兼并的手段对主流之外的政党或组织进行整合；第三，通过满足其内部成员的利益追求，从内部分化。例如，19世纪末期的人民党运动，作为代表农民利益的政治力量，在多年发展之后，民主党和共和党通过抄袭人民党的纲领并且转做自用的同时抓住人民党内部的分化情况，迫使其出现"合并派"和"中间道路派"，使其内部早已存在的阶级差异和地域矛盾也顿时显现出来①。致使其放弃"奥马哈纲领"的同时，组织内部产生分化，接受与民主党合作并在28个州实行合并。随着之后民主党在大选中的胜利，联合阵线的存在也失去了意义，因此这场具有特殊意义的民粹主义运动就此结束。所以，对于民粹主义运动的打击在美国历史上就存在过，而且最终的结果都是以主流政党的胜利为结束。所以说，很多主流媒体以及政治精英认为，茶党运动也将成为美国政治历史洪流中的一个分岔而已，慢慢就会消失。

对于茶党来说，类似的情况是否能够出现，需要时间的验证。但是根据茶党部分组织的纲领和支持茶党运动的个人意见来说，这场运动的持续是必然的。因为民众的诉求并没有完全实现，社会的不稳定因素依然存在，美国的衰落还看不到有迅速结束的前景。在众多不可预测的结果面前，茶党的存在对于具有民粹主义思想的美国人来说是有必然性的。美国作家罗纳德·P.佛米萨诺说："现在谈论茶党是否改变了历史还为时尚早，但是这场运动对于美国的政治社会，尤其是民主党，却产生了巨大的影响"，它不仅仅改变了民主党的政治方向，还将其转向了"右翼"②。对于政党的影响将是一场运动是否具有持续性的重要观点，因为政党的态度和政策方向有了变化，说明一场运动的指向性具有极大的影响力，因此对于茶党运动来说，把握影响力的方向是其是否具有持续性的重点。同时，作为民粹主义运动，茶党以民众的诉求为首要前提，不论环境如何变化，这种诉求的原则不会变化。那么在普遍获得民众认可并且有众多人参与其中的情况下，茶党的影响力方向没有错误，并且将会指导整个美国社会的诉求导向。因此，运动的持续性将始终存在。

另外一种观点认为，茶党在未来的持续发展是否良好，基于他们对国家人口统计的反映。因为2010年美国人口普查局的研究表明，美国已经进入

---

① 林红：《民粹主义——概念、理论与实证》，中央编译出版社2007年版，第63页。

② Ronald P. Formisano, *The Tea Party*, Baltimore, Maryland: The Johns Hopkins University Press, 2012, p. 2.

一个存在"大多数少数民族"的情况①。当 18 周岁以下的外来民族青年人占据了此年龄段 46.8% 的人口比例时，预计在 2020 年这种少数的情况将演变成多数。这样大多数人群将成为受现阶段政治状况影响最深远的一个群体。目前对他们来说，更多地将诉求集中于公立学校的投资、医疗保险、经济前景的预期等。如果茶党对于这些诉求的关注将极大影响到这一代人们对于美国现状的关心从而产生对茶党运动的关注，并且极大可能推动茶党运动的持续发展。

从茶党组织方面来看，不同的组织对其持续发展给出了不同的方向。大多数茶党组织依然以集会活动为主，例如"茶党组织"截至 2014 年 3 月，每月的全国范围活动依然保持在 25 次以上②，并且集会和宣传活动已经铺开到美国的各个中小型城市甚至城镇中。"茶党快车"作为美国国内最大的政治行动委员会（PAC）在政治方向上更加明显，已经将注意力投向 2016 年美国的大选中，2014 年 2 月 27 日宣布全面支持米尔顿·沃尔夫参加参议院议员竞选，同时继续支持参议院欧文·希尔的未来竞选地位③。同时，"茶党快车"用肯定的语言表示茶党运动不会停止，在其网站上 2 月 29 日庆祝茶党运动五周年的文章写道："茶党运动正在也将继续为我们美丽的国家做贡献。我们要为了我们的后代而捍卫我们的自由。我们要阻止对美国隐私的入侵。我们永远不会停止反对奥巴马医改，因为它使美国丧失了宪法的权力。我们要为了我们的下一代塑造一个比最初我们刚刚建立她的时候更好的国家……'自由'永远不是代代相传的，而是我们坚持斗争而来，并努力保护的。否则，我们在风烛之年只能用语言对我们的下一代描述：自由这个东西是什么样子。"④ 而在此之外，最草根的"茶党爱国者"提出了一项"美国未来 40 年计划"的方案，目的在于将未来规划不局限于周和月，而是要以年、十年为单位。这个方案的特别之处在于，不是某一个人或者某一个团队写出的计划，而是通过茶党爱国者的影响力引起网上无数茶党支持者的参与，将所有意见根据经济、政治、教育、司法和文化五个方面对美国将来的自由给出新的路径建设意见。这是通过集思广益的方式将民众的思想活动集中起来对美国未来的发展道路给出民众的意见，这种方式是"茶党爱国者"对未来 40 年的规划进行设计的同时为运动

---

① Ronald Brownstein, *America's New Electorate*, The Atlantic Monthly, April 1, 2011, available at http://www.thatlantic.com/politics/archive/2011/04/americaselectorate/73317/.

② http://www.theteaparty.net/the-tea-party-calendar/.

③ http://www.teapartyexpress.org/.

④ Donlyn Turnbull, *Happy 5th Birthday to the Tea Party movement*! http://www.teaprtyexpress.org/7468/happy-5th-birthday-to-the-tea-party-movement.

的方向按照持续发展的方式进行规划。

　　所以说，茶党运动的持续与否在于外部环境的影响和自身内部对于大环境的适应。顺应社会变化就会持续发展，一味维持原状就有可能失去既存的优势。

第五章

茶党运动的抗议活动

　　"茶"在美利坚合众国是一个比较敏感的词，它总是和美国的社会运动以及民众反对政府的种种政策有关。美国历史上的"波士顿倾茶"事件是指1773年反抗英国殖民者强行征税的抗议活动。今天的茶党活动主要是指民众反对政府增加税收、反对政府权力膨胀以及政府干预个人自由等行为。茶党活动指的是一系列地方性或全国性的社会活动，它没有统一的党纲和组织，没有统一的领导人，活动的组织主要是通过媒体、网络。但茶党的草根活动反映了美国社会政治、经济、文化等各个方面存在的种种弊端。茶党活动并不是一项政党活动，而是一项社会活动。掌握美国茶党的主要活动，对于我们了解茶党、了解美国社会以及中国对美国的外交战略都具有非常重要的意义。美国茶党虽然不是真正意义上的党，但在当今美国影响颇深，其力量不可低估。

第一节　美国茶党的主要活动

　　茶党活动不是政党活动，而是一项社会运动。社会运动贯穿着一个国家的发展历程。任何一项社会运动都有其代表人物和组织形式，同时，任何一项社会运动都有其发生、发展的原因和过程。要了解美国的茶党活动，首先要了解茶党活动的代表人物、活动组织以及运动发生发展的过程。

一　茶党运动的主要代表人物及其组织

1. 茶党活动的主要代表人物及其参与者

　　茶党活动的核心人物包括被称为"茶党女王"、曾参选美国总统的国会众议员米歇尔·巴克曼，阿拉斯加州前州长萨拉·佩林，当红政治脱口秀主持人格林·贝克，住在亚特兰大现任"茶党快车"（Tea Party Express）主席的艾米·克莱默以及"茶党爱国者"（Tea Party Patriots）的全国协调员珍妮·马丁等。

巴克曼出生于艾奥瓦州，从法律学院毕业后来到明尼苏达州，曾当过律师，后进入美国财政部工作。巴克曼的从政道路颇具戏剧性。在 2000 年共和党明尼苏达州会议上，巴克曼慷慨激昂地反对一项高中毕业标准的计划，令在场听众刮目相看。一名参议员悄悄对她说："如果你想参政，请告诉我。"也许是一句玩笑，巴克曼却当了真。她先是击败一名占位 28 年的老共和党人，获得州参议院首轮提名，接着又击败民主党和独立党的对手，成为一名州参议员。进入州议会后，巴克曼扮演了一个最保守参议员的角色，将自己无穷的精力投入反对同性恋婚姻、抨击政府财政赤字、呼吁减税等事务上。在 2006 年的国会选举中，她以 50% 的支持率战胜了民主党对手，并于次年进入联邦众议院，成为美国历史上首位代表明尼苏达州闯入众议院的共和党籍女议员。巴克曼因"毒舌"风格而出名。在 2010 年美国国会中期选举竞选中，巴克曼以较大优势领先对手，再次当选联邦众议员。巴克曼在联邦众议院发起成立"茶党党团"，从此以党团领袖自居，并被外界冠以"茶党女王"的称号。

佩林生于爱达荷州，1987 年从爱达荷大学毕业。1996 年，佩林凭借削减公薪和税收的两项承诺，赢得瓦希拉市市长选举，3 年后，她又成功连任。2003—2004 年，她被阿拉斯加州州长任命为阿拉斯加石油与天然气保护委员会的道德监察委员。其间，她曾调查共和党领袖的腐败行为，迫使两名共和党官员辞职。2006 年，佩林高举"清廉政府"的旗帜，成功当选为阿拉斯加州首位女州长。上任之后，她放手整治贪腐，敢于拿该州权势人物和石油巨头"开刀"，因而赢得"改革者"的声望。她曾有句名言："作为一个州长，我站出来对抗那些墨守成规的政客、那些特殊利益团体、那些大石油公司，以及掌握权力的男性小圈子。"佩林在阿拉斯加州的支持率高达 80%，居美国各州州长之首。

格林·贝克（Glenn Beck）生于 1964 年 10 月，现在是美国当红的电视与电台主持人，被誉为保守派的政治评论家，他的广播节目在美国各地超过 260 个频道播放，以格林·贝克为名的电视节目于 2006 年 5 月开始在 CNN 电视频道开播，成为全美当红的新闻评论节目。福克斯电视台脱口秀主持人贝克，是一名右翼评论家。格林·贝克除了主持广播与电视节目之外，同时也是《融合》杂志的主办人，并且是纽约《时代》周刊 bestselling 的主笔。

艾米·克莱默（Amy Kremer）和珍妮·马丁（Jenny Beth Martin）都住在亚特兰大的市郊。两年来，她们饱受经济衰退之苦，奥巴马当选总统又让她们感到沮丧，只能寄望人生能早日翻开新的篇章。克莱默以前在达美航空公司（Delta Air Lines）当空姐，后来辞职在家写两个博客打发日子——一个是园艺方面的，一个是时政方面的。马丁是一名训练有素的软件开发经理，业余时间也写写博客。在 2009 年 2 月、3 月的几周时间里，这两位女士在一个电话会议上认识，并协助创建起美国茶党运动中第一个全国性的主要组织。短短数月后，她们成为 2010 年美国最具活力的政治团体的两位中坚人物。克莱默现任"茶党快车"主席一职。马丁是"茶党爱国者"的全国协调员，这是一个组织联盟，在全美拥有近 3000 个当地组织。她自己踏上前往 30 个城市的巡回之旅，激励茶党积极分子行动起来，力争赢得胜利。马丁说，这是我必须做的一件事情，我们中的很多人已经受够了民主党。

茶党的中坚力量主要是步入中年的美国中产阶级人士，他们从政经验有限，但不满经济动荡的现状，其中一些保守派人士感到共和党已经抛弃了他们。在这些因素的推动下，茶党运动迅速发展起来。茶党运动是民众发泄不满情绪和表达从政热情的综合产物，拥有自己的政治观点，如反对非法移民，反对在全国范围征收消费税，支持民众持枪，等等。此外，对奥巴马担任美国总统是否具备合法性的质疑也是这个草根组织不断壮大的因素之一。根据 CNN的投票调查显示，茶党运动大约 80% 的参与者是白人（美国人口中白人比例为 75% 左右）[①]，同时茶党支持者以中年人、男性居多。

2. 茶党运动的主要组织及媒介

严格来说，茶党不是一个政党，而是一场草根运动。它是一个松散的政治组织，没有全国领袖和集中的领导机构，各个全国性或地方性的茶党组织自行决定其纲领和议程。目前全美最重要的茶党组织有五个，包括"茶党快车""自由事业""茶党爱国者""912 计划"和"茶党国度"。茶党的分支机构已超过 1300 个，成员有 120 多万人，支持茶党的组织多达 2800 个。茶党成员及其支持者构成极其复杂，涵盖本土主义、自由论、保守主义、基督教福音主义等社会思潮及运动的倡导者。

"自由事业"（Freedom Works）是共和党议员迪克·阿米领导的一个游说团体，是一个全国性倡议组织。在 1994 年"共和党革命"期间，阿米曾与纽特·金里奇共同撰写《美利坚契约》。也正是在这一年，比尔·克林顿的民主党丧失了对国会和参议院的控制权[②]。

"茶党爱国者"（Tea Party Patriots）是一个在 Freedomworks（由共和党前众议院多数党领袖 Dick Armey 领导的保守派非营利性组织）帮助下运作，由珍妮·贝丝·马丁、马克·梅克勒与艾米·克雷默在 2009 年 3 月成立的一个

---

① U. S. Census Bureau；Data Set：2008 American Community Survey 1 - Year Estimates；Survey：American Community Survey. Retrieved 2009 - 11 - 07.

② "自由事业"的相关信息引自该组织的官方网站 http：//www. freedomwork. org.

全国性草根组织，该组织自称在全国有 2200 多个茶党支部①。

"茶党快车"（Tea Party Express）是一个全国性的巴士旅游活动，由"国家需要更好的政治行动委员会"（一个位于萨克拉门托保守派的政治行动委员会）运作②。

"茶党国家"（Tea Party Nation）于 2010 年 2 月的 4—6 日召集了一次"茶党全国大会"，前共和党副总统候选人莎拉·佩林是这次集会的演讲主宾。是由田纳西州一名律师贾得森·菲利普斯在 2009 年成立的政治保守组织，该组织网上注册成员大约 51000 名③。

"912 计划"（912 Project），2012 年 9 月 12 日，在美国首都华盛顿爆发了茶党活动以来最大的一次示威游行活动。旨在抗议奥巴马政府一系列的新政举措，是福克斯新闻台主持人格伦·贝克（Glenn Beck）呼吁动员的"912 计划"活动的一部分。贝克于 2009 年 2 月注册建立了"912 计划"官方网站，成为茶党运动重要动员力量之一④。

通过茶党活动的组织形式，我们不难看出茶党活动理念的传播主要取决于媒体、社交网络以及电视。如著名茶党活动创始人桑特利 2009 年 2 月 19 日的讲话，当天就被各大有线电视台转播，视频被传到 You Tube 网站，视频的点击率当天就达到百万次。互联网也开始以茶党命名网站，例如 Tea Party Patriots. org. 除了以上这些新兴媒体博客、社交网站，传统媒体广播与电视，特别是福克斯新闻在茶党活动理念的传播以及茶党运动的动员等方面也起到了至关重要的作用。人们普遍认为，福克斯新闻台是右翼媒体。

二　茶党运动的根源及其草根动员

很多人认为美国民众对金融危机、政府救助和奥巴马的当选十分不满是美国茶党活动的根源。以上这些只不过是茶党活动的导火线，其实茶党活动的根源至少可以追溯到 1992 年美国总统大选，当时的美国总统候选人罗斯·佩罗反对大政府与主张预算平衡的理念在民粹主义右翼势力中就已经集结起来。更何况在布什总统执政期间，许多保守派人士对布什及共和党救助银行和汽车制造商的举动已经深恶痛绝。民主党入主白宫后，开始讨论实施大规模的经济刺激计划，而在财政支出上趋于保守的共和党人关于政府支出的批评声音也越来越大。许多保守派人士认为，参议员约翰·麦凯恩（John McCain）在竞选总

---

① Tea Party Patriots, https：//www. teapartypatriots. org/about/.

② Tea Party Express, https：//www. teapartyexpress. org/about/.

③ Tea Party Nation, https：//www. teapartynation. com.

④ http：//www. 9/12project. com.

统时的失败之处在于，他没有很好通过互联网手段来筹集资金，并与不同政见的活动家建立同盟关系。奥巴马的竞选团队则在利用互联网方面更加得心应手。

民主党的成功让帕特里克·莱希（Michael Patrick Leahy）很生气，他是田纳西州首府纳什维尔市（Nashville）的一名IT顾问。2008年11月末，他在Twitter上建立了一个有25名成员的联系组，名叫"Twitter顶级保守派"（Top Conservatives on Twitter，简称TOCT）。2008年12月，他开始每周一晚上召开电话会议，建立了一个有着共同诉求的活动家网络。莱希说，他发现Twitter上有很多保守派，他们很有能力，却各自为战。短短数周内，莱希发展了1500名成员。其中有艾瑞克·欧顿（Eric Odom），他之前已经组建了一个成员众多的活动家组织，旨在撤销美国的近海石油禁采令。斯黛西·莫特（Stacy Mott）是新泽西州华盛顿镇（Washington Township）的一位全职妈妈，她对美国的两大政党都越来越不满意，但让她彻底爆发的事情发生在2008年12月16日，当时布什总统为政府救助辩护说：我放弃自由市场的原则，为的是拯救自由市场的体系。莫特说，这种说法点燃了保守派心中的怒火。给她伤口撒上一把盐的则是奥巴马的当选。她说，我最大的担心是民主党将同时获得参议院和众议院的控制权……他们会尽可能地通过自己想要的各种提案。莫特说道，当时看来，奥巴马想要继续拯救美国的银行和汽车产业，他也确实这么做了。莫特决定开一个代表保守派女士心声的博客，名为"聪明女孩政治"（Smart Girl Politics），并以同样的名字创建了一个社交网站。这个网站吸引了亚特兰大的克莱默和马丁加入。20多岁的凯莉·卡伦德（Keli Carender）是西雅图的一名教师，也是个即兴表演喜剧演员。她对布什"放弃自由市场原则"的言论极为愤怒，并觉得奥巴马的经济刺激计划是一个可以载入史册的巨大浪费。卡伦德也写博客，但决定活动要更进一步，于是她策划了一起示威活动，在当地的广播脱口秀节目中进行宣传，并给保守派博客作者——曾任福克斯广播公司（Fox）新闻顾问的米歇尔·麦尔金（Michelle Malkin）发电子邮件，后者在博客上报道了卡伦德组织的示威活动。2009年2月17日，有120人出现在当地的公园参与示威活动，发起反对奥巴马政府经济刺激计划的抗议集会，这令卡伦德喜出望外。她把奥巴马的经济刺激计划称为"猪肉刺激计划"（the porkulus）①。茶党相关文献将这一事件列为茶党运动的第一次示威活动。不过这次抗议集会只是3天后茶党活动正式启动的一个预热。

2009年2月19日，美国广播公司财经频道（CNBC）金融市场评论员里

---

① 猪肉桶是美国政界常用的一个词语，源于美国南北战争期间。

克·桑塔利（Rick Santelli）在芝加哥交易所（Chicago Board of Trade）做现场直播，对政府面对经济危机所作出的反应提出了质疑。前一天，奥巴马政府刚刚宣布了一项 2750 亿美元的援助方案，旨在帮助那些付不起房屋贷款的业主。桑塔利在直播中揭竿而起。他大声疾呼：“这是美国！你们中有多少人想要为享用着额外的浴室却付不起房贷的邻居支付贷款呢？”① 桑特利的讲话随即在电视上播放，在网络上传播，全国性的茶党活动迅速升温。

一传十，十传百。到 4 月 15 号纳税日当天，全国有超过 750 个茶党组织，几十万人——没人能给出一个确切的数字——在各地的市政厅、邮局、城市广场、公园和闹市街道聚集起来。人群涌入费城的爱心公园（Love Park），在各州议会大楼的外面集会，从爱荷华州首府得梅因（Des Moines）、康涅狄格州首府哈特福特（Hartford），到密歇根州首府兰辛（Lansing），可谓遍地开花。下面，我们选择了几个比较有代表性的茶党活动，从中了解茶党初期草根运动动员阶段的情况。

1. 一次真正的运动

在纽约州的政府大楼附近，人群的呼声越来越高，纽约的茶党运动计划在中午开始，没到中午大楼前的花园中就已站满了一千多名抗议者。随着中午的钟声敲响，一个民族乐队奏响了一首“以作为一名美国人而骄傲”的歌曲。罗切斯特组织的主席以及今日运动的组织者一起登上了舞台。“想一想我们美国的议院，他们真的代表了你们每一人的利益和意愿吗？”下面的群众高呼“没有！”随之乐队又奏起了另一首曲目，下面的很多人情绪高涨，高举着在家制作好的条幅，上面写着：还我们民主，自由！我们并不幸福，没有国家的医疗保障。“这与是民主党执政还是共和党执政没有关系，重要的是要代表民意。”萨利说：“我们内心的呼声政府听不到，他们离我们是那样的遥远，我给彼得逊发了邮件，那么我得到了什么样的回复了呢？是自动回复邮件，他们根本不关心我说了什么。一次又一次的采访中，我们明确了一件事，那就是一个不负责任的政府，那些政客们说一套做一套。”杰恩说道：“坦白地说，我已经厌倦纳税了。”他休息了一天又去参加茶党的活动，他说：“我已经受够了那些政客们的风言风语，我也十分厌恶他们毫无智商的行为。”“我认为他们完全没有任何权利拿别人的钱去给另外的人花。”杰恩告诉我们：“他们这样做是对财富的不合理的重新分配，我十分反对这种做法。”安德逊还在继续他的演讲：“过去的布什总统和现在的奥巴马总统，让那些非法车主和网络黑

---

① John V last, *A growing Tea Party Movement*? Weekly Standard, March 4, 2009 http: ww. cbsnews. com/stories/2009/03/04opinion/main4843055. shtml.

客控制着勤奋的美国人民的生活。"现在的纽约被三个团伙所掌控着：政府官员、下议院多数领导人以及大多数领导者，随着大家的兴致和欢呼声越来越高，他又说道："这不是合乎法律的政府行政系统，这也不符合社会化，这就是专制。"

演讲台附近有一张桌子，旁边有一个 50 多岁的男人，他和他的妻子、女儿在卖茶党拥护者买的那种宣传 T 恤衫，当问及他们为什么会参加茶党，他的态度十分坚决，他说道："我们所反对的是腐败的政治统治、税收的增加以及过多的毫无意义的政治政策，民主党和共和党都在误入歧途，所有的这一切都是由奥巴马所造成的，当然布什和克林顿也有份。"2009 之后，我们即将见证一个新的强有力的政党的出现，那就是右翼党。在这次运动中，有的人是第一次参加政治活动，而有的人之前也参加过别的政治活动，这次运动是有着重要的历史意义的，因为它史无前例。这次运动的参与者还有该领域的专家学者以及一些著名的预言家。的确，茶党运动是真实的，并且势力在壮大，茶党不是单纯的一个与奥巴马平等，反对该政府的一个党，它是一个有着深厚民众基础，并且在经济、社会和政治因素的影响下发动的一次草根运动，结果就是新的保守力量在美国的影响越来越大，并在当地的选举活动中起着至关重要的作用。比如在纽约的 23 大街，这就是我们将要讲的事。刚开始，此次运动并没有受到人们的高度关注，很多人不支持茶党活动。但是自从茶党运动以公车游行以及和右翼政客面对面谈话之后，茶党运动的名声大震。通过参加茶党运动数十个小时的活动，我们了解到这是一个强有力的党派，并且我们坚信在2010 年中期举行的选举活动中，它会在其中发挥重要的影响力①。

2. 右翼党的崛起

2009 年 2 月 16 日，20 多岁的凯莉·卡伦德（Keli Carender）（西雅图的一名教师，也是即兴表演喜剧的演员）对布什"放弃自由市场原则"的言论极为愤怒，并觉得奥巴马的经济刺激计划是一个可以载入史册的巨大浪费。她尝试给自己支持的两名民主党参议员的办公室打电话投诉，但电话根本接不通。卡伦德回忆说，她简直想大声尖叫。但最后意识到，自己根本没什么话语权，这是一种即将被淹没窒息的感觉。她想了想，觉得可以做两件事，一是放弃，回家窝在床上，意志消沉地度过每一天；二是可以做一些与众不同的事，或者说可以用自己的方式来实现人生价值。卡伦德也写博客，但决定要更进一步。她策划了一起示威活动，在当地的广播脱口秀节目中进行宣传，并给保守

①　Mad as hell, *how the Tea Party movement is fundamentally remaking our two-party system/Scott Rasmussen and Doug Schoen*, HarperCollins Publishers 2010, pp. 113–116.

派博客作者曾任福克斯广播公司（Fox）新闻顾问的米歇尔·麦尔金（Michelle Malkin）发电子邮件，后者在博客上报道了卡伦德组织的示威活动。2009年2月17日，有120人出现在当地的公园参与示威活动，这令卡伦德喜出望外。茶党相关文献将这一事件列为茶党运动的第一次示威活动。

这就是美国！你们当中有多少人愿意为你们的邻居还债？桑特利坚持认为芝加哥茶党是为了反对史无前例的政府干涉。他的这一想法很快被大家认同，并得到了积极的响应，在网络上也有大量的关于这件事情的消息和信息，在Youtube上这个视频被点击了一百多万次。几小时内，一家报社工作人员发现，桑特利鼓励茶党建立网址，以此来吸引更多人的关注，在脸谱网上好几十个组织自发建立起来。成员由粉丝俱乐部到政府官员，他们积极参与茶党运动中来，在芝加哥、得克萨斯、纽约和一些国内保守组织的帮助下，此次运动进展得非常顺利并且蒸蒸日上。茶党运动首次在4月15号掀起了高潮，有750多个茶党组织在城市和城镇里发起了组织活动。

2009年夏天，茶党不仅对医疗保障问题作出了全面的回应，茶党运动还反对奥巴马的预算和政府开支计划，同时还反对奥巴马政府要尽力通过医疗保障的立法内容。这在当时的华盛顿是受到了高度重视的。奥巴马对此的反对也正成为茶党运动的一项内容。7月1日茶党人士组织了全国范围内的活动，是针对奥巴马政府改革的举动，被他们叫作"社会化良药"。有关医疗改革的这场争论成为后来一系列活动的导火线，选举人反对布什总统出台的财政援助，奥巴马继任时他们仍持反对态度。在这种情况下，右翼分子于2009年夏天成为领导力量。每年8月在议会休会季，议会成员都会回到他们各自管辖的地区，与当地的居民进行沟通和交流，这些成员通常会在当地举行规模不大的会议。在2009年8月，强烈要求医疗改革的群众都聚集在会议室里，这些人的情绪极度高涨，他们极其反对奥巴马政府的一系列有关社会和经济的措施。这一场景被媒体很好地记录了下来：随着2009年议会的休会，选区居民呐喊，抗议者被警察拘谨，议会成员内心充满了惊恐，整个这段时间内气氛十分紧张，充满了不安和躁动。抗议者们的带头人都是当地或全国茶党组织里的人。在2009年9月9日，经过一个难熬的夏天之后，奥巴马的票数明显下降，因为越来越多的美国人民开始反对他的医疗改革计划，于是奥巴马发表了一个演讲，虽然这次演说反响不错，但是在他讲话的过程中还是出现了一个小小的意外。奥巴马刚刚对他的国民作出了安抚和承诺，话音刚落，一个很响亮很有力的声音从人群中传了出来："你说谎！"奥巴马停顿了一下，然后继续他的演讲，白宫发言人南茜和副总统彼得在总统后方坐着，他俩相互对视了一下，表情很惊讶并且稍带厌恶之情。媒体上的一些人和坐在电视机前观看现场直播的观众都不禁问道："是谁说的那句话？"答案是威尔森，他是来自南卡罗来纳州的一名共和党人士，自从那一句惊人的话之后，他一举成名，尽管威尔森已经向白宫作了道歉，总统也接受了他的道歉。但是由于他引起的骚动和反响实在太大了，难以平息，民主党下议院在一周之后公开对威尔森发出指责，并要求他向内阁递交道歉信，威尔森拒绝了，理由是说他已经道过歉了，也因此成了右翼党人士中一颗璀璨的明星。威尔森的举动反映出了抗议者发自内心的不满，虽然他的这次举动并没有成为右翼党人士在 2009 年活动中的高潮部分，但是 9 月 12 日的高潮确实发生了。2009 年 9 月 12 日成千上万的抗议者在华盛顿宾夕法尼亚大道上集众游行，这些人大多是茶党人士①。

截至 2009 年 9 月，茶党活动主要以创建活动组织、传播茶党理念、草根动员以及直接组织抗议游行示威活动为主，活动的主要目的是满足茶党草根者的心声，以反对奥巴马推行的种种政策，活动的焦点还在于民众的经济利益方面，因此，很多人把茶党这一段时间的活动看作茶党活动的第一阶段，即草根动员阶段。在这一阶段，茶党的主要活动有：2009 年 2 月 17 日凯利·卡伦德策划并组织的西雅图示威活动，此次活动被茶党支持者看作茶党活动的序曲；2009 年 2 月 19 日克里·桑特利通过媒体、网络在芝加哥发起了贴有"茶党"标签的社会抗议活动，此次活动被茶党支持者看作茶党活动最终形成的一次重要活动；2009 年 4 月 15 日在克里·桑特利的影响带动下，茶党支持者在全国纳税日掀起了茶党活动的高潮；2009 年 7 月 4 日茶党支持者举行了全国抗议活动；2009 年 8 月议会休会期间，茶党支持者在全国各地市政会议上举行了抗议活动；2009 年 8 月 28 日茶党支持者埃米·克莱默发起的全国巡回巴士之旅——"茶党快车"；2009 年 9 月 12 日在美国首都华盛顿，爆发了由主持人格伦·贝克呼吁动员茶党活动以来最大的一次示威游行活动。以上大型活动主要以游行、示威、演讲等形式表达茶党支持者的心声。2009 年年底以后，茶党活动改变了策略，以政治演说、筹款和为支持茶党运动的共和党候选人助选为主，人们把这段时间的茶党活动看作茶党活动的第二阶段，即茶党政治诉求阶段。

三　参与共和党候选人助选

2009 年 9 月 12 日华盛顿大游行结束以后，茶党运动组织的示威游行活动在数量上和规模上都有所减少。相反，政治游说、动员选民参与投票、为支持

① Mad as hell, *how the Tea Party movement is fundamentally remaking our two – party system/Scott Ras-mussen and Doug Schoen*, HarperCollins Publishers, 2010, pp. 120 – 122.

茶党运动的候选人筹款和助选的活动却在不断增加，茶党活动进入第二阶段。

1. 兰德·保罗当选参议院议员

在美国 2010 年中期选举中，"黑马"茶党成了大赢家，有三名茶党候选人赢得参议院选举，在美国政治史上写下新的一笔。这三名赢得参议院选举的茶党人士分别是来自肯塔基州的茶党候选人兰德·保罗，佛罗里达州的茶党候选人马可·卢比奥以及犹他州的迈克·李。其中，由于兰德·保罗的首先当选而影响最大，意义深远。

2010 年 11 月 2 日的夜晚是具有重大历史意义的。通过在传统和宪制平台上的竞争，兰得·保罗被选为参议院议员。这个平台从美利坚合众国建立之日起便开始生根发芽，它反映了个体自由的价值观念，这种价值观念让美国得以长久繁荣。但是，奥巴马政府以风驰电掣的速度与这个平台背道而驰，他们所制定的法案将会震惊乔治·华盛顿，所拖欠的债务将会震惊托马斯·杰斐逊。不只是肯塔基州的人民，全国人民都渴望聆听保罗的演讲。在 2010 年 11 月 2 日的晚上，保罗再一次向选民许下了他的承诺。

兰得·保罗的演说引起了强烈关注。他们（奥巴马政府，下同）说，美国的参议院是世界上思考问题最慎重的机制。那么，请他们仔细考虑以下这个问题。美国民众普遍对政府感到不满，仅有 11% 的人对国会的工作表示满意。但在今晚，将会涌起一股茶党的浪潮，茶党正向他们传达一个信息，茶党胜选者将会从上任的第一天起，就坚守着这个信息所包含的原则。这个信息包括财政正常、有限宪政和平衡预算。保罗承诺抵达华盛顿时，将会恭敬地请他们仔细考虑这个问题，美国正处于债务危机，美国人民想知道为什么他们需要平衡预算而政府却不需要。保罗将恭敬地请他们仔细考虑这个问题，政府为何不创造就业机会。创造就业机会的是个体企业家、商人而不是政府。他也将恭敬地请参议员考虑这个问题，是想要自由地生活还是被债务所奴役的生活。美国民众到底应该相信个人还是国家？

保罗以 12 票的优势击败了共和党的对手。正因为代表与象征奥巴马及他的观点，保罗的对手一直被完全拒绝。美国民众对国家的发展方向感到不满，他们渴望政府听到他们的呼声。在竞选过程中，保罗听到人民发自内心的呼声，这个声音一天比一天响亮，并随着每一笔新欠的债务而变得更具挑衅意味。政府过去并没有听这种呼声吗？但是，就在举行大选的晚上，他们清楚地听到了这响亮的呼声。

在其他任何选举中，保罗都不太可能竞选成为参议院议员。因为他从不为竞选而竞选。他所加入的队伍，不仅与全国获选的官员为敌，还与美国最强大的共和党中精挑细选的候选人为敌，在竞选之初，他的票数仅占总数的 15%。

共和党，肯塔基州政府，K 街，还有政府所有的权力经纪人，都联合起来抵抗他，这与其他任何参加 2010 年竞选的候选人都完全不同，整个政府机构都在掩护他的第一个对手。

保罗的成功在于他是茶党支持者，也在于茶党对他的支持。

现今，茶党的信念不同于美国主流政治和媒体所推崇的观念。正如茶党反对一个比 18 世纪的英格兰更加骄傲自大的政府。茶党让我们的先驱怒不可遏。2 万亿美元的财政赤字与高达 13 万亿美元的债务让如今的美国人民同样愤怒。英国官员与媒体认为那些反抗统治阶级的殖民者不恭不敬，这并不罕见。同样地，作为当下统治阶级的代表，如今的政治及传媒精英都不会从评论茶党中获益。但是，尽管保持了否定与轻视的态度，乔治三世和他的拥护者们还是在某些时刻可以感受到某种改变正蓄势待发。现在，无论政府与其效忠派喜欢与否，他们都知道在美国政治界的底层正在发生着巨变。

现在，政府机构对茶党敬而远之。当时，政府对罗恩·保罗以及他日益成长的运动也予以同样的宽容。罗恩·保罗关于平衡预算、消除债务及支持立宪政府的政治主张与总统大选中的其他党派迥然不同，两党均为参议院提名的最终提名候选人。在任职期间都使预算激增、债务增加，而且他们都在宪法外行使权力。美国人民已受够了共和党及来自该党的总统，他们组建的政府花费巨大。因此，美国民众渴望"改变"，这不难理解。于是，在 2008 年，人们选举的总统来自民主党，该总统曾许诺缩减政府开支。如今，美国人民开始后悔当初的选择，因为在政府的开支方面，奥巴马总统与其他前辈相比，是有过之而无不及的。

起初，2007—2008 年罗恩·保罗的支持者中，大多数人已不再信任两党，现在，茶党同样陷入根深蒂固的不信任状况中。这绝非偶然。因此，很多政客及精英认为茶党的怀疑是不合理的，并以此嘲笑茶党。但是，茶党确实找不到任何切实的理由去相信大多数政客和精英，相反，在很多活动与集会上反嘲这些政客与精英。值得庆幸的是，茶党一直能伸能缩，勇敢无畏，因此才没有被政府的冷嘲热讽击垮。在三年前为支持罗恩·保罗选举而举行的草根大会上（在这次大会上我们的组织被称为"第二个波士顿茶党"），兰德·保罗作为大会发言人向观众所说过的话，对现在规模更大的活动仍然奏效。他的演讲主要内容如下：

> 自由之子们，欢迎你们加入这场变革。有人说英国人藐视美国的乌合之众，嘲笑美国的制度不够完善，方针存在缺点。他们讥笑美国军队一次又一次的后退。现在，你们就是生活在社会下层的人，你们理想破灭，愤

世嫉俗，还丧失了自由。政府官员在他们高高耸立的顶层公寓上嘲笑你们，嘲笑我们……但是你们又怎么知道呢？他们是不会当着你们的面嘲笑你们的。在2007年，政府似乎停止了这种嘲笑。当时有一个法案，称为《全面移民改革》，更准确地说，这是对一千两百万到两千万非法移民实行的"特赦"。草根保守派对该法案极其不满。更让人不解的是凯恩与乔治·W.布什总统还一同制定了《问题资产救助计划》，意在援助陷入麻烦的银行、汽车公司，甚至房地产市场。对此，草根保守派许诺让那些包括共和党在内的所有投票支持这项财政计划的人付出政治代价。比如说，在2010年中期选举前的春天与夏天，一些通过初选的共和党政治人士，他们今天再也笑不出来了，他们也将永远后悔当初投票支持《问题资产援助计划》。

　　从支持罗恩·保罗的总统竞选到基层群众反对赦免非法移民和援助企业，茶党内部分成了不同的团体。在2009年4月15日，即纳税日（所有人在这天之前交报税表），这些团体聚集成一个整体，施展他们的最大能力，他们在全国范围内召开了多次大型集会。可以预想到，政府仍然蔑视我们，但是他们不会再无视。在那之后的几个月里，茶党又召开了很多同样的大会。两年之后，茶党不仅仍然生机勃勃，而且它有潜力不断改变美国政治，促进其向更好的方向发展，并以此证明茶党自身的持续性。尽管有人斥责茶党并没有令美国的政治蓬勃发展，但是这个党派从上到下都是井然有序，分级管理，独立自治的。不论政府想要怎样阐释和控制这些活动，茶党的事迹都由基层民众记述，而不是旁人。不论政府愿不愿意，他们现在都得听"乌合之众"所说的话①。

　　2. 茶党助推共和党赢得2011年美国中期选举

　　茶党不仅帮助共和党候选人赢得了参议员和众议员的竞选，更令美国社会惊讶的是茶党帮助共和党赢得了2011年美国的中期选举。

　　2009年茶党实力大幅上升，同时2010年共和党取得竞选上的逆转。在2008年后期的失败中，专家们都惊奇于巴拉克·奥巴马、民主党候选人及州级官员所取得的巨大成功。他们想美国是否处在第二次新政的转变中或者长期由民主党执政的局面。共和党及其领导者在公众的形象并不好。然而两年后，共和党的选票又上升了，因为茶党选举人参加选举并支持他们的候选人，自己任命的茶党发言人呼吁美国向着右翼发展。

---

① Rand Paul, *The Tea Party Goes To Washington*, Center Street Hachette Book group, pp. 4 - 10, February 2011.

2010 年 11 月，再生的共和党在众议院中获得了 63 个席位，也在参议院中赢得 6 个额外席位，这样他们也可以在一定程度上削弱民主党的控制力。共和党在全国也取得了更令人惊奇的成绩，在国家立法机构，共和党拥有了近 700 个席位，还增加了 36 个总督，并把总数增加到 29 个。在 2010 年美国人口普查后，选举的重新划分，共和党组织区域的划分，这样可以保住在职的共和党官员，并且让一些民主主义者从人口减少的地方离开。共和党统治者有一些立法机关支持，他们称国家的主旋律集聚在佛罗里达州、密歇根州、俄亥俄州，而且他们在 2012 年的大选中也会扮演重要的角色。恰巧，奥巴马宣布他在 2010 年选举中失误。这个结果使他的总统形象受损，也使他再选之路更加艰难。

老大党①中的茶党分子在 2010 年选民上升过程中是极具争议的。对于许多评论家而言，很容易发现 2010 年 11 月老大党的增加趋势已远远盖过了民主党，这和茶党所付出的努力有着密不可分的关系，他们在奥巴马总统任期开始之时便实行右倾化并且在 2009 年和 2010 年发挥着动力作用。在 11 月选举之前，《纽约时报》便称："茶党会因巨大影响力而赢得更多支持。"在选举之后，许多重要广播对此进行播报，正如 ABC 新闻这样报道："在周二的选举中，有茶党支持的候选人获得了大部分胜利。"当然也报道了一些较高的失误，尤其是在参议院竞选之中，福克斯新闻称茶党的胜利不会停止，当然，其他几家广播也这样报道。隶属于蒙大拿州的 NBC 广播宣布，茶党是 2010 年最大赢家之一，一旦失去持久权力的机会，茶党在中期选举的影响力只是让人知晓罢了。在不久之前，一名资深人士这样说过，在 2011 年 3 月的《纽约时报》分析了关于预算操控的问题，这也是老大党漠不关心地指示茶党理想主义者，这个理想主义是由共和党在 11 月提出并且决定的议院发言人这样说。

然而，不是所有人都认同这个主要情节。《华盛顿邮报》一个调查小组在 2010 年 10 月末提出这样的疑问：茶党活动分子真的可以成为竞选中的主力吗？记者艾米·加德纳和他的同事采访到 647 个当地茶党组织并对其领导者进行采访。大部分茶党团体宣称只有少于 50 个人有小额预算，没有进行官方公布所支持候选人，也没有参与高层的拒绝投票活动或者其他积极参选活动。这样一个如此分散规模却相对较小的团队如何能有如此大的竞选影响力，尤其是他们的领导报道说大部分成员都参加会议厅演讲并将他们自己培养成投票人。

另外两个批评家是来自哈佛的政绩科学家史蒂夫·安索拉迪赫和吉姆·塞尼德，他们在仔细研究选票数据库，研究茶党参选的候选人到底做了些什么。

---

① 在美国，共和党又称老大党。

这是一个由共和党支持的选举年，这是因为延长的经济衰退和顽固的高失业率。这项研究中的"茶党候选人"是由"茶党快车"或自由工作者支持，或者由两者支持。作者们发现这些国家宣传小组仅花了一笔钱的几分之一，这些钱是由各种各样的商业活动和保守的基金筹款者直接给老大党的候选人。而且他们强调，尤其是在议员竞选中，由茶党支持的候选人比那些老大党候选人胜出的次数多。尽管由茶党支持的候选人经常胜出，国家宣传小组"在排列整齐的桌子后，更多地支持共和党地区倾向于支持共和党，这是相对于支持民主党的选区而言的。两位学者指出者两家媒体只是顺应了2010年选举流，并非推动这一过程，更不是对其塑造"。

然而也有一些批判学者并不认为茶党是老大党胜利的推动力量，我们认为一些质疑者过分高估了2010年11月茶党对老大党的动力作用。

更容易发现的是，基层茶党反抗和联络网的建立帮助了共和党远离失败，在共和党2008年遭遇失败之后党派的变革。在大选之后，保守者与共和党都不喜欢奥巴马，并且想要重新改革保守党活动。但他们却没有成功。他们不能追寻不受欢迎的布什的脚步，而且许多人也并非那么喜欢麦凯恩。直到2009年末，共和党在国会处于混乱之中，经济管理失败以及迈克尔·斯蒂尔的领导失败。随着共和党失去光泽，茶党的出现却鼓舞了保守党的精神，并且给他们养精蓄锐的地方。正如耐特认为的，茶党已经结束他为共和党服务的工作，这样使共和党有机会逃离"名誉大损"的场面。各个茶党都有这样的目标：把资金给保守派的候选人而不是由不再起作用的共和党机器来划分——这也是其他共和党提倡的方法，尤其击败最高法院对重要金融业务的限制。

关于茶党反对"大政府"花费与反对援助经济方案已有媒体大肆报道，不是讨论关于对奥巴马的反抗，也不是资本和贸易立法，而是帮助共和党和保守派重置国家的讨论计划。人们不再谈论奥巴马而开始谈论政府专制。因为经济一直处于衰退状态，失业率居高不下，由茶党支持的老大党也开始活跃起来，使即将来临的选举徘徊于支持与不支持奥巴马与民主党之间。

事实上，大部分参加2010年11月的投票人告诉民意调查员：他们所最担心的是经济和工作问题。民主党在任而且掌管两党事宜，很自然，选民们觉得民主党更应该为下滑的经济负责任。但是，选民也未对共和党持有乐观、期望的态度，在2010年11月参选的大部分选民也未表示是茶党的支持者。然而，只要在2009年和2010年打开电视机的公众就会听闻更多茶党的抱怨以及老大党的信息，他们声称华盛顿地区受经济影响重大，并非促进经济增长。奥巴马及其民主党并未被公众信任其经济复苏方法可行并且对所制定法律有所改革，甚至在专家们称这些方法在美国第二次"大萧条"中有效时，也未发生。这些毫无趣味的经济报告如何能与照片中的抗议者举牌子那样有影响力呢？

政治工作包括统计数据，他们是专门建立模型来预算选举支出的。这些模型虽然不完美，但是却能给我们重要的法则。下滑的经济和先前的利润是预测下次大选中该党损失的最好的两个因素。所以，根据传统看法，有茶党或者没有茶党，民主党在 2010 年 11 月大选中都会遭遇巨大的损失。但是，民主党也会比政治经济模型所估计的要遇到更多的损失。我们也一直在寻找原因，茶党的人到底是谁，谁会参加中期选举，并且在 2010 年中作出一些与众不同的事。

在 2008 年的总统选举年，63％的符合条件的投票人去参加选举。年轻选民、少数派和女人都大规模地参选，并且作出了一些不合适的对民主党的全面支持。但在 2010 年，符合条件的选民缩至 43％，少于一半的选民出现在投票现场。但这也是正常现象，那些选民比在家里未参选的人年纪更大，几乎是白种人，经济势力更加强大一些。中期的选民更加倾向于支持共和党。在 2010 年，这种情况似乎发生得更加频繁，因为共和党和年纪较大的人都积极投票，而那些年轻选民和有意愿支持民主党的人则表现出一副毫无生气的样子并且成群结队地待在家中。尽管 2008—2009 年的经济衰退和迟迟不减少的高失业率也未能击败它。但年轻人和少数派并没有因为平衡而选择令他们灰心的党派，相反，他们选择待在家中。

老大党的选民包括那些在 2010 年转向共和党的独立派，他们气愤、害怕更多是失望，他们去参选是想把不好的东西赶出去。很巧合的是，茶党支持者一直与年长、白种、中产阶层的共和党有交集，这些人在 2010 年选举中十分热情。在白宫中，那些年长的白人美国人一直都是最不喜欢奥巴马的。其中一小部分人在 2009—2010 年组织数百个茶党团队在街道上聚集、游行和抗议。但茶党中的少数却有着不成比例的影响，尽管数量很少。

参加会议或者与别人在一起的人们似乎认为他们更了解政治变革，但他们觉得他们有义务去投票，更重要的是为了不让朋友们失望。所以说华盛顿邮报否认当地茶党团队所做的努力有点为时过早。甚至当基层茶党组织被报道并未参选时，数百个似乎有想法的人群在美国各地经常性聚集，这似乎很重要。即便是当地茶党组织也无法与数百万年轻人在 2008 年主要为奥巴马而拒绝参选的人所做的努力相比，加入茶党的年长的美国人有许多朋友和联络人。基层茶党参与者很积极地参加 2010 年投票，他们也可能影响了其他共和党成员以及所有倾向于老大党的选民，尤其是像他们自己那样的老年人。

2010 年 11 月的选举是表达许多年长者居民恐惧和气愤的一次选举。有许多年长的美国人参选了——在选举中占了相对较大的比例，甚至比中期选举人数更多——他们与民主党斗争着。在奥巴马登上政治舞台之前，回想 2006 年中期选举，65 个选民和长者分散了民主党派的支持率，只有 52% 的人支持民主党候选人。但是在年长投票人，尤其是白人，对奥巴马并没有如此大的热情，因为奥巴马在 2007—2008 年也遭遇政治摩擦。在 2008 年，由麦凯恩领导的老大党以 65 票胜出，达到胜出 8% 的新高度。在那之后，年龄差越来越大，在 2010 年中期选举中老大党以 65 个选民和 21% 的选票胜出，给民主党以重击。

当然，老大党同情派的愤怒也影响了这一改变。茶党不喜欢奥巴马，并且反对从 2009 年夏天开始实施的健康改革。这些信息都大致上与选民相协调。例如，根据美国人口调查统计，年长的美国人反对 2010 年提出的平价医疗法案，他们之中有许多人告诉民意调查者，他们害怕"死亡评判小组"，他们认为美国人的健康改革将会导致老年医疗保险待遇的急剧下降。在 2009 年和 2010 年，茶党和大老党非常关注医疗改革方案。由于在老年人中制造恐惧，一群谨防奥巴马的组织在 2010 年选举中起到了重要作用，民主党不仅经历了负面影响，而且遭遇了惨重的竞争衰败。

底线就是茶党的力量——尤其是基层参加者和他们所获得的媒体支持——在 2010 年 11 月老大党的胜利与民主党的失败中起着重要作用。茶党成员和支持他们的媒体也在这些方面起着作用：重新振作基层保守派，影响了美国选举的进程，并且宣布要设定一个特定的、完全保守的理想主义的竞选①。

3. 改变政府组成结构

在美国强大的两党制背景下，由于选举制度的原因，第三党几乎没有执政国家的可能。其实茶党一直刻意回避党派色彩，打出了草根运动的旗号。在某种程度上，茶党并不在意共和党执政，还是民主党执政，而是执政党把自己的主张在政府内得以贯彻实施。由于茶党的影响，美国两大政党越来越重视茶党的主张，只不过茶党的主张和共和党右派的主张相近，所以茶党支持的人物几乎是共和党的右翼，但这并不说明茶党和共和党站在一边。茶党主要是通过动员选民选票、为所支持的候选人筹款等影响选举政治为主的运动手段，从而影响美国政府的组成结构。这种影响表面上是共和党和民主党参议员、众议员在国会中的比例，实质上是茶党支持的候选人在国会中的比例，所谓改变政府的组成结构，就是改变国会中支持茶党理念的参议员、众议员的比例。

2009 年年底以来，"茶党"的影响力有扩大之势。2009 年 11 月，在弗吉尼亚和新泽西两个州的州长选举中，茶党支持的共和党候选人分别以 18% 和

---

① Theda Skocpol and Vanessa Williamson, *The Tea Party and the Remarking of Republican Conservatis*, Oxford University Press, 2012, pp. 156 – 162.

4%的优势赢得了选举。在"茶党"成员的支持下，共和党人布朗在马萨诸塞州赢得肯尼迪参议员辞世后的重要空缺，打破了民主党多年来对该州参议员位置的"垄断"。布朗在马塞诸塞州的胜利是茶党运动成功影响选举政治的标志性事件之一，也是茶党运动支持者津津乐道的经典案例。在"茶党"成员的反对下，犹他州共和党参议员贝内特未能如愿得到连任提名，原因是他曾对救助大银行的方案投过赞成票。眼科医生兰德·保罗赢得肯塔基州国会中期选举共和党初选后，人们已经开始谈论"茶党"究竟能在多大程度上影响2010年11月的美国中期选举。中期选举被视为对奥巴马政府表现的中期评判，也是各种政治势力志在一搏的剧烈冲撞期。在万花筒般的美国政坛上，常常出现"干的不如看的"这一现象。竞选与当政本来就是两回事，竞选承诺常常在处处掣肘的事实面前大打折扣。对奥巴马政府的指责由此便成为某种政治时髦，并极易在敏感的政坛调整期形成一种推波助澜的牵制因素。所有这些都为"茶党"效应的发酵提供了氛围，也使得中期选举增添新的不确定因素。事实证明，那些有茶党背景的候选人都赢得了各州共和党初选的胜利，如特拉华州的克里斯丁·奥唐耐、纽约州的卡尔·帕拉迪诺、肯塔基州的兰德·保罗。在茶党运动的支持下，美国2010年中期选举中，黑马茶党成为最大赢家，在众议院新当选的83名共和党众议员中，60人归属茶党。同样是在2010年的中期选举中，被茶党重点支持的50名共和党众议员候选人选举中有31名当选。最终，在茶党运动的影响和帮助下，共和党在2010年中期选举中一举收复众议员失地。

第二节　美国茶党运动的若干特点及其走势

发生在不同国家以及一个国家的不同历史时期的社会运动，都具有不同的特点。学者一般以20世纪70年代为分水岭，称在此之前的社会运动为传统社会运动，在此之后的社会运动为现代社会运动。一般认为传统社会运动是一种野蛮、暴力的非理性行为，现代社会运动是一种文明、非暴力的理性行为。发生在21世纪初的美国社会运动——茶党运动属于现代社会运动范畴，是一种理性社会活动。茶党活动除了自身的特点外，还具备现代社会运动的一般特点，所以分析茶党活动的特点，应建立在现代社会运动的基础上，应该从理性行为的视角出发。

一　茶党运动的活动特点

茶党运动的活动特点主要体现在具有凝聚力的组织机构、统一的运动诉求、右翼的社会倾向以及鲜明的活动策略等方面。

1. 具有凝聚力的组织机构

大部分学者认为茶党活动是一种草根活动，也有一些学者认为茶党活动并不是草根活动，因此，关于茶党活动是否是草根活动，还是一个有争论性的话题。因为茶党活动是由美国富人阶层策划，旨在为富人减税的运动，参与者大多是媒体精英、富有的政治行动委员、全国性的保守倡议组织等。但有一点非常明确，茶党并不是一个政党，茶党活动也不是政党活动。准确地讲，茶党活动是由美国保守派精英和右翼保守组织策划，广大保守派民众响应的草根运动①。任何一项政党活动都有其严密的组织机构，这是草根运动无法比拟的。但发生在20世纪初的美国茶党活动属于现代社会运动的范畴，和其他社会运动一样，也有它的组织机构和组织形式，因为任何一项政党活动和社会运动都离不开其组织机构，否则无论是社会活动还是政党活动都无法进行。

茶党活动之所以迅速兴起，并且在国内外产生深刻的影响，离不开地方性的茶党组织以及全国性的茶党组织。

（1）地方性的茶党组织：地方性茶党组织2009年开始出现，到2010年地方性茶党组织的数量仍在不断增加。根据《华盛顿邮报》记者2010年秋天报道，他们已成功地联系到650个地方性茶党组织。根据斯考切波和威廉姆森2011年上网搜索地方茶党数目的调查，有804个地方性茶党组织可以在网上查到他们的信息。在这些地方性茶党组织中，有164个自2009年以来定期集会。地方性茶党活动在茶党活动的初期，在茶党草根运动动员阶段起着极其关键的作用。②

（2）全国性的茶党组织：目前全美最重要的茶党组织有五个，包括"茶党快车""自由事业""茶党爱国者""912计划"和"茶党国度"。"茶党快车"，这是一个全国性的巴士旅游活动，由"国家需要更好的政治行动委员会"运作。"自由事业"是共和党议员迪克·阿米领导的一个游说团体，是一个全国性倡议组织。在1994年"共和党革命"期间，阿米曾与纽特·金里奇共同撰写《美利坚契约》。也正是在这一年，比尔·克林顿的民主党丧失了对国会和参议院的控制权。"茶党爱国者"是一个在Freedomworks（由共和党前

---

① 杨悦：《美国社会运动的政治过程》，社会科学文献出版社2014年版，第166页。
② 同上书，第170页。

众议院多数党领袖 Dick Armey 领导的保守派非营利性组织）帮助下运作，由珍妮·马丁、马克·梅克勒与艾米·克莱默在 2009 年 3 月成立的一个全国性草根组织，自称有 2200 多个支部①。"茶党国家"于 2010 年 2 月 4—6 日召集了一次"茶党全国大会"，前共和党副总统候选人莎拉·佩林是这次集会的演讲主宾。是由田纳西州一名律师贾得森·菲利普斯在 2009 年成立的政治保守组织，该组织网上注册成员大约 51000 名。"912 计划"，2012 年 9 月 12 日，在美国首都华盛顿爆发了茶党活动以来最大的一次示威游行活动，旨在抗议奥巴马政府一系列的新政举措，是福克斯新闻台主持人格伦·贝克呼吁动员的"912 计划"活动的一部分。贝克于 2009 年 2 月注册建立了"912 计划"官方网站，成为茶党运动重要动员力量之一。全国性的茶党组织在茶党活动的第二阶段起着关键的作用，这也是茶党对美国经济社会影响越来越深刻的原因。

2. 具有统一的运动诉求

任何一项社会活动都有其活动的原因和目的，茶党活动也不例外。茶党运动的兴起既有现实原因又有历史因素，既与美国社会当前的经济状况有关，又与美国社会民众固有的社会运动传统密不可分。

茶党的政策主张具有浓厚的保守主义色彩。茶党成员及其支持者投票所形成的《来自美利坚的契约》的文件表达了茶党活动者的心声。茶党运动的基本诉求是：美国宪法至高无上，保护宪法在美国的地位，恪守宪法原则；主张平衡联邦预算；反对碳排放交易；主张税务改革；限制联邦政府的开支；审议联邦政府机构的合法性，反对大政府；反对政府的医疗保险体系；阻止碳减排法案的通过；主张自由市场经济，反对政府的经济刺激计划。除政府的政策外，茶党成员在活动中也表达了他们的价值观念：他们反对堕胎，反对同性恋合法化，主张严厉控制移民，并在种族问题上比自由主义者更少有同情心。

纵观茶党运动的诉求，具有明显的保守主义色彩，具有右翼民粹主义的倾向②。

3. 具有右翼社会运动的特点

"全球政治是左与右的一场最重要的辩论。左与右是诠释地方、国家与全球政治的最为常见的视角。"③ 从政治传统上讲，左翼和右翼是一个社会内部

---

① Grassroots Group Grabs Attention.

② Elyse Siegel, *More Than Half Of Tea Party Supporters Say Gays And Lesbians Have Too Much Political Power（POLL）*, The Huffington Post, February 6, 2010, http：//www. huffingtonpost. com/2010/06/02/tea - party - poll - more - than_ n_ 597968. html？ref = fb&sre = sp#sb = 164043.

③ Alain Noel and Jean - Philippe Therien, *Left and Right in Global Politics*, New York：Cambridge University Press, 2008, p. 3.

政治领域中的两种社会意识形态。美国政治领域的左翼人士一般认为政府应该干预经济和社会生活，保护和促进社会平等，主张在文化领域的平等主义，支持同性恋与堕胎，反对战争；右翼主张自由放任的原则，反对政府干预经济和社会生活，自由优先于平等，主张机会均等和少数人不可缓和的统治，重视宗教信仰、传统家庭观念和道德价值观，支持战争，支持减税，反对同性恋和堕胎。

"茶党"包括基层活动分子、保守的媒体、倡导自由市场经济的百万富翁群体，他们都在不断地吸引人们的视线并争取自己的权力。随着2010年中期共和党选举的胜利，来自各个选区的茶党分子纷纷表达他们的权利诉求：采取措施减少公共花销及税收、反对政府权力扩张，消除商业规则。凡是茶党可以参与的领域，他们都大力地向共和党执政者宣传他们所想做的事或者共和党在下一轮选举中所面临的挑战。

对于共和党来说，茶党的出现动摇了该党的根基，因为茶党并不只是任何一个老共和党的拥护组织。茶党中的基层活动分子和右翼倡导者以及百万富翁，他们已有企图改变共和党。他们想把共和党变为坚定的、理想化的、有纪律的力量。正因为茶党使其沿着理想化的目标前进，他们也将共和党的活动转为更加右化的方向，并且使它与理想化的目标相符，实现这个目标主要是呼吁年龄较大、较为保守的白色人种选民。茶党中的活跃分子、支持者、资助者都在活动中发挥着积极作用。他们大多数都有着长期投票和支持共和党的经历。茶党的目标是击败奥巴马和民主党，并且希望减少税收、反对权力膨胀以及干预个人自由，但茶党反对一切建立第三党的主张，因为这样会将权力分散，为民主党铺路。茶党分子希望可以选出坚定保守的共和党。他们在2010年获得了巨大的成功，希望在以后的国会选举中，能在同样的努力中获得更大的成功。

要解释茶党如何并且为什么壮大老大党并且将它推向右翼，这是因为茶党中有几个相互影响的力量在发挥作用：基层行动主义，媒体宣传以及国家倡导小组干预投资与背书。大多数时间，这些力量将共和党以同样的方向前进壮大，并不断地与民主党竞争。但也并非总是如此，倡导完全自由市场的人偶尔以茶党对待政策的名义进行活动，这些政策会阻碍老大党要职人员和策略家的努力在选举竞争中获得多数人支持。

茶党运动具有右翼社会运动的特点，不仅是因为茶党的政治主张具有美国政治右翼的倾向，而且还因为茶党的左翼民粹主义理念得到了右翼媒体——福克斯新闻台以及共和党保守派的支持。共和党保守派的政策主张和茶党的主张极其相近，这也是茶党为什么右化共和党并帮助共和党候选人参与州及国会选举的原因。

4. 具有鲜明的活动策略

任何一项社会活动都有其活策略。茶党活动属于美国右翼现代社会运动，这一活动的性质决定了茶党活动的策略，那就是草根动员以及与共和党结盟。

初期的茶党活动是茶党成员通过网络和媒体呼吁对奥巴马政府不满的民众参与的一种社会抗议活动。抗议活动主要是反对奥巴马政府的经济救助计划。草根阶层直接参与的抗议活动不但进一步扩大了茶党运动的影响力，吸引了更多的参与者，而且也为茶党活动筹集了更多的活动资金，为茶党活动的进一步深入发展奠定了经济基础和民众基础。

是否与共和党结盟在茶党内部很有争议。大多数茶党人士认为自己没有党派倾向。但在美国社会两党轮流执政的大背景下，第三党或小党没有执政的可能，茶党要想实现自己的主张必须通过共和党来实现自己的诉求，只有这样才能进入美国政治的渠道。因此，茶党决定与共和党结盟，为自己的利益诉求争取最大限度的回应。帮助共和党人参选是茶党活动的重要策略。凡在茶党帮助下的候选人选举几乎都获得成功，这也使共和党人中的保守派更加坚定地站在茶党一边，同时，共和党中一些温和派人士也宣称和茶党的价值观相同。所以有人说，茶党使共和党右转，茶党正在使美国社会右转。

茶党活动是迄今为止美国历史上规模最大的一次政治运动，是美国右翼的保守民众表达经济诉求的一种草根运动。

二　美国茶党运动的前景

茶党运动是美国特定时期的一场社会运动。社会运动不管持续时间长短，总是一个国家历史进程中的一部分，充其量是国家发展过程中极其重要的一部分。一旦茶党存在的社会经济政治原因不复存在，那么茶党活动也就随之消亡。同时，茶党诉求的局限性和茶党组织的松散性也为茶党走得更远带来了瓶颈，所以茶党很难成为美国社会的第三方势力。

一是茶党缺乏成为第三方势力的源动力。茶党迅速崛起的原因是美国经济的不景气和对奥巴马政府为重振美国经济而采取的一些措施的不满。一旦美国经济复苏或奥巴马政府取消了民众意见较大的各种刺激经济增长的方案，茶党继续活动的内生动力就显得不足。

二是美国的政治体制决定了两党制是美国政治体制的最佳选择。美国实行的是"胜者全得"的政治体制，一个选区只能有一名议员代表，在选区即使以微弱优势胜出，那么这个候选人也赢得了这个选区。美国现行的这种政治制度，几乎没给第三方势力的崛起留下空间。另外，根据美国《联邦选举竞选运动法》的规定：共和党和民主党候选人可以自动享受参选补助，而小党要想获得该项补助，该法律为其设置了一定的门槛。因此，从资金上第三方势力也无法与民主党、共和党抗衡。

三是茶党自身主观愿望不强。茶党自成立之日起，就没打算发展成为与共和党、民主党平起平坐的第三方势力。茶党的组织机构十分松散，缺乏众望所归的全国性领导人以及明确的纲领章程。很多茶党人似乎无意成立一个真正的政党。正如茶党人士埃里克奥多姆所说："我们与任何试图建立第三党的努力都无关。不仅如此，我们还相信在这个时候，这样的努力是不明智而且不会有结果的。这个国家的历史告诉我们，第三党运动是分裂行为，并且会失败。"①

四是个别主张的局限性。茶党的诉求表达了茶党支持者的心声。但这并不能说明茶党的诉求都符合当今世界的发展潮流和现代市场经济的发展趋势。茶党主张完全放任的自由市场经济，这并不符合现代市场经济的发展趋势。现代市场经济只有把"看得见的手"和"看不见的手"完美结合，才能保证一个国家经济的平稳发展，否则极易引起社会的两极分化。茶党支持者在意识形态领域非常敏感，极度反对社会主义，甚至把奥巴马的医疗改革方案以及经济援助等方案看作"社会主义"的。这样的社会运动对政府推行不同意识形态国家间的交流与合作带来了顾虑，特别是对中美关系的发展带来了不利因素。这不仅损害美国人民的利益，也损害了中国和世界其他各国人民的利益。

五是茶党组织的松散。茶党活动虽然规模很大，持续时间也较长，但茶党缺乏统一的组织机构，没有明确的纲领和章程，更没有茶党支持者统一公认的领导人。所谓茶党主席、茶党教母等，很多都是自封的。茶党支持者参与茶党活动主要是基于自身的利益。虽然茶党支持者的素质较高，但茶党活动的草根特点，也决定了茶党的未来之路并不平坦。

---

① Bob Adelmann, *Turning Republicans into "Teapublicans"*, January 18, 2010, http：//www. the-newamerican. com/inex. php/usnews/politics/2766 - turning - republicans - into - teapublicans.

第六章

茶党运动对美国社会的影响

2009年11月茶党运动第一次展现其选举方面的无限潜力，随后在2010年国会选举中异军突起，与共和党竞选机制明显紧密结合，抓住并且最大限度地发挥了民众对民主党与奥巴马政府的强烈不满，接着在2012年和2014年虽有不错战绩，但是前途堪忧。茶党运动担心预算赤字会转变成高额税收和财政债务，因此持经济保守主义立场的茶党十分关注经济发展，要求废除过度税收，实行单一税制，并影响美国纳税风气所依存的社会契约框架。热衷于削减和控制政府开支，要求平衡每年的联邦预算且拒不提高债务限额。中产阶级茶党人士十分担心自身的社会福利状况受到侵犯，医疗保险和社会保障是其关注的两个重点。他们反对奥巴马医改同时又反对削减社会保障开支。茶党是一种新生的立宪主义运动，通过普通的政治手段来推行自己的立宪主义主张，主要目标是限制联邦政府权力。同时在国会中也出现了茶党效应，改变了国会的权力平衡；在社会热点问题中，强烈反对非法移民，并支持采取严厉惩罚措施；茶党否认全球变暖，反对节能减排法案，但支持使用太阳能等清洁能源；在教育方面主张撤销教育部，对家庭学校实行税收抵免，全力反对《共同核心州立标准》，同时支持促进国内就业，但是却呈现出反对提高最低收入，反对延长或者提供失业救济等经济保守主义立场；茶党关注的社会议题还涉及同性权利和堕胎问题，他们对同性权益持消极的微妙态度，同时坚决反对堕胎，将此定义为对个人自由选择权的剥夺。

第一节　茶党运动社会政策主张

一　茶党的选择策略与主张

茶党运动第一次展现其选举方面的影响力是2009年11月纽约第23街区的众议员补选，因为时任共和党议员被奥巴马总统任命为美国陆军部长。地方党委选出的正式共和党候选人是具有自由主义倾向的国家立法委员——德德·斯科扎法瓦（Dede Scozzafava），而此人对于茶党丝毫没有政治同情。与斯科扎法瓦竞争的正是获得纽约保守党提名的茶党候选人。最终面对保守主义茶党候选人道格·霍夫曼（Doug Hoffmann）压倒性的基层支持率，共和党正式候选人被迫退出选举。尽管随后斯科扎法瓦转而支持民主党候选人并最终助其当选，但是霍夫曼出人意料的强劲表现说明茶党在基层保守主义者中所具备的无限潜力①。

2009 年夏秋之际奥巴马政府启动的医疗立法则进一步推动了茶党运动的发展，这被茶党人士戏称为"奥巴马医改"并遭到其竭力反对。2009 年夏天国会休会期间，现任民主党（也包括共和党）国会议员发现其地方选民大会已被茶党支持者占领，强烈谴责经济刺激法案、汽车公司紧急援助、问题资产救助计划以及最关键的医疗保险改革②。很多民主党成员随后避免召集选民大会或者将茶党人士聚集在一起。2009 年年底马萨诸塞州参议员爱德华·肯尼迪（Edward Kennedy）去世，这为茶党创造了又一个选举机会。在填补肯尼迪席位的补选中，民主党州检察长玛莎·克利（Martha Coakley）得到了传统民主党人的大力支持；地方和国家茶党积极分子则主要借医保改革议题发动了一系列竞选活动，全力支持共和党马萨诸塞州立法委员斯考特·布朗（Scott Brown）。布朗在神圣的自由主义领土上颠覆性地大胜克利，可以说是茶党运动迄今为止的巨大成功之一。尽管布朗胜选依然无法阻止奥巴马医改的进程，却进一步破坏了已经心怀疑虑的支持者根基。布朗的胜利无疑说明在如此短的时间内崛起的茶党已经成为美国历史上一支重要的政治力量③。

二 2010 年异军突起

茶党和共和党经历了一段紧张而复杂却愈发相互依赖的关系。毫无疑问，茶党崛起使布什执政后期几近绝望的美国保守主义重新焕发生机，也带领新一代保守主义积极分子参与选举政治之中。茶党支持者清楚地意识到，推选打造其自身的候选人参选将不得不与共和党一同分享保守主义选票，削弱保守主义实力进而帮助民主党胜选，当选的民主党人绝对不会同情理解茶党议程。因此

---

① Kate, Z., Boiling Mad, *Inside Tea Party America*, New York: Times Books, 2010.

② Rasmussen, S. & Schoen, D. Mad As Hell, *How the Tea Party Movement Is Fundamentally Remaking Our Two - Party System*, September. p. 14, 2010.

③ Rae, C. N, *The Return of Conservative Populism*: *The Rise of the Tea Party and Its Impact on American Politics*, Annual Meeting of the American Political Science Association, Seattle, Washington, September. pp. 1 - 4, 2011.

茶党运动在 2010 年选举中只在共和党内部的提名过程中加以运作，而非在普选中竭力阻挠。同时，茶党运动也希望避免与共和党走得过近而被贴上大老党标签，因为茶党认为作为一支无党派草根性反抗运动要比仅是大老党拥有的另一种武器要更为有效。这种无党派特性也使茶党拥有了挑战现任共和党人的主动权，若茶党人士认定其无法胜任保守主义代表（即"徒有虚名的共和党人"），便会召集自己的力量在共和党初选中推选茶党的候选人①。

　　2010 年参议员初选季，共和党多名候选人击败对手胜选，茶党功不可没。其中最著名的是犹他州和阿拉斯加州，时任共和党参议员罗伯特·班尼特（Robert Bennett）和丽萨·穆尔科斯基（Lisa Murkowski）连任失利，从而促成了茶党候选人迈克·李（Mike Lee）和乔·米勒（Joe Miller）当选；在肯塔基州，荣·保罗（Ron Paul）的儿子兰德·保罗（Rand Paul）击败州政府秘书长特雷·格雷森（Trey Grayson）；在科罗拉多州，一直领跑的司法部长最后败给茶党支持的肯·巴克（Ken Buck）；而在特拉华州，资深国会议员迈克·卡斯尔（Mike Castle）意外败给希望渺茫的克里斯汀·奥唐纳（Christine O'Donnell）；在宾夕法尼亚州，由于受到茶党支持的前国会议员 Pat Toomey 的强有力挑战，时任稳健派共和党人阿伦·斯比科特（Arlen Specter）被迫转换党派；而最令人震惊的是佛罗里达州，时任共和党州长查理·克里斯特（Charlie Crist）竟不敌前佛罗里达州众议院议长马尔科·卢比奥（Marco Rubio）。尽管实际上茶党支持的候选人在激烈竞争中也多半能赢得胜利，但他们能够在低级别的美国众议院竞选中胜选却显得尤为突出。② 当然茶党在参议员初选进程中并非一帆风顺：2008 年总统候选人约翰·麦凯恩（John McCain）就在初选中轻而易举地击退了前国会议员海沃斯（J. D. Hayworth）；前惠普公司首席执行官卡莉·菲尔丽娜（Carly Fiorina）也轻松拿下加利福尼亚州，打败了茶党支持的查克·德沃尔（Chuck DeVore）；而在华盛顿州，茶党人士克林特·迪迪埃（Clint Didier）落败于民主党支持的迪诺·罗西（Dino Rossi）。有趣的是，茶党似乎很少参与州长竞选，尽管其在这方面拥有显著的成绩，如在缅因州成功提名保守主义者保罗·勒佩奇（Paul LePage），接着是佛罗里达州，几乎毫无希望的里克·斯考特（Rick Scott）竟然意外击败共和党候选人——司法部长比尔·麦科勒姆（Bill McCollum）。

　　茶党无疑为共和党的国会选举注入了新的活力，但是茶党支持的共和党候

　　① Weigel, D., *The Fearless RINO Killers: The conservative rebellion is doing wonders for the GOP. Seriously*, August. p. 31, 2010. http://www.slate.com/id/2265547/.

　　② Nyhan, B., *How much are Tea Party Candidates Hurting the GOP?* October. p. 21, 2010. http://www.brendan-nyhan.com/blog/2010/10/did-the-tea-party-weaken-gop-candidate-quality.html.

选人安吉尔（Angle）、巴克（Buck）和奥·唐纳（O'Donnell）却在关键时刻发表反常而煽动性的言论，这不仅引起了国家媒体的消极关注和负面报道，而且使共和党错失了三个胜算很大的参议院席位。在阿拉斯加州，茶党支持的乔·米勒（Joe Miller）也在普选中败给参议员 Murkowski，如今作为补名选票的无党派候选人继续参选。其他茶党偏爱的候选人如卢比奥（Rubio）和图米（Toomey）在普选中均有上佳表现，而在如犹他州和肯塔基州等深红地区，由参议院候选人 Lee 和 Paul 取得的强硬派保守主义的席位则对共和党的发展前景影响不大。勒·佩奇和里克·斯考特在普选中以微弱优势胜选。而随着事态发展，众议院选举实际上转变为对奥巴马政府的国民公投，一些茶党支持的候选人［如佛罗里达州的艾伦·韦斯特（Allen West）］有过激反常言论就对最终选举结果影响甚微。对比 2008 年秋天共和党与美国保守主义持有的地区，2010 年中期选举结果可谓其强势回归。大老党凭借获得的 63 个众议院席位（也是 1938 年以来众议院中期选举的最好成绩）在四年之久的停滞期后重新掌控国会众议院。在参议院选举中共和党再获 6 席，虽以 47∶53 的微弱劣势仍落后于民主党，但从本质上能够帮助大老党根据参议院规则利用手中 60 张选票，结束与民主党在大部分立法议程中的争吵进而打击民主党的主动性。同时，共和党还赢取了 7 个州的州长之位，其中包括宾夕法尼亚州、俄亥俄州、密歇根州以及威斯康星州等关键的总统选举团州。投票后民意调查显示，民主党在白人中产阶级和工人阶级的选民与无党派人士中损失最为惨重，经证明这些选民对茶党相关信息存在一定的偏爱①。伴随选举胜利可以看出，具有叛乱性、自发性以及相对松散的茶党运动明显与共和党竞选机制紧密结合，抓住并且最大限度地发挥了民众对民主党与奥巴马政府日渐强烈的不满之情。通过2010 年中期选举，茶党证明了其参选进入国家议程、施加政治影响力的野心，有关茶党运动的传奇故事也才刚刚开始②。

三 2012 年陷入低谷

2012 年是茶党发展的关键时期，成立近四年之际因为内部纷争而面临四分五裂的危险。面对 2012 年选举的糟糕表现，没有卓越领导人的茶党运动很

---

① Pew Research Center, *A Clear Rejection of the Status Quo*, *No Consensus about Future Policies*: *GOP Wins Big Despite Party's Low Favorability*, November. p. 17, 2010, http://pewresearch.org/pubs/1789/2010 - midterm - elections - exit - poll - analysis.

② Rae, C. N, *The Return of Conservative Populism*: *The Rise of the Tea Party and Its Impact on American Politics*, Annual Meeting of the American Political Science Association, Seattle, Washington, September. pp. 1 - 4, 2011.

有可能被共和党强烈抵制甚至是抛弃。2012 年参议员选举中，茶党支持的 16 名候选人仅有 4 人胜选，可见茶党候选人在此次参议院选举中的表现差强人意。共和党人艾伦·韦斯特（Allen West）和乔·沃尔什（Joe Walsh）是茶党在国会的两名领军人物，均在 11 月 6 日的改选中被对手抓住太过极端的弱点而失利。米歇尔·巴赫曼（Michele Bachmann）也险些被无名之辈吉姆·格拉夫（Jim Graves）所打败①。共和党人托德·坎金（Todd Akin）打败时任参议员克莱尔·麦卡斯基尔（Claire McCaskill）本是志在必得，却因"强奸合法化"的言论而输掉选举。另外，茶党支持的候选人理查德·默多克（Richard Mourdock）在选举过程中一直以微弱优势领先共和党人乔·唐纳利（Joe Donnelly），然而在关键时刻的一场辩论中默多克认为由强奸不意导致怀孕，否则便是"上帝的旨意"使其丧失了领先优势并最终败选。特拉华州的克里斯汀·唐纳（Christine O'Donnell）和内华达州的沙龙·安吉尔（Sharron Angle）也同样得到了茶党的支持却都浪费了大好机会，没能帮助共和党获得参议院席位②。前众议院多数党领袖与"自由工作"组织的发起人迪克·阿姆尼谴责共和党领导人在 2012 年全国各地选举中表现不佳，失败连连③。他在"CBS 今晨"节目中指出："我们很多候选人因为太过直接而做出愚蠢的事情。"他认为"共和党并没有履行职责好好培养其候选人，也没有为他们提供真正的帮助"④。2012 年，"自由工作"组织耗资 4000 万美元资助茶党候选人参选，然而其中只有四分之一当选。⑤

　　另外，众议院共和党人士在涉及"财政悬崖"问题上似乎更愿意与茶党对着干。众议院议长约翰·博纳（John Boehner）的提议（已得到共和党主要领导人的一致通过）可募集 8000 万美元的收入，却立刻得到了党内保守人士的集体嘲讽。

　　2012 年 10 月中期的 AP - GfK 民意测验显示，24% 的美国人将自己看作茶党人士，相比较 2011 年 6 月高达 33% 的结果明显下降，与 2012 年 5 月 22% 的历史最低相接近。2010 年选举投票后民意测验的显示，茶党运动的支持率

---

① http：//www. washingtonpost. com/blogs/the - fix/wp/2012/12/04/whither - the - tea - party/.

② Tea Party Election Results：Conservative Movement Of 2010 Takes Pounding In 2012.

③ http：//www. dailykos. com/story/2012/12/30/1174753/ - What - Happened - to - The - Tea - Party - in - the - 2012 - Election#.

④ Armey，*D.*，*Tea party candidates lost because they "did dumb things"*，CBS NEWS，December. p. 10，2012，http：//www. cbsnews. com/news/dick - armey - tea - party - candidates - lost - because - they - did - dumb - things/.

⑤ http：//www. ਰdailykos. com/story/2012/12/30/1174753/ - What - Happened - to - The - Tea - Party - in - the - 2012 - Election#.

高达 41%，30% 的人反对，还有 24% 的人维持中立。2012 年选举投票后民意测验的最大区别是支持率大幅下降，只有 21%，高达 42% 的人维持中立，反对率则不变，仍是 30%。这些事件恰逢茶党运动的历史低谷时期①。

茶党并非行将末路，而是蓄势待发。有证据表明，共和党仍将坚持其低税收政策和限制政府开支，这些也是茶党运动将继续提倡的。根据路透社报道，专家认为茶党候选人使共和党丧失了控制美国参议院的机会，但是这个推崇小政府的社会运动在至少未来几年里仍将就经济和社会议题在华盛顿发挥不容忽视的影响力。布鲁金斯基学会的资深成员斯蒂芬·赫斯（Stephen Hess）认为，2011 年茶党人士同民主党在预算赤字和联邦债务问题上的争斗近乎使联邦政府陷入停顿，与此同时还在不停地炫耀实力。前共和党众参两院领袖的高级助手荣·博让（Ron Bonjean）也认为纵使有缺点不足，茶党在未来一段时间内仍将对共和党发挥建设性的作用。茶党运动将整个华盛顿拉向共和党一边，要求政府承担更多经济责任，使总统就预算议题进行协商。茶党猛烈攻击的堕胎、移民或者其他热点社会问题正是共和党优势不明显的领域②。

杰西·本盾（Jesse Benton）是已退休共和党人荣·保罗（Ron Paul）的长期顾问和时任肯塔基州参议员米奇·麦康奈尔（Mitch McConnell）2014 年再度参选的竞选经理人。他认为，"茶党有机会成为美国政坛的领导力量，但要想实现这一目标，就必须成熟地迈出下一步，并且证明自身是可以有效领导的团体……两轮选举过后，茶党运动仅仅是挥舞着加兹登旗帜冲华盛顿高喊的愤怒民众代表已然不够"。虽然茶党仍然是共和党内的一支主要力量，但是茶党确实应该进行深刻的自我反思。茶党运动以前所未有的爆发力出现在美国政坛上，如今必须进行下一步的反击或者作出决定是否还能够在共和党联盟中继续生存下去。因为茶党没有统一的领袖，所以此番重要决定关乎整个茶党运动的未来③。

四 2014 年持续徘徊

2014 年茶党改变选举策略。茶党领袖在初选中将赤红州作为他们的主要目标，因为从本质上看这些州的领导人比摇摆州更加保守，故对右翼茶党

① http：//www.washingtonpost.com/blogs/the‐fix/wp/2012/12/04/whither‐the‐tea‐party/.

② http：//www.reuters.com/article/2012/11/08/us‐usa‐congress‐teaparty‐idUSBRE8A707Z 20121108.

③ http：//www.washingtonpost.com/blogs/the‐fix/wp/2012/12/04/whither‐the‐tea‐party/.

来说也更易拿下，更重要的是改变其在共和党中失败连连的选举形象①。从很大程度上讲，2014 年国会中期选举基本上是美国主流政治的又一次"老生常谈"。共和党在众议院议员绝对多数增加的基础上，2014 年又掌控了参议院的多数席位②。共和党在 2014 年国会中期选举中打败民主党，是当之无愧的赢家。对于共和党而言，此次选举有利于扩充其在华府的影响力与权势，对于赢得 2016 年大选的重要性更是不言而喻。2014 年选举中共和党策略明确，抓住奥巴马医改、经济与就业这两个议题大做文章，同时以其他议题为辅助。

但选举同时暴露出更为严峻的共和党内部整合问题，茶党仍旧是重要推手。在参议院选举中，12 位谋求连任的共和党议员中有一半在初选中面临茶党候选人的挑战。又如弗吉尼亚州，共和党众议院多数派领袖埃里克·坎托（Eric Cantor）败给名不见经传的茶党人大卫·布拉特（David Brat），自 1899 年国会形成党团领导机制以来这尚属首次。作为党内初选的"黑马"，Brat 也成为茶党再次冲击美国政坛的代表人物。茶党支持的候选人在 2014 年 8 月初选中击败了现任共和党国会议员、得克萨斯州 91 岁高龄的拉尔夫·霍尔（Ralph Hall）。5 月，茶党候选人 Ben Sasse 在内布拉斯加州的共和党参议院初选中拔得头筹。同一晚，茶党支持的保守主义者亚历克斯·穆尼（Alex Mooney）也赢得了共和党西弗吉尼亚州第二国会选区的胜利③。

因此有一点不容忽视，相比较 2010 年中期选举，2014 年的不同之处便是共和党内部社会力量的对比关系。自美国内战之后，代表新兴工业资产阶级的共和党便成为美国大资本家的先遣队。而中产阶级代表右翼民粹主义茶党的崛起则日渐破坏了大资本家在共和党内部的传统势力。共和党选举机构在此次选举周期伊始便积极运作，试图先发制人以避免茶党在此次选举中再行波澜。2014 年 3 月第一次共和党初选中，代表资本家利益的商会在试图重掌共和党的进程中首次尝到胜利的滋味，一举拿下得克萨斯州，并在接下来一轮的初选中横扫西弗吉尼亚州、北卡罗来纳州、肯塔基州、爱达荷州以及俄勒冈州，茶党人士均被淘汰。之后在 2014 年夏天党内初选中共和党遭

①　Newton, J. Jr., "The Tea Party is Running Out of Steam", *Politics of Time*, March. p. 28, 2014. http://time.com/41581/tea - party - midterm - elections - 2014/.

②　Schiller, W., *How the 2014 Midterms are Going to Affect Politics in 2015 and 2016*, November. p. 5, 2014. http://theconversation.com/how - the - 2014 - midterms - are - going - to - affect - politics - in - 2015 - and - 2016 - 32787.

③　Steinhauser, P., *How Tea Party Changed the GOP*, September. p. 15, 2014. http://www.cnn.com/2014/07/01/politics/midterm - elections - halftime/.

遇了一些挫折，但还是取得了大部分的胜利，拿下了堪萨斯州、田纳西州和南卡罗来纳州①。尽管曾扬言要将不称职的"叛徒"赶下台，但是在 2014 年年初选中茶党却没能成功挤走一名现任参议院共和党人。其试图取代得克萨斯州、密西西比州、怀俄明州、堪萨斯州、南卡罗来纳州以及肯塔基州的共和党参议员也均告失败，连要在州内提名边外候选人来对抗现任民主党人的公开言论也未见有何作用。在 2010 年、2012 年选举中共和党将茶党看作是反对奥巴马的得力干将，这与二者在 2014 年中期选举中的关系形成鲜明对比。虽然在 2010 年和 2012 年国会选举中，右翼茶党候选人给共和党内部造成了巨大的影响，但也使共和党错失多数党地位，失去了从民主党手中夺回参议院控制权的大好时机，浪费了至少 5 次共和党稳操胜券的选举②。共和党人越发难以忍受那些羞辱性的败选，这种失望与不满在 2013 年政府关门之后愈演愈烈，最终共和党决定反击③。

虽然 2014 年中期选举中，持续发酵的茶党势力仍不容小觑，但始终没有形成决定性影响。相反茶党领导人却认为，不论此次选举结果如何，他们已经在华府造成了一定的影响力。CNN 首席国家记者约翰·金（John King）认为，"从某种程度上说，茶党通过败选赢得了胜利。未见有任何共和党人提出'通过移民改革以让路给公民权利；为总统提高债务上限创造便利条件'。可见几乎所有的共和党人已开始右倾，右翼茶党的影响力已发挥作用"。另有战略学家认为，2014 年国会选举并不是草根运动和现有政府体制的最终较量。"共和党内部仍然高度分化，双方都具备实力和意愿来参与 2015 年和 2016 年的选举之争。若双方无法修补分歧、达成谅解，那么日后的选举定会更加混乱，双方分歧也将造成更严重后果，而最终的受益者将会是他们共同的敌人民主党。"④

可见在 2014 年初选中，全国共和党人已经跃跃欲试想要实现反扑，共和党体制内右翼势力击退多名茶党人对共和党参议院现任议员发起的进攻。而这一选举胜利也向国会茶党成员发出了强烈的警告：如果他们再不听话配合，那

① Charlie Post, *WHITHER THE REPUBLICAN PARTY*? http：//www. brooklynrail. org/2014/12/field - notes/whither - the - republican - party.

② Steinhauser, P., How Tea Party Changed the GOP, September. p. 15, 2014. http：//www. cnn. com/2014/07/01/politics/midterm - elections - halftime/.

③ Terhush, J., *How the Tea Party Lost the* 2014 *Midterms*, November. p. 5, 2014. http：//theweek. com/articles/442449/how - tea - party - lost - 2014 - midterms.

④ Steinhauser, P., *How Tea Party Changed the GOP*, September. p. 15, 2014. http：//www. cnn. com/2014/07/01/politics/midterm - elections - halftime/.

么下一次竞选中，茶党人士在提名时便会遭遇共和党候选人的猛烈攻势①。另外有民意测验显示，茶党不像原来那么受欢迎了。再加上事态发展不再有利于茶党运动，预算和赤字问题已不再是人们关注的头版头条。美国企业协会的国会学者诺姆·奥恩斯坦（Norm Ornstein）指出：“茶党人士显得凝聚力和动力不足，其中一个原因是关闭债务限额议题已经失去作用。如今想要评判现存体制下的候选人站错了队也不再那么容易。”他还认为，奥巴马医疗改革已经成为“强大的凝聚因素”。民主党民意测验专家赛琳达·莱克（Celinda Lake）指出，随着所有共和党候选人都反对医疗改革法案这一 2014 年中期选举以来的最大议题，体制内候选人连任的概率越来越大。这说明可供茶党候选人选择的合理空间也已经所剩无几②，也为茶党未来发展方向增添了更多的未知因素。

第二节　茶党经济政策与经济社会主张

茶党极其关注美国经济。然而据报道，茶党成员并没有受到经济危机的直接或者严重影响。例如，根据《政治日报》/《目标点》统计结果，只有15%的茶党人因为住房危机而导致其家庭严重的经济困难。另据哥伦比亚广播公司（CBS）统计显示，78%的茶党人认为其家庭经济现状“很不错”或者“非常不错”，却有将近60%的人担心自身社会地位被降低。据弗吉尼亚茶党代表大会报告，有84%的茶党人担心其日后纳税将大幅度增加，对美国未来经济前景持悲观立场。有80%的茶党人是极端的经济保守主义者，认为对年收入超过25万美元的家庭增加税收是不明智的（CBS）。

茶党运动一个很重要的推动因素是担心当下的预算赤字将会转变成日后高额的税收和财政债务。《纽约时报》报道茶党的记者科特·泽尔尼克（Kate Zernike）认为，茶党成员对于经济现状和经济危机的担忧要大于其对于政府应对经济危机不力的不满。而茶党认定的不道德政府行为又加剧了这些担忧，即奖励不良行为，将社会生产部门的资金转入他们觉得不配拥有的人手中，如

---

①　Schiller，W.，*How the 2014 Midterms are Going to Affect Politics in 2015 and 2016*，November. p. 5，2014. http：//theconversation.com/how–the–2014–midterms–are–going–to–affect–politics–in–2015–and–2016–32787.

②　Newton，J. Jr.，*The Tea Party is Running Out of Steam*，*Politics of Time*，March 28，2014. http：//time.com/41581/tea–party–midterm–elections–2014/.

华尔街的公司和丧失抵押品赎回权的房屋所有者①。

　　茶党的经济政策衍生于其核心理念，即政府越小越好，自由市场是就业和经济增长最好的调控者和生产者。茶党人士曾引用美国前总统罗纳德·里根的名言："政府对待经济可概括为以下几句短语：'若运转，则税收；若快速运转，则调控；若停止运转，则补贴。'"

一　关于税收的基本主张

1. 废除过度税收

　　茶党运动的核心目标便是缩小联邦政府规模。这一目标源于茶党运动的两个核心理念，即政府所参与的活动远远超出了其应该扮演的角色以及政府在经济财政上应该更谨慎保守。因此，历史上的保守主义运动通常都将削减税收作为其试图缩减政府的秘密武器②。茶党人认为，保持经济发展和创造就业机会的最好办法是将钱放在纳税人自己的口袋里。税收减免有利于经济的可持续发展，鼓励创新和创造就业。他们相信降低税收是挽救低迷美国经济的最佳途径，茶党还支持削减资本增值税，降低公司税率以及废除地产税③。

　　茶党在税收方面取得了成功，坚决要求削减赤字应该从减少开支而非提高税收着手。2010 年，奥巴马总统同意暂时延长 2001 年和 2003 年的布什减税计划。虽然该计划使富人获利，但却被茶党人士认定是一种刺激方案。2012 年，奥巴马还在共和党巨大压力下签署了一项立法，将大部分布什减税计划以法律形式永久性地固定下来。总统几乎从不提及增加赋税，然而茶党的强烈反对却使其在政府议程中被划除④。2011 年茶党曾反对奥巴马的《美国就业法案》，因为总统计划通过对收入超过 20 万美元的人群和石油公司的默认漏税增税来对该法案进行一定程度的资助。茶党人士认为富人已经进行了公平分摊，因为税收的 70% 便是由顶端 10% 的收入者所交，而底端 46% 的人分文未出⑤。美国参议院计划延长包括风能产品补贴在内的 50 多种税收鼓励。2014 年 5 月底，"茶党国家"创始人贾德森·菲利普斯（Judson Phillips）认为，应该停止政府补贴并且返还美国纳税人的钱。他在其个人网站上指出："风能产

　　① Ekins, M. E., *The Character and Economic Morality of the Tea Party Movement*, http：//ssrn. com/abstract = 1920840.

　　② Ibid.

　　③ Wagner, N. & Machnowski, M., *Tea Party Candidates and the 112th Congress：Time for Change*, Konrad‐Adenauer‐Stiftung, December 2010.

　　④ http：//www. bloomberg. com/bw/articles/2013 – 10 – 17/tea‐partys‐victory‐against‐government‐spending‐comes‐at‐high‐price.

　　⑤ Amadeo, K., *The Tea Party and the Economy*, *US Economy*, October. p. 17, 2013.

业已经日趋成熟，而且不再需要我们的税收补贴。如果生产税抵免再延长 5
年，那么按照现在角度计算将多耗费美国纳税人 180 亿美元。这完全不符合联
邦政府在市场经济优胜劣汰的环境下所扮演的角色。风能税收抵免不仅浪费了
纳税人数十亿美元，人为操控能源市场，而且将税收用于政府所青睐的科技与
产业领域。"① 2014 年 8 月，随着加利福尼亚进一步迈进电影产业的四倍税收
鼓励，北卡罗来纳州却向相反的方向削减了三分之二的影视项目。该发展趋势
的主要原因来自茶党政客的阻力，其反对各种偏袒某一行业的税收鼓励。这在
诸如北卡罗来纳的赤红州尤为明显，因为立法机关或州议会都由经济保守主义
者把持。一名该州娱乐行业的知情人士透露，"茶党集团发挥了巨大的作用，
这不仅仅关乎电影产业，而是其在全国反对政府开支的一种政治理念"②。

茶党认为任何税收体制都应该对消费而非生产性收入征税，同时呼吁实行
单一税率体制或者说统一税，废除复税制③。茶党领袖、参议员德敏特（De-
Mint）明确指出将致力于推动简单而公平的单一税率体制，"废除国内税收法
并代之以不超过 4543 个字（美国宪法长度）的法则"④。对企业和个人实行统
一税率，废除所有减免、补贴、处罚和法律漏洞，从而取消税法中固有的不公
平性。这不仅能够提高收入，还能够惩治偷税漏税，扩大国家应税基数⑤。茶
党爱国者在 2014 年中期选举中极力推进统一税制，以期结束美国人无限攀登
的赋税。"我们认为应该追究美国国税局的责任，并最终废止第十六项修正案
和现行税收法。"⑥

2. 影响美国纳税风气

茶党运动具有动摇美国纳税风气的巨大潜力。尽管包含了大量传统的边缘
团体，但茶党运动的吸引力和影响力要明显比边缘因素大得多⑦。茶党运动的

① Zickel, K., *Tea Party Argues to Eliminate Wind Power Tax Credit*, http：//us. sputniknews. com/voiceofrussia/news/2014_ 05_ 30/Tea - Party - Argues - to - Eliminate - Wind - Power - Tax - Credit - 5682/.

② David Robb, *North Carolina Douses Film Incentives After Tea Party Pushback*, 2014. 8. 21, http：//deadline. com/2014/08/north - carolina - film - tax - credit - loss - tea - party - influence - 822804/#.

③ Mark Meckler and Jenny Beth Martin, *Tea Party on Tax Reform*, http：// www. ontheissues. org/celeb/Tea_ Party_ Tax_ Reform. htm.

④ Wagner, N. & Machnowski, M., *Tea Party Candidates and the 112th Congress：Time for Change*, Konrad - Adenauer - Stiftung, December 2010.

⑤ Kibbe, M., Simple, Low, Fair, and Honest, *a Tea Party Tax Code*, April. p. 20, 2012.

⑥ http：//www. newsmax. com/Newsmax - Tv/Jenny - Beth - Martin - flat - fair - tax/2014/04/14/id/565571/.

⑦ Munro, N., "The Tea Party：Do Not Boil", *The National Journal*, April. p. 24, 2010. Schoen, E. D. & Caddell, H. P., "Avoiding a Democratic Disaster", *Washington Post*, April. p. 16, 2010.

核心力量十分看重美国的预算赤字以及政府在应对经济危机时所发挥的作用。茶党从本质上讲只是一种草根运动，是没有统一理念纲领的松散的非政党组织①，但是推动茶党运动的根本原则却是意欲减少政府开支和降低税收。

茶党运动始终认为美国赋税过重。每年4月15日这天茶党都会在全国组织示威活动反对过高的税收和政府开支，手举标语反对赋税②。茶党运动的主要观点和政治行为直接打击了美国纳税风气所依存的社会契约框架。茶党认为政府开支失控，不关注民众所需，并以此向社会灌输观点：政府并没有遵照社会契约的宗旨提供社会需要的必需商品和服务，甚至将资金浪费在违背社会优先顺序的公共物品上。通过质疑国会议员的代表性，茶党运动还削弱了管理体制和现行法律的合法性。茶党一直宣扬的信仰是美国人赋税过重而且有权反抗国家的税收，其中不认可的事项可以不纳税，若税收用于资助公民不认可的项目也可不纳税，继而便会危及民众对于税收体制公平性的信任和现存普遍的守法纳税。

其实茶党运动仅仅代表了社会上一小部分人的观点，其指导原则对于美国纳税风气的消极影响也似乎微乎其微。但如果茶党运动成功获得大量中产阶级的认可，届时将会对社会舆论造成广泛影响并创造临界点推翻如今稳定的守法纳税平衡。若茶党的努力得到了媒体和政府、议员的认可而赋予其合法性，那么受到更多人关注与肯定的可能性便会更高。可见茶党运动能够影响美国的纳税风气。因此即使不远的未来茶党终会销声匿迹，它仍会进一步将爱国主义降格并作为美国税收道德的一个因素，从而增加了美国纳税风气面对日后各种的挑战的脆弱性③。

二　关于政府开支和联邦预算的主张

1. 削减政府开支

茶党热衷于削减和控制政府开支，因为庞大的政府开支会加剧民众的税赋负担，若不加克制会进一步导致政府规模扩大，政府干预公民生活，增加对外国购买美国债务的依赖性，美元贬值甚至引发通货膨胀。因此，几乎所有茶党

---

①　Rucker, P., "Fractious First Tea Party Convention Gets Underway", *Washington Post*, February. p. 5, 2010; Gerhart, A. & Rucker, P., "The Tea Party is still Taking Shape", *Washington Post*, February. p. 6, 2010.

②　Gardner, A. & Ruane, E. M., "On Tax Day, 'Tea Partiers' Protest on Mall; Activists Amass in D. C. to Decry Government Taxing and Spending", *Washington Post*, April. p. 16, 2010.

③　Lavoie, R., Patriotism and Taxation, "The Tax Compliance Implications of the Tea Party Movement, Legal Studies Research Paper Series of The University of Akron School of Law", August. p. 2, 2010.

背景的候选人都呼吁大幅度削减政府开支①。

2013 年 2 月 25 日，促使大幅度削减国内和国防开支进入封存程序，这也被看作茶党向缩减政府规模的目标又迈进了一步。后面数月将要进行高风险测验来确定大规模削减政府开支与经济发展的利弊关系，届时削减未来 10 年内高达 1.2 万亿美元政府开支将成为现实，茶党也将实现对华盛顿的持久影响力。茶党共和党人蒂姆·许尔斯坎普（Tim Huelskamp）将这看作"是茶党致力于改变华盛顿的首次重大胜利"②。每年纳税日这天，茶党支持者会在全国各地发动示威游行集会，呼吁政府削减税收与政府开支。2014 年 4 月 15 日，茶党支持者在蒙大拿州议会大厦的台阶上举行名为"广阔天空茶党联盟"的集会活动反对大政府，要求削减政府开支。他们手举标语，强烈谴责美国国税局对茶党及其他保守主义组织的监视与审查，呼吁美国民众监督美国政府开支③。

这里值得探讨的是，众所周知美国军费预算庞大，占了政府开支的一大部分。为什么茶党人士并不热衷于削减军费开支？茶党整日谈论削减教育开支，而这项开支仅占整个预算的 4%？为何不从军费开支入手？当被问及削减开支等相关问题，茶党成员给出的答案在自由主义者以及其他认可法制现状的人看来是荒谬绝伦的。他们会按照"我们从废除教育部或者农业部开始着手"来作出回答。其关注这类部门的原因在于这类部门机构在宪法中无从考证，这意味着这些机构权限内的特定领域的管理权将委托给各个州。以教育部为例，联邦政府拨出 4% 的联邦预算给教育部，并设立一系列规章制度来规范教授内容与方法，然而宪法中并没有明文规定为美国儿童提供教育是美国政府的责任。这并不是说美国民众没有教育其子女的责任，而仅仅意味着提供教育应该是各个州所承担的责任。正如美国《人权法案》第十条所指出的："宪法中没有委托给美国联邦政府亦没有禁止各州所拥有的权力，应为各州或其民众所保留。"茶党成员将该法案作为其削减开支的定位原则。既然宪法中明确指出保卫美利坚合众国是联邦政府的责任，那么茶党人倡导大规模削减军费开支便极为不明智，这时教育部、农业部以及其他诸如全国艺术基金会等机构或者项目

---

① Wagner, N. & Machnowski, M., "Tea Party Candidates and the 112th Congress: Time for Change, Konrad – Adenauer – Stiftung", December 2010.

② Goldfarb, A. Z., "Spending cuts represent moment of truth for tea party", *Washington Post*, *Politics*, February 25, 2013. http://www. washingtonpost. com/politics/spending – cuts – represent – moment – of – truth – for – tea – party/2013/02/25/69adcc32 – 7c89 – 11e2 – 9a75 – dab0201670da_ story. html.

③ http://helenair. com/news/local/tea – party – rally – at – capitol – targets – government – spending – taxes/article_ 7323ca58 – c528 – 11e3 – 9e79 – 001a4bcf887a. html.

就首当其冲成为其削减预算、吸引目光的牺牲品。①

2. 预算赤字和联邦债务

美国不断增长的预算赤字和联邦债务一直是令茶党人士不满的极度敏感话题。他们认为联邦债务是政府规模过大和对外依赖性的明显标志，因此不愿为偿还这种债务而纳税。为了避免这种情况的发生，很多如马尔科·卢比奥（Marco Rubio）、荣·保罗（Rand Paul）等茶党支持的2010年参议员候选人都提出了一项宪法修正案，要求国会平衡每年的联邦预算。另外，有些茶党候选人如犹他州的迈克·李（Mike Lee）还发誓抵抗所有增加债务上限的举动，认为这是变相支持政府挪取用于填补年度预算赤字的资金。

2011年茶党威胁政府关门。在4月，他们拒绝通过《2011年财政年度预算》直到政府同意削减80亿美元。然而一份国会预算办公室的报告指出，实际上只减少了38亿美元。美国也因此被信用评级机构Standard & Poor在能够偿还债务方面降低了预期。2011年8月，茶党一直就提升债务限额拖延投票，直到《2011预算控制法案》中削减未来10年预算开支高达22亿美元。因此这类似于拖欠债务，信用评级机构Standard & Poor便将美国的债务评级从AAA降到AA+。2013年茶党致使政府部分关门，拒不提高债务限额，因其试图使政府失去对奥巴马医改财政拨款的能力。茶党随后将反对内容转到医疗改革、社会保障以及医疗补助计划②。2014年5月18日，据美国国会预算办公室的报道，预算赤字从奥巴马总统第一届任期的上万亿美元迅速下降。在2011财政年度，年度花费高达35980亿美元。2011年年初，国会预算办公室预测2014年总花费将接近4万亿美元。然而2010年中期选举中茶党运动异军突起，并帮助众多共和党经济保守主义者横扫参议员席位，这一关键选举也彻底改变了美国经济恶化的趋势。接下来联邦开支并没有继续停留在4万亿美元的水平上，2012年下降到35460亿美元，2013年进一步下降到34500亿美元。名义上政府开支下降了4个百分点，实际上接近7%。2014年政府开支也仅仅上升不到2%③。可以说政府预算赤字下降，茶党做出了重要贡献。

---

① Quinn, J., *Is the Tea Party Really Committed to Cutting Spending?* February 2010. http：//usconservatives. about. com/od/gettinginvolved/f/Is – The – Tea – Party – Really – Committed – To – Cutting – Spending. htm.

② Amadeo, K., "The Tea Party and the Economy", *US Economy*, October. p. 17, 2013.

③ Stephen Moore, "Why Is the Budget Deficit Falling? You Can Thank the Tea Party", *the daily signal*, May. p. 18, 2014. http：//dailysignal. com/2014/05/18/budget – deficit – falling – can – thank – tea – party/.

三　茶党的社会福利政策与主张

1. 反对奥巴马医疗保险改革

对于提倡极端自由市场主义的茶党来说，反对奥巴马只是他们从整体上反对福利国家的一部分，这其中包括社会保障（养老金）和医疗保险（老年人医疗保险制度）。平价医保法案又称作奥巴马医疗改革，其试图扩展医疗保险范围以覆盖数百万没有医疗保险的美国人，这被茶党人士看作危险的新形式政府入侵①，阻挡医保改革进程以及反对扩大医保范围，他们自然应该冲在前线。对于崇尚宪法的茶党来说，宪法设立了如今的联邦政府，但同时也限制列举了联邦政府的权力，那些为州或美国人民所保留的权力并没有授予联邦政府。其中管控医保便是属于各个州的合法权力，然而联邦政府却取代各个州在该领域的政府行为②。

茶党运动的主要目标是阻止高昂的医疗改革蚕食国家的生机活力。即使不考虑医保的支付方式（主要由国家、个人抑或是联合支付），该法案也将消耗超过20%的国内生产总值，是其他工业国家的两倍还多。可以说奥巴马医改是联邦政府2013年部分关门的主要原因，甚至可能增加美国拖欠债务的风险。事实上，反对奥巴马医改只是茶党代表的右翼势力向联邦政府这一角色发动思想政治战争的幌子，保守势力不在乎在这一过程中有多少人深受其害③。他们担心医疗改革将加剧经济疲软态势，同时更重要的是减少他们医疗服务的选择范围。"不准政府碰触我的医疗保险"这一抗议标语经常出现在茶党反对"奥巴马医改"的集会人群之中，尽管一直向外界明确否认，但也不难看出民粹主义茶党反对的并不是福利国家本身，而是担忧自身利益受到影响进而反对将社会福利扩展至其他人。

2011年7月6日俄亥俄州一个保守主义联盟开始发威，反对奥巴马总统的医疗保险改革法案。反对医保指令的茶党积极分子向俄亥俄州政府秘书提交了近55万人的签名，其目的是就一项宪法修正案——自由医保法案于2011年11月进行州内投票。这一大规模的示威活动轻而易举地收集到了超过386000个有效签名，要求对修正案进行投票，表达了民众对医保改革尤其是最有争议

①　Gold，M.，"Obamacare fight reenergizes tea party movement"，*Washington Post*，September. p. 27，2013. http：//www. washingtonpost. com/politics/obamacare – fight – reenergizes – tea – party – movement/2013/09/27/f88ce6c8 – 2796 – 11e3 – ad0d – b7c8d2a594b9_ story. html.

②　http：//healthcarecompact. org/.

③　Martin，J.，*The Tea Party's ideological war over healthcare*，October. p. 10，2013. http：//www. ft. com/cms/s/0/df8a327c – 30f4 – 11e3 – b478 – 00144feab7de. html#axzz3Uk9yyHln.

的个人强制医保的不满，也成了茶党运动最有力的组织工具之一。俄亥俄州自由委员的克里斯·利特尔顿（Chris Littleton）将这次示威活动看作"新形势草根茶党组织发动的最为轰动的事件之一"。然而俄亥俄州并不是第一个通过公民投票来反对医保改革的州，2010 年 8 月密苏里州选民就支持公民投票反对批准医疗保险，亚利桑那州和俄克拉荷马州接着在 11 月也相继效仿①。

"繁荣美国人"协会是一个将反对医保法案作为其优先考虑事项的茶党组织，2013 年该组织启动了涵盖电视、无线电和网络广告的高达 200 万美元的选举活动，其目的便是给四个参议院摇摆州的议员改选制造混乱和紧张气氛。由亿万富翁科赫兄弟支持的"繁荣美国人"协会将重心放在民主党的两个参议院席位上——亚利桑那州的荣·保罗和加利福尼亚州的斯科特·彼得斯（Scott Peters），并向首次亮相却问题不断地在线医保交易所频频发力。同时该组织利用广告向两位实力较弱的共和党人致敬——科罗拉多州的众议员迈克·科夫曼（Mike Coffman）和佛罗里达州的众议员史蒂夫·萨瑟兰（Steve Southerland），感谢他们反击并投票废止医保法案。"繁荣美国人"协会一直致力于废除医保法案，并耗资数百万美元加以宣传。同时还就阻止开展医疗补助计划和针对穷人的政府保险项目而不断向州政府官员施压。该协会会长蒂姆·菲利普斯（Tim Phillips）认为："自从奥巴马医改通过之后，繁荣美国人协会一直通过电视广播和实际活动进行反对和抵制。我们传递的信息是，政治家如果违背了美国人民的意愿便要承担相应的责任，我们支持美国民众采取正确的行为。"②

另外，茶党支持者及其国会盟友们正聚集起来，以推动切断奥巴马总统医疗改革法案的资金以及如何阻挠奥巴马总统的医保法案。他们认为国会绝不能错过 2013 年的资金法案这一迫使奥巴马医改弹尽粮绝的大好机会。在美国传统基金会上，新晋参议员 Ted Cruz 就呼吁成千上万反对《平价医保法案》的基层人士能够签署请愿书并于 9 月讨论政府开支之前召唤他们的国会议员们采取行动。得克萨斯州共和党人 Ted Cruz 以及多名参议院中的茶党盟友——其中包括犹他州组织者迈克·李、佛罗里达州后起之秀马尔科·卢比奥（Marco Rubio）和肯塔基州的荣·保罗——开始就政府关门发出煽动性言论，誓将反对 9 月"哪怕资助奥巴马医改一便士"的所有开支计划。2011 年伊始取得众

① http：//swampland. time. com/2011/07/06/in – ohio – the – tea – party – rallies – around – opposition – to – health – care – mandate/.

② Stolberg, G. S., "Tea Party Group Begins Anti – Health Care Law Blitz in Four House Districts", *New York times*, October. p. 23, 2013., http：//www. nytimes. com/news/affordable – care – act/2013/10/23/tea – party – group – begins – anti – health – care – law – blitz – in – four – house – districts/? _ r = 0.

议院的控制权之后，共和党就一直致力于取消对医保改革法案的资助。事实上，议会通过的第一项长期开支法案就已经妨碍了医改法案的生效。泰德·科鲁兹（Ted Cruz）认为，奥巴马政府计划将该法案延期到 2015 年执行就说明其承认失败，因为雇主支付令要求企业为 50 岁以上全职员工提供医疗保险或者交付罚金①。

2. 反对削减社会保障开支

社会保障的实际收益与养老金的所有形式不同，与每年根据消费者物价指数衡量的通货膨胀同步并进行相应调整。因此其每年的收益通常是不断增加的，这对于退休人员来说价值很高，但也不可避免地占据了很大一部分联邦预算②。社会保障由政府管理，从税收出资。因此这些项目的受益人是"盈利"的，是一种累计公众财富的行为，却加重了努力工作的纳税人的负担，因为他们还要间接替那些不配赢得公众支持的寄生虫支付社会保障金。茶党制造混乱的大部分原因是源于资助了无价值项目和受益人而出现的"联邦预算赤字"。茶党要求削减开支并不包括医疗保险和社会保障等项目的资金，因为这些项目获益的是像茶党人那般毕生努力工作而最终赢得社会保障福利的人。

茶党认为美国年轻人应该放弃领取社会保障、医疗保险或者医疗补助计划的念头，同时仍继续把钱存入社会保障体系，目的是保护当下社会中的老年人以及为美国的子孙后代存钱。茶党人关注社会保障的重点是如何保证该项目的偿付能力。实际上，茶党支持者宁愿多交税也要从长远角度维持社会保障。公开调查的茶党支持者中，有三分之二支持增加工资税来实现这一目标。社会保障能够每月向数百万退休的美国人支付 1000 美元左右的资金，但这足以保证大部分人不用出门工作，足以购买食物，也可以再添点钱或食品救济券支付医疗保险。

毫无疑问，社会保障使民众无须走上街头或者寻求帮助。但社会保障并无法使人富裕，值得一提的是右翼共和党人和茶党"亿万富翁"试图攻击摧毁社会保障。原因在于他们并不想保留这一社会福利，尽管其收入数以亿计算，但是这些超级富豪们仍不想每年再缴纳高达数千万美元的税款。他们想要得到更多，如果废除了社会保障，他们就不用偿还从社会保障中借取用于减税和维

① Howell, T. Jr., "Tea party asks its grass roots to help kill health care law", *The Washington Times*, July. p. 31, 2013. http: //www. washingtontimes. com/news/2013/jul/31/tea - party - asks - its - grass - roots - to - help - kill - health/#ixzz3UkMnnMPD.

② Kessler, G., "Is John Boehner 'demanding' painful cuts to Social Security? "*Washington Post*, October. p. 31, 2013. http: //www. washingtonpost. com/blogs/fact - checker/wp/2013/10/31/is - john - boehner - demanding - painful - cuts - to - social - security/.

持战争的数千万美元。事实上，社会保障从不会增加一分钱的国家债务。然而
共和党不断地从社会保障基金中借取民众存入的资金。由于权力之位掌握在民
主党人手中，因此共和党想要削减中老年人的社会福利，正如他们为美国超级
富豪们削减税收一样，进而将数十亿美元的税收减免留在污染性的石油公司并
允许其前往巴哈马群岛以躲避国内的公司税。荣·保罗想要实行社会保障私有
化，埃里克·坎托（Eric Cantor）及其共和党盟友提出新的法案以快速削减社
会保障，这将花费现有受益人 3400 美元并将合格年龄延长至 70 岁。共和党必
须借取 3 万亿美元以支付未来收益，但美国民众需要依靠政府提高税收和削减
开支来收回他们存取养老的资金①。

四 茶党对宪法的崇尚与宪政主张

1. 立宪主义运动

在茶党的不满及其非法性政府的观点背后，隐藏着茶党运动对于法律尤其
是美国宪法的解读。实际上，很少有美国政治运动像茶党这般将自身与美国宪
法紧密联系起来，也很少有社会运动以宪法的名义耗费如此之多的政治能量。
在茶党集会时散发袖珍宪法小册子是再寻常不过的事情。茶党发言人的言论在
不同领域里所具备的分量也正是因为其坚信自己的观点是对宪法一词的绝对忠
诚。至于奥巴马医改，起初很少有法律学者将 2010 年 3 月国会通过的《患者
保护与平价医疗法案》看作是具备实际发展潜力的宪法性挑战。但是茶党运
动强大的组织力及拥有茶党背景的州检察长和州长的政治行为却融合为一种法
律层面的强大影响力，使其在美国最高法院鲜有败绩。茶党口头支持废止第十
四条修正案的部分条款和第十六、十七修正案的全部条款（其中规定了联邦
收入税和参议员的直接选举）以及确立平衡的预算修正案。通常来说，茶党
阐述的权利理念源于茶党运动狂热追随的第十条修正案："宪法中没有委托给
美国联邦政府亦没有禁止各州所拥有的权力，应为各州或其民众所保留。"②

茶党运动是一种新生的立宪主义运动，因为其通过普通的政治手段来推行
自己的立宪主义主张③。民粹立宪主义者认为，宪法的终极意义应该由民众而
非法院通过政治程序来决定。茶党运动也一直试图动员民众按照自身的宪法愿

---

① http：//www.populistdaily.com/beta/politics/republicans - and - tea - party - billionaires - attack -
social - security. html.

② Rosenthal, L., *The Tea Party, the government shutdown, and Obamacare*, *The Foundation for Law,
Justice and Society*, 2013.

③ Somin, I., *The Tea Party Movement and Popular Constitutionalism*, 105 *Northwestern University Law
Review Colloquy* 300, April 2011.

景来执行。茶党运动能够吸引成千上万民众走上街头抗议游行，呼吁回归
"建国先父们的宪法"，破坏市政会议，还就解读宪法意义召开专题研讨会①。
然而茶党运动的与众不同之处在于，它是多年来第一个将主要目标放在限制联
邦政府权力上的立宪主义运动。可以明显看出，其他立宪主义运动试图利用某
一宪法权力来限制联邦权力，如第二修正案中携带枪支的权利或者不受种族或
性别歧视的权利。茶党却特立独行，将目光放在联邦权力的结构性限制上，认
为其超出了法律的约束进而侵犯了个人的特有权利。茶党的关注重心有两个区
别于其他大部分民粹立宪主义运动的潜在优势：能够加强民主责任同时防止右
翼民粹主义运动在崛起过程中的极端狭隘和强烈的仇外情感。②

　　茶党对于宪法的理解源于一个简单的前提，即联邦政府过于庞大。茶党认
为联邦政府就如同一只饥饿的野兽，能够越过法律条文的一般性限制操纵权
力。担忧国家身处重大却毫无意义的变革悬崖之上是茶党运动的发起之源。数
百万美国人认为美式生活因为联邦政府的庞大规模与侵入性干预而遭受彻底的
改变，这也使民众强烈不满③。为了应对变革带来的恐惧，茶党运动将识别宪
法根本原则作为其身份认同的核心，并誓将保护与恢复这些根本原则。对于茶
党支持者来说，改变联邦政府的规模与作用不仅有害多余，而且与根本的美国
原则和美国人的生存意义相冲突。茶党运动将根本原则定位成美国宪法的特
征，而且还认为只有复兴这些基本原则才能将整个国家从废墟中挽救回来。正
如茶党名人萨拉·佩林所说，"有些人想要彻底改变美国，我们不应该听之任
之，而应重回建国先父和《独立宣言》的根本原则"④。

　　对于茶党运动来说，美国必须重回建国先父们的核心原则。而这些原则中
最明显的特点便是着重强调美国例外主义⑤。"茶党国家"的创始人贾德森·
菲利普斯认为，美国是迄今为止世界上最优秀的国家，美国人建国后所做的贡

---

①　Goldstein，A. J.，*Can Popular Constitutionalism Survive the Tea Party Movement*? 105 Northwestern U-niversity Law Review Colloquy 288，2011. http：//ssrn. com/abstract = 1861388.

②　Somin，I.，*The Tea Party Movement and Popular Constitutionalism*，105 Northwestern University Law Review Colloquy，April 2011.

③　*National Survey of Tea Party Supporters*，New York Times，April. pp. 5 - 12，2010. http：//documents. nytimes. com/new - york - timescbs - news - poll - national - survey - of - tea - party - supporters.

④　Ellen，Sarah Palin，*Lectures Fox News Viewers：Our Constitution Creates Law Based on the God of the Bible and the Ten Commandments*，News Hounds，May. p. 7，2010. http：//www. newshounds. us/2010/05/07/sarah_ palin_ lectures_ fox_ news_ viewers_ our_ constitution_ creates_ law_ based_ on_ the_ god_ of_ the_ bible_ and_ the_ ten_ commandments. php.

⑤　Andrews，C.，"Tea Party Nation Drafts Declaration of Independence"，*Conservatives Daily*，February. p. 25，2010. http：//www. americanconservativedaily. com/2010/02/tea - party - nation - drafts - declaration - of - independence/.

献要远远大于世界历史其他任何一个国家①。像奥巴马总统这样设法取得国家权力的自由主义者并不配热爱美国，相反，他们在茶党支持者眼中并不是美国人，而是反对美国的外来人②。

茶党支持者深信的美国优越论结合了关于美国何以优越的狭隘理解。从2009 年桑特利的激昂演说和其他无数的茶党宣言可以看出，茶党有关宪法的理解包含一部分众所周知的保守主义和自由主义原则——个人自由、自由市场、降低赋税、限制联邦权力以及将州所拥有的权力看作建国先父们制定的根本宪法原则。茶党运动以这些基本原则为依据陈述其政策立场。茶党反对医保改革法案、金融部门的紧急救助法案以及提出限额交易法，是因为感知到自由受到威胁，这些法案干预自由市场，触犯了有限政府的原则，增加联邦税收以及剥夺各州所拥有的权力。对于茶党运动来说，这些基本原则代表了构成美国人生活方式的基本价值观。③

2. 对国会的影响

2009 年崛起的茶党运动强调并关注抑制政府干预行为、削减政府开支和联邦税收，这使一些国会议员拥有了新的标准来衡量司法行为。"茶党关注议题"取代了历史上重要议题的支配性地位，过去强调公民自由、公民权利以及联邦主义并将其作为定义联邦议员如何评估司法的一贯方法，这意味着在当下政局，有关国家权力的司法审判议题成为国会议员衡量司法体系的重要标准。

由于当代茶党在第 111 和第 112 届国会中相对活跃，因此借以对国会中的茶党效应进行分析。第 111 届国会（2009.1—2011.1）代表了一段统一政府管理时期，也就是说国会参众两院以及总统职位都属于一个政党。民主党在上一届国会（第 110 届）中掌控着参众两院，2008 年大选之后其多数席位又进一步增加。2010 年 7 月茶党党团获得了国会的批准，接着在 2010 年中期选举中茶党发挥了其在争夺国会代表席位上的主要推动力量，从而改变了国会的权力平衡，这一重大变化主要应该归功于茶党的努力④。第 112 届国会回归到两分政府的局面，共和党在众议院逐渐掌权同时民主党在参议院的控制力有所下降。

---

① Phillips, J., "I Am Tired of Pat Buchanan", *Tea Party Nation*, December. p. 14, 2010. http：//www. teapartynation. com/forum/topics/i－am－tired－of－pat－buchanan.

② The Rush Limbaugh Show："Imam Hussein Obama" Is Probably the "Best Anti－American President the Country's Ever Had", *Premiere Radio Network*, August. p. 18, 2010.

③ Frequently Asked Questions, *Tea Party Nation*, April. p. 13, 2011. http：//www. teapartynation. com/page/frequently－asked－questions.

④ Condon, S., *Bachmann's Tea Party Caucus Approved*, CBS News. com, 2010. http：//www. cbsnews. com/8301－503544_ 162－20010958－503544. html.

茶党的崛起及其某些特定政策和政治侧重点对这两届国会产生了重要影响。从最基本的层面上讲，茶党自 2009 年以来所发挥的重要影响力意味着，对所有的共和党人（尤其是国会中自称为茶党支持者的人）来说，凡是利于支持或者明确扩张政府权力的司法裁决（尤其是国家权力涉及至少代价昂贵的相关项目）都会招致批评，相反那些削减、取消或者抑制国家权力和相关项目的司法裁定都会得到茶党组织的称赞与肯定。由于大量茶党党团参与了众议院司法委员会，否定司法裁决或者限制政府权力则很有可能成为委员会成员的特定导火线。例如，2014 年 1 月 6 日晚如期举行的参议院投票，就两党提议另延长三个月失业补偿金提议进行表决。两个极具影响力的茶党联盟组织强烈反对该提案以及将惩罚所有对此投赞成票的共和党参议员。这两个组织对美国长期失业状态会导致危机的言论深表怀疑[1]。日后，茶党效应甚至可能减少立法者个人或者党派强调有关公民权利、公民自由以及所谓的"文化战"的相关议题。

有茶党参与的国会更倾向于以积极或者消极的方式就政府权力议题进入法律议程，以反对公民自由、公民权利甚至是联邦主义议题这类最高法院被审案件目录表中的重点[2]。第 112 届国会讨论最多的司法议题便是医保改革，医保改革明显已经成为 2012 年很多议员评论司法体系最重要的依据和标准。事实上，共和党所有关于法庭和法官的积极言论中，有超过五分之二直接指向医保，剩下还包括地方法院的判决通常令《平价医保法案》部分失效以及肯定最高法院同意审理《平价医保法案》的相关案件。而一旦第 112 届国会中撤销共和党对于法官和法庭有关医保的评论，那么共和党人发出的赞扬与批评之声（320 积极评论：161 消极评论）将会立刻出现逆转（138 积极评论：152 消极评论）[3]。

五　茶党对社会热点问题的关注及其主张

1. 关于非法移民问题

茶党对于非法移民的态度极为强硬，并支持采取"严厉惩罚措施"。认为不应该对非法移民授予公民身份或特赦，在美墨边境建立更有力的防御，大批

---

[1]　Eloas Isquith, *Influential Tea Party groups urge Congress to abandon the long - term unemployed*, http: //www. salon. com/2014/01/06/influential_ tea_ party_ groups_ urge_ congress_ to_ abandon_ the_ long_ term_ unemployed/.

[2]　Baum, L., *The Supreme Court. Washington*, *D. C.*：*CQ*, Press, 2009.

[3]　Peabody, G. B. & Morgan, K., *Assessing the Relationship between Parties*, *Congress*, *and the Courts in Tea Party America*（2009 - 2012）, Social Science Research Network, June 2012.

量驱逐无证劳工。反对"梦想法案"①和其他所有用美国纳税人的钱扶持非法移民的行为②。据哥伦比亚广播新闻/《纽约时报》的民意调查显示，82%的茶党人将非法移民看作"十分严重"的问题③。他们认为非法移民欺骗了美国守法纳税民众，将导致医院急诊室的拥挤并扩大医疗保险改革的受益群体④。保守主义茶党认为，非法移民直接威胁到受宪法制约的联邦政府、法律规范、自由市场、私有财产、个人自由和财政责任。非法移民从本质上讲是一种社会经济移民，这些人离开自己的国家是为了提高自身的社会经济地位而非追求个人自由与民主。因此他们仍将忠于原来的国家。从很大程度上讲，非法移民的源文化中国家权力掌握在政府而非人民手中，公民指望政府提供更多的服务而不是依靠自己，法律意识淡薄而腐败是生活的常态。真正的个人自由和公民责任对于非法移民来说是完全陌生的概念，他们甚至可能认为赋予其个人权利的是政府而非上帝。

首先，茶党人认为激进主义者、自由主义者以及社会正义代言人是欢迎并且支持非法移民的。他们向非法移民传递"我是受害人，我应该享有各项权利"的信息，却对宪法原则只字未提，也不提及珍惜个人自由、法律准则以及个人责任。左翼人士鼓励非法移民及其子女大范围地享用政府赋予的权利。为了获取更大利益或者劳动力短缺，非法移民通常要使用美国儿童的身份来得到工作。然而在亚利桑那州，大概有110万儿童的社会安全号码被盗以用于非法移民求职，有75%的非法移民使用具有欺骗性的社会安全号码，而对这些非法举动当局都选择睁一只眼闭一只眼。

据美国传统基金会罗伯特·雷克托（Robert Rector）的观点，数百万非法移民合法化意味着未来20年后非法移民将带入多达103万家属进入美国，这将从根本上改变美国的社会、经济和政治结构与环境，同时还将大幅度提高政府的福利性开支。也许对于激进主义者来说最重要的一点是，非法移民及其家庭成员并不愿效忠于美国宪法，对于小政府的重要性也知之甚少。数百万非法移民合法化很可能有助于扩大左翼阵营"活宪法"理念以及"大政府"角色

---

① 即"非法移民如果16岁以前进入美国，在美国连续居住至少5年，拥有高中或同等学历，在美国大学就读或服兵役满两年，而且没有犯罪记录，就可以申请取得合法身份。

② Sreedhar, A., *How the Tea Party is Influencing Republicans on Immigration Reform*, *Policy of Mic*. February. p. 14, 2013. http://mic.com/articles/26559/how - the - tea - party - is - influencing - republicans - on - immigration - reform.

③ Zernike, K., *Tea Party Gets Early Start on G. O. P. Targets for* 2012, New York Times, January. p. 29, 2011.

④ Carroll, E. W., *Far Right Parties and Movements in Europe*, *Japan*, *and the Tea Party in the U. S.*: *A Comparative Analysis Review of History and Political Science*, Vol. 2 (2), pp. 111 - 129, June 2014.

的支持率。总之，这些很有可能帮助社会激进主义者（进步人士、自由主义者和社会公正代言人）实现其最终目标，即彻底改变美国宪法，创造一种依赖文化，削弱个人自由的重要性甚至摧毁自由市场经济。

因此，对于捍卫美国宪法、限制政府权力以及保护个人和经济自由的茶党人士来说，当务之急是投入抵制非法移民的辩论和行动中去。一旦保守派行动不力，将会直接导致数百万不承认宪法和美国优越价值观与原则的非法移民成为美国合法公民。接下来无疑会出现政府权力在各个领域的无限扩张，从"努力工作"人群流向"不劳而获"人群的收益再分配，自由市场遭遇进一步侵蚀，双语国家的建立甚至是对个人自由之根本的法律原则的破坏①。

其次，非法移民带来大量社会安全方面的隐患。"茶党爱国者"援引一份国土安全部泄露的文件揭示了大量有关美国非法移民的惊人事实，并指出放松移民法案将对美国造成的极大危害：有近 90 万携有驱逐令的非法移民仍然居住在美国，其中大约有 16.7 万犯罪分子非法藏匿在美国。所涉罪名林林总总，其中包括人身侵犯、盗窃、谋杀、身份盗窃、暴力殴打以及妨碍司法公正等。奥巴马总统发表演讲支持大赦和边境开放，就不得不面对相应的消极后果。此刻，放宽执行移民政策便是允许 16.7 万非法移民犯罪分子在街头游荡，而置守法美国公民于危险境地之中②。

再次，非法移民能够领取税收抵免，间接加重纳税人的负担。2014 年年底，包括犹他州参议员迈克·李、得克萨斯州泰德·科鲁兹（Ted Cruz）以及阿拉巴马州 Jeff Sessions 在内的数名极端保守主义议员联合对奥巴马总统发难，强烈反对总统在移民法案上严重违背宪法的越权行为。根据新的移民法案，数百万非法移民将有资格获得数十亿美元的税收抵免。近些年非法移民一直获得税收抵免。例如，一份 2011 年美国国税局监查长报告就发现，2010 年美国非法移民就获得了 42 亿美元的儿童附加退税款。倘若奥巴马新移民法案一旦彻底执行，将会进一步切实放宽现有制约，因为该法案将会向符合条件的非法移民发放社会安全号码。一旦非法移民拥有了社会安全号码，他们便可以申领任意数量的税收抵免，其中包括 2012 年已耗资高达 62 亿美元的劳务所得税额抵免。奥巴马总统不仅使美国非法移民能够免于法律制裁，还将间接领取守法纳

---

①　Mortensen, W. R., *Why the Tea Party Must Oppose Illegal Immigration and Amnesty*, *Center for Immigration Studies*, May. p. 4, 2010. http://www.cis.org/mortensen/tea-party.

②　*Tax benefits for illegal immigrants*, http://www.teapartypatriots.org/news/new-facts-on-illegal-immigrants-in-america/.

税人的支票①。

因此茶党人士极力阻挠攻击新移民政策。2014 年 6 月 18 日，"茶党爱国者"联合创办人詹妮·贝斯·马丁在 Breitbart 的一份声明中谴责道：面对美国如今难以控制的大批量非法移民，奥巴马总统却表彰了"延缓遣返青少年入境者行动"（DACA）项目中 10 名非法进入美国的受益人，这实属雪上加霜之举。总统所发出的信号是，如果与总统的奋斗目标一致且愿意为之努力，那么不论是否非法移民者都能够受到白宫的表彰。奥巴马如此鼓励非法移民对于那些通过合法渠道进入美国并凭借杰出贡献而赢取公民身份的人来说是一种可笑的讽刺。这是总统对理应受到表彰之人的侮辱，正如他不尊重宪法试图通过行政命令独揽大权一样②。这也说明奥巴马和民主党促使众议院年内通过全面移民改革法案之意不言而喻。针对奥巴马国情咨文演说，2015 年 1 月佛罗里达州茶党议员科特·克劳森（Curt Clawson）猛烈抨击奥巴马如"大赦"般的移民政策："我们尊重移民法案，同样也应该公正对待当下正在努力寻求工作的上千万美国人。因此，我们首先要捍卫边境安全，这对于实现所有美国人的公平与安全来说是至关重要的。"③

2014 年 11 月 20 日晚，美国总统奥巴马不顾国会反对，直接颁布行政令实施筹划已久的移民改革计划，让美国境内约 500 万非法移民获得合法居留地位。行政令一出，立即招致了共和党阵营尤其是保守主义茶党的强烈反对。如今茶党人士已经重新集结力量，其主要目标也从财政紧缩和小政府转向彻底反对非法移民合法化问题，禁止授予其市民身份和法律地位。茶党《论坛报》网站上还打出口号"大赦数百万非法移民，相当于对整个美利坚民族的独裁专制"，以表达保守主义者对奥巴马此举的愤懑不满。

据最新民调显示，美国民众在近 20 年内的政治立场比过去任何时期都要极化，约 20% 的美国人将自身定义为绝对的自由主义者或绝对的保守主义者④。这不仅表明美国政坛极化程度越来越深，也预示着奥巴马政府推动移民

① *Tax benefits for illegal immigrants*, http：//www. teapartypatriots. org/news/tax – benefits – for – illegal – immigrants/.

② Chumley, K. C., "Tea Party Blasts Obama for 'Honoring Illegal Immigrants' at White House", *Washington Times*, June. p. 18, 2014，http：//www. washingtontimes. com/news/2014/jun/18/tea – party – blasts – obama – honoring – illegal – immigrants/#!

③ Boyle, M., Rep. Curt Clawson To Slam Amnesty, *Illegal Immigration In Tea Party Response To Obama SOTU*, *Breitbart*, January. p. 20, 2015. http：//www. breitbart. com/big – government/2015/01/20/exclusive – rep – curt – clawson – to – slam – amnesty – illegal – immigration – in – tea – party – response – to – obama – sotu/.

④ http：//www. guancha. cn/america/2014_ 06_ 14_ 237807. shtml.

改革获得立法通过的前景更加黯淡[①]。

2. 关于气候与能源问题

茶党共和党人是美国唯一不相信全球变暖的政治组织。据皮尤研究中心的调查数据显示，只有 25% 的茶党共和党人相信全球变暖正在发生。相反，全美有 67% 的民众认为有证据表明气候变化正在发生，其中就包括 61% 的非茶党共和党人[②]。

茶党认为美国环保署出台有关减少温室气体排放的新条例是完全缺少科学依据的。他们认为二氧化碳并不是环保人士所指的大气严重污染物，而是对地球上所有生命和所有植物生长都至关重要的一种气体。二氧化碳对于植物正如氧气对于所有动物生命一样重要。

针对数十年来"二氧化碳含量影响地表温度"的说法，碳常识联盟主席和澳大利亚矿冶金学会成员韦夫·福布斯（Viv Forbes）的观点颇受茶党欢迎，"在隔绝地球、保持地表温度方面，水蒸气是比二氧化碳更为有效的媒介……另外也没有证据证明，人造二氧化碳是全球变暖的根本原因"。事实上，面对地球大气层中二氧化碳含量增长的说法，福布斯认为，"仔细检查对比过去的记录就可以发现，地表温度增加要比二氧化碳含量增长提前好几个世纪"。值得注意的是，在燃煤和其他释放二氧化碳的能源消耗途径遭到环保主义者强烈反对的同时，地球进入自然降温的冷循环时代将近 18 年了。因此人类在"稳定"地球气候方面无能为力。尽管 45 亿年来地球一直在经历气候变化，但是没有证据表明人类对此可以做出改变和影响。如今地球所经历的气候变化是一个自然降温的冷却过程，并不是 30 多年来环保人士宣称的"全球变暖"。

所以茶党认为美国环境保护署在二氧化碳问题上对全美民众撒谎，更糟糕的是，其减排条例的出台将减少美国的燃煤公共事业，进而增加电费价格。减少二氧化碳排放不仅是零收益，而且美国环保署减排条例同时会对排放二氧化碳的发电厂产生危害和整体上的无谓影响。世界上很多国家实际上放弃了风能和太阳能等清洁能源，鼓励建造更多的燃煤发电厂以满足其人口和经济发展的能源需求。

由两党前参议院领导人创办的"两党政策研究中心"指出，2015 年

---

① 刁大明：《美国移民改革背后的两党博弈》，《社会观察》2015 年第 1 期。

② Eilperin, J. & Clement, S., "Tea party Republicans are biggest climate change deniers, new Pew poll finds", *The Washington Post*, November. p. 1, 2013. http：//www. washingtonpost. com/blogs/the - fix/ wp/2013/11/01/only - tea - party - members - believe - climate - change - is - not - happening - new - pew - poll - finds/.

25%的二氧化碳减排基准将使很多公司难以运作。美环保总署正在实施碳排放配额管理，其中"总量管制与排放交易计划"相当于是一种针对排放二氧化碳的发电工厂的"隐性税收"。减排新规"将会对美国600多家燃煤发电厂造成潜在性的毁灭影响"。最高法院决定授予美国环保总署调节二氧化碳排放的权力，这实际上相当于全权委托总统重制经济部门而无须获得国会认可通过。

总统将"气候变化"列入其优先任务清单就等于打击了国家满足当前电力需求的大规模能源供给能力，同时也降低了美国民众满足未来需求的能力。美国商会公开指出，总统的伪"气候变化"政策每年将耗费美国经济高达500亿美元，并迫使三分之一的燃煤发电厂在2030年之前倒闭。美国传统基金会也认为，"该政策并不能在降低地球温度方面取得有效性进展，反而会推高美国家庭和商业承担的能源价格"①。

茶党保守主义者偏爱独立于大企业和政府的分散式清洁能源。如茶党运动支持前加利福尼亚州国会议员小巴里·戈德瓦特（Barry Goldwater Jr.）创办的游说组织"告诉电力公司，太阳能是不会被扼杀的"（TUSK），该组织因反对亚利桑那州的太阳能费用而创建，如今已经扩展至俄克拉荷马州和美国其他地区。黛比·杜利（Debbie Dooley）是2009年第一次茶党全国性示威活动的21名组织者之一以及"茶党爱国者"的理事会成员，并从2012年开始竭力支持太阳能的推广。2013年，杜利与塞拉俱乐部联合发起"绿茶联盟"，随后该组织促使佐治亚电力公司对民众屋顶太阳能设备强征高昂费用的计划破产。由于杜利的努力，佐治亚州参议院将很有可能通过议案使普通民众安装屋顶太阳能设备更加简易低廉。同时，杜利还在佛罗里达州积极推动一项重要的公民表决提案来修补州内宪法，以允许拥有太阳能电池板的个人和企业将其收集到的能源直接出售给租户或者邻居（现行法律只允许公用事业公司出售电力）②。

痛恨税收的保守主义者反对就太阳能收费是意料之中，但他们支持使用新能源的其他原因与自由主义者的一贯立场不同。自由派关注气候变化和环境，而保守主义者则援引分散化、自给自足、科技创新以及自由市场等理由支持使用太阳能发电。例如，"茶党爱国者"的国家协调人黛比·杜利曾于2013年

①　Caruba, A., The Regulatory Attack on Energy in America, May. p. 29, 2014. http：//www.teapartynation.com/forum/topics/the-regulatory-attack-on-energy-in-america.

②　Kormann, C., "Greening the Tea Party", *The New Yorker*, February. p. 17, 2015. http：//www.newyorker.com/tech/elements/green-tea-party-solar.

提到她支持太阳能的原因,"它属于为消费者提供更多选择的自由市场议题"①。茶党认为这是自由市场的选择,因为捍卫财产权,所以支持民众对自己的财产做自由支配,也当然拥有利用太阳能自己生成能源的个人权利。

众所周知,大卫·科赫(David Koch)是茶党运动背后大财阀科氏集团的创始人之一,他在众议院议长贝纳就职仪式之后接受了 ThinkProgress 的即兴采访。他认为限制二氧化碳的过量排放的确妨碍经济发展,同时不愿就是否相信气候变化给出正面回答,最后他否认人为因素造成全球变暖。然而当被问及科赫工业的严重二氧化碳污染是否影响气候变化时,他耸肩以示轻蔑。大卫毕业于麻省理工学院,他十分清楚其整个企业的运转模式都要依赖于否认排放二氧化碳和否认对地球构成威胁。为了增加利润,科氏成了世界上否认气候变化和媒体宣传的最大赞助商②。从 1997 年到 2011 年,科氏工业集团向否认气候变化的组织秘密资助金额高达 6700 多万美元,这些组织致力于延迟实行防止全球变暖的相关政策条例,扼杀与反对应对气候变化的国家立法③;而且科氏还迫使承认气候变化的人离开共和党。有人将大量国会新进共和党人比作"气候僵尸",科氏工业热衷于反气候科学,还曾提起诉讼状告全球变暖的观点损害其名誉。可以说科氏在共和党政治议程中的积极作用和多层次宣传活动,几乎都与科氏工业的商业利益紧密结合④。如今,科氏集团被看作企业掌控政府的最好例证,其资助并指派茶党运动影响政府运作。科氏兄弟妨碍环境保护是出于其既得利益的考虑。拥有科氏工业的所有权和控制权为两人带来了数十亿美元的财富,这家全美第二大私人持股石油企业的环保记录也令人极其失望。科氏工业通过资助保守主义特殊利益集团与智库,竭力抵制环境管制条例、反对清洁能源法案,同时放松对工业污染的限制。⑤

3. 关于教育与就业问题

教育也是茶党关注的议题之一。茶党人士致力于削减联邦政府开支。也许有人认为削减教育部的国家预算未免过于极端,但在茶党人眼中这能产生一些

① Aziz, J., "How the Tea Party Came to Love Solar Energy", *The Week*, May. p. 7, 2014. http://theweek.com/articles/447165/how-tea-party-came-love-solar-energy.

② http://thinkprogress.org/climate/2011/01/09/207307/tea-party-pollutocrat-david-koch-climate-change-shrugs-off-his-carbon-pollution/.

③ Gus Ruelas, *Koch Industries*: *Secretly Funding the Climate Denial Machine*, http://www.greenpeace.org/usa/en/campaigns/global-warming-and-energy/polluterwatch/koch-industries/.

④ http://thinkprogress.org/climate/2011/01/09/207307/tea-party-pollutocrat-david-koch-climate-change-shrugs-off-his-carbon-pollution/.

⑤ Gus Ruelas, *Koch Industries*: *Secretly Funding the Climate Denial Machine*, http://www.greenpeace.org/usa/en/campaigns/global-warming-and-energy/polluterwatch/koch-industries/.

即期效益。不仅能够腾出一部分联邦税收，废除繁杂多余的政府机构，更能使公共教育的责任重回各州和地方政府手中，有利于因地制宜、对症下药。①

在学校改革方面，奥巴马总统与其教育部长阿恩·邓肯（Arne Duncan）想对地方学校施加更多的联邦影响力，尤其是课程标准和教师评估与待遇方面。但是白宫就教育取得两党立法胜利的愿望被茶党党团发起的小政府热潮所阻碍，"父母权利"教育观念是基督教保守主义家庭教育运动的一种产物，该理念已经深入茶党积极分子及其候选人心中。从颇具影响力的新任参议员马克罗·卢比奥（Marco Rubio）和荣·保罗到新众议员里克·伯格（Rick Berg）和克里斯蒂·诺姆（Kristie Noem），大量后起之秀宣传家庭学校和父母权利运动。他们要求撤销教育部，并且不准对共和党昂贵的自上而下的近期学校改革嗤之以鼻。同时茶党运动支持者们呼吁家庭学校的税收抵免。即将成立的家庭教育委员会主席约翰·克莱恩（John Kline）作为2009年家庭学校法律辩护协会的主要发言人曾指出，他将在国会推动家庭学校自由发展获得通过。②

2013年茶党运动的集结目标从国税局丑闻转向阻止"奥巴马核心标准"。截至5月底已经成功令9名共和党州长重新考虑或者放弃对"共同核心教学标准"③的支持，声称实行该标准相当于由联邦政府掌控地方教育权力。4月共和党全国委员会决议将"共同核心教学标准"改革称作"联邦政府的不合理越权，以掌控和规范化儿童教育，使儿童成长符合预先设定好的'标准'"。茶党认为该项目是由奥巴马政府推动的，用联邦专项基金来满足私人利益的一种新形式。白宫试图绕过州立法机关来实行该项标准，从而最大限度地避免了公众监督。"美国原则工程"是总部位于华盛顿的保守主义游说团体，是茶党运动的反对主力。他们放出信息和谈话要点，在节目现场或秀场安排说客，全力将"共同核心教学标准"描绘成独裁者的入侵，并将此次事件看作老大党内部的纯洁度检测。茶党谴责该标准将剥夺州的教育主权，禁止教育部设立国家标准。呼吁各州用"为大学和就业做准备"的

---

① Quinn, J., *Is the Tea Party Really Committed to Cutting Spending?* February 2010. http：//usconservatives. about. com/od/gettinginvolved/f/Is - The - Tea - Party - Really - Committed - To - Cutting - Spending. htm.

② Dana Goldstein, *Tea Party's War On Schools*, http：//www. thedailybeast. com/articles/2010/12/09/how - the - tea - party - will - destroy - school - reform. html.

③ 该标准主要由全国州长委员会和重点公立学校教官委员会联合编纂，对幼儿园到12年级的儿童在数学和阅读方面设立高水平的持续性标准。是一种具有挑战性的进阶写作方法，用全国统一的学术规范代替形态各异的州立拼凑标准。

学术标准来争取联邦教育拨款①。

在就业方面，茶党支持促进国内就业，但是其经济保守主义政策呈现出反对提高最低收入，反对延长或者提供失业救济等保守主义立场。2010 年选举过后，11 个州处于共和党的控制之下。这些州从那时候开始推行完全保守的政治日程。俄勒冈大学戈登·拉弗（Gordon Lafer）为经济政策研究所发表了一篇著名文章，题为《2011—2012 年对美国收入水平和劳动标准的法律攻击》。拉弗记录了伴随新晋保守主义州政府出现的是大范围的反劳工现象。他写道："有四个州通过法律严格限制最低收入，四个州提高了童工的限制条件，16 个州对失业救济增加新的限制标准。支持企业游说集团的同时，通过法律剥夺工人的加班权利，撤销或者限制请病假权利，而控诉雇主种族或性歧视将愈加困难，雇员因被划入'合同工'行列而更易遭到合法权利的否认。"这些州还反对有关工作场所安全标准和工作餐用餐时间的法律规定。茶党共和党人呼吁扩大观察范围，并且规范失业人员。例如，田纳西州保守主义者连同当地企业集团推动了"'2012 年失业保险问责法案'，法案增加条款剥夺了员工从失业单位获取失业保险的权利，并且呼吁每周对 1000 名领取失业救济金的人进行账目审查"。而此举是为了缩小政府规模和保护个人隐私②。

保守主义茶党不支持继续实行长期失业救济。皮尤调查显示，共和党人中反对延长失业救济的比例是 53∶44，而对此茶党共和党人几乎持压倒性的反对意见，比例高达 70∶29。哥伦比亚广播公司（CBS）的调查与此相类似，共和党人的反对比例是 49∶40，而茶党共和党人是 58∶31③。2013 年参议院计划就长期失业人员出台一揽子福利政策，在之后五个月里延长联邦失业救济金。然而数月僵持之后，民主党作出重大妥协，弥补法案造成的损失。因为有迹象表明，若损失无法弥补，即使是共和党中的温和派也不愿支持一揽子紧急福利政策。而这便是茶党胜利的标志。数年来，延长失业救济发放来保持经济泡沫，从不会顾及保守派的损失。可见，在国会向茶党示好的同时，说明茶党

①　Zernin, F. M., *ObamaCore: The Tea Party's Next Victim May Be Education Reform*, May. p. 31, 2013. http：//mic. com/articles/45579/obamacore - the - tea - party - s - next - victim - may - be - education - reform.

②　Konczal, M., "The Tea Party's Assault on Workers," *The Washington Post*, November. p. 2, 2013. http：//www. washingtonpost. com/blogs/wonkblog/wp/2013/11/02/heres - how - red - states - are - rolling - back - worker - protections/.

③　Sargent, G., "The Tea Party and the Hammock Theory of Poverty", *The Washington Post*, January. p. 24, 2014. http：//www. washingtonpost. com/blogs/plum - line/wp/2014/01/24/the - tea - party - and - the - hammock - theory - of - poverty/.

已经成功令平衡开支成为华府的首要议题①。2013 年 12 月 8 日，荣·保罗借《福克斯新闻网》表达保守主义观点，即长期提供失业保险会增加失业率。"我同意向失业人员提供为期 26 周的失业救济，若对该期限加以延长，则会对失业人员产生极为不利的影响。对失业人员提供 99 周的失业保险，便致使这些人成为美国经济运转中的永久失业群体。凭借失业救助他们可以安然度日而无须再找工作。这看似是帮助失业人员，实则却帮了倒忙。"另有支持保罗的观点认为，从 2008 年到 2013 年的五年时间里，就业机会和失业人数之间的历史关系发生了改变。考虑到就业机会，失业人数要远远高于正常水平，而这是由长期而非短期失业人员造成的②。

有学者关注联邦政府扩大失业救济金项目，其最近研究表明如果向没有工作的人支付失业津贴，他们将不再努力寻求工作，而切断他们的收入来源会促使其快速重返就业市场。因此他们得出结论：失业救济实际上无益于问题解决，反而会加深就业不景气的现象。2015 年 1 月，国民经济调查局最新研究报告指出，2013 年年底取消失业救济金，就业景象便开始反弹，甚至超出年内某些乐观预期。2014 年本应有超过 100 万人坐享其成，领取失业救济金而不用找工作。经济学家马库斯·阿赫多恩（Marcus Hagerdorn）发现，"切断失业救济金使就业总量增加 2%，几乎占据美国 2014 年全部的就业增长。2013 年 12 月 8 日停止延长联邦救济实际上增加了劳动力参与率，扭转了长达一年之久的不景气局面，促使近 100 万失业者进入就业市场"。在 2010 年巅峰时刻，联邦政府曾花费 1550 亿美元用于失业救济，其中一半源自应急预案，长期失业人员的救济金有近两年都启动应急预案予以支付③。

4. 关于同性恋与堕胎问题

很多茶党支持者否认包括男女同性恋、双性恋和变性人权利在内的社会议题，在茶党运动中扮演了重要角色。他们认为茶党运动的发展基石仍是保守主义原则、有限政府和低税收。然而有人认为，由于茶党秉承的自由主义思想能为同性恋、双性恋以及跨性别群体带来更大的政治自由，因此也将得到这类人群的大力支持。但事实恰好相反。以 2010 年选举为例，茶党两名重要候选

---

① Fox, L., *The Tea Party's Not Dying*, March. p. 24, 2014. http：//www. usnews. com/news/articles/2014/03/24/the－tea－partys－not－dying.

② M.S., "Get off that Couch", *the Economist*, December. p. 10, 2013. http：//www. economist. com/blogs/democracyinamerica/2013/12/unemployment－insurance.

③ *Study*：*Feds' Unemployment Benefits Made Job Recession Worse*, January. p. 27, 2015. http：//www. washingtontimes. com/news/2015/jan/26/feds－unemployment－benefits－worsened－job－recession/#ixzz3Q2CmQA2o.

人兰德·保罗和克莉丝汀·奥唐纳（Christine O'Donnell）根本没有在选举中提及同性恋议题，而沙伦·安吉尔（Sharron Angle）也只是顺带提及反对同性恋婚姻。

自由主义和这些反同性恋的社会保守主义势力在茶党内造成了大量不安，这种不安在选举活动的网站和茶党留言板上均有明显体现。在对茶党支持者的深度调查中更是进一步揭露了党内的不安情绪，受访者普遍认为同性恋在他们正常忍受范围之内，但同时却将他们定义为非正常人群，并排除在全面参与美国政治体制的范围之外。一名参与了 MSSRP 研究的茶党支持者解释道："我认为他们有生存的权利，却不希望他们出现在我的身边。"这种自由主义者的勉强接受和社会保守主义者的谴责之间的紧张，反应了茶党运动内部的一种矛盾与争论。谁是"真正"的美国人？茶党从谁的手中"夺回"国家领导权？谁是真正的人民公敌？男女同性恋是否属于"真正的"美国人？

种族仇恨为理解这种有关同性恋、双性恋以及跨性别群体的矛盾立场提供了一种框架。当谈论非种族群体时便会出现有关种族仇恨的主要特征，美国同性恋者是否值得信任以及是否靠"美国式信念"（如对努力工作、自力更生和个人主义的信仰）生存是对同性恋者定位的争论焦点和关键性因素。带有种族仇恨倾向的人本身就带有性别差异，他们将这种观点转嫁到其他少数群体身上便不足为奇了。

从深度调查的结果可以总体上断定，很多茶党人士反同性恋者的态度能够归结为比老派或者"传统异性恋准则"更加仇视。这些茶党支持者反对男同和女同违反社区规范，公开或者宣扬其性取向。茶党人士对同性恋的否定态度并不激烈，只有少数人认为应该逮捕甚至身体伤害同性恋、双性恋以及跨性别群体成员，也有一些人的确通过"传统的"异性恋主义和原罪观点来表达反同性恋情感。一名北卡罗来纳州受访者提道："我只是同情他们，因为我知道生命结束时他们的去向。"正如大部分美国白人在种族仇恨方面所表达的种族主义观点一样，茶党人士的反同性恋观点更微妙，却很清楚地表明了同性恋者在美国公众生活中的次要地位。受访者将这种微妙的同性恋恐惧症称作对同性恋人士的包容，并将他们看作二等公民。尽管很少有人从理论上否定同性恋人群的权利，很多人也反对有政策专门惩罚同性恋者，例如"不询问"（Don't Ask）之前的军事政策以及采用有限政府逻辑的"不告知"政策（Don't Tell）。但这并不意味着受访者将同性恋者平等地看作政治体制内的成员。事实上，"不询问""不告知"政策也似乎是向人们灌输一种信念，即美国生活中同性恋者应该扮演何种规范性角色。

　　如今美国的另一个潜在群体就包括男同性恋者和女同性恋者。值得注意的一个问题是，茶党支持者是否支持政府干预同性恋群体的生活？针对多个主题领域的统计发现，真正的茶党支持者不太可能支持同性恋者在婚姻、服兵役、领养等其他领域享有平等的权利。增加了意识形态、宗教及道德传统主义等控制变量之后，茶党人士反同性恋者观点会加剧。白人群体中有55%支持同性恋者领养，而茶党人士中仅有36%。资深茶党支持者避免直接的种族主义言论，但是却明确表达了对少数群体的蔑视，并且质疑诸如移民或者同性恋群体是否应该在美国享有平等的机会与权利。在对大量公众意见调查结果进行量化分析后可以清楚地发现，茶党支持者对于少数群体采取鲜明的态度。对意识形态、党派偏见以及独裁主义的影响加以剖析可以发现茶党持续发力，但是对黑人、移民以及同性恋群体却维持消极观点。①

　　对于传统主义者来说，婚姻是神圣且专属于"男人和女人"的。皮尤研究一项调查发现，"已登记选民对同性婚姻的观点一分为二，有42%支持，另有49%反对；而茶党内反对者是支持者的两倍还多（64%反对，26%支持）"②。但是党内有关这一议题的重要程度则是因人而异。荣·保罗曾发表个人观点，反对同性婚姻，但同时认为该问题应该交由各个州自行解决。这一相对软弱的反对声音与传统主义者形成鲜明对比，他们将同性婚姻上升到保护家庭尤其是保护儿童的角度进行抵制。神经外科医生本·卡尔森（Ben Carson）曾在奥巴马总统参加的国家祈祷早餐会上公开反对平价医疗法案，他也因此得到茶党支持者的热烈追捧。卡尔森曾告知伊利诺伊州家庭学院，"若有人试图改变婚姻的定义，那么等同于直接攻击上帝与其子民的关系。这也是同性恋群体如此看重改变婚姻定义的原因，因为一旦能够摆脱这种束缚，也自然能够摆脱《圣经》里的所有约束"③。但即使该议题涉及宗教自由，其对于茶党人士的吸引力和重要性也是有限的④。

　　反对堕胎一直是茶党的一项重要的保守主义议题。茶党自由主义者认为任

---

　　① Barreto, A. M., Cooper, L. B. & Gonzalez, B. et al., *The Tea Party in the Age of Obama: Mainstream Conservatism or Out - group Anxiety? Political Power and Social Theory*, Emerald Group Publishing Limited, 2011, Vol. 22.

　　② Pew Research Religion and Public Life Project, *The Tea Party and Religion*,, February 2011. http://www.pewforum.org/2011/02/23/tea - party - and - religion/. Retrieved November 5, 2013.

　　③ Edwards, D., "Tea party Hero Ben Carson: Marriage Equality Jeopardizes 'Everything Else in the Bible'", *The Raw Story*, October. p. 7, 2013. http://www.rawstory.com/rs/2013/10/07/tea - party - hero - ben - carson - marriage - equality - jeopardizes - everything - else - in - the - bible/.

　　④ Miller, J. W. & Burton, J. M., *Who Needs Enemies? The Tea Party Impact on the Republican Party*, Paper Presented to the 2013 *State of the Parties Conference Akron*, Ohio. November. p. 7, 2013.

何试图规范堕胎的行为都相当于剥夺了个人的自由选择权利。因为生命是上帝赐予的礼物，宪法也是受造物者的启发而设立，因此"生命权"是受到保护的，但"自由选择权"并不包括自由选择流产的权利。荣·保罗参加福克斯节目"汉尼提与考姆斯"（"Hannity and Colmes"）时曾指出："若生命都无法保护，谈何保护自由？"[1] 他还曾将堕胎议题与小政府理念加以合并：奥巴马总统支持"大政府"正如"一名政客未曾向最无助又无辜的人类——待产的婴儿——施以援救"[2]。若同性婚姻和其他性别问题可以看作宗教自由，那么公办学校提供性教育或者未成年人未经父母同意便能够随意流产就相当于是对整个家庭"宗教自由"的侵犯[3]。

随着越来越多的美国人支持"罗伊诉伍德案"，全美茶党和基督教右翼却联手在共和党控制下的州立法机关再掀波澜，通过数百条限制法规废除堕胎权。从2010年开始，共和党在茶党推动下掌控了11个州的立法权，进而使共和党控制的州总数达到26个。此后，保守主义议员陆续通过205项反堕胎法规，远远超过过去10年的总数。

密歇根州立法机构几乎是共和党男性，在既没有召开听证会，也没有组织实质性辩论的前提下，于2013年12月12日投票通过了美国历史上最严厉的反堕胎法之一：《堕胎保险退出法案》，从州内签发的医疗保险单中排除了几乎所有的堕胎保险，即使是强奸或者乱伦通奸也不例外[4]。茶党著名领袖辛迪·伽美特（Cindy Gamrat）和托德·考瑟（Todd Courser）计划在2015年于密歇根州众议院就职后推动反堕胎立法，他们认为"生命起于怀孕，因此也应受到保护，堕胎是对上帝生命之礼的大不敬，密歇根州应该在全国做出尊重生命的表率"。与考瑟和伽美特一样，还有一小部分于2015年1月就职的社会保守主义者与茶党站在同一战线，构成了密歇根州立法机关拥有多数席位的共和党的一部分。这些人在竞选过程中就一再强调其反堕胎立场[5]。

① Ron Paul, *Protect All Human Life*, http://www.ronpaul.com/on-the-issues/abortion/.

② Rep. Paul D. *Ryan's Remarks as Prepared for Delivery at the Value Voters Summit*, *CQ Transcriptions*, *Lexis-Nexis*, September. p.14, 2012.

③ Miller, J. W. & Burton, J. M., *Who Needs Enemies? The Tea Party Impact on the Republican Party*, *Paper Presented to the 2013 State of the Parties Conference Akron*, *Ohio*. November. p.7, 2013.

④ Reitman, J., *The Stealth War on Abortion*, January. p.15, 2014. http://www.rollingstone.com/politics/news/the-stealth-war-on-abortion-20140115#ixzz3Y98IBmPk.

⑤ Oosting, J., *Incoming tea party lawmakers prepping 'life at conception' anti-abortion legislation in Michigan*, December. p.26, 2014. http://www.mlive.com/lansing-news/index.ssf/2014/12/incoming_michigan_tea_party_re.html.

北卡罗来纳州的情况与此相类似。百万富翁阿特·蒲伯（Art Pope）从 2010 年开始向州内竞选投入数百万美元，凭一己之力便改变了该州的政治面貌，从而使共和党掌控立法机关的同时也在 2012 年进驻州长大厦。此后，北卡罗来纳州便开始实行举国关注的一揽子《堕胎服务提供者条例》（"Targeted Regulations of Abortion Providers"，TRAP）。起初立法议员为了悄悄躲过公众审查，试图将其附于一项表面上禁止伊斯兰教法的法案之后，随后又将其作为一项规范摩托车安全法案的附件。堕胎权维护者历经数周抗议示威仍未能阻止该法案通过并于 7 月签署立法，自此州内 16 家提供堕胎服务的诊所面临关门危机。

阿特·蒲伯曾担任受科氏兄弟资助的"繁荣美国人协会"全国主席。科氏资金通过资助多种"社会福利"组织，进而构成了全国反堕胎活动的重要资金来源。尽管科氏兄弟和蒲伯一样对这一政治领域丝毫不感兴趣，戴维·科赫甚至曾将支持婚姻平等解释为反对堕胎的理由，但激进智库"政治研究协会"的副研究员瑞秋（Rachel Tabachnick）认为，"他们其实很清楚要想获得足够多的选民就必须将社会保守主义政策纳入其政治议程之中，从而将社会和经济议程融合成一个单一产品"。除此之外，另有 8 个州也通过法律阻止实施全面个人医疗法案下的堕胎保险，其中只有犹他州对强奸致使的堕胎给予例外。包括威斯康星州和宾夕法尼亚州等传统蓝色州等在内的 24 个州，也从不同程度对新医保市场中的堕胎保险予以禁止。尽管在不同的州削减堕胎医疗保险范围与大规模攻击生育权是各自不同的议题，但事实上属于一项高度协同的全国性运动，由茶党背后的财阀所资助，使得终止意外怀孕和使用多种避孕措施对于女性来说愈加困难①。

第三节　茶党运动的社会影响力评价及前景探析

一　茶党运动社会影响力评价

自由主义者认为，茶党运动的发展只是受到保守主义原则或者种族仇恨的推动，然而事实并非如此。试想他们对生育权和性别平等的敌视，对于人们日渐接受同性婚姻和堕胎以及包容军队内部同性恋现象的担忧，还有对大范围移

---

① Reitman, J., *The Stealth War on Abortion*, January. p. 15, 2014, http: // www. rollingstone. com/ politics/news/the－stealth－war－on－abortion－20140115#ixzz3Y98IBmPk.

民改革的持续性反对，这些又将如何解释？① 当初桑特利本应将其责骂的焦点放在政府介入房地产市场所造成的即期财务问题，然而他却扩大了攻击范围，从资金注入和政府规章延伸至不公正的财富分配、制宪者意图和凯恩斯经济学。伴随茶党运动的持续发展，茶党运动的重心从经济领域无限向外扩散，所涉及的众多议题包括环境能源、教育、移民、堕胎、同性婚姻、将无人机用于军事目的，等等②。社会科学家认为，那些自认为其生活方式受到威胁或者感知到世界处处充满危险的人便具有保守主义倾向③。近期有学者证实，至少有相当一部分茶党内部的担忧源于一种"美国正在急速衰落"的理念，伴随美国社会、文化变革而出现④。因此，越来越多的人为性别权利而斗争，认可同性权利以及呼吁接纳所有移民者都被茶党保守主义者看作预示社会、文化变革的威胁。茶党人士将奥巴马总统当选也联系为美国的社会、文化变革，因此他自然成为茶党焦虑的关注点，成为茶党运动对危险的新世界的恐惧化象征。

体制内保守主义者能接受妥协，并将同进步主义者之间的政策分歧看作意识形态差异的结果，相反，茶党保守主义者却认为这种差异足以触及警告线。对他们来说，这是一个"一旦奥巴马获胜，真正的美国人就失败"的零和游戏。这也与之前社会科学家的判断相吻合，极端保守主义者背后真正的推动因素很大程度上就是恐惧与担忧⑤。

1. 经济

自 2010 年中期选举共和党掌控众议院之后，实际上很多议题都按照茶党运动的要求发展。自由支配开支降低，联邦政府雇员总数减少，而且自 2010 年之后削减赤字的速度比"二战"后经济复苏以来的任何一个三年都要迅速。国际货币基金组织一直致力于长期削减赤字，2013 年 6 月公开指出美国经济政策"过于迅猛并且设计不良"。穆迪分析（MCO）首席经济学家马克·赞迪（Mark Zandi）认为这几乎使美国经济再现衰退。9 月国会预算办公室预计，若消除支出上限将在 2014 年年底增加 800 万个就业岗位。

① Parker, S. C., *Wither the Tea Party? The Future of a Political Movement*, Issues in Governance Studies, June 2014, No.66.

② Miller, J. W. & Burton, M. J., *Who Needs Enemies? The Tea Party Impact on the Republican Party*, Paper Presented to the 2013 State of the Parties Conference Akron, Ohio, November. p.7, 2013.

③ Jost, T. J., Kruglanski, W. A. & Glaser, J. et al. *Political Conservatism as Motivated Social Cognition*, Psychological Bulletin 129, 2003, No.3, pp.339 - 375.

④ Parker, S. C. & Barreto, A. M., *Change They Can't Believe In: The Tea Party and Reactionary Politics in America*, Princeton University Press, 2013.

⑤ Parker, S. C., *Wither the Tea Party? The Future of a Political Movement*, Issues in Governance Studies, June 2014, No.66.

更糟糕的是，茶党呼吁的削减开支几乎全部放在预算的自由支配方面，遏制了从医学研究、反贫穷计划到食品检查等众多领域的发展。很多经济学家抱怨道，美国的确拥有需要解决的长期财政问题，但是不能只把目光放在削减自由支配开支一个领域①。传统经济分析家普遍认为，政府开支在刺激经济发展过程中扮演了积极的角色，大幅度削减政府开支有损于经济发展。减少预算赤字是优良目标，但是不应该在经济疲软时采取如此之大的动作。欧洲的经济紧缩政策便是很好的例证。②

另外，从长远角度看，政府关门也对茶党构成威胁。总有一天茶党会因为阻碍两党协议、导致政府关门而招致批评，进而对其政治影响力造成消极影响。另外，如果极力推动国会大多数并不愿通过的极端措施（例如削减1000亿美元预算），那么茶党用力过猛反而会使其自身渐渐失去政治合法性，因被当作共和党无力而极端的分支最终无人问津。虽然这的确能够缓解民众对于过分渲染的政府开支的愤怒之情，但同时也使茶党自身深受其害，其政治信号必然会因为政府采取的行动而变得软弱无力。其次，大幅度削减开支会造成意想不到的消极影响，过犹不及反而会导致对于预算开支的强烈抵制，这反过来会进一步摧毁茶党运动政治信号的影响力。美国民众历来不喜欢理论上的大政府开支，但同样也不欢迎实际政府开支。如果茶党运动促成关键议题开支的大幅度削减，那么它很快便会遭到激烈反抗运动的抵制。上述两个结果联合发作，不仅有可能严重摧毁茶党运动的草根支持根基，还有可能影响其未来胜选以及独立发展的能力③。

茶党运动的一个核心目标是缩小联邦政府规模，这源于其两个核心理念：如今政府涉及的活动远远超出其应有的角色以及政府应该更积极地对财务政策负责。解决联邦政府规模过大这一担忧的方法之一便是终止浪费性或者过度的政府项目，有些茶党人士甚至主张废除整个联邦政府机构④。然而，此番大规

---

① Coy, P., *The Tea Party's Pyrrhic Victory*, October. p. 17, 2013, http：//www. bloomberg. com/bw/articles/2013 – 10 – 17/tea – partys – victory – against – government – spending – comes – at – high – price.

② Goldfarb, A. Z., *Spending cuts represent moment of truth for tea party*, February. p. 25, 2013 http：//www. washingtonpost. com/politics/spending – cuts – represent – moment – of – truth – for – tea – party/2013/02/25/69adcc32 – 7c89 – 11e2 – 9a75 – dab0201670da_ story. html.

③ Palmer, D., *The Tea Party and Social Movements*, *Honor's Theses*, May. p. 10, 2011.

④ Duffy, E. J., *A Look At The Potential Senate Shakeup*, *NAT. J.*, July. p. 3, 2010. (noting that Rand Paul, who was selected as the 2010 Republican candidate for Senator in Kentucky due to strong Tea Party support, called for the elimination of the Education Department and the Federal Reserve Board and indicated his opposition to portions of the Americans with Disabilities Act).

模的削减政府规模和范围从政治意义上讲很难实现，尤其是废除这一整个获得大部分选民支持的政府项目（如社会保障或者医疗保险）更是难上加难①。

因此，保守主义运动历来将削减税收看作实现缩减政府的秘密方法。根据"饿死官僚野兽"的长期战略，茶党支持者想当然地以为只要政府减少税收收入就必然能够削减开支和缩减规模。然而由于联邦政府一直超负荷运作，因此削减税收仅仅增加了美国的债务负担。其结果是使美国走上了一条增加开支、减少税收收入的非持久性财政道路。如今，控制美国预算赤字的有效而普遍认可的方法都不得不涉及削减开支和增加税收。可见，茶党运动试图通过废除不受其支持的政府开支来大幅度缩减政府规模的目标无法成为政治现实，通过削减税收促成"小政府"的目的也注定会失败②。

2. 选举

2010 年选举胜利必然导致茶党在立法机构中占据优势，至少有两项立法决议受其影响：大幅度削减开支以及对移民政策的影响。2011 年，为了应对提高债务上限以及避免对美国乃至全球经济造成无可挽回的伤害，共和党在茶党的推动之下逼迫奥巴马总统签署《预算控制法案》，实现了茶党削减开支的最初目标。在议会茶党成员的坚持下，共和党于 2013 年又成功阻挠议会通过大规模移民政策。近期受茶党影响的重要事件便是 2013 年 10 月的政府关门。茶党政客推动共和党不停向总统施压，要求签署立法停止向《平价医疗法案》提供资金，进而换取联邦政府的预算开支。迫使美国联邦政府在 10 月关闭除了国家安全等基本职能之外的多数政府机构，前后长达两周多的时间。虽然关键时刻由于共和党妥协遭遇开局失败，但是共和党却造成了短期的混乱与破坏③。

可见，茶党的焦土战略的确为其赢得了许多著名的立法选举胜利，但同时也损害了茶党运动的民众支持率，甚至引发全球恐慌，令茶党失去了不少人

①　Rutten, T., *Crashing the "Tea Party,"* *L. A. TIMES*, April. p. 17, 2010 (noting that while more than 90% of tea party supports believe the Obama administration is pushing the country into socialism, a majority do not wish to see social security and medicare cut despite their desire to see a smaller government); Zernike, K. & T - Brenan M., Discontent's Demography: Who Backs the Tea Party, N. Y. TIMES, April. p. 15, 2010; Neuman, J., A Familiar Tune on Healthcare, L. A. TIMES, March. p. 28, 2010 (noting that Medicare, a program that is sacrosanct today, was passed despite strong political opposition that denounced the program as a form of socialism).

②　Lavoie, R., *Patriotism and Taxation: The Tax Compliance Implications of the Tea Party Movement*, *Legal Studies Research Paper Series of The University of Akron School of Law*, August. p. 2, 2010.

③　Parker, S. C., *Wither the Tea Party? The Future of a Political Movement*, *Issues in Governance Studies*, June 2014, No. 66.

心，在 2012 年的国会选举中，其声势已经大不如前。如今茶党推动赤字削减的生硬策略已经使该议题边缘化，仅局限于极端主义者关注范围之内①。2013年两党僵局和政府关门也使其在共和党的铁杆支持者中激起了不少反感。为什么茶党冒着损害全球经济的风险也要就债务上限据理力争？据国会预算办公室（CBO）的数据，茶党为了节省 1240 亿美元却不惜耗费 1090 亿美元来废除已经实行的《平价医疗法案》，其真正原因又是什么？为什么一直阻止大规模移民改革的茶党却最终以答应至少减少三分之一非法移民和节省 8200 亿美元税收而草草收场？保守主义关注法律与秩序、社会稳定和财政责任，冒威胁世界经济稳定之风险这的确与保守主义原则不符，为了废除《平价医疗法案》和组织大规模移民改革而浪费更多税收收入也不是保守主义者的作风。茶党之所以拥护违背自身利益的政策在于有关奥巴马总统的担忧，他们认为奥巴马当选总统意味着将给"真正的"美国人带来巨大的社会和文化变革。茶党政治议程包罗万象，远不止简单地反对总统及其政策主张。内心的恐惧与担忧使他们害怕一切改变，想尽办法加以阻挠。②

即使茶党运动不再像 2010 那样生机勃勃，团结在标有"佩洛西之火"的公车周围，发动一场场声势浩大的抗议示威，将自身看作茶党人的选民依然最大程度地参与共和党选举。正如莫莉·鲍尔（Molly Ball）在《民主杂志》中写道："茶党运动看似失去了 2010 年赋予其动力的大量的媒体关注度、草根能量、组织基础以及资金募集影响力，但这并不意味着它在选举竞争中的威力不再，也不能证明它在国会中失去了声援的力量。"选民行为研究专家、艾莫利大学政治学教授艾伦·阿布拉莫维茨（Alan Abramowitz）也认为，在一贯低参与率的中期选举中，就算是选区内的小团体，只要目的明确、积极运作也能产生实质性的关键作用。

是否在 2014 年选举中获胜不能成为衡量茶党成功与否的标准。茶党运动一直致力于限制政府开支，因此也不能就此断定茶党不再具有政治相关性。茶党运动一直是民主党执政者心中的噩梦，也时刻提醒共和党人其国会之外的政治根基所在。正是这些反政府的共和党右翼势力在 2013 年 10 月一再发力，迫使政府关门。也正是这些源自"绝不服从"小团体的声音阻止美国当局在选举年优先考虑移民改革，哪怕共和党迫切需要拉丁人的选票来赢得 2016 年总

① Coy, P., *The Tea Party's Pyrrhic Victory*, October. p. 17, 2013, http: //www. bloomberg. com/bw/articles/2013 - 10 - 17/tea - partys - victory - against - government - spending - comes - at - high - price.

② Parker, S. C., *Wither the Tea Party? The Future of a Political Movement*, *Issues in Governance Studies*, June 2014, No. 66.

统大选。①

如今 2016 年大选在即，希拉里·克林顿（Hillary Clinton）已宣布参选。若她成功当选，则奥巴马离任并不会导致茶党从政坛消失。正如 20 世纪六七十年代极右派反对女权主义一样，认同茶党运动的民众同样会加入反女权主义的趋势之中。出于这个原因，茶党运动很有可能持续发酵。虽然奥巴马上任曾推动茶党运动的发展，但其影响力的确大不如前，因此也不能排除茶党运动对第一位女性美国总统反应平平的可能性。

茶党运动曾经而且以后也会一直将奥巴马看作为边缘化组织争取平等的工具。虽然这些组织奋力争取平等的做法不再新鲜，但的确在奥巴马任期内备受欢迎。这些边缘化组织在奥巴马任期内表达诉求的同时性、突然性以及有力表现都无疑增加了茶党人士的恐惧、担忧和愤怒。即使希拉里成功接任奥巴马，这些议题在未来八年内也会一直为人们所关注。因此，既然茶党人士已经接触到这些新政治议题，那么就算希拉里选择继续奥巴马以平等性为基础的政治议程，也不会激起茶党人异于寻常的过激反应。②

3. 移民改革

茶党人围绕移民议题进行反击和 2009 年与 2010 年金融机构联邦救助计划和平价医保法案激起右翼的不满有着惊人的相似，虽然议题改变了，但是共同的敌人依然是奥巴马。保守主义利益团体公民联盟主席大卫·博西（David N. Bossie）甚至将移民改革议题比作是 2016 年的"奥巴马医改"。保守主义者认为，移民改革激起了如此强烈的情感共鸣，说明该议题比《平价医疗改革》更具政治效力。正如刺激茶党支持者的诸多经济担忧一样，移民议题唤起了人们对于其财政保障和未来生活状况的恐慌。很多保守主义者对奥巴马总统长期持不信任态度的原因，在于其施政方针会彻底改变美国精神与核心，如今的新移民法案便是很好的例证，数百万移民者将会成为新生的潜在外籍市民。保守派将此看作茶党支持的关键时刻，若他们认为国会中的共和党领袖无法在移民议题上全力抵抗奥巴马总统，那么他们会采取什么措施？③

保守主义作家和电台主持人劳拉·英格拉哈姆（Laura Ingraham）认为，

① Fox, L., *The Tea Party's Not Dying*, March. p. 24, 2014. http：//www. usnews. com/news/articles/2014/03/24/the - tea - partys - not - dying.

② Parker, S.C., *Wither the Tea Party? The Future of a Political Movement*, *Issues in Governance Studies*, June 2014, No.66.

③ Peters, W. J., "After Obama's Immigration Action, a Blast of Energy for the Tea Party", *New York Times*, *Politics*, November. p. 25, 2014. http：//www. nytimes. com/2014/11/26/us/obamas - immigration - action - reinvigorates - tea - party. html？_ r = 0.

"如今茶党奋力争取的是将其意识形态吸引力转化为政治影响力。即使能够取得选票，其政治影响力也是不足的。这种影响力是指委员会主席和参议员能在必要时候以个人身份发起对体制内政党的切实挑战"。另一个困难是共和党背后的大财阀希望国会通过全新的移民改革，资助茶党崛起的利益团体（如科氏兄弟扶持的"繁荣美国人"）却并不会站出来帮助右翼茶党的反移民改革行动。

　　国会共和党人正在商讨如何挑战奥巴马总统的移民改革，但同时也不激怒党内的右翼势力。可以走法律程序上诉，或者是曾被众议院拨款委员会否认的切断资金来源，亦或者包括拒绝批准总统提名等其他方式施加压力。但是想令保守主义阵营满意并非易事。茶党人士不太可能耐心等待一项诉讼案件走完法律程序，而且其中很多人已经表示怀疑共和党领导人愿意就拨款斗争到底。但是茶党自身的反抗注定是艰难且昂贵的。几乎所有的茶党候选人在2014年选举中都惨遭失败，而且人们对于像逼迫政府关门这样的低成本策略的容忍性也逐渐降低。很多国会强硬的保守主义者对于利用政府关门迫使奥巴马在移民问题上做出让步迅速封口，避而不谈，就可见对手已经完全吸取了2013年政府关门的教训[1]。保守主义茶党若不转换策略，将无法在2016年大选和日后的政治活动中保持移民问题的政治攻击力。

　　茶党人士不反对政府的社会福利政策，但是却极力反对政府用纳税人的钱扩大国家福利范围，让不劳而获的"懒惰者"坐享其成，而这其中最为突出的便是移民群体。移民问题已经上升为茶党运动的核心议题，如今其重要程度可与税收议题相提并论。除了非法移民，很多茶党成员对于合法移民也颇为顾忌。深挖这种对于外来移民担忧与极端偏颇的态度会发现，这是一种右翼茶党人"对美国人口结构变化的深切焦虑"[2]。据有关数据显示，20世纪90年代开始出现了一波新的移民潮，其中以拉丁裔和亚裔为主。到2012年年底，非白裔人口已经占据了美国人口总数的37%。据美国人口统计局预估，非白裔人口到2043年将占据美国总人口的绝大多数。这对于由白人中老年男性组成的茶党运动来说将是难以接受的噩耗，这不仅意味着他们已经拥有的社会福利将与这些"外籍人口"共同分享，而且预示着他们崇尚的"美国精神"和熟悉的"旧美国"将被无情地取代。可见，他们对于移民的偏见源于其内心深处的怀旧心态和担忧心理。

　　① Peters, W. J., "After Obama's Immigration Action, a Blast of Energy for the Tea Party", *New York Times*, *Politics*, November. p. 25, 2014. http://www.nytimes.com/2014/11/26/us/obamas - immigration - action - reinvigorates - tea - party. html? _ r = 0.

　　② http://www.yahui.cc/forex/tzck/743069 - 1. htm.

4. 其他社会问题

从教育方面看，草根保守主义茶党对于《共同核心州立标准》的合法性和正当性有着诸多质疑与抱怨。由于对奥巴马总统的厌恶，他们同样很不喜欢总统拥护的这项针对公立学校学生的极为复杂的基准体系。若各州有任何迹象想要终止已经过时的"有教无类法案"，那么右翼茶党人士便会对各州政府施压，强人所难。他们认为《共同核心州立标准》由一群公司企业官僚编纂和批准通过，却没有涉及教育体制内专业人士的观点与经验。他们担心这项冗长而复杂的《共同核心州立标准》为学生打造的是死记硬背的课程体系，而不再注重对学生创造性和差异性的培养。当然更重要的是，这项标准让他们失去了以往的权利。他们认为这项标准在准确性、大胆假设性等很多方面都会令人生疑。准确地说，《共同核心州立标准》要求学生在电脑科技方面进行训练和测验，因为该标准背后一大支持者便是微软大亨比尔·盖茨。阿拉巴马州一个茶党组织（Rainy Day Patriots）的立法主席安·尤班克（Ann Eubank）认为"这是脱离教科书的教学"。她曾对《共同核心州立标准》的脆弱性进行过调查，发现整个教育体系都是为电脑大亨服务的，使他们更加富有，"这分明是教育跟着钱走"！

此类不信任的声音在教育界引起哗然一片，但同时也出现了有关草根右翼活动分子的合法性与合理性质疑。这是茶党右翼人士想要真实参与的议题吗？对此很多茶党支持者都无法给出确切答案。事实上，参与这类议题非但不能提升茶党运动的政治影响力，反而会加深人们对茶党运动日渐边缘化和无足轻重的印象[1]。

从环境方面看，2014年皮尤调查显示，大部分美国人相信气候变化的事实[2]。有接近三分之二的美国人，其中包括一半共和党人，支持对发电厂排放物实行更加严格的限制措施。然而茶党保守主义者再次被排除在外。面对党内最积极的保守主义支持者和在选举中需要争取的绝大多数，大老党陷入了两难的境地。首先令共和党烦恼不安的是年轻选民，他们大多数人将气候变化看作严重的大问题，而且他们肯定能活过自己的祖父们——那些共和党的传统支持者，参与政治的时间也会更长。若茶党在气候问题上还持僵化老旧的顽固立场，守着眼前利益不放，终将拖累共和党失去年轻一代积极力量的支持。

① Johnson, F., *Why is Common Core a Tea Party Bugbear*? March. p. 5, 2014. http：//www. national-journal. com/policy/insiders/education/why－is－common－core－a－tea－party－bugbear－20140304.

② Judd, W. J., "The Majority of Republicans Believe in Regulating Carbon Emissions", *Politics and Law of Pacific Standard*, Jan. p. 15, 2015, http：//www. psmag. com/#! /politics－and－law/majority－re-publicans－believe－regulating－carbon－emissions－9826.

　　有些国会共和党议员，如茶党人士，仍然拒绝承认环境问题的存在，将全球变暖看作自由主义者的天大笑话。有些人虽然承认气候变化的真实性，却否认是人为造成的，因此他们认为气候变化问题不需专门加以解决。当然国会共和党领导群体中最为普遍的观点还是将两者相结合，采取"也许是个问题，也许不是个问题"的模棱两可态度。可见共和党内部在气候变化相关议题上仍然存在分歧。因此，即使共和党看似在做出积极改变，但目前仅仅是表面言论上的让步，并没有对实际政策做出真正的变革。要知道进化演变是一个缓慢的过程，如果气候环境变化真如科学家所预测的那般变化迅速，那么像茶党和共和党这类政治团体将会频临灭绝。①

　　最后再看社会伦理问题。共和党内部以茶党为代表的保守主义力量对于堕胎和同性恋权益问题仍持反对意见。得克萨斯州共和党在 2014 年党纲中重申了反同性恋、反堕胎等保守主义社会政策。得克萨斯共和党人"一直致力于推翻罗伊诉伍德案"，并且呼吁人们尊重婴儿的完整人格，保护宪法赋予未出生婴儿的权利。婴儿与孕妇是两个独立个体，因此坚决反对堕胎。对于同性恋群体，仍然予以区别性待遇，其非传统生活方式不予认可，"家庭"概念不应包含同性夫妻，同性恋夫妻收养子女的权利也仍然遭到否定等②。但是也有例外，在 2014 年内华达州共和党党纲中便首次将同性婚姻、堕胎等社会热点议题划除。该州共和党纲领委员会认为这符合小政府的保守主义理念。这无疑遭到了保守主义茶党的强烈反对，宣称划除此类议题意味着失去了社会保守主义选民。议员艾拉·汉森（Ira Hansen）就质疑道："不能舍本逐末，丢掉根基来进行党派建设。若离开茶党、福音派、摩门教徒和荣·保罗追随者，共和党还能剩下什么？"但是这些议题决定了政府干预民众个人生活的程度，这可以说是共和党的大胆尝试，以试图吸引包括年轻选民在内的更广泛的民众基础③。茶党必须学会将注意力放在能够发挥政治影响力的议题上面，否则只会因为覆盖日渐广泛的社会议题而被逐渐边缘化，成为共和党内无足轻重的分支。

　　同性婚姻涉及政府治理的基本结构问题，这也是美国文化中的稳定性能

　　① *The GOP does the climate change dance*, May. p. 10, 2014. http：//touch. latimes. com/#section/ - 1/article/p2p - 80157906/.

　　② Grimes, A., *Texas Republicans' New Anti - Gay, Anti - Immigrant, Anti - Abortion Platform*, June. p. 10, 2014 http：//rhrealitycheck. org/article/2014/06/10/texas - republicans - new - anti - gay - anti - immigrant - anti - abortion - platform/.

　　③ Weber, K., Abortion, *Gay Marriage Dropped From Republican Party Platform in Nevada*, April. p. 17, 2014, http：//www. christianpost. com/news/nevada - gop - party - drops - abortion - same - sex - marriage - from - party - platform - 118021/.

量。保守派就是要在未经试验的新鲜事物出现之前证明治理方式的合理性，而婚姻制度就是证明方式之一，它提供了判断是非对错的标准和社会成员良性互动的方式。茶党等保守主义担心同性婚姻会削弱婚姻制度的重要性，进而失去培养核心家庭观念的温床。因此，茶党等保守主义者并不反对同性恋者同居，却反对将这种结合称为婚姻。至于堕胎，毫无疑问，天赋人权。自由主义者关注的是母亲的权利，而茶党等保守主义者在意的是母亲体内婴儿的权利。问题的关键在于何时将这个生命定义为人？当然权利是没有绝对的，正如这里母亲的生命权与未出生婴儿的生命权会产生矛盾一样。

二　茶党运动前景探析

茶党运动的重心局限于强调经济、就业、税收和奥巴马政府等议题，这使其未来长远发展问题重重。茶党运动形成于"大萧条"时期，关注重点是疲软的经济和无力的政府政策。这一基调接着用于 2010 年的国会选举之中，茶党候选人一致攻击奥巴马和相应糟糕的经济状态。但是 2012 年总统大选以及 2014 年中期选举之后，茶党运动的未来变得日渐模糊。福克斯新闻网的编辑威廉姆斯（Williams）亦是该运动曾经的支持者，他指出如今茶党运动的支持率处于极低水平，很有可能面临瓦解的危险。国家广播公司新闻网（NBC News）的莫里（Murray）也持相类似观点，并强调 2013 年 4 月"自由工作组织"（之前茶党的重要分支）在美国国会大厦举行的集会只有几十个人参加，可见该运动已经"不再是能够撼动美国政治的全国性运动"①。轰轰烈烈的茶党运动终将淡出历史舞台。下面将从政治机遇、内部结构、最初目标以及与共和党的关系四个方面对此进行分析。

1. 政治机遇

茶党运动作为一种社会运动，其根基之一——政治机遇源于一系列具体的政治议题，一旦这些议题开始失去相关性，茶党运动也将面临终结。茶党运动围绕的第一个主要议题就是美国经济与联邦赤字，一旦赤字开支开始大规模减少（相对来说），茶党就会迅速失去其最初的推动力以及在政治舞台上的相关性，那么茶党就无法在美国政治体系里长期发挥影响力。如果国内经济开始好转，那么茶党这一攻击点将开始失去作用。一旦经济快速发展并重现繁荣，那时很多选民便不会纠结促进经济好转所使用的方法。由于大萧条所导致的经济

①　Walford, G., *Assessing the Impact of the Tea Party on the Republican Party*, Nov. p. 28, 2013, http: //www. e－ir. info/2013/11/28/assessing－the－impact－of－the－tea－party－on－the－republican－party/.

低迷，一旦出现相对繁荣的经济景象又怎会招致民众的批评与不满？那时经济增长便会成为遭遇过经济损失和"大萧条"的选民心中的决定性因素。

　　不管哪个党派控制总统职位抑或国会，经济发展与繁荣都必将使茶党候选人所强力拥护的关键点变得毫无意义。若经济复苏出现在共和党总统或者共和党掌控国会的时期，便对茶党有利；若正好相反，那么茶党人士推崇的政策主张就会被认定是错的。2010年国会选举就可以看出，茶党候选人所使用的基调便是猛烈抨击奥巴马总统的施政方针和民主党掌控下的国会。因此，若民主党总统或者民主党控制国会时出现了根本性的经济好转，那么茶党候选人还坚持其潜在构想与论调就很有可能被认定是妨碍经济繁荣，那便是对茶党日后政治成功的毁灭性打击。

　　另外，相较于全球变暖来说，联邦赤字是一个离民众更近的话题，因为很多人认为全球变暖是未来人类才将要面临和解决的问题。从这种程度上来说，如果与民众更迫切的要求相比，缩减联邦开支以减少政府债务将变得不再那么重要，比如，民众普遍认为更多的就业机会远比削减联邦开支重要得多。所以如果人们开始意识到削减政府开支与否将不会影响到社会的就业稳定时，那么联邦开支将不会作为国家议题受到民众的关注，也就自然而然地失去其现有的重要性。这同样可以使茶党失去其赖以生存的政治机遇。①

　　茶党运动第二个重要政治机遇是强烈反对奥巴马总统。不断攻击其施政方针，如经济刺激计划和2010年国会选举时闹得沸沸扬扬的奥巴马医改，甚至将医保法案比作宪法上一张微不足道的蜘蛛网。然而很明显奥巴马不可能永远是总统，一旦共和党人入驻白宫，那么反对奥巴马的立场便立刻站不住脚了。但也存在可能将这种反奥巴马的情绪延续下去，若2016年民主党人当选总统，而且得到奥巴马的大力支持，那么便可以对两个总统类比分析进而将情绪平行转移。若经济仍未见起色，那么茶党运动便可以谋求重现政治舞台。但是到了2016年美国经济肯定有所发展，至少比茶党运动初现时要好。

　　最终，经济发展再加上奥巴马离任总统，都有可能使得茶党运动销声匿迹。如果说茶党运动2010年国会选举中所取得的成功是由于民众对于经济形势和联邦政府应对之策的普遍不满，那么茶党运动就不太可能发挥持续性的较大影响力。确立经济保守主义方向显然是茶党2010年大获全胜的推动力量，也因此可以推断茶党运动最终将消失而被吸纳进共和党的主旋律之中。随着这些因素的到来，茶党运动很有可能被共和党所吞并，届时其政策主张也会淹没在大老党的主旋律之下。一旦茶党的声音减弱，那么茶党运动候选人未来的竞

---

　　① Palmer, D., *The Tea Party and Social Movements*, *Honor's Theses*, May. p. 10, 2011.

争力也会跟着慢慢消失，进而严重制约茶党运动在政治舞台上大展身手。茶党运动利用民众对低迷经济的不满来增加影响力，这在民众的愤怒与寻求改变中加入了个人因素。如果经济没能复苏，就算新任总统采取了与前任完全不同的施政方针，民众的不满情绪也会为茶党运动创造许多的潜在支持者。当然，随着就业机会的增多以及民众逐渐富裕，不满之情连同茶党运动的影响力有可能会再次消失。

当然，即使经济复苏以及奥巴马任期结束，茶党运动也可以维持其影响力。但是茶党运动需要改变其社会价值议题的重点或者拓宽与宪法、社会福利、国家安全等相关的其他议题。正如2010年国会选举中，茶党运动候选人俨然就是宪法的忠诚卫士，他们一致谴责政府政策不符合宪法，引用宪法和建国先父言论一直贯穿了选举始终。而其社会价值议题一直为茶党运动进入政治舞台发挥影响力保留着可能性。[①]

2. 内部结构

茶党内部结构有两个限制因素。首先，没有强有力的本土组织，而且茶党运动创建的正式组织之间必须通过明显的信息符号来保持相关性。这意味着该社会运动的影响力取决于当时的政治环境和政治机遇。例如，20世纪80年代里根总统反对保护环境的坚定立场遭遇了强烈反抗，涌现出大量反对者加入诸如塞拉俱乐部等环保组织。但是若没有里根政府创造的政治机遇，塞拉俱乐部根本无法召集如此之多的支持者。同样，要想维持茶党各式各样正式组织之间的相关性，唯一途径便是确保其缩减联邦政府开支的政治信号为广大民众所看重。一旦政治机遇收缩，那么茶党赖以生存的社会网络便会日趋分散化，进而促使茶党运动快速瓦解。茶党运动在大学校园中的影响力即可反映出其本土组织方面的弱势。例如，民权运动中校园组织团体就曾扮演重要角色，打造了许多著名的抗议活动。相反，茶党主要的校园团体只有"茶党学生"。该组织是"茶党运动中的学生团体"，全国共有13个校园分会。相较于美国庞大的校园体系，13个校园分会仅占其中很小一部分，而且没有证据表明校园中广泛分布着其他茶党组织。这只是茶党缺少本土组织支持的一个例证，在学生层面的影响力缺失实际上反映出其更普遍的事实，即茶党运动没有可以轻易调动的大量本土组织。

其次，"茶党"运动内部严重缺乏统一性和凝聚力，至今为止还没有人能

---

① Bailey, K. L., *The Future of the Tea Party: A Comparison of the Progressive (Bull Moose) Party and the Tea Party Movement*, Thesis Submitted to the Faculty of Virginia Polytechnic Institute and State University, 2012.

真正成功地统一茶党信息，这对于将"茶党"运动从本土化的小组织转化成大规模且正式的机构和系统来说并不是个好兆头，也将是茶党成功成为长期稳定的社会运动的重要制约因素。另外，茶党拥有大量的支持团体，从松散召集在"茶党爱国者"旗下的小组织，到一体化更强的政治性机构，如"茶党快车"和"自由工厂"等。其中很多组织具有不同的信息，并对什么是茶党和优秀的茶党政客有着不同的解释和定义，这意味着整个茶党运动没有具备从上至下的共识，从而使整个"茶党"运动面临着淡出政治舞台和公众注意力的危险①。如果茶党不能达到某种程度的统一，则会一直处于内部冲突的危险境地，甚至会引发自我毁灭。"茶党"运动缺乏统一性，仅仅依靠政治机遇创造的正式组织机构维持其影响力。一旦政治机遇开始收缩或者消失，那就会给茶党已经动摇的内部组织机构带来巨大压力，并最终使其难以为继②。

　　另外，茶党成员的信教比例也值得一提。茶党运动成员中有一定数量的福音教派基督徒，2010 年一份民意调查显示，几乎有 40% 的茶党支持者将自身定义为福音教派基督徒③。2010 年选举过后的另一份民调显示结果相似，几乎有 60% 的受访选民每周至少参加一次宗教活动④。第二个问题直接说明茶党支持度，有 50.5% 的选民承认对茶党存在不同程度的支持，只有 21.1% 的人反对茶党。较高的信教比例再加上绝大多数受访选民支持茶党运动，说明了茶党运动中保守主义基督教的潜在影响力。这一固有的宗教影响力使其更容易转向社会价值议题，与保守主义福音教派基督徒的关系再结合严格遵守宪法的要求，使茶党运动转向社会保守主义运动。

　　然而，据民意测验显示，福音教派基督徒在茶党支持者中所占比重并不大，其中很多人是出于茶党运动强烈的经济保守主义立场。因此，这种社会保守主义转变的重点就可能遇到强大的阻力。大部分支持者可能会希望茶党运动即使在出现经济复苏和奥巴马任期结束，也能持续保持经济保守主义的方向。最可能出现的情况就是有些人在经济复苏和奥巴马离任之后想要脱离茶党运动，这样便会使茶党运动的影响力较 2010 年国会选举时大大减弱。

①　Palmer, D., *The Tea Party and Social Movements*, *Honor's Theses*, May. p. 10, 2011.

②　Bailey, K. L., *The Future of the Tea Party*：*A Comparison of the Progressive (Bull Moose) Party and the Tea Party Movement*, *Thesis Submitted to the Faculty of Virginia Polytechnic Institute and State University*, 2012.

③　Skocpol, T. & Williamson, V., *The Tea Party and the Remaking of Republican Conservatism*, Oxford University Press, 2012.

④　Williams, W. J, *God is a Republican*；*the Media are Sinners*, *Presentation paper at the* 2012 *Midwest Political Science Association conference*, 2012. http：//conference. mpsanet. org/OnlineDirectory/Sections. aspx? section = 29&session = 18.

3. 偏离最初目标

茶党如今已经偏离其在经济议题上的最初目标，成为共和党的极右翼团体。茶党影响力日渐衰弱确是事实。最新盖洛普民意测验显示，只有30%的美国人支持茶党运动，这也是历史上的最低水平。同时，该调查还反映出另一个令人担忧的现象，有72%的美国人认为"大政府"是美国未来的最大威胁。可见，民众依旧压倒性地支持茶党限制政府规模的目标，但是此类选民却没有成群结队地涌向茶党组织。

这其中可能牵涉战略技巧问题，但更为根本的问题是：茶党还是茶党吗？

茶党运动不满于华尔街救市计划，其最初目标是反对"大政府"。"茶党爱国者"是最大且最具影响力的茶党组织之一，其格言便是"经济责任，有限政府以及自由市场"。茶党的核心议题是突飞猛涨的国家债务和反对奥巴马医改，其党纲最初并不包含社会议题。"茶党爱国者"领导人詹妮·马丁曾告知《纽约时报》："当支持者被问及社会议题时，通常会回答'所加入的其他组织已经能够很好地应对社会议题'。我们应该坚持不懈和坚定信念。"2010年4月哥伦比亚广播新闻（CBS）、《纽约时报》的民意调查显示，只有14%的茶党支持者认为社会议题要比经济议题重要。因此，茶党运动才得以构建经济保守主义者的大联盟，其中包括保守共和党人、自由主义者以及具有社会宽容度且经济保守的郊区民众（近些年慢慢远离共和党）。在全国调查中，近40%的茶党支持者曾将自身定义为自由主义者或者具有自由主义倾向的人。他们组成了茶党运动下形态各异的大小组织，这些组织一致认为政府赋税过重，致使民众因为不加节制的联邦政府而走向破产。

但是，茶党逐渐偏离了其严格的经济保守主义初衷。尽管首要议题仍然是反对奥巴马医改和政府开支，但是堕胎、同性婚姻和移民等社会议题已开始左右茶党运动。因此，茶党组织领导人开始就社会议题进行评论或表态。例如，"茶党国家"曾明确指出"不关注"社会议题，如今其创始人贾德森·菲利普斯则公开谴责同性婚姻，将其比作"3个男人、5个女人、2只狗和1只孟加拉虎表演的畸形秀"。茶党新闻网的斯科蒂·尼尔·休斯（Scottie Neil Hughes）认为堕胎的女人应该被判入狱。2013年国会市政会议期间，"茶党爱国者"反对的并不是奥巴马医改或者提高债务上限，而是移民改革议题。

根据皮尤研究中心的宗教和公共生活论坛调查显示，如今茶党人在社会议题上要比全体美国人甚至共和党都更加保守和右倾化。例如，尽管公众如今勉强接受同性婚姻，但是茶党人士中反对者几乎是支持者的两倍；公众在堕胎问题上的态度通常一分为二，但是60%的茶党人认为在全部或者绝大多数情况下堕胎都是违法的；在非法移民成为合法公民问题上，茶党成员的反对比例要比普通民众高出近20%；如今大部分茶党支持者认为宗教信仰是其就重大议题所持立场的最重要的决定因素。正因为如此，经济保守主义者、自由主义者以及反税收的温和派日渐离开茶党运动，如今不到四分之一的茶党人将自身定义为具有自由主义倾向。2013年弗吉尼亚州州长选举中，具有社会宽容度且经济保守的郊区民众全力支持民主党人特里·麦考利夫（Terry McAuliffe）对抗茶党中意的极端社会保守主义者肯·库奇内利（Ken Cuccinelli）。

茶党已经开始远离经济保守主义者的广泛联盟，而仅仅是共和党内部最为保守的派别，其覆盖面越来越小。正如乔治·华盛顿大学政治管理学教授史蒂夫·比勒特（Steve Billet）所言，"民意调查显示茶党失败的原因是其试图在简单的财政预算基础之上扩展政治议程，同时过多地涉及其他领域的社会议题"。最初引发茶党运动出现的议题看似并没有消失：虽然大部分问题资产救助计划已经还清，但是其背后的裙带资本主义文化依然兴旺；财政赤字只是暂时下降，国家债务依然持续攀升，社会保障和医疗保险中的无资金准备负债也在不断增加；奥巴马医改更是成为超过预期的更大灾难。如今同茶党运动成立之初一样迫切需要反对大政府的强烈呼声。

茶党运动远不是无力回天、行将衰落，它仍在不断挖掘民众对政府体制的不信任感，不断增加在初选时的挑战力度，进而带领共和党人在偏离其政治议程的道路上越走越远。但如果茶党运动想要重获再造美国政治版图的巨大影响力，就应该时刻谨记成立之初的目标。①

4. 与共和党的关系

自2008年总统和国会选举之后约两年时间里，共和党直接沦落为少数党，不得不积极搜寻新事件以期影响选民，重回多数党地位。因此共和党当时所处的尴尬地位使其不得不改变政治议程，而茶党号召减少财政赤字正处于国家经济严重衰退时期，二者可谓不谋而合。茶党与共和党的关系十分微妙。从政治立场来看，二者在观点上不存在较大分歧，茶党构成了大部分支持共和党的保守主义力量，但又较一般共和党人更保守。然而，他们却极力反对和排斥某些共和党官员，认为是这些人脱离了共和党的主体潮流，而不是他们茶党人士。因为茶党团体重要的资金来自诸如"自由之力"和"我们的国家需要变得更好"等共和党政治行动委员会，所以这种情况下他们又选择不与共和党人作对。"茶党"支持者带有更高的种族仇恨，而且同其他公众甚至是其他共和党人相比，他们对奥巴马总统持有相当消极的看法。经过多变量分析得出，种族

① Tanner, M., *Why the Tea Party's Waning, Not Winning*, March 5, 2014. http: //www. nationalreview. com/article/372561/why - tea - partys - waning - not - winning - michael - tanner.

仇恨，敌视巴拉克·奥巴马，再加上经济上的极端保守主义，成为"茶党"运动支持者所具备的最重要因素①。茶党运动的关注点过于具体，因此它无法以凝聚力处理和应对共和党的所有核心议题，再加上其过于偏激的立场也使共和党不得不对茶党保持一定的距离。

2010 年中期选举中，茶党作为保守主义草根力量的崛起帮助共和党得以控制国会众议院，并且明显壮大了大老党在参议院的实力。但另一方面，草根运动和体制内政党的联盟却脆弱不堪。美国多数票制和严格的投票权限法使叛乱性社会运动根本无法转变为主要政党，所以此类运动不得不与主要或其他主要政党联盟。这也许有助于共和党实现短期的选举利益，但是政党和社会运动之间的关系往往问题重重。茶党一直试图通过重返建国先父们构想的有限政府来寻求美国政府在本质上的根本"变革"。共和党领导人主要由现任政治领袖和利益集团（或者说"政策要求者"）组成，他们同已有的华盛顿政治游说集团之间保持着长期的联系。他们也正是通过这些游说集团为共和党寻求全国性的政治影响力，因此不得不对茶党的势力和极端要求加以平衡，以达到赢得摇摆州中间选民的支持进而掌控国会和总统选举的目的。茶党候选人也曾多次浪费共和党在摇摆州参议员的席位。对茶党而言，要想维持其草根能量和政治相关性就不可能仅仅被看作共和党的一种武器。可想而知，主要政党和社会运动之间出于权宜之计的联合一旦破裂，对二者乃至美国保守主义政治议程都将是毁灭性的打击。

早在第 112 届国会时，二者之间的持续性紧张便已现端倪。数名茶党运动者曾在 2010 年力挺的参议员（如马克罗·卢比奥（Marco Rubio）和帕特里克·图梅（Patrick Toomey））拒绝加入由参议员德敏特（DeMint）发起的小茶党党团。犹他州、印第安纳州和迈阿密州的茶党组织也宣称，2012 年将向现任老牌保守主义参议员奥林·哈奇（Orrin Hatch）、理查德·卢格（Richard Lugar）以及奥林匹亚·史诺（Olympia Snowe）发起进攻。2011 年国情咨文演说之后，除了众议院预算委员会主席代表共和党对奥巴马总统做出官方回应之外，威斯康星州国会议员保罗·赖安（Paul Ryan）和势力强劲的国会议员米歇尔·巴赫曼（Michele Bachmann）都宣称将代表茶党做出回应。同时，茶党支持者——印第安纳州国会议员迈克·彭斯（Mike Pence）还宣布将离开议会参加其所在州 2012 年州长竞选。在共和党总统候选人为 2012 年选举积极运作

① Abramowitz, I. A., *Partisan Polarization and the Rise of the Tea Party Movement*, *Prepared for delivery at the Annual Meeting of the American Political Science Association*, *Seattle*, *Washington*, September 1 - 4, 2011, pp. 14 - 15.

之时，茶党阵营明显对大选中可能具有广泛影响力的共和党候选人如前马萨诸塞州州长米特·罗姆尼（Mitt Romney）和前阿肯色州州长迈克·赫卡比（Mike Huckabee）不感兴趣，相反，却对诸如萨拉·佩林和米歇尔·巴赫曼等党外人士格外关注①。

由于对政治机遇和正式组织的依赖，茶党将无法通过议题演化测验。它的确曾引起举国瞩目，如今其主要关注点也依然位于政坛前沿。但茶党不具备在两党体制内创造巨大思想变化的潜力。尽管茶党能够导致共和党内部向经济保守主义转移，也能潜在影响民主党的政策方针，但却不能就何为经济自由主义或者经济保守主义给出全新的定义。

早在20世纪90年代纽特·金里奇（Newt Gingrich）时期，共和党曾尝试将自身定义为经济保守主义政党，但此后茶党运动再没有彻底改变两党的立场。也许茶党运动能推动共和党重返其经济保守主义根源，然而该目标一旦实现，茶党很有可能重回共和党体制。历来美国政党既是运动又是党派，通常具有主要政党没有真正涉及的某项议题。倘若某项议题（如非法移民）因为政治机遇消失而变得不被关注，那么其支持者通常会呈现分散化态势继而被纳入主流政党之中。如果政治保守主义作为共和党的重大主题强势回归（实践证明该趋势已经日渐明显），那么很多人将会摒弃茶党大幅度削减开支的号召，转而向共和党——这一体制内主流政党示好。

另外，有关预算赤字议题的保守主义立场将会对政党定义其他重要政治议题产生重要影响。例如，预算谈判在最后紧要关头推迟延期，正是因为很多共和党人通过削减项目开支（如计划生育和为堕胎提供补助资金）来推进保守主义社会议程②。社会保守主义共和党人不会允许茶党影响其在诸如社会保守主义等其他议题方面的整体观点。茶党的主要关注点仅仅是削减联邦预算，但是很多共和党人还关注文化议题。这表明茶党在此类外围议题方面能力不足。议题演化的一个重要内容便是对政治格局的关键性再定义，这对于议题关注狭隘的茶党运动来说将根本无法实现③。

---

① Palmer, D., *The Tea Party and Social Movements*, *Honor's Theses*, May 10, 2011.

② Steinhauer, J., "Late Clash on Abortion Shows Conservatives' Sway", *New York Times*, April 8, 2011.

③ Palmer, D., *The Tea Party and Social Movements*, *Honor's Theses*, May 10, 2011.

第七章

茶党运动与美国外交决策机制

美国外交决策机制是对外政策分析的核心，是发达国家成熟外交决策机制的典型案例。美国的外交决策理论从 20 世纪 50 年代开始，到目前为止，通过借鉴其他学科的理论方法，发展已经相当完善。决策模式不仅包括理性决策模式、集团决策模式、官僚政治模式、组织过程模式以及同心圆决策模型、漏斗模型等，这些模式具备一定的解释力，在一定程度上也反映了美国外交决策的复杂性。而系统分析方法能在一定程度上把一个复杂的决策系统简单化，使我们能更清晰地揭开美国外交决策这一"黑匣子"。本章通过茶党运动这一案例分析美国外交决策的影响机制。茶党运动影响美国外交决策的具体途径主要是影响决策者对某一问题的认知，通过美国政治选举影响国会中共和党的右翼倾向，并利用共和党议员的投票权影响美国外交决策中的监督反馈过程。

第一节　美国外交决策系统分析

在政治学研究领域引入系统论、信息论和控制论早已有之，在 20 世纪五六十年代尤为盛行，政治科学家卡尔·多伊奇（Karl Deutsch）在 1963 年出版了《政府的神经：政治通讯和控制的模型》（*The Nerves of Government：Models of Political Communication and Control*），阐述了他的政治沟通理论。"他形象地把国家关系的沟通比作'政治的神经'"，认为"在国际关系研究中不能再以国家为中心，而应重视国家之间的相互沟通关系；仅就其使用的方法而言，沟通理论为国际关系研究的深入开辟了新的途径"[①]。而戴维·伊斯顿英所著《政治分析的框架》（*A Framework for Political Analysis*），则将系统和负反馈等概念引入政治系统[②]。系统论认为，系统具有层次，每一层次都可以作为一个

---

①　倪世雄：《当代西方国际关系理论》，复旦大学出版社 2001 年版，第 95 页。
②　万百五：《社会控制论及其进展》，《控制理论与应用》2012 年第 1 期。

系统来研究，它又是上一系统的子系统。另外，陈振明在《政治学——概念、理论和方法》一书中提出广义的政策系统（公共决策系统）由信息子系统、咨询子系统、决断子系统、执行子系统、监督子系统五部分构成，实际上涵盖了政策运行的全过程①。赵晓春在《发达国家外交决策制度》一书中对外交决策机制进行系统划分，他认为，"发达国家经过不断的调整和完善，已普遍建立起了由情报、咨询、决策、执行监督和反馈等系统组成的组织健全、结构合理、功能明确的科学化外交决策机制"②。本章在此基础上，把美国的外交决策系统分为信息子系统、咨询子系统、抉择子系统、执行子系统、监督子系统五大子系统。

一　美国外交决策信息子系统

信息子系统是专门从事搜集、统计、储存、检索、传播、显示等有关情报资料信息的组织机构。③ 在美国外交决策系统中，外交决策始于情报信息，信息子系统是其他系统能够合理运行的最初起点。美国的外交决策信息子系统主要是指为美国外交决策提供信息情报来源的组织机构，其核心是美国的情报组织系统。

根据杰弗里·里彻逊的定义，情报是对从目标国家地区或行动的一个或若干方面所能得到的、对制订计划具有现实或潜在意义的一切资料进行搜集、评价、分析、综合和译释的产物④。简单地说，情报就是有用的信息。美国情报部门十分发达，影响广泛，在全球首屈一指。其情报机构主要包括国家情报系统和军事情报系统两个系统，担负着收集、分析情报的作用。美国情报界的主要机构有：中央情报局、国防情报局、国家安全局、国家侦察局、国家地理空间情报局、海军情报机构、空军情报机构、海军陆战队情报机构、国土安全部情报分析司等机构。在"9·11事件"之后，成立了"9·11事件"调查委员会并在其报告中提出成立国家情报总监（Director of National Intelligence, DNI），并在2004年通过了《情报改革和防恐法案》（Intelligence Reform and Terrorism Prevention Act of 2004），设立了国家情报总监办公室，同时在国会两

①　陈振明、陈炳辉：《政治学：概念、理论和方法》，中国社会科学出版社1999年版，第291页。

②　赵晓春：《发达国家外交决策制度》，时事出版社2001年版，第34页。

③　陈振明、陈炳辉：《政治学：概念、理论和方法》，中国社会科学出版社1999年版，第291页。

④　［美］杰弗里·里彻逊：《美国情报界》，郑云海、陈玉华、王捷译，时事出版社1985年版，第2页。

院成立情报委员会。

1. 作为信息枢纽的中央情报局

美国的情报系统产生于 20 世纪 40 年代，在"珍珠港事件"之后，由于美国没有一个全面的情报机构去收集和分析用于决策的情报信息，而导致了信息的分散和时机的贻误。富兰克林·罗斯福总统因此设立了战略服务局（OSS），随后杜鲁门总统成立中央情报小组（CIG），直到 1947 年通过《国家安全法》，成立了国家安全委员会，并在 1949 年设立了中央情报局。中情局并不是美国规模最大的情报机构，但声名显赫，是情报界的代名词。中情局的主要功能之一就是搜集和分析全球政治、经济、军事、文化、科技等领域信息。同时，中情局还负责协调和指挥美国情报界的活动。中情局因其重要性，局长必须由总统提名，参议院批准通过。"中情局必须在政治上保持中立，以便体现情报分析的客观性。然而事实上，尽管中情局和军方一样没有正式的参与外交决策的权力，但事实上总统往往依赖它作出有利于其政策的情报分析报告。"[1]

中情局部门繁多，有管理处、情报处、行动处、情报研究中心和科技处。其中，情报处是负责秘密搜集和隐蔽行动，《总统每日简报》（For the President Daily）就是由该处拟定的，《总统每日简讯》仅供总统及少数几位重要顾问阅读，其目的是"把总统的视线吸引到具有潜在危机的地区，提醒总统注意在这里可能需要迅速做出政策调整的一种有力工具"[2]。而情报研究中心主要负责拟定各种国家情报评估和特别国家情报评估报告。其情报具有绝对权威性，也因此在信息的源头便对美国外交决策产生了深刻的影响，因为它在很大程度上决定了总统对于世界的认识。情报处主要负责情报分析，包括综合起草各类国家情报评估及报告。在冷战时期，情报处每年都会发布苏联战略力量的年度报告这一美国最重要的情报报告。在古巴导弹危机期间，CIA 收集了苏联在古巴的导弹安置情况，在发现古巴部署苏联导弹的事件中发挥了重要作用。

2. 作为信息搜集机构的国家安全局

美国国家安全局成立于 1952 年，隶属于国防部，总部位于马里兰州米德堡。它是美国情报机构的中枢，其主要职能是收集和分析通信和电子数据以及制定和破译密码，它在全球装备有精密电子仪器的监听站，窃取通信信息，而其大部分监听站均设在美国驻外军事基地和驻外使馆机构中，遍布全球的站点

---

① 范士明、李庆四、熊志勇：《美国政治与外交决策》，北京大学出版社 2007 年版，第 85 页。
② ［美］杰弗里·里彻逊：《美国情报界》，郑云海、陈玉华、王捷译，时事出版社 1985 年版，第 261 页。

收集的信息汇总到总部，在那里设有复杂的计算机网络进行信息处理，供情报人员分析评估。国家安全局依托其领先的情报信息技术，能获取一些高级机密情报甚至是违法情报。国家安全局在名义上是国防部的一个情报机构，而实际上该机构则直属于总统、并为国家安全委员会提供情报。在 2013 年曝光的"棱镜"（Prism）计划便是由国家安全局一手策划的监听计划，包括监听民众的通话记录和网络记录，遭受广泛非议。

二　美国外交决策咨询子系统

决策咨询是指决策者对带有全局性、战略性、综合性并且能在一定程度上影响政策的问题进行咨询。① 在当今世界局面日益复杂的情势下，各国面临着国内外多重困难，决策本身也是一个十分复杂的系统工程。外交决策涉及的主体、利益、过程错综复杂，仅以一人之力难以达到理性决策的目的。因此需要有咨询机构的支持，来充当决策者的"大脑"作用。由于处理外交事务和制定外交政策都是十分复杂的过程，需要外交、国防、商务等各部门的配合协调，也需要有不同领域专家的支持，而作为美国最高决策者的总统却专业知识有限，因此很多时候需要依靠行政机构进行决策咨询，而行政机构官僚色彩浓重，观点不中立，国家安全委员会便孕育而生，同时一些智库专家也成为了总统的直接或间接咨询机构。白宫的咨询机构种类繁多，他们最大的目标就是为总统提供政策意见和可选方案，成为总统的"大脑"。总统的决策咨询机构主要有国家安全委员会、智库、总统顾问等。

1. 作为总统顾问的国家安全委员会

在"二战"之后，美国为了整合协调军事和政治部门，在杜鲁门总统的筹划下，于 1947 年通过了《国家安全法》，成立了国家安全委员会。该法的第 101 款规定了国家安全委员会的任务："在有关国内外安全和军事政策上，综合行政部门的意见，向总统建言，以期在安全事务上最有效地实现部门合作。"② 这说明国家安全委员会的主要目的是整合军事和政治部门，更有效地应对国家安全威胁。另外，国家安全委员会还有义务就涉及国家安全的事务和政策向总统推荐可行的方案。出席国安会会议的主要成员包括总统、副总统、国务卿和国防部长，必要时参谋长联席会议主席、中央情报局局长也将作为顾问出席。

国家安全委员会作为总统的最高咨询机构，在提供政策咨询乃至决策方面

---

① 赵晓春：《发达国家外交决策制度》，时事出版社 2001 年版，第 88 页。
② 周琪：《美国外交决策过程》，中国社会科学出版社 2011 年版，第 72 页。

的影响都很大，因为国家安全委员会没有国务院那种官僚氛围，其作用可与国务院相匹敌，比如在尼克松时期国家安全顾问基辛格和卡特时期的布热津斯基，实际上已经取代了国务卿罗杰斯和万斯的地位。总统对国安会的成员和国家安全助理的任命并不需要经过国会批准，但根据历届政府中国家安全顾问所起的作用来看，"国家安全顾问实质上已成为总统在外交政策、国家安全方面最重要的咨询人员，也成为最受总统信赖的白宫人员之一"[①]。国安会在国家外交决策中发挥出了重要的顾问咨询作用。在肯尼迪总统时期，参议员亨利·杰克逊在1960年发表的研究报告中指出，国家安全委员会最重要的职能应是为总统提供政策的备选方案。

　　国安会的工作班子在国家安全顾问和助理国家安全顾问的领导下工作。其雇员多达200名，包括教授、军人、外交官等，其中一半受雇于国安会[②]。当前，奥巴马政府的国家安全委员会成员包括：奥巴马主席，法定与会者包括副总统拜登、国务卿约翰·克里、国防部长哈格尔、能源部长，军事顾问是参联会主席，情报顾问为国家情报总监，药物政策顾问为国家毒品控制政策主任，定期参加会议者包括国家安全顾问、白宫办公厅主任、副国家安全顾问、总检察长，其他参与者包括财政部长、国土安全部长、白宫顾问、总统经济政策助理、驻联合国大使、管理和预算办公室主任、国土安全顾问。

　　2. 作为咨询机构的智库

　　思想库（Think Tank）又叫智库，它是一个国家的"大脑"，专门负责生产知识。熊志勇认为，思想库是以公共政策为研究对象，以影响政策选择为目标的非营利机构[③]。阮宗泽认为，思想库是指由专家学者组成的、多学科的、为决策者在处理社会、经济、科技、军事、外交等各方面问题出谋划策，提供最优理论、策略、方法、思想等的公共政策研究机构[④]。思想库的主要功能是政策研究，为政府提供思想理念，服务对象主要是政府，但自身又保持着相对独立的政治取向。智库在美国这个多元化的民主国家中异常发达，根据宾夕法尼亚大学"智库项目"（TTCSP）发布的《全球智库发展报告2013》，美国有1828家智库[⑤]。到2002年有2000多个思想库，仅华盛顿就有不下100个[⑥]。

　　① 周琪：《美国外交决策过程》，中国社会科学出版社2011年版，第97页。

　　② ［加］夏尔－菲利普·戴维、路易·巴尔塔扎、于斯丹·瓦伊斯：《美国对外政策：基础、主体与形成》，钟振宇译，社会科学文献出版社2010年版，第189页。

　　③ 范士明、李庆四、熊志勇：《美国政治与外交决策》，北京大学出版社2007年版，第134页。

　　④ 阮宗泽：《一个外交官的美国密谈》，江苏人民出版社2012年版，第150页。

　　⑤ http：//gotothinktank.com/。2014年3月3日。

　　⑥ 范士明、李庆四、熊志勇：《美国政治与外交决策》，北京大学出版社2007年版，第138页。

美国外交思想库种类繁多，涉及外交政策领域的智库有卡内基国际和平基金会、布鲁金斯学会、对外关系委员会、传统基金会、兰德公司、战略与国际问题研究中心，等等。

美国智库对美国外交决策有着不可估量的影响，由于智库在外交政策领域具有权威性，因此其思想理念能极大地影响决策者。比如，美国《外交政策》杂志 2005 年 1/2 月号特别报道了有关"中国崛起"的辩论观点，美国前总统国家安全事务助理布热津斯基和芝加哥大学政治系教授米尔斯海默就"中国崛起"的观点进行了激烈的辩论，引发了美国学界对华政策的大辩论。由布鲁金斯学会约翰·桑顿中国中心主任李侃如和北京大学国际关系学院的王缉思共同编写出版了《中美战略互疑：解析与应对》，该书反映了人们对于中美关系的担忧，"两位作者希望，我们对各自政府对另一国家不信任的实质内容以及其国内表述进行的坦率说明，能够帮助两国的决策者理解他们各自政策制定的基本背景，并因此使这些政策能够有效地推动各自既定目标的实现"[1]。

兰德公司

兰德公司（The Rand Corporation）是一家世界知名的智库，以其战略前瞻性为世人所称道。兰德公司主要关注国家安全、国际事务、环境等领域，与军方有密切关系，尤其是空军。兰德公司通过其高质量和客观的研究，再加上其先进的分析工具，为其客户创造了知识、观点、信息、选择以及有效的解决方案。兰德公司的使命是：兰德公司是一家非营利机构，它通过研究和分析来帮助提高政策和决策水平[2]。其作为一流智库的领先地位也得到了广泛的认可。在兰德公司的价值观里，可以说，思想的价值绝不亚于物质，正如弗吉尼亚·坎贝尔（Virginia Campbell）所言，"对于某些一流的分析思想来说，为了开展先进的研究，拥有智慧的施展空间比金钱、权力和地位更具有吸引力"[3]。兰德公司对美国军事战略思想的形成，以及制定对苏联和对华政策都产生过重大影响。1950 年，朝鲜战争爆发后，兰德公司就中国是否出兵问题进行了精心研究并得出结论：中国将出兵朝鲜。但当时狂妄的美国政府既不相信中国会冒险出兵朝鲜，也不愿以 500 万美元的价格购买兰德公司的一份报告。所以导致了在朝鲜战争中的失败，美国政府的这种做法给了当局当头一棒，说明了这份报告的价值。尤其是在重大问题的决策中，

---

① 王缉思、李侃如：《中美战略互疑：解析与应对》，社会科学文献出版社 2013 年版，第 55 页。

② http：//www.rand.org/about/history.html。2014 年 3 月 3 日。

③ Virginia Cambell, *How RAND Invented the Postwar World*, Invention & Technology, 2004, p.50.

智库作为"大脑"的价值得以充分体现。

布鲁金斯学会

布鲁金斯学会（The Brookings Institution）是美国最大的综合性政策咨询机构。1916 年罗伯特·布鲁金斯（Robert S. Brookings）和其他政府改革人员共同成立了第一个致力于公共政策问题研究的私立机构——政府研究院（Institute for Government Research）。随后，布鲁金斯又创建了两个姊妹机构，分别是 1922 年新竣的经济学研究院（the Institute of Economics）和 1924 年成立的研究生院。1927 年，两者合并为今天的布鲁金斯学会。当前的学会主席是美国前副国务卿塔尔伯特（Strobe Talbott），董事会主席是约翰·桑顿（John L. Thornton）。塔尔伯特作为美国前总统克林顿时期的副国务卿，不仅是布鲁金斯学会的主席，同时也是对外关系委员会的成员。布鲁金斯学会人员众多，开支庞大，在美国宾夕法尼亚大学"智库项目"（TTCSP）发布的《全球智库发展报告 2013》中，布鲁金斯排名已经蝉联多年第一，其资金规模和影响力均首屈一指。2012 年，其净资产额为 3.81 亿美元，接受各类基金、财团和政府资助达 11000 多万美元，各项总开支超过 9000 万美元[①]。

早在"二战"结束初期的 1947 年 6 月，马歇尔将军在哈佛大学发表了援欧演说，提出了重建战后的西欧、传播民主、鼓励自由贸易。当美国国会准备起草由马歇尔提出的欧洲援助计划时，参议院外交关系委员会主席阿瑟·范登堡（Arthur H. Vandenberg）致信布鲁金斯学会主席哈罗德·莫尔顿（Harold G. Moulton），要求给予咨询建议。随即，在不到四周的时间内，即 1948 年 1 月，学会便完成了 20 页的报告，包括"马歇尔计划"的结构、要点和操作程序在内的 8 项特别建议，官方称为"欧洲复兴计划"[②]。正如范登堡所说："布鲁金斯学会作为独立的研究机构，其作出的客观分析代表了最高水平，对计划有极大的帮助。""布鲁金斯学会因其受到广泛而又深深的崇敬，使其所提出的建议具有极大价值。"

对外关系委员会

对外关系委员会（Council on Foreign Relations）成立于 1921 年，其成员主要由银行界、政界、学术界、新闻界、法律界等领域的精英组成。比如欧文·杨格、乔治·凯南、亨利·基辛格等都曾是该委员会的成员，其主办的《外交》季刊也影响广泛。"二战"之后，美国对外决策部门和军事部门的重要职

---

① http：//www. charitynavigator. org/index. cfm? bay = search. summary&orgid = 3390。2014 年 3 月 4 日。

② http：//www. brookings. edu/about/history/marshallplan。2014 年 3 月 4 日。

位被该委员会成员所把持。比如，对外关系委员会曾协助美国政府制订了
"马歇尔计划"，像"遏制政策""大规模报复"战略都是在该委员会成员的
影响下制定出台的。在第 110 届国会中，康涅狄格州民主党参议员克里斯托
弗·多德（Christopher Dodd）是中美洲问题专家，能讲流利的西班牙语，他
是总统在中美洲政策上经常咨询的对象①。

智库与政府机构之间的关系不仅仅是一种咨询关系，还存在着"旋转门"
制度。布鲁金斯学会和战略与国际问题研究中心就为奥巴马政府输送了数十名
官员，如国务院常务副国务卿斯坦伯格，国家安全委员会亚洲事务高级主任贝
德，美国常驻联合国代表赖斯，国防部东亚事务帮办、后任缅甸大使米德伟
等。新美国安全中心的创办者也有进入奥巴马政府的，一位是国务院负责东亚
和太平洋事务的助理国务卿库尔特·坎贝尔，另一位是国防部副部长米歇
尔·弗卢努瓦②。智库影响外交决策的另一种途径是为决策者提供决策理念或
者参与设置美国外交政策议程。

三　美国外交抉择子系统

美国外交决策系统中，抉择子系统是核心系统。抉择子系统由少数成员组
成，其核心是决策群体。赵晓春认为，美国外交决策系统由两个层次组成，一
是外交政策的直接制定者，包括总统以及负责外交、国防、情报的负责人；二
是对外交政策的制定产生间接影响的组织或社会力量，包括国会、政党、利益
集团、大众传媒等。而本文认为在决策圈外围的力量会对外交决策产生一定的
影响，但不是决策者。因此外交抉择子系统仅仅包括以总统为核心的少数决策
人员，如国务卿、国防部长、国家安全顾问、中情局局长等。

1. 作为外交终极决策者的总统

"美国外交决策体系的权力中心就是总统。"③ 在美国，有"帝王般的总
统"一说，说的就是美国总统的权势大。美国总统拥有双重身份：他既是国
家元首，代表国家；又是政府领袖和行政首长，负责国家政策的制定。美国的
对内和对外政策是通过不同的政治过程形成的，因此，"美国有一个总统，但
有两个总统职位；一个总统负责国内事务，另一个关注防务政策和外交政
策"④。而总统在国防和外交政策领域的权力要远远大于总统在国内事务上的
权力。

---

①　周琪：《美国外交决策过程》，中国社会科学出版社 2011 年版，第 214 页。

②　阮宗泽：《一个外交官的美国密谈》，江苏人民出版社 2012 年版，第 159 页。

③　周琪：《美国外交决策过程》，中国社会科学出版社 2011 年版，第 22 页。

④　Aaron Wildavsky, *The Two Presidencies*, SOCIETY, 1998, p. 23.

美国总统享有的权力来自宪法明文规定的权力和在外交实践中逐步确立起来的权力。总统是美国外交决策中的最终决定者，美国总统的权力主要来源于《宪法》的授权、国会的授权、外交实践、司法判决，这些权力使总统能够充分运用这些权力，实现自身的目标，但同时又受到官僚机构、政治制度等的制约。

总统在外交事务上拥有法律规定的权力。美国宪法规定，外交权力由国会和总统共同分享。美国《宪法》第 2 条规定了总统在对外政策方面享有的权力：总统为合众国陆军、海军和征调合众国服役的各州民兵的总司令（第 2 款第 1 节）（三军统帅）；经参议院建议和同意，总统有缔结条约之权（第 2 款第 2 节）（缔约权）；总统应提出人选，经参议院建议和同意而任命大使、公使、领事（第 2 款第 2 节）。美国总统既是三军统帅，掌管军权，又作为最高行政长官，在外交事务上具备最终的决策权。美国总统因外交决策的重要性，有时把这种权力完全置于自己的控制之下，像威尔逊、罗斯福、肯尼迪、里根等就是自己发挥在外交决策上的作用，"实际上，他们常常自己就是国务卿"[1]。

2. 作为外交事务次级决策者的国务卿

国务卿是美国负责外交事务的首席官员，是国务院的领导。"国务卿对发挥国务院在外交决策过程中的作用具有决定性。"[2] 国务卿是由总统提名、参议院批准后由总统任命的，是总统主要的外交政策顾问，也是国家安全委员会的法定成员。美国国务卿作为内阁首席部长，其行政地位仅次于总统和副总统。但如果论实权，国务卿显然要超过副总统，是总统最重要的内阁成员。通常，国务卿在外交事务中因其专业能力具有绝对的发言权。国务卿的职责包括代表美国与其他国家进行外交谈判，保管及使用美国国玺，亲自或派遣代表参加国际会议、国际组织或国际机构，协调、指挥及监督美国政府整体海外事务等。

四 美国外交决策执行子系统

在美国的外交部门中，国务院和国防部是最核心的两个机构，国务院负责外交领域的国际事务，而国防部负责军事领域的防务任务。虽然国务卿在美国

---

① ［美］詹姆斯·伯恩斯、杰克·佩尔塔森、托马斯·克罗宁：《美国式民主》，谭君久、楼仁煊等译，中国社会科学出版社 1993 年版，第 724 页。

② Charles Kegley, Eugene Wittkopf, *American Foreign Policy: Pattern and Process*, Belmont: Wadsworth, 2003, pp. 360–370. 转引自［加］夏尔－菲利普·戴维、路易·巴尔塔扎、于斯丹·瓦伊斯《美国对外政策：基础、主体与形成》，钟振宇译，社会科学文献出版社 2010 年版，第 154 页。

外交决策历史中的地位有所衰落，但作为外交政策的执行部门，国务院仍保持着这一领域的主导地位。国务卿和国防部长是美国外交政策的主要执行者。

1. 作为外交事务执行机构的国务院

国务院是美国政府各部中成立最早的一个部门。1789 年 7 月通过了有关成立外交部的法案，法案规定："外交部长应依照总统经常的指令性命令来处理对外关系。"同年 9 月，国会通过了一个法案，将外交部改名为国务院。国务院在早期主要负责处理外交事务，同时兼管一些内政，诸如法律颁布、国玺和档案保管、负责联邦政府与州政府之间的联系，等等。随后，在内阁部成立其他部门之后，逐步将内政事务转移到其他部门，仅保留法律颁布、保管国玺和档案等国内事务。国务院机构庞大，拥有雇员多达 6 万人，2014 年向国会申请的 2015 财年年度预算额为 521 亿美元①。国务院的主要使命是维持和塑造世界的和平、繁荣、正义和民主，为了美国人民的利益和全世界人民的利益，促进有条件的稳定和进步②。

国务院的主要职责是：在美国外交政策的制定和执行方面，向总统提出建议；管理和指导美国外交人员，包括大使、公使等；协助谈判及执行与外国签订的条约及其他协定；通过国际开发署及和平队，处理大部分向外国提供的非军事性援助；在国际组织中代表美国，等等。国务院是美国最重要的执行外交政策的机构，但是，国务院或者国务卿能否在外交事务上产生重大影响力，很大程度上取决于国务卿与总统的关系。国务院虽然在美国外交决策过程中的地位因其官僚性质存在下降趋势，但在执行外交政策方面，仍居首要地位。

2. 作为对外军事防务执行机构的国防部

美国国防部成立于 1947 年，由原来的陆军部、海军部和空军部三部根据《国家安全法修正案》合并而成，是美国武装力量和军事指挥的最高行政部门，总部位于华盛顿的五角大楼。国防部是美国外交政策执行机构中的重要部门，主要负责的是对外战争政策的执行。国防部和总统共同执行属于最高军事行动计划的核攻击战略以及主要的作战行动计划。作为美国武装力量的最高执行机构，国防部拥有着全球最强大的军事力量，其主要核心职能就是制定美军的国防政策和对外军事战略，制定年度国防预算，执行对外军事合作交流和谈判，并实施美军在全球的军事行动计划和军力部署，为维护美国的国家安全、实现美国在全球的利益服务。国防部主要由国防部长领导，国防部长须由总统提名并经参议院批准。国防部长协助总统处理军事事务，担任总统的主要国防

① http：//www. state. gov/documents/organization/222898. pdf. 2014 年 4 月 5 日。

② http：//www. state. gov/s/d/rm/index. htm#mission. 2014 年 4 月 5 日。

政策顾问，负责规划一般国防政策和与国防部相关的其他政策，并执行获得批准的政策①。国防部主要由国防部长办公室、陆军部、海军部、空军部、参谋长联席会议、联合作战司令部等机构组成。国防部主要承担美国的对外军事行动、对外军售等职能，是美国最重要的外交执行机构之一。

3. 作为对外特殊行动的中情局

中情局不仅是作为一个情报搜集的组织机构，同时也负有执行美国总统的一些秘密行动。中情局的主要使命是：先发制人应对威胁，通过收集各类情报维护美国国家安全目标，利用所有资源分析生产目标，由总统领导执行有效的隐蔽行动，保护秘密来维护国家安全②。就执行对外领域的特殊行动而言，根据1947年《安全条例》的规定，中情局应执行国家安全委员会的决定，并履行影响国家安全方面的其他职能和义务。美国的海外利益遍布全球，更多隐蔽的情报获取和安全行动难以依靠国务院和国防部执行，因此，中情局在秘密安全领域的执行行动中有着重要的作用。这从中情局的内部组织机构设计可以看出。中情局内部机构庞杂，美国的对外隐蔽行动、对外秘密行动，包括暗杀、干涉、政权更迭行动，均由中情局负责。中情局的行动处主要负责秘密搜集和隐蔽行动，由各种不同的科、地区分部和支援科组成。隐蔽行动科在各地区分部的配合下，起草秘密隐蔽行动计划，包括秘密宣传、对民间组织的支持、秘密培训人员、经济活动计划、旨在推翻或支持某一政权的准军事和政治活动的计划、有意谋杀，等等③。

美国国防部和中情局的区别在于，中情局在执行外交任务过程中，更加注重秘密性，其活动大多是非公开的，不像国防部是直接公开指派军队进行武装干涉。其策划的行动诸如古巴猪湾事件、秘密暗杀卡斯特罗、炮制诋毁萨尔瓦多·阿连德总统的文章、拯救伊朗人质等，均为秘密行动。

五　美国外交监督子系统

美国的政治体制以立法、行政、司法"三权分立"的基本原则进行设计。其政体从设计之初便含有权力的相互制约之意。立法权、司法权与行政权三种权力相互约束、相互监督，这在根本上决定了美国政府必须受到立法和司法机构的监督。就外交领域的监督权力而言，美国的立法机构和司法机构对美国的外交事务有着体制上的制约。由于司法机构侧重于国内事务，对外交决策的监

①　周琪：《美国外交决策过程》，中国社会科学出版社2011年版，第151页。

②　https://www.cia.gov/index.html. 2014年4月5日。

③　［美］杰弗里·里彻逊：《美国情报界》，郑云海、陈玉华、王捷译，时事出版社1985年版，第27页。

督权限十分有限，因此在政治权力上，美国的国会对美国外交事务的监督起着最重要的影响。而从社会因素来考虑，作为民主代议制政府，美国拥有着较为宽松的社会言论自由，美国的大众传媒和公共舆论对于美国的外交决策行为也起着一定的监督作用。

1. 国会的立法监督

国会是美国政治生活中的立法机构，在美国三权分立中分享立法权。国会包括参议院和众议院。根据美国宪法，美国的立法权属于国会，《宪法》第1条第1款规定：全部立法权属于由参议院和众议院组成的合众国国会。但总统可以对国会通过的法案进行否决，这种否决又能被国会三分之二多数推翻，而行政权虽分属于以总统为首的行政部门，但总统必须接受国会的监督。第1条第8款规定：国会有权宣战。而国会涉及外交事务的委员会在众议院有拨款委员会、军事委员会、外交事务委员会、国土安全委员会、情报委员会；在参议院有拨款委员会、军事委员会、对外关系委员会、国土安全与政府事务委员会、情报委员会等。

在很多的时候，国会并不直接参与外交决策中去，它影响外交决策的过程主要是通过对总统的监督。"立法权和监督权则像一把悬在头上的达摩克利斯之剑，随时会对总统的权力进行限制。"[1] 在外交决策权方面，国会享有的权力比较有限，国会主要通过宪法授予的立法权、拨款权、通过批准权等权力以及举办听证会等形式对行政部门的外交安全事务施加影响，对执行外交政策进行监督审查。

国会作为"选民的耳目"，对政府的行政行为具有监督职能。正如威尔逊所言："严密监督政府的每项工作，并对所见到的一切进行议论，乃是代议机构的天职。它应该是选民的耳目和代言人，应能体现选民的智慧和意志。"[2] 国会还具有批准条约及人事任免权，条约批准权在美国参议院。而在外交和安全领域，需要美国参议院批准的职位有国务卿、副国务卿、助理国务卿、国防部长和副部长、助理国防部长、贸易谈判代表和副代表、驻联合国大使、世界银行行长以及所有驻外大使；而一些职位，比如国务卿、副国务卿、助理国务卿、驻外大使的任命则还需要参议院外交关系委员会举行听证会，并进行投票，最后还要经过参议院全院大会表决批准。而国防部长和副部长则需要参加参议院军事委员会（也叫武装力量委员会）的审核并举行听证会，之后进行

---

① 周琪：《美国外交决策过程》，中国社会科学出版社2011年版，第203页。

② ［美］伍德罗·威尔逊：《国会政体：美国政治研究》，熊希龄、吕德本译，商务印书馆1986年版，第167页。

表决才能通过。同时，国会还具有国政调查权和听证会对行政机构的外交决策进行监督。

外交政策的制定往往由总统及其班子完成，而国会则会实施其赞成和反对意见，而不直接去制定外交政策。美国对外政策的执行过程中，会受到来自各方面的压力。宪法规定，美国国会有三项基本职能和权力——代表人民、制定法律、监督总统职能和行政部权力。美国宪法授予的全部立法权，属于由参议院和众议院组成的合众国国会，监督权是国会在外交政策领域的重要权力。国会主要是依靠立法权对总统的权力进行制约和监督。

2. 大众传媒的社会监督

美国的大众传媒异常发达，包括网络、电视、广播、报纸、杂志等各式各样的新闻传播媒介。随着信息技术的更新换代，网络社交媒体迅速发展，大众传播媒介的发展让每个人获得信息的渠道更加快捷，使社会中每个成员对于政治事务的参与度更高。由于"大众传媒在一定程度上能够反映现实，反映公众意见和呼声，具有一定的公众立场，从而对整个社会的政治发展起到一定程度的制约和限制作用"[①]。

按照报纸、杂志和电视广播进行划分，美国的大众传媒主要包括以下几类。其中，报纸类影响力最大的主要是东部地区的《华盛顿邮报》和《纽约时报》，这两份报纸可以称作美国政治的晴雨表，几乎是每位政客和议员所必读的报纸。而杂志类则主要以《时代》周刊、《新闻周刊》和《美国新闻与世界报道》为著，这三大主流些杂志受众广泛，多是民众关注的热点集成；而广播类则以美国广播公司（ABC）、全国广播公司（NBC）、哥伦比亚广播公司（CBS）三大广播公司的影响为巨。美国的大众传媒影响力较大的还有《华尔街日报》《芝加哥太阳报》《新共和》、福克斯新闻网（Fox News）、CNN有线新闻网等。美国的媒体因其影响力而在世界也拥有广泛的读者受众，是美国软实力的一个重要力量。美国的大众传媒所涉及的议题十分广泛，几乎涵盖外交领域的方方面面，但大众传媒所关注的议题往往是一种对现状的反应，而不是预先介入，因此大众传媒对于某一个具体外交事件的关注对于外交决策者而言往往是事后的监督。美国民众通过借助大众传媒，通过民意测验来表达自身对某一外交议题的态度和政策偏好，以此对政府乃至国会进行施压，通过施压影响政府的外交政策。大众传媒是民众表达自身利益诉求的一种重要机制，对外交决策起着一定的监督制约作用。

---

① 唐晓、杨帆：《政治科学基础》，世界知识出版社2007年版，第245页。

第二节　美国外交决策的系统过程

外交决策的五个子系统各司其职，虽有职能交叉，但相互作用、相互影响，共同构成美国外交决策的整个系统过程。美国学者罗塞蒂认为外交决策过程至少可以划分为三个阶段：一是确定议程；二是制定政策；三是执行政策①。决策的第一个程序就是必须有具体的问题引起政府机构的关注，以便制定外交政策议程，第二个程序就是制定政策，这一过程就是决策过程本身，各职能机构发挥咨询、决策的过程，第三个程序就是确定具体的外交政策，交由外交部门、国防部门具体执行。这三个阶段在整个决策过程中相互作用，成为一个完整的决策流程。金应忠和倪世雄在《国际关系理论比较研究》中认为，外交政策决策过程包括四个层次，第一个层次是情报收集系统，第二个层次是情报综合系统，第三个层次是决策系统，第四个层次是外交政策的实施和反馈系统。②

一　美国外交决策的信息过程

信息作为外交决策系统控制的起点，在决策过程中起着重要作用。"对于系统的生成、维持、运行和演化，信息起整合力和组织力的作用。"③ 可见，系统正是被信息所整合起来。正如戴维·伊斯顿所说："如果没有足够数量的信息，任何系统都不可能在一个稳定的世界中持续下去，在一个变化着的世界中就更不能持续下去，除非有例外。"④ 在外交决策系统中，各子系统之间的整合与运作都是通过信息的传递与流动进行的，各子系统之间通过信息进行组织的过程。信息在外交决策中可以理解为情报，在外交决策过程中，信息过程的核心就是情报的收集过程、分析过程。从外部世界中获取的情报，内容庞杂笼统，参差不齐，需要经过情报部门的特殊处理、加工、分析之后才能成为实用的情报，并呈送到相关部门和决策人员。

1. 信息收集过程

信息收集的核心就是情报收集。杰弗里·里彻逊认为，情报是对从目标国

---

① ［美］杰里尔·罗塞蒂：《美国对外政策的政治学》，周启朋、侯耀祖等译，世界知识出版社1997年版，第242页。

② 金应忠、倪世雄：《国际关系理论比较研究》，中国社会科学出版社1992年版，第283—286页。

③ 苗东升：《系统科学精要》，中国人民大学出版社2006年版，第67页。

④ David Easton, *A Systems Analysis of Political Life*, Chicago University, 1979, p. 366.

家地区或行动的一个或若干方面所能得到的、对制订计划具有现实或潜在意义的一切资料进行搜集、评价、分析、综合和译释的产物。① 简单地说，情报就是有用的信息。以美国情报总监为核心的美国整个情报系统为美国对外决策提供信息和情报支持，他们负责全球各国的信息获取采集。在外交决策中，情报的收集方式十分广泛，既有秘密的收集，也有公开的收集。秘密收集情报主要收集国外一些重要的秘密军事类的情报信息、国家领导人的重要信息等。美国在全球拥有分布广泛的间谍人员，在全球收集重要情报，从斯诺登曝光的"棱镜门"事件中可见一斑。信息收集中更为重要的是公开收集，美国在对象国家的使领馆通常是其收集公开信息的一个重要站点，通过大使和领事的公开活动，搜集所在国的公开政府、军事、外交、政策，乃至国内的社会经济发展详情，然后通过专职人员，整理完善成报告转交国内的外交、情报部门使用。乔治·凯南著名的"2000字电报"就是典型的公开情报收集案例。他借驻苏联大使一职，通过自己对苏联领导人行事风格的观察分析形成了对苏联外交政策的分析报告，并呈交国务院，最终促成了对苏联的遏制战略。信息收集作为信息过程的初始阶段，在信息过程中扮演着起始者的角色，对于决策者的认知也起着十分关键的作用。

2. 信息处理过程

信息处理包括情报筛选、综合、分析。信息收集完毕之后，通常要交由专门的机构进行筛选、分类，选取有用信息，通过去伪存真、由表及里，将海量的信息进行归纳分类，并将其整理成政策报告。这是一项浩繁而巨大的工程，需要情报部门的技术支持和专家的指导建议，需要情报部门同国防部门、外交部门的协作，有时还需智库的分析建议。由于美国拥有全球的情报网络，各行政机构之间也存有竞争关系，因此美国的中情局、国防部、国务院等机构通常都有专门的情报分析部门。在1962年的古巴导弹危机中，正是中情局的分析师对 U–2 飞机拍摄的古巴影像进行分析处理之后才发现苏联在古巴部署了大量中程导弹。中情局和国务院各使馆网罗搜集全球各类信息，综合汇总之后呈送各部门进行汇集然后发给总统，形成总统每日简报。总统桌上的"每日简报"对于美国总统认知世界、了解各国外交政策起着十分重要的塑造作用，这项工作由中情局负责。因此，信息的处理过程是外交决策的一项基础工程。

在外交决策过程中，信息情报部门往往是决策的起点，比如在1990年海湾战争中，美国国家安全局局长首先获悉伊拉克突袭科威特。甚至在一周之

---

① ［美］杰弗里·里彻逊：《美国情报界》，郑云海、陈玉华、王捷译，时事出版社1985年版，第2页。

前，情报部门已经提醒美国总统，伊拉克有可能在一周之内入侵科威特，但是，美国总统布什却对此不以为然。信息过程是外交决策系统中的首要一环，情报系统的准确与否，直接决定着外交决策的可靠性程度。信息的收集和分析，乃至信息的传递，依据的还是美国的官僚体制，信息的传播渠道正是美国整个对外决策的基本组织构架。

二　美国外交决策的控制过程

决策过程首先是一个政治过程，这个过程的核心就是官僚机构，官僚机构的设置在很大程度上决定着信息情报的流向。控制过程主要包括认知过程、咨询过程、抉择过程、执行过程。信息的传递在控制过程中起着传导作用。

1. 认知过程

信息传递到决策者，决策者作出价值判断，受制于决策者的价值体系，"决策的过程受决策者价值体系的制约"①。奥巴马总统和乔治·布什总统的价值观，一个奉行民主党的自由主义外交政策，一个奉行共和党的保守主义外交政策，他们的这种价值倾向很大程度上决定着他们在国际事务中的不同立场。正如普劳斯所说："我们所作出的决策与判断都取决于我们看待和解释这个世界的方式。"②认知在整个决策中占有重要地位。在美国外交决策中的认知因素主要是考察美国领导人及决策成员的个人价值观、政治理念以及这些价值观和理念如何影响其政治行为和对外政策。比如，"二战"后，美国政府制定遏制苏联、称霸全球的外交政策，很大程度上是由罗斯福和杜鲁门的价值观以及他们对当时国际环境的认知所决定的。

2. 咨询过程

随着外交事务的复杂程度不断增加，外交决策人员对外交事务专家在一些棘手问题上的经验越来越需要。在众多的外交问题上，总统的决策需要依托顾问，总统以及外交决策人员通常都有自己的参谋智囊人员，他们有时依靠专家分析进行决策，这种咨询包括正式咨询及非正式咨询。非正式咨询是指在非正式场合进行交流、询问，如在白宫召集某一领域的专家进行咨询，或者由专家起草政策建议报告等。而正式咨询是通过组织会议进行政策讨论，以产生政策建议。比如召开国安会进行公开讨论，在遇到危机时，总统会召集国安会，或者与最亲近的高级助手顾问进行商讨，总统召集会议的目的就是要对各领域的

---

① 王沪宁：《比较政治分析》，上海人民出版社1987年版，第143页。
② ［美］斯科特·普劳斯：《决策与判断》，施俊琦、王星译，人民邮电出版社2004年版，第13页。

专家进行咨询，最终由总统进行决策。通常情况下他们会进入白宫情况室，召开多次会议。比如，在海湾战争中，美国总统先后召开了紧急电视、电话会议和三次国家安全委员会会议，采取一系列紧急措施，如"沙漠盾牌"军事行动。在咨询过程中，总统的顾问起到关键作用。根据理想的行为模型，顾问的职责主要包括8项：（1）制定政策，即就目标以及目标中应当优先考虑的内容向政府提出建议。（2）制定行动规划，即酝酿具体的行动计划以实现既定的政策目标。（3）评估各类计划，以判断其成功的概率，提出相应的管理模式。（4）对棘手问题迅速研究并提出应急方案。（5）在政府各机构的参与下，在各项计划之间起协调、联络的作用。（6）开展一些具有超前性质的研究工作以提出新的建议，预测其可能引起的后果，为长期规划做准备。（7）就一些需要运用专门知识的技术问题向决策者们提出建议。（8）把某一问题的各个要素用简明扼要的方式讲解给决策者听，使他能够更好地把握该问题所牵涉的各个方面。① 咨询过程渠道众多，不一而足。而咨询顾问职位的设立也说明决策者希望在决策体系中提高自身的决策能力。也因此，咨询组织和顾问在外交决策中的影响力日渐增长。

3. 抉择过程

抉择就是要对众多的外交政策建议进行选择，而抉择过程就是以总统为核心的整个抉择团体对已有方案进行选择的过程。当然也包括对一些具体外交事务的处理，这个过程通常十分迅速。正如一位美国高级外交官所说："外交政策是由回电制定的。从现场来了一份电报，提出了问题；负责的官员草拟了回电，回电中征集了其他有关机关的签署，然后用国务卿（尽管他未必看这份电报）的名义发出去。这就是我们今天的外交政策。明天或者不同，揣测明天怎样，那是浪费时间。"② 而外交抉择的主要针对目标还是对外交决策方案的抉择过程。外交决策方案的抉择，是指拥有最高外交决策权的国家政治领导人依据其法律授权及其经验和知识，在对各种可供选择的外交决策方案进行比较分析、权衡利弊得失的基础上，选择或者综合一个最优决策方案的过程③。另外，针对不同的安全环境，外交抉择的时间也不一样。在面临危机的时候，外交抉择的过程往往比在一般时期要迅速。比如，在古巴导弹危机时期，肯尼迪总统成立了专门小组拟定六个危机解决方案：不采取任何行动；通过外交手段向苏联施压；与古巴领导人卡斯特罗谈判；动用军事力量进行空袭，摧毁导

---

① ［加］夏尔－菲利普·大卫：《白宫的秘密：从杜鲁门到克林顿的美国外交决策》，中国人民大学出版社1998年版，第35页。

② 金应忠、倪世雄：《国际关系理论比较研究》，中国社会科学出版社1992年版，第285页。

③ 赵晓春：《发达国家外交决策制度》，时事出版社2001年版，第262页。

弹基地；全面入侵；采取间接军事行动，实行海上封锁。在这一危机时刻，肯尼迪总统选择了最后一个方案，对古巴进行海上封锁，并要求检查苏联船只，最终成功化解这一危机。

4. 执行过程

所有的外交政策在制定之后，外交任务被指派以后，就是具体的外交执行过程。通常总统只是作为最终抉择人员，在少数时期承担执行国家外交事务，大部分的外交执行人无疑都由国务院完成。正如希尔斯曼所言：外交政策制定之后，由国务院执行，在需要时，国防部必须从军事方面予以支持；财政部必须提供经费；中央情报局必须搜集必要的情报。① 因此，外交政策执行的核心部门是国务院，而其他部门则更多的是承担具体事项的辅助性支持。国务院在对外政策执行中，负责统筹全局。而国防部则给予军事支持，尤其是对外进行威慑和战争的过程中，军事支持非常关键和重要。中情局也承担部分对外行动，其中由以"隐蔽行动"（covert action）为人们所知。比如，在"古巴导弹危机"期间，肯尼迪在做完抉择之后，主要由国防部采取具体的军事行动，封锁海域，检查苏联船只，同时，由国务院负责与苏联领导人赫鲁晓夫进行秘密谈判，达成协议。

三　美国外交决策的监督反馈过程

1. 监督过程

监督是在外交政策执行过程中，国会、公众舆论、政党、利益集团等出于自身的诉求而对外交政策及其决策部门作出相应解释或予以修正的过程。作为外交决策机制中一个重要过程，监督是实现决策科学化的重要标志之一，也是体现决策过程是否符合人民的意志的一个重要判断依据。权力的互相制约和监督是资本主义政治制度的重要基础。发达国家外交决策监督制约机制作为其整个外交决策机制的一个重要组成部分，是建立在资产阶级民主政治制度基础之上的，是资产阶级民主监督制约机制在外交政策制定领域的具体延伸。②

在美国外交决策领域，监督的主体主要有国会、政党、公众舆论等，而在其中扮演核心角色的又是国会。外交政策的制定往往由总统及其班子完成，而国会则会实施其赞成和反对意见，而不直接去制定外交政策。监督权是国会在外交政策领域的重要权力。国会可以利用立法权对总统的权力进行制约。美国国会在外交政策的执行过程中进行监督主要采用的是立法监督。国会的监督权

---

① ［美］希尔斯曼：《美国是如何治理的》，曹大鹏译，商务印书馆1988年版，第104页。
② 赵晓春：《发达国家外交决策制度》，时事出版社2001年版，第212页。

还体现在对总统的弹劾权力，在外交领域国会拥有批准对外条约的权力、宣战权、任命批准权等。比如，在 1918 年威尔逊总统在巴黎和会上提出并签订的《国际联盟条约》就是因为国会的抵制而没有实现。另外被国会否决的对外条约还有《国际海洋法公约》《京都议定书》等。

国会对外交政策的监督是整个监督机制的核心，国会对于外交政策的监督方式包括听证会、调查权。① 听证会制度是美国监督权力的一个重要制度，这是宪法赋予国会的一项重要权力，任何人都必须积极回应国会的到庭和作证要求。比如，在 2004—2005 年，共和党人对伊拉克阿布格莱布监狱的虐囚事件丑闻进行了听证。调查权是国会为了立法和监督行政机关的工作，组织专门机构对政府行为进行调查的权力。对于重大事件，国会还可以设立特别委员会协助常设委员会进行调查。比如，在 1986 年的"伊朗门"事件中，里根总统及国安会私自与伊朗达成秘密协议出售军火，并将所得款项用于支持尼加拉瓜反政府武装，国会因此成立了专门的"伊朗门"事件联合委员会，对此事件进行了彻查，包括国家安全顾问及国安会多名成员被美国法院宣判有罪。在国会对行政机构的调查监督实践中，案例众多典型的有国会对"水门事件""9·11 事件"的专门调查。这些事件的发生引起了国会的极大重视，由于国会对情报机构具有监督权限，为此美国国会众议院和参议院专门设有情报委员会对美国政府的情报活动进行监督。比如，针对美国总统对中情局下发的"总统决定"（Presidential Finding）就受到美国参议院和众议院的监管②。也因此使中情局"比其他联邦政府机构受到更多来自议会的监管"③。

决策监督是一项重要权力。在美国，外交决策监督制约机制在一定程度上防止了决策者滥用决策权力。同时也为修正外交政策适应不断变化发展的国际环境提供了良好的机制。当然，外交决策监督不止于国会的监督，还有司法监督、政党监督、社会舆论监督等。监督虽然对外交决策起到一定的作用，但是，并不能完全制约外交决策人员的决策，因为相对于国内政治，总统及其他决策者在外交领域具有更高的权威，受到的国内制约也相对较小，监督机制难以让政府的外交政策真正实现根本上的改弦更张。

2. 反馈过程

反馈过程是系统过程中的重要一环。卡尔·多伊奇认为，反馈是"一种

①　孙哲：《左右未来：美国国会的制度创新和决策行为》，复旦大学出版社 2001 年版，第120 页。

②　William J. Daugherty, *Executive Secrets: Covert Action and the Representatives*, University of Kentucky Press, 2004, p. 28.

③　Ibid., p. 29.

产生信息输入反应行为的沟通网络，它包括这个沟通网络自身作用于这种新信息的全部结果，它依靠这种新输入的信息来修正其随后的行为"[1]。斯奈德则认为，反馈"指的是返回到系统的有关该系统行为或状态的信息"[2]。实际上，反馈是在监督过程之中，将决策输出所导致的结果返回到信息子系统中，构成美国外交决策系统过程中的回路机制，对于外交决策的调整起着重要作用。可以说，反馈过程所形成的闭环回路机制是评价一个外交决策系统是否合理健全的一个关键指标。监督过程在某种意义上可以说就是一种系统反馈的过程，在外交决策系统领域，通过国会监督、司法监督、政党监督等，迫使行政当局改变其原有做法，撤销其行政行为。反馈是政治信息的传送关系到信息的数量和准确性、信息输送的畅通与否、信息流的方向和输出行为。正是因为外交决策有监督反馈系统，才使得美国的外交决策在出现失误之时，即能够得到纠正，并且通过反馈网络使得决策系统不断进行信息的输入—输出—再输入—再输出这个循环过程，延续并调整对外政策。

以美国从越南撤军为例，20世纪50年代，美国为防止越南倒向社会主义阵营，开始支持南越政权，并向越南派遣军队发动了越南战争。肯尼迪政府时期发动了"特种战争"，在约翰逊时期又升级为"局部战争"。这场旷日持久的战争在美国媒体的渲染下进入公众视野，美国媒体对越战的内幕进行了揭露，并引发了20世纪60年代美国轰轰烈烈的反战运动。在强大的社会压力面前，美国新上任的尼克松总统开始考虑从越南撤军。社会舆论的影响和国会的压力迫使决策者考虑调整对越政策。在这个过程中，政策的调整过程就是一种反馈过程，当对外政策受到国内民众的强烈反弹之后，政府将不得不重新考虑其对外政策的合理性，因此会把这种反馈信息重新作为新的信息输入外交决策系统中，并对政策输出做出适当调整。

第三节　美国外交决策系统过程的影响机制
——以茶党为例

美国外交决策机制受到多种因素的影响，社会运动对于美国外交决策机制

---

① Karl Deutsch, *The Nerves of Government: Models of Political Communication and Control*, Free Press, 1963, p. 88. 转引自俞可平《权利政治与公益政治》，社会科学文献出版社2005年版，第67页。

② Richard Snyder, Henry Bruck & Burton Sapin, *Decision - Making as an Approach to the Study of International Poliics*, Princeton University, 1954, p. 88. 转引自俞可平《权利政治与公益政治》，社会科学文献出版社2005年版，第68页。

的影响主要是通过引起社会注意、对政府施压的形式来影响外交决策。茶党运动是 2009 年金融危机之后发生的一场声势浩大的右翼保守社会运动，对美国政治的右倾化产生了一定的影响。茶党在外交领域有自己的利益诉求和政策倾向，因此对美国的外交决策机制产生了一定的影响。但是，由于茶党仅仅作为一场社会运动，不能直接参与美国外交决策的抉择和执行过程，而茶党在外交主要议程设定方面缺乏话语权，在信息过程和咨询过程中缺乏充足的影响。综合来看，茶党的主要关注点集中在国内的税收、政府规模等问题上，对外交决策机制的影响比较有限。茶党对美国外交决策机制的影响主要体现在两个方面，一是茶党影响美国外交决策的认知过程，二是茶党影响美国外交决策的监督反馈过程。

一　茶党影响美国外交决策的认知过程

茶党运动首先是作为一场保守的右翼社会运动进入人们的视野，这场波及整个美国的茶党运动受到了美国社会的极大关注，从 2009 年声势浩大的游行示威行动和右翼新闻媒体的报道来看，茶党塑造着美国民众的社会认知，对于美国政治的右倾化产生了明显的影响。茶党通过美国有线新闻和福克斯新闻的广泛报道，受到了广泛的关注，并引起了决策层的重视。由于茶党关注的议题比较宽泛，从外交方面来看，茶党关注美国的对外政策，而在具体的外交事务上，茶党也关注中东问题、伊朗问题、叙利亚问题、乌克兰问题、阿富汗问题以及非法移民问题、对外援助等。

1. "茶党运动"思想建构决策者在外交问题上认知

"茶党"一词本身就蕴含一定的历史含义，具备话语建构功能，带有比较浓厚的历史文化内涵和宗教色彩。Tea 本身可以解释为 Taxed Enough Already（"税收够多了"），同时也可以认为是对 1773 年波士顿倾茶事件的再现，体现了人们对于国内税收的不满。另外茶党运动的口号中有些带有浓厚的宗教意识形态色彩，比如"上帝厌恶税收"（God hates tax）。茶党具有明显的反奥巴马情绪，在外交理念上也持有明显的保守主义和孤立主义倾向。这场运动一开始主要是关注国内议题，但随着事件的不断发展扩大，茶党作为一股强大的政治势力开始有了外交倾向，并对美国的外交决策机制产生了认知上的影响。

茶党具有明显的右倾、民粹主义色彩，反对奥巴马，反对大政府，抨击自由主义，以引起国内保守主义者的共鸣。称奥巴马在搞社会主义，把奥巴马比作斯大林、本·拉登等独裁者。在外交政策领域，虽然有人认为茶党并没有外交政策，但是茶党在具体的外交问题上却有着明确的立场和态度。茶党明确要求政府节俭开支，并实行减税政策；在军费和海外军事问题上，茶党明确反对伊拉克战争和阿富汗战争，认为战争得不偿失，要求减少在海外的军事基地数量，抨击美国军费开支过高，应该削减军费，要求实行防御性的防务政策，改革美国的情报系统，讽刺国务院的"公共外交"政策等[①]。

根据拉塞尔·米德（Walter Russell Mead）在美国《外交》杂志（Foreign Affairs）发表的《茶党与美国外交政策：民粹主义对全球主义意味着什么》（*The Tea Party and American Foreign Policy：What Populism Means for Globalism*）对茶党运动外交政策的分析，认为茶党运动的外交政策分为两派。一派是杰克逊主义（Jacksonian），坚持美国例外论，对于美国建立一个自由世界秩序的能力也持怀疑主义的态度，坚持民粹主义，反对精英化；另一派是杰斐逊主义（Jeffersonian），杰斐逊主义强调的是美国的民主制度，主张孤立主义外交原则。在茶党内部，佩林派（Palinite）和保罗派（Paulite）在外交政策方面存在着明显的分歧，佩林派以前阿拉斯加州州长萨拉·佩林为首，坚持杰克逊主义外交传统；而保罗派以容·保罗和兰德·保罗为首，坚持杰弗逊主义传统。佩林派属于保守主义外交政策，而保罗派则以孤立主义为核心。在2012年的《外交》杂志上，弗朗西斯·福山（Francis Fukuyama）说茶党支持"那些为金融家和公司精英利益所服务的政治家"[②]。茶党运动及其分析家所建构的一系列外交思想概念及内容不仅影响了整个社会的认知，也在一定程度上影响决策者的认知。

茶党积极分子以及茶党的支持者通过不同的方式表达自身的利益诉求，比如众多茶党积极分子给国会议员写信、打电话影响国会议员在外交问题上的立场和态度，并且通过集会演讲引起公众关注等不同方式，这在一定程度上塑造了公众和外交决策者的认知。

2. 茶党通过保守智库影响外交决策者认知

智库对于美国外交决策机制有着深刻的影响。智库在许多时候是充当了咨询机构的作用，而同时智库因生产思想知识，又能在一定程度上影响决策者对于某一个问题的认知，甚至直接提出外交政策而为决策者所采纳。茶党运动作为保守主义的大规模社会运动，其背后得到了美国保守主义者及保守智库的支持。其中尤以卡托研究所（Cato Institute）和传统基金会（Heritage Foundation）为主，茶党与这两家美国顶级的保守主义智库有着紧密联系，这两家智库为茶党运动的思想和政策提供了有力的智力支持。

---

① 参见 Jon Basil Utley. *A Foreign Policy for the Tea Party*. 2011 - 2 - 21. http：//www.amconmag.com/blog/2011/02/21/a - foreign - policy - for - the - tea - party/。

② Francis Fukuyama. "The Future of History：Can Liberal Democracy Survive the Decline of the Middle Class". *Foreign Affairs*. 2012，p. 1.

　　科赫兄弟（David and Charles Koch）为茶党运动提供了资金支持，以追求自身的私人政治议程。科赫兄弟是美国知名的亿万富豪，作为保守主义者，他们依托庞大的家族企业科氏工业（Koch Industries）赞助了众多保守主义研究机构，诸如卡托研究所、传统基金会、"自由事业""繁荣的美国人"等。早在1984年，科赫兄弟成立了保守主义政治集团"健康经济的公民"（Citizens for a Sound Economy，CSE），2002年开通了茶党网站，2004年"健康经济的公民"组织重组成了"自由事业"和"繁荣美国人"两个组织，而这两个组织直接推动了2009年轰轰烈烈的茶党运动。科赫兄弟赞助了卡托研究所并与茶党运动有着紧密的联系。

　　卡托研究所成立于1974年，其标语是"个人自由，自由市场，以及和平"，座落于华盛顿。根据宾夕法尼亚大学智库项目报告，它在全美顶级智库排名中位列第八。卡托研究所被称为保守主义的智囊，其使命是增加公共政策的参与，基于个人自由、有限政府、自由市场以及和平原则，发起、宣传以及增加对公共政策的理解。卡托研究所奉行自由放任主义，支持促进"个人自由、小政府、自由市场以及和平"的政策，为茶党运动提供其理论支持，同时把波士顿的茶党作为研究对象，形成自己在国会的议案，并煽动选民为其议案造势。"得到过科赫家族资助和指导的卡托研究所在思想理念上奉行自由意志论，倡导市场经济自由化、个人自由和有限政府等原则，从思想和政策上推动和支持茶党运动。"[1] 由于茶党与科赫兄弟以及卡托研究所之间有着密切的联系，科赫兄弟利用茶党运动为自身的政治议程造势，而卡托研究所也利用科赫兄弟的资助为提高保守主义在政府和国会中的影响力提供思想政策支援，共同推动美国社会和政治的右倾化。

　　传统基金会成立于1973年，是华盛顿最著名的保守主义非营利组织，属于"鼓吹型"思想库，传统基金会已经是美国最大的、对共和党影响最强的政府研究机构。根据宾夕法尼亚大学2014年发布的智库报告，传统基金会在全美60家顶级智库中排名第九。传统基金会因其强烈的右翼政治倾向和保守思想成为共和党的天然脑库，传统基金会影响了整个美国共和党和政府内部的保守主义倾向，影响了共和党的政策主张及其政策倾向。"传统基金会对美国的公共政策制定一直有着显著影响，并且被认为是美国最有影响力的保守主义研究组织之一。"[2] 在里根政府和布什政府时期，传统基金会甚至被作为总统在外交政策上的脑库。2011年11月22日，传统基金会和美国企业研究所在

　　① 刘永涛：《茶党运动与重铸美国极端保守主义》，《教学与研究》2013年第9期。
　　② Berkowitz, Bill. *The Heritage Foundation. Media Transparency.* 2008 - 03 - 03.

宪法大厅共同主办了共和党总统候选人关于外交政策和国防政策的大辩论。传统基金会的埃德温·梅西（Edwin Meese）和戴维·阿丁顿（David Addington）两位研究员参与了辩论，并向候选人询问了政策问题。传统基金会对美国的外交决策起着一定的咨询和政策导向作用。

传统基金会从成立之初，其目的是支持美国新右翼观点，而被称为保守派的代理人，这些初衷与茶党运动的宗旨不谋而合，因而使茶党与传统基金会有着千丝万缕的联系。传统基金会的基本宗旨：自由企业制度、有限政府、个人自由、美国传统价值观以及强大的国防和军事实力。其中，有限政府、个人自由和美国传统价值观与茶党运动的宗旨相一致。2012年，前南卡罗来纳州共和党参议员吉姆·德蒙特（Jim Demint），作为茶党运动的领导人之一，在退出国会茶党连线组织之后成为传统基金会的主席。德蒙特说："我现在离开参议院，但是我并未离开战斗一线。我已经决定加入传统基金会，因为此时保守主义运动在思想领域的斗争需要更强有力的领导。"① 而前参议院办公室主任埃里克·乌兰特（Eric Ueland）评价德蒙特的这一转任时说："这是富有创造性的转任，阐明了一种更新的方式去思考如何利用新的工具来推动一项政治议程，在政府任职并不是唯一推进保守主义的途径。"②

德蒙特在传统基金会上任后告诉美国著名的保守主义政治评论员及节目主持人拉什·林宝（Rush Limbaugh）说："作为保守主义者，我们没有足够控制我们的信息和我们的观念，以及与美国人民的直接的交流，这是我们要在传统基金会中所做的。"③ 德蒙特还曾担任过参议院外交关系委员会和商业科学交通委员会成员，作为参议院议员，他还曾经作为两位投票发起反对奥巴马提名希拉里作为美国国务卿中的一员。他担任传统基金会主席，无疑会对共和党的政策倾向产生一定的影响，不仅是德蒙特自身作为共和党内保守派议员，而且其思想政策主张无疑会对传统基金会产生引领作用。对于德蒙特的这次转任，茶党积极分子表示欢迎。

卡托研究所和传统基金会对于美国外交决策的影响主要是通过智库影响决策者的认知，并为政府提供咨询和政策建议。传统基金会与茶党有着千丝万缕的联系，这种联系是建立在茶党运动的领导人或支持者又同时是传统基金会的领导人以及在茶党和保守主义智库都有着科赫兄弟的捐助。

---

① http://www.washingtonpost.com/conservative－sen－jim－demint－resigning－from－senate－to－head－conservative－think－tank/2012/12/06/3f815f26－3fbe－11e2－a2d9－822f58ac9fd5_story.html. 2015－04－10.

② Ibid.

③ Ibid., 2015－04－15.

3. 茶党利用新闻媒体引起外交决策者的重视

媒体被誉为是行政、立法、司法部门之外的"第四个政府部门"，新闻媒体对外交决策的影响是明显的，新闻媒体的报道不仅能引起人们对某一问题的关注，甚至可能影响政府对某一问题的行动，并对政府的外交议程设定产生一定的影响。罗塞蒂就认为，"从许多问题来看，公众舆论对决策过程几乎没有什么迅速和直接的影响，如果有也是微乎其微。然而，从另一些问题来看，特别是极为突出的问题，公众舆论对政府中的决策人，包括总统和国会议员，都有着迅速而直接的影响"[①]。

以茶党运动来看，茶党从最初就是通过新闻媒体和广泛的网络进行传播与组织的，引起社会的极大关注以及行政部门的重视，并对美国整个社会产生了持续的影响，导致了美国社会右翼保守主义的复燃，其重要的传导机制就是依靠网络媒体进行全国范围传播。2009 年 2 月，美国国家广播公司电视（CNBC）主持人瑞克·桑特利，反对奥巴马政府的救济政策，使用"茶党"一词来号召民众反对奥巴马的经济刺激计划，并在随后得到广泛响应。一场声势浩大的茶党运动就此展开，茶党运动从 2009 年爆发之初，因其明显的右翼倾向，得到了右翼新闻媒体的广泛报道和宣传，这其中以美国有线新闻与福克斯新闻为主。

福克斯新闻台为茶党运动提供了全程支持性的报道。美国著名评论员瑞秋·梅多（Rachel Maddow）说："福克斯新闻是共和党的非官方宣传机构，很明显是这些事件的背后推手。"[②] 福克斯新闻主持人格伦·贝克也被认为是茶党运动最显赫的代言人，2010 年 4 月一份公共舆论民意测验显示，37% 的受访者表示支持茶党运动，而贝克在福克斯新闻的观众约有 260 万人[③]。在星期三的"美国新闻室"节目上，福克斯新闻主持人梅根·凯里（Megyn Kelly）宣称，"从海到阳光海，现在是茶党时间"，"反税收茶党人"很快成为网络上的头条。因此，有报道说，福克斯频道积极地推动了茶党运动[④]。针对茶党在 2009 年 9 月 12 日的纳税人华盛顿大游行，福克斯新闻全程报道了这次抗议活动，并且还在《华盛顿邮报》《纽约邮报》和《华尔街日报》上刊登一则广

①　［美］杰里尔·罗塞蒂：《美国对外政策的政治学》，周启朋、侯耀祖等译，世界知识出版社 1997 年版，第 351 页。

②　*The Rachel Maddow Show' for Friday*，http：//www.nbcnews.com/id/3019/2870/.［EB/01］. 2009 - 04 - 13.

③　Russell Mead，"The Tea Party and American Foreign Policy"，*Foreign Affairs*，2011，p. 9.

④　Michael Calderone. *Fox teas up a tempest.* 2010 - 04 - 15. http：//www.politico.com/news/stories/0409/21275. html. 2015 - 04 - 15.

告："美国广播公司、哥伦比亚广播公司、全国广播公司和微软全国有线广播电视以及美国有线电视怎么会错过了本次故事？"接着美国有线电视、全国广播公司、美国广播公司、微软全国有线广播电视以及哥伦比亚广播公司等新闻广播提供了本次集会的全程报道①。

媒体与茶党运动之间有着密切的联系，茶党运动得到了保守的新闻媒体尤其是福克斯新闻和美国有线新闻网的支持和报道，并在电视新闻媒体上大肆渲染，在一定程度上影响了公众对茶党运动的态度并塑造了公众对茶党的认知。实际上，不管是新闻舆论还是智库，它们两者有时是相互影响，共同影响外交决策者对某一外交问题的认知和立场。

二　茶党影响美国外交决策的监督反馈过程

由于不能直接参与外交决策，茶党对外交决策最重要的影响主要体现在监督反馈过程中。美国的对外政策处在一个不断修正的过程中，这个修正的过程就是一个监督反馈的过程。2009 年茶党运动席卷美国，声势浩大，通过游行示威，影响美国在 2010 年的中期选举，改变了美国两党在国会参议院和众议院的态势，使美国政治右倾化，并通过与共和党的结盟间接地影响国会。

1. 通过游行示威影响外交决策

茶党运动作为一场大规模的社会运动引起了美国社会和政府的持续关注，成为一股新兴的政治势力。这股势力通过游行示威向政府施压，以此实现茶党在政治过程中的外交利益诉求。茶党运动具有广泛性和持久性的特点，同时，茶党在外交上也有较为明确的政治目标，因此迫使行政当局和外交决策者考虑其政治诉求，改变当局在外交问题上的政策和立场。

在 2009 年，茶党运动相继在全国组织了多次大规模的游行示威活动，其中人数最多时期有 200 万人以上。在这段时间内，茶党主要依靠草根动员和组织游行示威活动为主。2009 年 2 月 27 日，"全美芝加哥茶党"协调了全国超过 40 个城市的抗议活动，并且创建了第一个全国现代茶党抗议组织。这段时间的游行示威活动以 4 月 15 日（美国税收日）规模为最，超过 750 场茶党集会，超过 50 万人参加了游行。在整个 2009 年的上半年，茶党运动在全国众多地方爆发了大规模游行示威活动，抗议美国税收、紧急救助计划、一揽子经济刺激政策和高昂的开支等。到了 2009 年 9 月之后，茶党的游行示威活动在数量和规模上都有所减少，而在政治游说、动员选民参与投票、为支持茶党运动

---

① http：//en. wikipedia. org/wiki/Tea_ Party_ movement#Media_ coverage. 2015 – 04 – 15.

的候选人筹款和助选等方面的活动却在不断增加①。进入 2009 年下半年之后，茶党运动已经开始和共和党结盟的活动策略，为其影响外交决策提供了更多的可能性，也为运动的利益诉求争取到了更多的回应。进入 2010 年之后，茶党运动势不如前，抗议游行零零散散，组织无方。到 2011 年 4 月 15 日，佩林在威斯康星州首府麦迪逊发起了茶党在税收日的抗议活动，反映了茶党运动的起源就是反奥巴马。

对于这场旷日持久的茶党运动，奥巴马总统对此做过多次回应。2009 年 4 月 29 日，在密苏里州的阿诺德，奥巴马对大规模的茶党运动作了回应；2010 年 4 月 15 日，25 个不同的减税的项目以及关于给美国工作者减税 95% 引起了奥巴马的注意；2010 年 9 月 20 日，在一个由美国全国广播公司财经频道赞助的市政厅的讨论会上，奥巴马就健康医疗法案作出了回应②。

茶党运动所形成的大规模游行示威活动，因其反奥巴马倾向，对美国国会和行政机构产生了一定压力，在一定程度上影响了决策者对于国内经济刺激计划的态度。就外交领域而言，决策者也不可忽视茶党的隐形力量及其对共和党所产生的支持力量而导致的右倾化。

2. 通过与共和党结盟影响外交决策

茶党作为右翼的社会运动，其政治立场与共和党的政治立场较为相近。而且，自身不是一个政党，要想实现其政治主张，就必须依靠共和党。在外交立场上，茶党主张维持美国的霸权地位，其政策立场与共和党接近。通过与右翼的共和党结盟，是茶党实现其外交政治诉求的重要途径。茶党谋求推动共和党在意识形态上成为更极端的右翼保守政党。茶党运动在推动共和党的外交立场右倾化中扮演了关键作用，许多共和党政客和候选人也在通过说明自身的意识形态来吸引茶党支持者。

茶党作为草根式的政治运动，缺乏一个强有力的领导核心，组织分散，有非营利组织和营利组织乃至一些松散的联盟阵线。其非营利组织有"茶党爱国者"（Tea Party Patriots）、"繁荣美国人"（Americans for Prosperity）、"自由事业"（Freedom Works）、"茶党快车"（Tea Party Express）；营利组织有"茶党国家"（Tea Party Nation）；非正式组织和联盟有"国家茶党联盟"（the National Tea Party Federation）、"全国茶党联合会"（The Nationwide Tea Party Coalition）以及在国会有"茶党连线"（Tea Party Caucus）等，这些组织继续与共

---

① 杨悦：《占领华尔街运动与茶党运动的对比分析——政治过程理论视角》，《美国研究》2014 年第 3 期。

② http://en.wikipedia.org/wiki/Tea_Party_movement#Commentary_by_the_Obama_administration. 2015 - 04 - 15.

和党结成统一战线是茶党运动在未来一段时期内的主要策略。另外，这些组织受到了线下右翼保守组织、保守团体和媒体等的支持，比如福克斯新闻主持人格伦·贝克，"繁荣美国人"组织的创立者戴维·科克（David Koch）等的支持。这里尤其值得一说的是"茶党连线"组织和国会"茶党议员联盟"（Tea Party Federation）。

通常，党团组织需要耗费好几天才能得到众议院行政委员会的通过，然而由米歇尔·巴赫曼提议创建的"茶党连线"组织几乎是在一天内便得到了众议院行政委员会的通过。毫无疑问，"茶党连线"的成立在众议院共和党会议上将会给茶党运动争取更多的官方声音。作为茶党运动的英雄人物，巴赫曼给众议院行政委员会主席罗伯特·布雷迪（Robert Brady）写信，声称"茶党连线将作为正式的团体成员，致力于促进美国的财政责任、宪法遵守和有限政府"①。作为美国国会参议院和众议院的议会党团组织，2010 年 7 月由来自明尼苏达州的参议员米歇尔·巴赫曼创立并担任主席。其成员最多时有 66 人，占全部共和党众议员的 27.3%。其中有些议员还是共和党的领袖，托马斯·普赖斯（Thomas Price）是共和党政策委员会主席，约翰·卡特（John Carter）是众议院共和党会议秘书，皮特·塞申斯（Pete Sessions）是共和党国会全国委员会第六任主席，拉马·史密斯（Lamar Smith）是众议院司法委员会主席，到了 2014 年 9 月，路易斯安那州的众议员史蒂夫·思卡莱斯（Steve Scalise）当选为众议院多数党党鞭。"茶党连线"在美国国会的成立表明了共和党对茶党运动的支持，并为茶党运动在共和党内部甚至在美国政治中进一步扩大声势和影响提供了政治渠道②。但是，一些茶党支持者，如威斯康星参议员容·约翰逊（Ron Johnson）、宾夕法尼亚参议员帕特·托米（Pat Toomey）和佛罗里达参议员马克罗·卢比奥却拒绝加入"茶党连线"，认为"茶党连线"组织会使茶党运动失去动力。

茶党影响美国外交决策机制最重要的方式之一在于，茶党通过共和党议员在国会中的投票权来影响重要的美国外交。其主要依靠的是国会在外交事务中的立法权，通过提出议案进行投票来影响实际的外交政策。作为茶党领袖之一的德蒙特，是共和党内最为保守的议员，他还发起成立了参议院保守基金会，这是一个政治行动委员会（PAC），该基金会支持保守主义、小政府，并在州预选和大选中与茶党结盟。其宗旨是"致力于在参议院选举出更强大的保守

---

① http://www.politico.com/news/stories/0710/39848.html. 2015 - 04 - 05.

② 杨悦：《占领华尔街运动与茶党运动的对比分析——政治过程理论视角》，《美国研究》2014 年第 3 期。

主义者"①。该行动委员会还在 2013 年签署了一项从平价医疗法案中抽回资金的战略,最终导致了联邦政府的被迫关闭。作为参议员,德蒙特对于外交政策的主张是反战。2011 年,德蒙特投票支持茶党支持者兰德·保罗的反对军事干涉利比亚的决议,并主张通过遏制政策阻止伊朗获得核武器。另外,在国会,一些隶属于茶党的共和党议员如米歇尔·巴赫曼、杰夫·杜恩侃(Jeff Duncan)、康尼尔·马克(Connie Mack)、杰夫·弗雷克(Jeff Flake)、蒂姆·斯科特(Tim Scott)、乔·华什(Joe Walsh)、艾伦·韦斯特(Allen West)、贾森·查夫茨(Jason Chaffetz)投票支持进步议员丹尼斯·库西尼奇(Dennis Kucinich)关于从利比亚撤出美军人员的决议②。另外,在参议院,三位茶党支持的共和党议员德蒙特、迈克·李和迈克尔·克拉伯(Michael Cra-po)投票限制对利比亚、巴基斯坦和埃及的外交援助③。茶党人在众参两院都倾向于削减对外援助,而茶党领导人不管在国会里还是在国会外,都反对军事干预叙利亚。

共和党与茶党的关系是一种相互利用的关系,彼此结盟,茶党通过支持共和党人并利用其在国会的投票权进而影响美国的外交决策。茶党运动虽然通过与共和党结盟来影响美国的对外决策,但实际上,由于茶党自身的弱小力量,没有党派根基,因此,一些茶党积极分子认为这是共和党绑架与玩弄茶党运动,把茶党运动作为一种力量而为共和党自身所用。

3. 通过选举影响外交决策

选举是美国政治生活中的重要一环,在一定程度上改变着美国两党的政治态势。茶党作为右翼民粹主义运动,是一场草根运动,而草根式的群众运动要对美国的政治和外交产生影响,其最直接的影响方式就是通过茶党手中拥有的选票和支持者,对国会议员的产生过程进行影响,这个途径就是选举。从实际情况来看,茶党已经塑造了选举结果并且在选举的主要人选中扮演着主要力量。④

在 2010 年的中期选举中,《纽约时报》已经确认有 138 名有明显茶党支持背景的候选人参加国会议员选举,而且他们都参选共和党议员,其中 129 位

---

① http：//www. senateconservatives. com/site/about. 2015 – 04 – 10.

② H. Con. Res. 51. http：//www. gpo. gov/fdsys/pkg/BILLS – 112hconres51ih/pdf/BILLS – 112hconres 51ih. pdf.

③ S. 3576. CongressionalRecord. http：//www. thomas. loc. gov/.

④ Scott Rasmussen, Doug Schoen, *Mad As Hell*：*How the Tea Party Movement Is Fundamentally Remaking Our Two – party System*, HarperCollins, 2010, p. 166.

竞选众议员，9 位竞选参议员①。《华尔街日报》的 NBC 新闻在 11 月中期的民意测验显示，在可能的投票人中有 35% 是茶党支持者，他们中有 84% 是支持共和党的②。另外，在本次选举中，一些得到茶党支持的参选者在选举中获胜。具有茶党背景的马萨诸塞州共和党人斯科特·布朗（Scott Brown）当选国会参议员，该职位一直以来被民主党人所占据；克里斯汀·奥唐纳（Christine O'Donnell）在特拉华州共和党初选中获胜；卡尔·帕拉迪诺（Carl Paladino）在纽约州共和党州长初选中获胜；兰德·保罗，这位几乎没有参政经验的医生在茶党的支持下，竟然在肯塔基州共和党参议员候选人预选中击败了共和党"钦定"的特里·格雷森；佛罗里达州的茶党候选人马克·卢比奥成功当选参议员。在 2010 年 11 月进行的美国中期选举中，与茶党有关的候选人获得了众议院 129 个议席中的 39 个。9 个茶党候选人中的 5 个获得了参议员席位。由于茶党的帮助，共和党在美国众议院中获得了多数席位，击败民主党成为在众议院中的多数党，重新夺回了共和党在众议院的控制权，而在其中新当选的共和党众议员有 83 名，有 60 多名则是茶党支持的候选人。而众议院议长一职也由共和党领袖约翰·博纳（John Boehner）接替民主党女议员南希·佩洛西，随着共和党对众议院的控制，奥巴马在未来的任期内其外交决策将受到国会的巨大掣肘。在 2008 年，奥巴马当选总统，民主党在国会占多数，但茶党运动为共和党带来了一个更激进的力量，因此，到了 2010 年，在茶党的帮助下，保守共和党在国会成为多数③。

在 2012 年的选举中，16 位茶党候选人中只有 4 位赢得了参议院议席，"茶党连线"创建者巴赫曼也是以微弱优势重新当选众议院议员。美国广播公司新闻（ABC）和彭博社（Bloomberg）则评论称茶党候选人在 2012 年的选举中远不如其在 2010 年的那么成功④。由于茶党候选人通常缺乏经验或者缺乏竞选资金，因此，在选举势头上走下坡路。到 2014 年的选举中，蒂姆·斯科特成功取得了南卡罗来纳州的参议员席位，另外，茶党只有在得克萨斯州获得了比较大的收获，众多茶党支持者进入州政府，包括丹·帕特里克（Dan Patrick）当选副州长，肯·帕克斯顿（Ken Paxton）当选司法部长。而在 2014 年

① Kate Zernlke, "Tea Party Set to Win Enough Races for Wide Influence." *The New York Times.* 2010 - 11 - 14.

② Jonathan Weisman, "GOP in Lead in Final Lap", *The Wall Street Journal.* 2010 - 11 - 20.

③ Jacobson Gary C. 2011b, "Legislative Success and Political Failure: The Public's Reaction to Barack Obama's Early Presidency." *Presidential Studies Quarterly* 41（June）: 219 - 242.

④ 参考 Elizabeth Hartfield, Tea Party Candidates Losing Steam in 2012. abcnews. go. com. 2012 - 07 - 27. Elizabeth Dwoskin. Has the Tea Party Lost Its Mojo? Businessweek. com. 2012 - 11 - 07.

2月27日，茶党成员在美国国会重新集合，他们庆祝茶党运动5周年，并且宣称在未来要团结起来。

总的来说，茶党运动对美国外交决策产生了一定程度的影响，但没有决定美国的外交政策及走向的根本性作用。首先，因为茶党并不是一个党派，没有政治根基，而且组织分散，缺乏领导核心。根据华盛顿邮报对茶党组织者的调查，当问到谁最能代表茶党时，34%的被访者认为没有，14%认为是佩林，7%认为是贝克，6%认为是德蒙特①。从中可以看出，茶党对美国外交决策机制的影响只能是一种间接性的，通过影响选举共和党人作为茶党代表行使其在国会中的投票权。另外我们也要看到，在美国政治生态中，真正决定美国政治走向的是中间选民，而茶党作为美国社会的右翼力量不会在根本上决定美国的政治立场及其在外交政策上的基本原则。因此，茶党虽然对美国2010年的中期选举产生了一定的影响，但是在2012年的总统大选中，茶党仍未能扭转民主党的优势地位，奥巴马的连任表明茶党无法取得在美国社会中的主导地位。

---

① Tea Party canvass results, category, "What They Believe" A Party Face, *Washington Post*, 2010 - 11 - 24.

第八章

"美国例外论"与美国茶党的外交思想

美国茶党运动是 2008 年金融危机后发生在美国本土、对美国政府发出直接抗议的政治保守主义民粹运动,它不仅影响和改变着美国国内的政治生态,而且也对奥巴马政府的外交政策产生了一定的影响。茶党运动的代表人士在对外事务上深受美国两大外交政策传统——杰克逊主义和杰斐逊主义的影响,因此也分裂成佩林派和保罗派,分别代表美国现行外交政策中的新保守主义和新孤立主义的观点,但所有的茶党人士在外交关系上都信奉美国例外论,反对加强国际法和国际组织在解决全球事务中的作用,主张采取单边行动来维护美国的全球霸主地位。从 2010 年中期选举后茶党政治活动家在美国国会的表现来看,以新干涉主义为主要内容的新保守主义势力在茶党内部的对外事务上占据主流,这既反映茶党内部的杰克逊传统强于杰斐逊传统,也说明茶党在对外事务上和美国典型的右翼新保守主义者没有什么太大的不同。茶党外交政策思想的实质是保证美国在国际关系中的领导地位,对外输出民主价值观,做自由世界的"灯塔",其最终目的是维护美国的全球超级大国地位。茶党在具体的对外事务上表现出悲观的现实主义意识形态,对当今世界的各种外交政治难题多持相对保守的立场,反映了茶党运动极端右倾的保守主义共识。不过,从长远来看,在美国社会进入一个日益多元化的时代后,茶党在美国政治生活中的未来命运将会如何,人们还需拭目以待。

第一节 美国例外论与茶党外交的内在关联

一 美国例外论与美国茶党外交思想的研究视角

2009 年美国黑人总统奥巴马上台后,其推行的经济刺激计划和医疗改革方案使美国社会在政治和经济上日益陷入分裂,而茶党作为一股新兴的政治力量在 2010 年 11 月的美国国会中期选举中异军突起,使执政的民主党遭遇了

20 世纪 70 年以来从未有过的中期选举溃败。据相关统计资料来看，茶党的组成人员大多是比较富裕并受过良好教育的 40 岁以上的白人中产阶级，并且绝大多数都是注册的共和党人或共和党的支持者，他们不满民主党的政策主张，认为美国正在错误的道路上前进，但他们也对共和党的政策有所保留。

茶党崛起的根本原因在于美国社会阶层之间不断扩大的贫富差距，在某种程度上意味着美国社会二元对立的趋势越来越明显，同时也意味着作为美国社会中坚力量的中产阶级开始动摇。对美国中产阶级而言，2008 年金融危机之后奥巴马政府增加税收和强化对国家经济干预的举措引发了他们对自身经济地位被削弱的巨大恐惧，而社会失业率的居高不下和经济的持续低迷也进一步增加了他们对奥巴马政府经济政策的不满；而对美国劳工阶级而言，由于经济衰退而使更多人陷入贫困，占美国四分之一约 7000 万美国人在某种程度上仍然依赖政府的粮食救助计划为生，而 2006 年以来这一数字增加了两倍[1]。这种贫困化给美国劳工阶级造成了巨大压力，同时也加剧了美国不同社会阶层人群之间的对立，但奥巴马政府却缺乏行之有效的举动减缓这种社会对立局面，于是茶党运动应运而生。

基于美国例外论的研究视角，对于深化茶党外交思想研究和解读茶党外交思想的文化根源，具有重要意义。

第一，茶党背后的杰克逊民粹主义对我们研究茶党运动具有重要意义。茶党运动的兴起从根源上看是保守主义和民粹主义结合的产物，带有右翼民粹主义运动的色彩。从这一点看来，茶党运动深深根植于美国历史，在某种程度上代表着美国历史上著名的"杰克逊共识"（Jacksonian Common Sense）对当代精英群体的抵制。值得注意的是，杰克逊民粹主义始终是美国政治中不容忽视的一股力量，每当美国社会经济紧张和亟须变革的时候，杰克逊民粹主义的力量就会凸显出来，因此茶党运动尽管目前已经基本上偃旗息鼓，但其背后的杰克逊民粹主义动力绝不会销声匿迹，这也是我们目前继续研究茶党运动的重要意义。

第二，美国国内两党压力集团为争夺茶党选民而进行的博弈与利益交换往往会产生"外溢效应"，客观上使茶党的外交立场对美国外交事务产生了一定的影响，这是我们研究茶党外交思想和外交主张的重要意义。

虽然茶党运动关注的重点是美国的经济改革和政府职能等内政问题，但由于茶党运动已经发展为一场在一定意义上甚至改变美国政治生态的社会运动，因此美国国内各种政治压力集团为争夺茶党选民而进行的博弈十分激烈，同时

---

① ［英］梅根·特鲁戴尔：《美国茶党运动分析》，于海青译，《国外理论动态》2011 年第 8 期。

美国作为全球超级大国，其国内压力集团之间的博弈和利益交换往往会产生一定的"外溢效应"，于是茶党运动也在一定程度上对美国外交事务产生了影响。2011 年 8 月茶党延迟了国会两党就美国国债上限达成一致的事件就是一个鲜明的例证①。

第三，"美国例外论"思想在茶党内部分裂成保罗派的新孤立主义和佩林派的新保守主义两派，而目前佩林派带有新保守主义色彩的干涉主义外交观在民意中占据上风，这也是我们研究茶党外交思想和茶党未来在外交方面影响力的重要意义。

茶党运动具有十分浓厚的杰克逊民粹主义色彩，而茶党内部的代表人士在对外事务方面则抱有一套浓厚的民族主义思想，主要体现在他们均信奉"美国例外论"（American Exceptionalism）。从国外学者对茶党的研究来看，茶党内部在国际事务方面主要分裂成保罗派和佩林派这两派。保罗派拥护一种严格的不干涉主义，对美国创建自由世界秩序的能力表示怀疑，倾向于威斯特伐利亚体系下的国际观，其外交主张和理念带有明显的孤立主义色彩。他们对美国政府投入太多资源在海外而没有集中精力解决美国国内问题的做法表示了强烈不满，认为美国政府只需要负责好本国的国家安全，反对美国在政治和军事上卷入其他国家的事务。同时他们坚信孤立主义是美国建国者的外交选择，因此美国政府应当仅在一个国家触犯到美国的国家核心利益或者严重侵犯国际法时，方可对其采取武力或制裁行动。例如，保罗派认为中东不属于美国的利益攸关地区，因此需要削减在该地区的战略投入，并疏远以色列，以减少中东事务给美国带来的麻烦。而佩林派与保罗派在对外主张方面则明显不同，佩林派的茶党人士属于极右翼的保守主义分子，他们鼓吹小布什时期的新保守主义的外交理念，强调美国使命论和美国优越论，追求实力外交，坚持干涉主义，并认为奥巴马政府的外交政策过于软弱，美国应该加大对全球和地区事务的干预力度，以维护自己和盟友在相关地区的战略利益。例如，佩林派主张对全球的恐怖主义采取强硬手段，并认为需要巩固美国和以色列的联盟以维护美国在中东地区的战略利益。从美国的民调统计资料来看，在外交方面佩林派似乎占据了上风，有 64% 的美国民众支持五角大楼武力打击伊朗核项目，同时强硬应对中国崛起可能带来的威胁；大部分美国民众还支持政府扩充军备以建立强大的军事力量，并深入参与国际事务，这些均反映出目前大部分美国民众相信必

---

① 房广顺、唐彦林：《茶党运动的兴起及其对美国政党政治的影响》，《高校理论战线》2012 年第 8 期。

须通过积极参与国际和地区事务才能够保障本土安全的心态①。不过，需要注意的是，虽然保罗派和佩林派在外交主张上有所不同，但他们都有一个基本共识——信奉美国例外论，反对在日趋严格的国际法框架下建立国际关系，主张维护美国在全球的霸主地位。

总体来看，"美国例外论"是茶党外交思想的重要来源，同时美国外交决策者也愈加不能忽视茶党这股植根于美国政治深处的大众力量。即使现在茶党运动已经基本在美国政治生活中销声匿迹，但其作为一种极端保守的民粹主义势力，将继续"寄居"在共和党的压力集团内，其对美国政治乃至国际政治的影响恐怕将远超出学者的预期。鉴于茶党的上述影响，我们从美国例外论的角度去探究茶党的外交思想，主要介绍茶党在对外事务方面的基本主张，分析这些外交主张对奥巴马政府外交的影响，并展望这些外交主张在当前国际形势下的实施前景。

二 茶党外交思想研究的最新进展

目前，无论是在国内还是在国外，针对美国茶党外交思想方面的研究都非常有限，从现在所掌握的研究资料来看，国外学者对茶党的研究主要从国内政治理论研究出发，这些研究大体集中在论述和分析茶党产生的社会根源、发展历程、政治主张和对美国国内政治生态的影响等几个方面，而对茶党的外交主张及其给美国外交所造成的影响等方面尚缺乏系统的研究。已有的少量研究茶党外交的资料也基本上把茶党的外交主张简单地和共和党的保守主义外交理念或者美国历史上的孤立主义相联系，但是对于茶党外交主张究竟和新保守主义、新孤立主义有哪些异同却没有进行深入的研究。对于茶党在具体问题上的外交事务，例如始于小布什时期的全球反恐战争、利比亚战争、以色列问题、非法移民、国际贸易、对外援助、能源政策以及如何处理与中国的关系等一系列具体的对外问题上也尚无学者进行过系统的分类研究。我们将就上述研究盲点进行深入细致的研究。同时，从目前掌握的资料来看，中国学者对茶党的研究尚处于起步阶段，基本上属于对茶党运动的介绍性研究，较为深入的研究也是把重点放在茶党运动对美国国内政治生态，尤其是从对美国选举政治和政党政治的影响两个方面进行研究，而对茶党外交思想和外交观点的研究仍然处于空白的阶段。

---

① Walter Russell Mead, "The Tea Party And American Foreign Policy: What Populism Means For Globalism", *Foreign Affairs*, March/April 2011.

　　1. 国外研究现状

　　在对茶党外交思想的研究方面，比较早的研究论文是 2010 年美国著名的保守主义政治评论家《论国富论》一书的作者奥罗克（P. J. O'Rourke）在《世界事务》（World Affairs）上发表的一篇题为《无知者无畏：探寻茶党的外交政策》（Innocence Abroad：The Tea Party's Search for Foreign Policy）的文章，文中列举了茶党中的一些代表人士对一些具体外交事务的观点，并把茶党人士的外交主张大致分为三派：一是前阿拉斯加州州长萨拉·佩林（Sarah Palin）派，他们奉行新保守主义的鹰派观点，主张用核武器打击伊朗，继续在阿富汗和伊拉克的战争，采取强硬手段保持美国在国际关系中的霸主地位；二是前共和党众议员罗恩·保罗（Ron Paul）派，他们坚持新孤立主义的观点，主张把海外的所有美国驻军都撤回国内，并奉行严格的不干涉主义，认为美军应该避免卷入海外军事冲突；三是属于广义上的保罗派，这一派的核心人物是罗恩·保罗的儿子，在这次茶党运动中轰动全美并最终在 2010 年当选参议员的兰德·保罗。虽然兰德·保罗派也支持新孤立主义外交政策，但其实他们的观点和原保罗派略有不同，其观点可以说更加偏离中间立场，表现为既主张美国要有一个积极外交政策但又要求对外事务不能增加纳税人的经济负担。作者在文章最后指出，不管茶党内部在对外事务上分裂成多少派系，但所有茶党人士在外交政策上都坚信美国优越论，坚持美国必须保持自己的全球超级大国地位。

　　美国对外关系委员会（The Council on Foreign Relations）外交政策高级研究员，巴德学院（Bard College）外交事务及人文学科教授，《美国利益》（The American Interest）杂志的自由撰稿人沃尔特·拉塞尔·米德（Walter Russell Mead）2011 年在美国《外交事务》（Foreign Affairs）杂志上发表了一篇题为《茶党和美国外交政策：民粹主义对全球主义意味着什么?》（The Tea Party And American Foreign Policy：What Populism Means For Globalism）的文章，作者在文中首先指出茶党中的杰克逊民粹主义者对美国创建自由世界秩序的能力表示怀疑，而且杰克逊主义者都具有强烈的民族主义思想，他们坚信"美国例外论"和"美国使命论"，并且接受威斯特伐利亚体系下的国际关系观——虽然仅专注于国内事务可能会引起别国的轻视，但一个国家应该只有当别国破坏国际法或袭击它时才能够采取行动。如果美国遭到袭击时，那么结果必然是用全面战争迫使敌人无条件投降。同时，作者还指出，这部分杰克逊式的茶党人士虽然也重视盟友和同意美国需要遵守自己的承诺，但他们都不喜欢民主党那一套"自由国际主义"和"全球多边主义"，反对国际法和国际组织限制美国的"行动自由"，倾向于在必要的时候用单边主义解决国际事务。此外，作者认为茶党内部关于外交事务的争论可以大致分为保罗派和佩林派。罗恩·保罗派在外交政策上代表着一种带有冷漠色彩的新孤立主义态度，反对美国做"世界警察"，和传统的杰斐逊主义拥有更多的共同之处。而萨拉·佩林派在寻求避免卷入不必要的国际冲突的前提下，采取一种更加强有力并积极主动的外交政策去解决目前中东地区的恐怖主义问题，以确保美国在国际关系中的主导地位。同时，作者也指出，无论是罗恩·保罗派还是萨拉·佩林派都在反对自由国际主义上意见一致，即两派都不主张在日益严格的国际法和国际条约的框架下通过多边机构实现国际交往。作者在文章的最后指出，现在茶党中的杰克逊分子都认同只有解决好国际问题才能真正保障美国的安全，这是和传统的杰克逊主义者最大的不同。

美国霍普金斯大学保罗·尼采高级国际问题研究院跨大西洋关系研究中心高级研究员，美国前驻北大西洋公约组织大使库特·沃克（Kurt Volker）2010年在《意大利新闻报》（*La Stampa*）上发表了题为《美国中期选举后的外交政策：避免新孤立主义》（*Foreign Policy After the US Mid – Term Elections：Avoiding a New Isolationism*）的文章，文中作者把茶党运动可能带来的新孤立主义思潮和美国的外交政策联系起来，并认为奥巴马政府应该避免受到茶党孤立主义思想的影响，通过两党合作应对茶党要求削减政府开支和缩小政府规模的压力。此外，俄裔美籍学者乔恩·巴兹尔·尤特里（Jon Basil Utley）2011年在《茶党评论》（*The Tea Party Review*）上发表了一篇题为《茶党的外交政策》（*A Foreign Policy For the Tea Party*）的文章，在文中作者介绍了茶党在不同外交事务上的具体观点后，总结了茶党外交政策基于以下四点原则：（1）对所有国家公正地对待，没有必要就不要人为制造或刺激敌人；（2）保持国内经济的强大和活力，不把金钱浪费在没有必要或产生负面效果的军事行动上；（3）和我们的盟友及其他国家一起行动，正如温斯顿·丘吉尔所说："只有一件事比和盟友并肩作战更加糟糕，那就是当你需要的时候却找不到盟友"；（4）必须保证我们的价值和道德观，使美国再一次成为"闪闪发光的山巅之城"，用自由和繁荣吸引着世界上其他国家的民众。

对茶党外交思想研究得比较深入的是美国传统基金会下属的肯尼思·西蒙美国研究中心高级研究员马里昂·史密斯（Marion Smith）2011年在美国《每日电讯报》（*The Daily Caller*）上发表题为《茶党需要一个外交政策吗?》（*Does the Tea Party Need a Foreign Policy?*）的文章，文中开篇就点出美国许多学者都同意这样的观点，大量的茶党成员都认为美国不应该走向新的孤立主义。作者认为，茶党在外交政策问题上的失语导致出现了外界认为茶党整体上倾向于孤立主义的声音，这破坏了茶党运动与美国外交政策的紧密相关性，因此茶党应该反驳对其的孤立主义评价，提倡美国在世界上发挥不可或缺作用的原则。值得注意的是，作者在文中明确指出无论是孤立主义或不干涉主义都不是思考外交政策的正确方式，而罗恩·保罗派目前大力鼓吹的不干涉主义其实是孤立主义的伪装，这其实与美国的原则和外交政策传统是相悖的。作者进一步分析了保罗派所宣称的美国应该回到传统不干涉主义外交政策上去，事实上反映了茶党中的保罗派拥护一种孤立主义范围下严格的不干涉主义原则，这一原则要求除非美国领土遭到明确和紧迫的威胁，否则美国对海外事务上不得进行军事干预，而保罗派对不干涉主义原则的这种理解其实是孤立主义概念中的一部分，并和美国外交政策的指导原则相悖。作者在文章的最后指出，不干涉主义和孤立主义将导致美国行动选择自由受到限制，削弱美国保卫自身安全的能力，并且不符合美国当前所处的国际形势。

在介绍茶党外交思想方面，有一本专著是由参议员兰德·保罗与保守主义政治评论家杰克·亨特（Jack Hunter）合著并由法国阿歇特图书出版集团美国分公司（Hachette Book Group USA，HBG）在 2011 年 2 月出版的《茶党走向华盛顿》（*The Tea Party Goes To Washington*）。在书中，兰德·保罗认为简单地把茶党分子贴上"孤立主义者"或"保守主义者"的标签无益于解释茶党的外交观点，其实茶党内部所一致拥护的"美国例外论"才是茶党的外交思想原则。兰德·保罗指出，目前茶党人士由于坚持削减联邦政府预算而被共和党内的新保守主义分子视作一个威胁，因为这威胁到共和党传统的压力集团"军工复合体"的直接利益，而在争论是否应该削减国防预算和海外援助等问题上，杰克逊式的茶党分子和里根式的共和党人也发生了立场上的冲突。最后，作者指出，茶党的外交思想并不是要求避免战争或者回到过去的孤立主义，而是认为现在美国所进行的战争并不能够真正解决问题，并使美国在错误的道路上越走越远。因此当前美国政府需要认真反思战争政策，在保持一支强大军队的同时用军队来解决国家目前所真正面临的威胁和挑战。

2. 国内研究现状

对于茶党问题的研究，目前中国学者尚处于起步阶段，也没有专门研究茶党外交思想的论文，学者的研究重点基本上集中在国内政治理论方面。这方面的研究成果有辽宁大学的房广顺和唐彦林在《高校理论战线》2012 年第 8 期发表的《茶党运动的兴起及其对美国政党政治的影响》，作者认为茶党是右翼民粹主义运动，其政治立场与共和党基本接近；从茶党的成员及其支持者的构成上看，有白人至上的种族主义倾向；而茶党兴起的根本原因在于美国资本主义制度基本矛盾造成的经济动荡和周期性金融危机所引发的社会恐慌，随后作者进一步判断茶党运动的兴起暴露了美国两党政治制度的局限和缺陷，茶党作为一支组织松散但不可忽视的政治力量，将对美国未来的选举政治造成一定影响。

南开大学的徐步和武汉大学的张征在《南开大学学报》（哲学社科版）2011年第1期发表了《美国中期选举及茶党兴起的影响》，作者认为美国中期选举使民主党和奥巴马本人受到很大的打击，茶党的兴起对美国政坛和社会的影响正在显现，而美国保守主义思潮的回归和金融危机冲击下各种社会问题的交织正使美国的国内外政策走向深刻的演变之中。茶党作为右翼保守主义色彩极浓的政治组织，"减少赤字""政府别惹我"和"反对奥巴马医改"是其最具有号召力的三大口号。同时"强大的国防""有限的政府"和"传统的家庭价值"是茶党右翼势力信奉的三大保守主义主张。文章的最后，作者指出虽然茶党不会发展成为真正意义上的政党，但茶党代表的民粹主义和精英阶层"精英主义"的对立将可能对美国社会思潮的演变产生重要影响。

国防科技大学的赵敏在《现代国际关系》2010年第10期发表了《美国茶党运动初探》，认为兴起于2009年的美国茶党运动是由大众通过网络联系组织起来的一系列社会运动。它虽然没有统一的党纲和组织，没有统一的领导人，活动的组织策划也主要通过网络，但已成为美国政坛不容忽视的新兴政治力量。作者认为，经济危机激发群众对现任政府政策的不满，强调个人权利与自由主义传统，一些媒体与利益集团的推波助澜，是茶党兴起的三大主要原因。而茶党的"反税收"和"小政府"立场将有可能使共和党进一步走向右翼。作者在文章的最后预测茶党运动将随着美国经济社会状况的改变而渐渐淡出政治舞台，但其重大意义在于提醒民主党和共和党人重视民意，尊重民众的呼声和需求。

清华大学的张业亮在《美国研究》2010年第4期发表了《2010年中期选举及其对美国政治的影响》，作者将茶党运动视为美国民主党在2010年国会中期选举中失利的一个重要原因，认为茶党作为一个保守的草根政治运动，"阻止政府作用进一步扩大"，主张"有限政府"和回到"宪法的价值观"是不少茶党支持者的重要目标。茶党运动动摇了两党制度下当权者的地位，强化了选民对奥巴马政府和民主党国会的不满，激起了共和党选民的投票热情，帮助共和党在2010年国会中期选举中获得了对众议院的控制权，并对奥巴马政府今后的政策议程形成牵制，使国会的立法效率降低。

国防大学的廖坚在《国际信息资料》2011年第2期发表了《茶党运动兴起及其对美国政治的影响》，作者分析了茶党运动的特点及其对美国政治生态的影响，认为茶党运动将对美国两党政治制度形成巨大冲击，并将推动美国保守主义思潮的继续发展。但作者也指出茶党虽然发展势头迅猛，其要继续保持这种势头并最终崛起为美国的第三股政党势力却存在许多困难。随着美国经济的复苏和逐步走出衰退的阴影，茶党运动将失去发展的基本动因和存在的环境。受美国独特政治体制的强力束缚，茶党未来要在政治上崛起为第三股势力十分困难。而且茶党的活动基础主要是来自持保守主义立场的民众，没有得到美国政界精英的大力支持，也缺乏重量级和富有经验的杰出政界领袖充当茶党的领军人物，因此茶党未来的发展空间比较有限。最后，作者总结茶党的产生是美国经济出现严重问题和国内社会矛盾激化的背景下，右翼保守主义思潮在美国民众中的一种反弹，未来的茶党运动将可能加剧美国政治生态的继续右倾。

中国社会科学院刁大明在《美国研究》2012年第4期发表了《2012年美国国会选举与新一届国会对华政策走向》，作者认为共和党在茶党势力的驱动下进一步右倾保守化，而茶党在社会议题上的极端保守化倾向也使其难以获得中间选民的认可，茶党对共和党阵营的负面影响在2012年的国会选举中日益凸显。作者分析，虽然茶党在2012年的国会选举中呈现出负面作用，但新一届国会中茶党议员的规模并没有发生实质性缩减，而且随着美国国会权力结构的重组，茶党中的一些议员可能在国会的某些关键委员会或党团内占据重要职位，由于茶党内部目前在对外问题上的干涉主义倾向超过了孤立主义的倾向，因此在这两种对立的外交决策倾向交互作用的背景下，一方面茶党在对外事务上强调军事威慑与遏制，另一方面强调贸易保护主义，这明显不利于中美之间发展较为稳定的双边关系。这种态度从2012年美国大选中各层次的共和党候选人炒作涉华议题就可以看出来，并且茶党议员在国会委员会中的调整也将增加美国国会在涉华议题上采取负面行动的可能性。

此外，清华大学赵可金在2010年接受媒体采访时表示缘起草根运动的茶党风暴的影响将增加中美关系的不确定性，增加美国政府对华政策的不负责任倾向，并使中美关系成为最可能受伤的双边关系。同时值得关注的是，茶党运动扩大了美国对华政策的意识形态色彩，茶党反对大政府和反对高预算的政策在国外扩展为对中国模式的批判，中国成为茶党拿来说事的最好筹码。而且因奥巴马政府在预算和税收政策上的扩张倾向，使得茶党在批评中国时难以作出说服性解释，中国政策成为白宫应对茶党攻击的牺牲品。作者判断，这种倾向无疑会进一步扩大美国对华政策的非理性倾向，中美关系发生误解和对抗的危险性正在大大上升。

本文的研究难点和创新点在于目前国内外研究茶党外交思想的论文屈指可数，相关资料大多停留在介绍茶党运动本身的起源和特点上，这既成为本文的难点，也是本文的创新点。同时，茶党运动作为美国的一场草根社会运动，茶党代表更加关注美国的内政问题以获取选民的注意，对外交事务的关注程度还远远不够，这就直接导致了许多茶党代表人士没有表达出自己的外交立场。况且茶党本身是一个源于缺乏严密组织的松散运动，其内部在对外事务上也是意见多元，派系复杂，需要进行大量的量化分析以总结其外交主张的内容和特点。此外，在2012年美国国会选举后，随着茶党在国会影响力的继续，未来茶党议员可能在国会一些涉外事务委员会中占据关键职位，这将为茶党影响美国对外关系提供杠杆，也是本文的另一个创新点。最后，值得注意的是，由于本文是从美国例外论的角度探究茶党的外交思想，从目前掌握的资料来看，国内外学者把美国例外论和茶党外交联系起来的研究基本空白，而事实上，茶党的代表人物如佩林和保罗多次公开表示美国例外论是茶党在外交事务立场方面的一个基本共识，因此，从美国例外论出发去研究茶党的外交思想将为国内外学者研究茶党在外交议题上的立场提供一个新的研究思路。

第二节　"美国例外论"的历史沿革和基本内容

美国自建国以来，其外交政策就打上了理想主义的烙印，美国政治精英对外交话语权的争夺始终围绕维护美国领先地位和对外输出美国价值观这两大内容①。再没有其他国家像美国一样，在外交活动中既务实，又追求其历史传承的道德信念，没有比美国更具理想主义情怀的国家②。美国在外交上之所以比其他国家更看重民主和人权，可以从"美国例外论"（American Exceptionalism）中寻找到答案。总之，要解释美国的种种外交活动和美国国内各股政治力量的外交诉求，就离不开美国例外论。

一　"美国例外论"的历史沿革

"美国例外论"首见于托克维尔的《论美国的民主》一书。托克维尔在书中将美国与欧洲大陆国家进行了比较，认为美国人的际遇完全是个例外③。托克维尔把美国看作人类社会的蓝图，美国人也不断对自己的独特性作出评论，甚至将其反映在《独立宣言》中。"美国例外论"代表了这样一种信念："美国是一个在人类历史上起着独特作用的不平常国家，在所有的民族国家中，它

① David Callahan, *Between Two Worlds: Realism, Idealism and American Foreign Policy after the Cold War*, New York, Harper Collins Publisher, p. 37, 1994.

② Henry Kissinger, *Diplomacy*, New York, Simon & Schuster, p. 7, 1995.

③ ［法］托克维尔：《论美国的民主》（下卷），商务印书馆1996年版，第554页。

不仅是独特的，更是优越的。而且这一信念贯穿于整个美国历史，尽管它在不同历史时期被不同的人用不同的方式表述，但其基本含义始终如一。"① 可以说，"美国例外论"作为一种非正式的意识形态，广泛地存在于美国人的思想深处，支配着美国人的行为方式。

1. "美国例外论"的宗教起源

清教主义造就了美国②。"美国例外论"的产生和传播也和清教主义有关，具有深厚的宗教渊源。清教主义和清教徒在美国独立战争的过程中发挥了至关重要的作用，由于最早到达美洲新大陆的那批移民大多是不堪英国国教压迫的清教徒，所以美国人民争取公民自由和民族独立的斗争也带有一部分要求宗教自由的色彩。在哥伦布发现美洲新大陆300周年纪念日，埃尔赫南·温切斯特（Elhanan Winchester）赞美上帝为所有国家的受迫害者准备了庇护所，上帝使美国成为地球上第一个建立起平等的公民自由和宗教自由的地方③。

1783年，耶鲁学院院长埃兹拉·斯泰尔斯（Ezra Stiles）牧师用宗教语言对"美国例外论"作了明确的解释："上帝仍将赐予他亲手栽植的这棵藤蔓更大的祝福，因为对于自由和财产的享有，赋予了美国的新英格兰移民最令人惊异的精神。人们从来没有在所有人收获自己的劳动果实和分享总的权力制度方面作出过如此有效的试验。……上帝使他的美国选民高于他所创造的所有其他民族。"乔赛亚·斯特朗（Josiah Strong）牧师在布道时说："犹太人、希腊人和罗马人在人类历史上第一次结合成为一个盎格鲁—撒克逊民族，这个民族是杰出而胜任的，因此是上帝的选民，它的臻于完善将是天国的完全降临。"④简言之，美国人是移居到希望之乡的上帝选民，准备在人间为上帝的天国的完全到来做准备。美国的"上帝选民"意识已成为美国人的基本精神寄托，这从美国总统的历次就职演说中可见一斑。"上帝保佑美国"也成为美国总统重要演讲的经典式结尾语。这种源于清教主义的"上帝选民"意识成为"美国例外论"的思想基础。

2. "美国例外论"的政治文化起源

"美国例外论"和美国的政治文化传统息息相关。在殖民地时代，由于远

① Trevor B. McCrisk. , *American Exceptionalism and the Legacy of Vietnam*：*U. S. Foreign Policy Since 1974*, New York, Palgrave Macmillan, pp. 1 – 183, 2003.

② Paterson, *Thomas G. Major Problems in American Foreign Policy*：*Documents and Essays*, Lexington, p. 28, 1992.

③ Walter A. McDougall, *The Promised Land*, *Crusader State*：*The American Encounter with the World since 1776*, Boston Houghton Mifflin Company, p. 18, 1997.

④ Arthur M. Schlesinger, Jr. , *The Cycles of American History*, p. 15.

离欧洲封建君主的影响和从英国国王那里得到特许，殖民地居民因此享有比欧洲君主国臣民更大的自由，从新英格的乡村议会（town meeting）到弗吉尼亚的平民院（House of Burgesses），殖民地人逐渐习惯于管理自己的事务，享有比当时任何国家都要多的公民自由和宗教自由。在欧洲还处在君主专制和暴政的统治之下时，北美人民就已经享受到上帝赐予的自由。因此殖民时代的美国人在阐述自己身份的时候除了声称自己是"上帝的选民"外，还称自己是"自由的民族"。

潘恩在其小册子《常识》中写道："这个新世界曾经成为欧洲各地受迫害的酷爱公民自由和宗教自由人士的庇护所。他们逃到这里来，并不是要逃脱母亲的抚慰，而是要避开吃人的怪兽。……美国建立的将是世界上最高尚、最纯洁的政体。"[1] 杰斐逊在《弗吉尼亚纪事》中写道："我们政府的原则恐怕比世界上任何其他政府的原则更加特殊。它是天赋权利原则和来源于英国宪法中最自由的原则结合而成，这种原则和专制君主国的原则势不两立。"[2]在新大陆建立起来的美利坚合众国完全体现了西方政治思想家所提倡的自由分权的民主原则，这成为"美国例外论"一个永恒的主题。

民主制的确立和成长说明美国确立了比欧洲更优越、更进步的政治制度，也为欧洲的政治实践提供了一种典范，使欧洲的民主派在美国的制度中看到了前途和希望。正在政治十字路口徘徊的欧洲国家人民从美国的建国实践中似乎看到了一个光明的前景：民主的潮流是不可抵挡的。正如潘恩所说："美国的独立如果不曾伴随着一场对政府的原则和实践的革命，而单从它偏离英国这点来考虑，那就微不足道了。美国不仅为自己，而且也为全世界赢得了立足点，并且将目光投射到自己所获的利益的范围之外。"[3] 总之，清教主义的宗教信仰与美国自由民主的政治实践原则相结合，就形成了美国人独特的自我意识：美国人是上帝的选民。在美国人眼中，美国作为西方文明社会中的一员，其外交政策比西方其他国家更富于理想主义和使命感，美国所代表的新大陆民主政治理想与欧洲所代表的旧大陆君主政治的腐败形成了鲜明对比[4]，这是"美国例外论"深入美国人灵魂的最主要原因。

---

①　[美] 托马斯·潘恩：《潘恩选集》，商务印书馆1989年版，第22—57页。

②　[美] 托马斯·杰斐逊：《杰斐逊选集》，商务印书馆1999年版，第212页。

③　[美] 托马斯·潘恩：《潘恩选集》，商务印书馆1989年版，第225—226页。

④　David Callahan, *Between Two Worlds: Realism, Idealism and American Foreign Policy after the Cold War*, p. 18.

二 "美国例外论"的基本内涵

"美国例外论"作为一种特殊的意识形态，既关乎美国人如何看待他们自己，也关乎如何看待他们在国际上的形象和作用以及他们与其他国家的关系。"美国例外论"主要有美国优越论、美国使命论、美国榜样论和美国神佑论这四种内涵。

1. 美国优越论

"美国例外论"使美国人在国际行为中具有一种特殊的道德优越感，这种优越感主要反映在两个层面：其一，只有美国才有资格充当国际规则的制定者和世界的领导者，这不仅是因为美国的强大实力，而且因为美国是民主革命的成功典范，没有帝国主义和殖民主义的历史，而欧洲国家由于其血腥的帝国主义战争和不光彩的殖民主义历史在道义上缺乏领导世界的资格。美国国会参议员海厄姆·约翰逊（Hiram Johnson）在1925年这样说道："在其充满鲜血与征服的肮脏的国际生涯中，欧洲国家从未做过一件理想主义的、利他的、无私的国际行为。"① 在美国外交史上，美国人不断暗示着世界责任意识。如果说在"一战"前，美国人领导世界的欲望还潜藏着，"一战"后，威尔逊总统就公开表示只有美国才有资格领导世界。1965年2月，约翰逊总统在林肯纪念日这样宣称："历史和我们自身的成就已经把捍卫自由世界的主要责任赋予了我们。"② 其二，既然美国的道德优越于其他所有国家，那么衡量美国就不能使用衡量其他国家的普通标准，而必须用一套与众不同的特殊标准，美国应该超越现有的国际体系，成为新的国际秩序的建立者、主宰者和推动者。这构成了美国外交中单边主义的重要思想来源。总之，美国人相信自己的制度和发展模式是优越的，因此有资格领导其他国家，美国优越论为美国的国际事业提供了"高尚"的道德借口。

2. 美国使命论

很多美国人认为，作为上帝选择的一个特殊国度，美国对人类文明的发展和命运承担着一种特殊的责任，负有把世界从"苦海"中拯救出来的"使命"。小施莱辛格断言，在美国，"使命主义、经验和命运之间的斗争在我们的时代继续进行着"。他把下面现象看作美国例外论和美国使命论的表现：威廉·詹姆斯（William James）说："我们（美国人）成为文明的传教士……我

① Roger S. Whitcomb, *The American Approach to Foreign Affairs: An Uncertain Tradition*, Praeger Press, p. 32, 1998.

② Richard Barnet, *Roots of War: The Man and Institutions behind US Foreign Policy*, New York, p. 19, 1972.

们必须播种我们的理想，种植我们的秩序，把我们的上帝强加于人。我们的责任和我们的命运召唤着我们，文明必须前进。"① 威尔逊总统在 1919 年这样说道："美国人民的心灵是纯洁而忠实的。……他们是历史上伟大的理想主义力量，……我相信，美国人民有一种任何其他民族都不曾拥有的特殊的精神力量，美国具有实现自身使命和拯救世界的特殊素质。"②

美国使命论可以追溯到推动北美殖民地扩张的清教主义"宿命论"。清教主义认为盎格鲁—撒克逊人是"上帝的选民"，因此肩负着上帝赋予的三重使命：传播基督教文明、征服"落后"民族和"落后"文明。这种使命是上帝赋予的，是一种不可逃避的天意，同时也是一种命定的责任和艰危，需要具备利他和献身的精神。北美殖民地人民坚信，这种使命感和披荆斩棘的拓荒精神以及刻苦节俭的清教主义结合起来，将迫使一切"异教"文明和"野蛮"民族臣服，从这个意义上看，美国人其实是接过了大英帝国扩张主义的接力棒。美国人的使命感也常常和干涉主义相连。美国使命论的笃信者认为，美国影响世界最好的办法是利用美国的实力在全世界推行民主和人权，在世界各地保护自由制度。正如在新英格兰人的思想中，作为政治上的弥赛亚，把世界从黑暗和专制中拯救出来就是美国的伟大使命。可见，美国不仅要充当世界各地被压迫者的"避难所"，而且要充当"自由的卫士"。这种"自由的卫士"形象在美国独立战争中得到强化，并多次为历任美国总统所确认。1837 年，杰克逊总统在告别演说中说："上帝已经选择你们（美国人）作为自由的卫士，为了全人类的利益来捍卫自由。"③

值得注意的是，美国例外论催生了美国人"拯救世界"的使命意识，并在导致扩张主义和干涉主义的同时，在一定程度上促使美国人追求道德上的自我完善并努力建设一个理想的民主社会，以作为世界各国的榜样。

3. 美国榜样论

诚然，世界上很多国家都有一种例外论和特殊使命的思想，但美国的不同之处在于就连"美国例外论"也是例外的。"美国例外论"的突出特点是"例外论"与美国一起甚至早于美国建国就诞生了④。

---

① David Callahan, *Between Two Worlds: Realism, Idealism and American Foreign Policy after the Cold War*, p. 19.

② Arthur M. Schlesinger, Jr., *The Cycles of American History*, p. 16.

③ J. D. Richardson, ed., *A Compilation of the Messages and Papers of the Presidents*, Washington DC, Vol. 4, p. 1527, 1997.

④ Reinhold Niebuhr and Alan Heimert, *A Nation So Conceived: Reflections on the History of America From Its Early Visions to Its Present Power*, West port Conn., p. 123, 1983.

1630 年，美国马萨诸塞湾的首任管理者约翰·温思罗普（John Winthrop）在布道中宣扬："上帝的以色列就在我们中间。我们是山巅之城，所有人都在注视着我们。"① 在这之后，"山巅之城""第一个新国家""充满希望的大陆"和"不可或缺的国家"等一系列历史悠久并传承至今的对美国与世界其他国家关系的描述都有一个共同的主题——美国是世界上的"例外"国家，美国是与众不同、极为特殊的②。需要注意的是，美国作为"山巅之城"这种说法暗含了一种通过树立榜样而不是干涉来影响其他国家的孤立主义立场。例如，美国国会共和党参议员艾伯特·贝弗里奇（Albert Beveridge）在抨击威尔逊主义时强调："美国的使命是向全人类提供一个榜样：快乐与富裕来自渐进的、自我约束的自由，最好是给世界起一个示范作用。"③ 换句话说，美国榜样论认为，美国人的特殊使命不是通过所谓"民主十字军东征"的办法来改造一个"罪恶的"世界，美国不需要帮助其他国家实现自由人权，而是应该成为照亮"黑暗"世界的圣火。在美国成为世界头号大国之前，暗含孤立主义立场的"榜样论"一直是美国外交政策的关键因素④。1874 年，美国早期重量级政治家中的最后一位在世者艾伯特·加勒廷（Albert Gallatin）重申了"榜样论"的论点。他对自己的同胞说："你们的使命是为所有其他政府和其他较少受到优待的民族树立榜样，运用我们的所有手段来逐步改进我们自己的体制，并通过你们的榜样来发挥最有利于人道的道德影响。"⑤ 即使在美国以世界经济领导者的姿态进入 20 世纪后，美国的政治精英和普通大众仍然深深浸润在传统的回忆中：美国应该通过树立榜样而不是干预来行善，因此孤立主义大行其道，这种情况直到"二战"结束后才得到彻底改变。

美国榜样论还存在一个看似矛盾的地方：一方面美国人坚信自己是独特

① John Winthrop, "A Model of Christian Charity", in Godfrey Hodgson, *The Myth of American Exceptionalism*, New Haven: Yale University Press, 2008.

② 可参见 Tami R. Davis and Sean M. Lynn - Jones, "City upon a Hill", *Foreign Policy*, No. 66, p. 22, 1987; Seymour Martin Lipset, *The First New Nation The United States in Historical And Comparative Perspective*, New York: W. W. Norton, 1979; Walter McDougall, *Promised Land*, *Crusader State*: *The American Encounter with the World since 1776*, New York: Mariner Books, 1998; 转引自 ［美］沃尔特·拉塞尔·米德《美国外交政策及其如何影响了世界》，中信出版社 2003 年版。"不可或缺的国家"是美国前国务卿奥尔布赖特 1996 年对美国的描述，转引自 Samuel Huntington, "The Lonely Superpower", *Foreign Affairs*, Vol. 78, No. 2, p. 35, 1999。

③ ［美］迈克尔·H. 亨特：《意识形态与美国外交政策》，世界知识出版社 1999 年版，第143 页。

④ Manfred Jonas, "Isolationism", in Alexander DeConde, edited, *Encyclopedia of American Foreign Policy*, *Studies of the Principle Movements and Ideas*, Vol. I, p. 496.

⑤ Arthur M. Schlesinger, Jr., *The Cycles of American History*, p. 90.

的、例外的，但另一方面又认为美国的独特性具有普世价值，美国的价值观和政治经济体制对所有国家都是适用的，自然应该成为其他所有国家学习的榜样和范例。值得注意的是，这种矛盾之处恰恰和美国的种族多元性有密切关系，这就是为什么米歇尔·奥克森伯格（Michel Oksenberg）在谈到美国人总是相信美国价值观的普世性时说："既然美国的价值观适用于各种不同文化的美国人，而且还吸引世界各地的人向美国移居，那么从逻辑上讲，它必然具有国际感召力。如果《独立宣言》适用于美籍意大利人，那么它为什么不能适用于现在仍生活在意大利的意大利人？如果《葛底斯堡演说》说出了美籍华人的心愿，那么它也应该可以适用于现在仍生活在中国的中国人。美国不能将自己的价值观仅限于自己的国土范围，否则人们将对自己价值观的普遍意义产生怀疑，并将危及这些价值观的信誉。"① 总之，美国榜样论中所蕴含的美国要做世界民主"灯塔"的精神和美国价值观的普世主义相互推动，共同构成了美国国际干涉行为的合法性基础。

4. 美国神佑论

美国神佑论和"天定命运论"紧密相关。在美国领土扩张的过程中，"天定命运"的话语体系被频繁使用，成为"美国例外论"的重要体现。这种话语体系试图说明美国的领土扩张行为和其他国家不同，它是"通过上帝的许诺和预言获得土地"的。上帝为美国预备了合适的边界，美国的扩张事业得到上帝的保佑，是神的旨意，因此美国人必须依照天命延伸到准确的、适当的范围其自由才能永存，谁也阻挡不了这一使命的完成②。简言之，"神佑论"认为上帝会永久庇佑美国和美国的事业，美国命中注定要领导世界。正如威尔逊总统在一次演说中所言："美国社会的利他本质是上帝恩典的充分证明：仿佛是上帝的眷顾，有一片未被开发的大陆被保留，等待一群热爱和平和自由、人权高于一切的人们来此建立一个有福同享的上帝的国度，……而这个国度存在的目的便是按照上帝的旨意解放世人。"③ 因此，"神佑论"又意味着美国可以按照上帝的旨意去建立殖民地，去帮助"被压迫"的人民④。美国第 25 任总统威廉·麦金莱（William McKinley）为美国在菲律宾建立殖民地所做的辩

---

① ［美］米歇尔·奥克森伯格：《中美关系中的台港藏问题》，新华出版社 1998 年版，第 42 页。

② 可参见 ［美］迈克尔·H. 亨特《意识形态与美国外交政策》，第 33—34 页；转引自孔华润主编《剑桥美国对外关系史》（第 2 卷），新华出版社 2004 年版，第 278—279 页；萨克凡·伯克维奇《惯于赞同：美国象征建构的转化》，上海译文出版社 2006 年版，第 31 页。

③ Henry Kissinger, *Diplomacy*, pp. 68 – 71.

④ ［美］迈克尔·H. 亨特：《意识形态与美国外交政策》，王立新译，北京大学出版社 2007 年版，第 42—43 页。

护是这种"神佑论"的最经典案例。1898 年，他声称，在凌晨两、三点钟祈祷之后，他听到了上帝的声音，这声音指示他应当立刻兼并菲律宾①。于是，在麦金莱总统的解释下，吞并菲律宾的行为成为美国"提升、教化和基督化"菲律宾人的良机②。

"美国例外论"伴随着美国的建国和崛起，逐渐发展成为一套观念体系，并早已内化为一种"非正式的意识形态"，深刻地塑造了美国人的自我认知，影响着美国的对外行为和对外政策。基辛格在《大外交》一书中明确指出，任何一位严肃的美国外交决策者都不可能无视"美国例外论"的传统③。总之，"美国例外论"内涵丰富，包括美国优越论、美国使命论、美国榜样论和美国神佑论这四个方面，其蕴含的内在逻辑大致是：美国在基本政治经济制度、人民才智和地理因素等方面比世界其他任何国家更为优越，使美国成为世界文明的灯塔，占领着全球道德的制高点，同时美国和美国的事业永久受到上帝的庇佑，上帝让美国领导世界，因此美国有责任和义务去关注和改变世界其他地区的状况④。在"美国例外论"的信奉者看来，美国人对于道德价值标准的追求深刻地影响了其外交决策。作为一个赋予对外行为以某种"价值"目标的国家，美国在许多国际事务中为了实现理想主义的要求，甚至不惜牺牲其物质利益。

三　美国例外论的两种外交实践原则

孤立主义和干涉主义是美国外交史上出现过的两种截然不同的外交实践原则，它们通常被视为美国例外论这枚硬币的正反两面，美国外交政策具体采取哪种原则通常取决于美国的相对实力。其中，孤立主义的外交原则要求与其他国家尽可能少地发生政治关系；干涉主义的外交原则表现出强烈的进攻性和扩张性⑤。

1. 孤立主义

孤立主义作为美国政坛右翼保守派的主流外交思想之一，一直和不干涉主义、航海自由、中立主义等概念联系在一起，在美国处理与外部关系时留下了

---

① ［美］唐纳德·怀特：《美国的兴盛与衰落》，江苏人民出版社 2002 年版，第 14 页。

② ［美］威廉·德格雷格里奥：《美国总统全书》，社会科学文献出版社 2007 年版，第 392 页。

③ Henry Kissinger, *Diplomacy*, p. 6.

④ Stephen M. Walt, "The Myth of American Exceptionalism", *Foreign Policy*, November, 2011；转引自［美］杰里尔·罗赛蒂《美国对外政策的政治学》，世界知识出版社 1997 年版，第 382—383 页；［美］沃尔特·拉塞尔·米德《美国外交政策及其如何影响了世界》，第 148 页。

⑤ ［美］刘易斯·哈茨：《美国的自由主义传统》，中国社会科学出版社 2003 年版，第 257—258 页。

较深的痕迹。虽然孤立主义在美国外交史上几经沉浮，但至今仍余音缭绕。尤其是在 2008 年美国华尔街金融危机后，庞大的债务危机使美国联邦政府日渐入不敷出，美国国会内孤立主义的声音再次甚嚣尘上，成为牵制奥巴马政府外交政策的主要力量之一。

在美国外交史上，孤立主义伴随着美国独立而兴起，华盛顿在卸任前发表的《告别词》强调了实行孤立主义的必要性和合理性，在此后长达一个多世纪里，《告别词》确立的孤立主义外交原则成为美国对外行为的基本准则。地理自然因素是孤立主义产生的重要原因，但是，渗透在新英格兰人思想中的孤立情绪的种子却是英国人播下的。在美国建国初期，把美洲视为世界上独一无二的"希望之土"，与欧洲自我隔绝开来，一方面是为了保障自身在美洲大陆扩张的行动自由，另一方面也是为了利用大洋的屏障（米尔斯海默将之称为巨大水体的阻隔力量）实施离岸制衡战略，在欧洲列强的争夺中纵横捭阖，谋求自身最大的利益（主要是商业利益）。孤立主义的不结盟和不卷入政策使美国在建国后的相当一段时期内把所可能面临的来自欧洲的战争威胁减少到最低限度，同时"方便"了美国对亚洲和拉丁美洲的争夺，是美国在其实力尚不够强大时为维护和实现其国家利益而采取的一种"离岸平衡"战略。对此，理查德·克罗卡特（Richard Crockatt）总结道："孤立主义所要表现的不是对世界的排斥，而是一种信念，即美国可以在寻求自己的合法利益的同时，既不会损害自己的价值观，也不会引起其他国家特别是欧洲大国令人讨厌的关注。"① 孤立主义力图避免参与和自己利益无关的国际事务，确保美国不要"国际主义精神泛滥"，同时这一时期的美国不急于扩张军力和参与国际军事竞争，而是专注于商业利益。

孤立主义外交原则所体现的美国例外论的逻辑在于：美国人认为，欧洲大陆上的交战各方是"道德上的一丘之貉"，战争的性质是"陆上暴君"（法国和俄国）和"海上暴君"（英国）的争斗；如果新生的美利坚合众国想要日后"引领其他文明"，首先必须保守其"纯洁且高尚的特性"，绝不能沾染和涉足"卑鄙肮脏的欧洲宫廷政治"，"堕落到龌龊不堪的王朝阴谋和均势外交"之中而"玷污了自身的清白②。然而，孤立主义的背后其实隐藏着美国"弱则独善其身，强则兼济天下"的战略思维。

2. 干涉主义

干涉主义是天定命运论和美国使命论的一种体现，即认为干涉（美国人

---

① ［美］理查德·克罗卡特：《50 年战争》，新华出版社 2003 年版，第 26—27 页。

② ［美］布拉福德·珀金斯：《共和制帝国的创建（1776—1865 年）》，转引自孔华润主编《剑桥美国对外关系史》（第一卷），新华出版社 2004 年版，第 17—24 页。

一般称为"拯救")"落后"民族是上帝赋予美国人(即盎格鲁—撒克逊清教徒)的一项神圣且特殊的使命。由于美国人认为自己是上帝挑选的最优秀的子民,所以需要承担上帝赋予的"教化""野蛮民族"的任务,向全世界传播美式价值观。在"天赋使命"的驱使下,美国一旦有了足够的实力,就要积极干涉外部世界,"替天行道",进而谋求世界领袖的地位。

干涉主义的实质在于,当国家实力强大到成为世界霸主的时候,美国便通过强大的军事和政治力量,积极地向外输出美国人认为具有普世意义的价值观念。与孤立主义不同的是,干涉主义要求美国不受任何限制地介入任何国际事务,用美国的价值和制度标准"改造"整个世界,使美国人的原则成为整个世界的行为准则,进而把整个世界变得像美国一样"美好"①。值得注意的是,在查尔斯·库普乾(Charles A. Kupchan)看来,"美国人对自身价值观和制度的超常自信,导致美国例外论既为美国远离国际体系创造了价值基础,又为美国人按照自己的观念重塑国际体系提供了推动力"②,这就是孤立主义和干涉主义通常被视作美国例外论这枚硬币的正反两面的原因。

总之,美国的对外干涉既是为了追求具体的利益,同时也是为了通过向他国推广其价值观和民主制度,实现某种道德追求和道德原则。甚至在杰里尔·罗赛蒂(Jerel A. Rosati)等一些美国学者看来,美国的对外干涉乃至参加战争,其目的根本不是为了保护自己,而是为了让这个世界摆脱罪恶并促进所有民族的自由与和平,是为了慷慨地与别国分享美国的物质财富和民主成果,因此美国对外行为的动机本质上是利他的,是为了全人类的利益③。在这种意识形态惯性思维的作用下,美国历届政府都为其干涉别国内政的行为披上合法性的道德外衣。

四　美国例外论在当今美国外交政策中的地位

美国的外交政策之所以看起来似乎比其他国家更富有理想主义和使命感,究其根源是因为受到"美国例外论"的影响,重视推广自由价值和民主制度。在后冷战时期,美国并没有淡化其外交政策的意识形态倾向,相反,从克林顿总统到小布什总统,再到现在的奥巴马总统,他们通过各种手段在全世界推广和传播美国的价值观,美国例外论则成为美国对外干涉的最好借口。一个例子是在2013年9月10日,奥巴马就叙利亚问题向全国发表电视讲话时公开使用

---

① ［美］塞缪尔·亨廷顿:《失衡的承诺》,东方出版社2005年版,第267—268页。

② ［美］查尔斯·库普乾:《美国时代的终结:美国对外政策与21世纪的地缘政治》,上海人民出版社2004年版,第34页。

③ ［美］杰里尔·罗赛蒂:《美国对外政策的政治学》,世界知识出版社1997年版,第373页。

了"美国例外论"的思想："为了美国的理想、原则和国家安全，我们必须对叙利亚采取行动，……我们不仅要在狭义上保护自己的利益，还要保护世界的利益，这就是使美国与众不同之处，这就是我们的例外之处。"①

1. 美国外交政策追求的目标

"美国例外论"使美国的外交政策具有高度理性化的色彩和非常强烈的普世主义精神，甚至在一定程度上有意识地塑造了美国人的集体认同，且使其带有非常明确的目的感。早在独立战争时期，美国人就认为他们的独立革命是真正的革命，其目的不只是获得自身的公正和解放，而是要带领全人类进入一个崭新的、民主的时代②。与这一普世主义相伴随的是，强烈的使命感导致美国人认为其国家利益与"人类更大的善"是相吻合的，并期望"总有一天，美国原则将指导整个世界"③。一言以概之，"美国例外论"是美国政治意识形态的本质，是美国人的政治信条，是其外交政策追求的目标。

2. 美国外交行为的"遮羞布"

"美国例外论"在给美国人民带来巨大的道德优越感的同时，也造成了美国在外交政策上屡次实施单边主义和霸权主义。在"美国例外论"的"掩护"下，美国把侵吞别国领土称作是履行上帝赐予美国推广自由和民主的神圣义务。在历史教科书上，美国人把入侵菲律宾、古巴、关岛和波多黎各说成是为了把这些地方的民众从旧的欧洲帝国主义统治下"解放出来"。同样，2003年小布什总统把他发动的入侵伊拉克的战争也说成是为了"解放伊拉克人民"。美国例外论不仅是美国发动对外干涉战争的思想基础，同时也成为美国霸权主义外交行为的"遮羞布"。

3. 美国例外论与美国的全球扩张

"美国例外论"为美国以履行上帝赋予特殊使命的幌子为向外扩张提供了一种合理的解释。因此，"美国例外论"不仅是美国持续不断的全球扩张的意识形态根源之一，而且为美国政府提供了对其扩张行为合理解释的依据。美国政府自立国以来一直把向外输出自己的政治制度体现在对外政策之中，只要美国人依然持有这种迥异于他国的天然优越感，美国对外扩张的步伐就不会停止，而且在当今世界全球化的潮流下，对于美国中心主义者来说，世界"美国化"是全球历史发展的必然归宿，即以美国的发展模式为标杆来完成对全球政治、经济、文化的重塑。

---

① 参见美国白宫网站奥巴马的演讲视频，http：//www.whitehouse.gov/briefing-room/speeches-and-remarks。

② Lawrence J. Friedman, *Investors of the Promised Land*, New York：Alfred A. Knopf, p.135, 1975.

③ ［美］戴安娜·拉维奇主编：《美国读本》，国际文化出版公司2005年版，第72页。

毋庸置疑，在当今美国，美国例外论仍然拥有相当深厚的民意基础，绝大部分美国外交决策人士视美国例外论为美国政治外交的精神脊梁。因此，俄罗斯总统普京在《纽约时报》撰文批评奥巴马宣扬美国例外论的行为才引起美国朝野上下一片哗然①。美国例外论早已植根于美国人心中了，使美国人在回击外界对其批评时将不假思索地采取一种本能般的反应。鉴于现在美国面临从失业率和财政赤字居高不下到两场损失巨大的战争难以收场的诸多挑战，美国人越来越多地从例外论中找到慰藉，各种踌躇满志的美国领导人也越来越热衷于宣扬美国例外论，这丝毫不令人感到惊讶。

第三节　美国茶党对外政策的基本思想

在 2008 年美国金融危机爆发后，美国茶党迅速崛起，成为美国保守主义运动的新代表②。茶党运动在短短几年内迅速发展，并在 2010 年的美国国会中期选举中大放异彩，成为影响美国政治生态结构平衡的一支重要的新兴民粹主义力量。

一　茶党在对外事务上的两派

美国茶党运动的兴起从根源上看是新保守主义和右翼民粹主义结合的产物，在某种程度上代表着美国历史上著名的杰克逊共识对当代精英群体的抵制。茶党运动的代表人士在对外事务上深受美国两大外交政策传统——杰克逊主义和杰斐逊主义的影响，因此也分裂成佩林派和保罗派，分别代表了当今美国外交政策智库中的新保守主义和新孤立主义的政策诉求。

1. 佩林派

佩林派是美国茶党内新保守主义者的大集合，受美国共和党内的右翼保守主义势力影响颇深。在佩林派中，最具知名度的当属美国前阿拉斯加州州长萨拉·佩林，她甚至被美国媒体誉为"茶党的精神领袖"。在美国国内面临经济严重衰退、联邦财政赤字和国债逐年攀升的情况下，佩林在财政方面强硬的保守主义立场获得了对当下美国政治现状颇为不满的保守主义选民的青睐。另一

---

① 参见英国《金融时报》的相关文章，http://www.ftchinese.com/story/001052331。
② 有研究表明茶党运动内部的各类团体组织机构，如"茶党快车"和"茶党爱国者"等受到美国国内各类保守主义集团的推动，因此茶党运动可以被视作美国国内保守主义运动的又一次复兴。请参见 Mark Meckler and Jenny Beth Martin, *Tea Party Patriots: The Second American Revolution*, New York: Henry Holt and Company LIC, 2012。

位也曾引起舆论极大关注的佩林派茶党人同样也是一名女性，她就是被美国媒体誉为"茶党女王"的米歇尔·巴克曼，作为国会"茶党议员联盟"的发起人，并曾高调参加 2012 年的美国总统竞选，巴克曼在茶党中的知名度或许并不小于佩林。不过，佩林和巴克曼虽然在茶党运动中享有极高的人气，但从 2010 年美国国会中期选举后，特别是 2012 年国会改选之后茶党议员的表现来看，佩林派茶党人在外交事务方面更杰出的代表无疑是来自得克萨斯州的国会参议员泰德·克鲁斯（Ted Cruz）和来自佛罗里达州的国会参议员马可·卢比奥。克鲁斯现年 44 岁，在 2013 年赢得凯·贝利·哈奇森（Kay Bailey Hutchison）让出的参议员席位后成为美国第二大州的国会代表。在 2013 年的竞选中，他赢得了得州及茶党活跃人士的热烈支持，被视作美国保守派运动的一颗新星，许多保守派政治观察家都认为他会与来自南卡罗来纳州的国会茶党参议员吉姆·德明特（Jim DeMint）等茶党名人携起手来，不屈不挠地刺激主流的共和党人和民主党人。另一位与克鲁斯同属古巴裔美国人的佩林派茶党名人是在 2012 年一度成为罗姆尼副总统人选的佛罗里达州参议员马可·卢比奥。精通西班牙语、在国会参议院情报委员会和外交委员会任职的卢比奥曾经访问古巴、海地、哥伦比亚、利比亚、阿富汗和巴基斯坦等国家，凭借自身丰富的外交阅历成为国会外交政策圈子里的一员。他曾在布鲁金斯学会所做的外交问题演讲中表示新保守主义者罗伯特·卡根（Robert Kagan）所著的《美国创造的世界》（*The World America Made*）在他形成美国全球责任的观点时发挥了重要作用。2011 年 5 月，在宣誓就任参议员仅四个月后，卢比奥（其政治导师正是大名鼎鼎的麦凯恩参议员）就联合民主党重量级参议员乔·李柏曼（Joe Lieberman）联合提出一项议案，要求奥巴马政府对叙利亚领导人阿萨德实施"斩首行动"①。

2. 保罗派

保罗派是美国保守主义运动中新孤立主义者的"大本营"，也是美国茶党运动中具有代表性的·派。保罗派的代表人物主要是罗恩·保罗和兰德·保罗这一对父子。罗恩·保罗是美国国会共和党众议员，他在 2008 年参加总统大选时，首次用自由主义重新解读茶党，以表达自己的财政保守主义信念。他和他的支持者至今仍然坚称，这为日后的当代茶党运动奠定了基础。作为一名坚定的宪法主义者（主张"小政府"）和自由意志主义（Libertarianism）者，罗恩·保罗在国会的各种表决里几乎反对所有的政府开销、法案或税赋案，在许

---

① Ron Paul, *Rand Pauls Foreign Policy*, http://www.redstate.com/diary/robertm75/2014/02/18/rand-pauls-foreign-policy/.

多次表决上经常是共和党里唯一一个与党团立场不同的议员，这也使他遭到一些共和党同僚的抱怨，并且使他获得了"'不'先生"的绰号。在外交上，罗恩·保罗坚定地支持孤立主义和不干涉主义的外交政策。他投票反对授权向伊拉克发动战争的国会决议案，并且自始至终反对美国对伊拉克的入侵，他也曾多次批评小布什政府在反恐战争中的许多行动已经侵犯了美国公民的自由。2010年，这位年逾古稀的国会资深议员在给美国《外交政策》撰文时写道："在花费数万亿美元用于维持我国在全球120多个国家的700个军事基地的同时，我们没法谈论财政责任和削减政府开支的问题。"① 不过随着罗恩·保罗的退休，保罗派的新孤立主义大旗传到了他的儿子兰德·保罗的手中。兰德·保罗本来是一名眼科医生，即便身为国会众议员的儿子，但在2009年前，他似乎对政治没有什么兴趣。直到茶党运动爆发后，兰德·保罗开始获得茶党拥护者的青睐，于是他在其父亲竞选团队的支持下，借助互联网发起了一场大规模的草根竞选运动，而其所在的肯塔基州高居不下的失业率和严重的经济衰退导致该州选民对当权精英极度失望，这也极大帮助了这位47岁的眼科医生成功当选为国会参议员。当选后，保罗继承了其父亲的财政保守主义信念，坚决要求削减军事预算，反对大政府和尽一切可能减少财政开支，这导致他和共和党内的高层不合。

二　茶党两派外交政策思想的传统

目前茶党内部佩林派和保罗派的分化依然严重，这使茶党几乎没有得出一个统一的外交政策的可能。强调建立强大的国防力量与海外驻军的国际主义者和要求撤军并停止海外战争的孤立主义者的分野在佩林派和保罗派的政治活动中依然清晰可见。不过，新的调查数据显示大部分的茶党支持者们坚持美国政治传统中的杰克逊主义传统，并不是十分支持提倡孤立主义观点的杰斐逊主义②。总之，对茶党内部两派对外事务的基本主张的分析，首先必须从美国外交政策的传统思想入手。

美国对外关系委员会高级研究员沃尔特·拉塞尔·米德在《美国外交政策及其如何影响了世界》（*Special Providence：American Foreign Policy and How*

---

① Walter Russell Mead："The Tea Party And American Foreign Policy：What Populism Means For Globalism"，*Foreign Affairs*，March/April 2011.

② Brian Rathbun："Steeped in International Affairs？：The Foreign Policy Views of the Tea Party"，*Foreign Policy Analysis*，September，pp. 21－37，2013.

It Changed the World)① 一书中指出，美国存在一套根深蒂固的外交政策路径，这种路径逐渐形成美国的外交政策传统，这些传统虽然随着国际秩序和美国社会的变化而逐渐演变，但其核心的价值诉求基本不变，因此在数个世纪里深刻地塑造了美国外交政策的形态。米德用美国历史上四位著名人物的名字来为美国外交政策的四种传统命名，它们是杰克逊主义、杰斐逊主义、威尔逊主义、汉密尔顿主义，分别代表着军人、律师、传教士和商人的价值观与视角。

1. 佩林派的杰克逊传统

茶党最重要的外交政策传统之一就是杰克逊主义。杰克逊主义的外交政策与杰克逊主义国内政治的价值观和目标相关。杰克逊主义首先代表了影响美国深刻而广泛的民粹主义文化，这种民粹文化强调追求人与人之间的绝对平等，反精英情结十分突出，对不同的意见缺乏容忍。杰克逊民粹主义的价值观以崇尚荣誉、独立、勇气和军事自豪为基础，以自力更生、权利平等、个人主义和金钱至上作为基本原则，它有时是美国社会公平化的强大驱动力，但往往又以理想和激情代替理性。在杰克逊主义价值观的影响下，杰克逊主义者代表着美国右翼保守中产阶级派的政策诉求，他们要求政府竭尽全力促进社会群体的政治、道义和经济福祉，也往往支持在军事上花钱以建立强大的国防，并认为这是政府最应该做的事情之一。杰克逊民粹主义在美国民主政治中一直很有市场，时至今日，它依然是美国这个中产阶级占多数的国家民众中最为普遍的政治哲学，在普通民众中间比在精英群体中间更为强大，和美国中低阶层的白人新教男性相关，被大量对外部世界知之甚少的民众所信奉。

杰克逊民粹主义在外交上经常被称为"好斗的美国主义"或"新保守主义"。其外交思想主要体现在两个方面：一方面，杰克逊主义者对外部世界的认识是霍布斯式的，认为国际社会是混乱无序的，并将永远如此。因此美国必须高度警惕，全副武装；美国外交必须狡猾机灵、强硬有力、不比其他国家更讲廉耻；必须经常先发制人；颠覆外国政府、暗杀居心不良的外国领导人绝对没有什么过错②。这种悲观态度导致杰克逊主义者认为美国只有依靠增强军事实力才能捍卫自己的安全，在这个霍布斯式的世界里只有强大的军事优势才能保护美国的主权、荣誉、幸福和安全③。值得注意的是，杰克逊主义者的战争学说主张，美国不应当主动发起战争挑衅，但如果其他国家挑起对美国的战

---

① Walter Russell Mead, *Special Providence: American Foreign Policy and How It Changed the World*, New York: Routledge, p. 3, 2002.

② Ibid. , p. 142.

③ John Glaser, "How Popular Are Rand Paul's Foreign Policy Views, Really?", January 30, 2014, https://antiwar.com/blog/2014/01/30/how-popular-are-rand-pauls-foreign-policy-views-really/.

争，美国就必须全力以赴，诉诸所有可用力量，除了胜利，别无所求，并对那些侵犯美国利益者进行严厉的报复。另一方面，杰克逊主义者更有可能谴责政治领袖不能采取强有力的措施，而不是担心国际法的严密。在美国社会的所有主要思潮中，杰克逊主义者最不尊重国际法和国际惯例，对国际制度、多边主义和全球倡议通常持怀疑态度，认为它们损害了美国的国家主权和自由行动的权利。例如，杰克逊主义者对奥巴马"无核世界"的倡议就嗤之以鼻。杰克逊主义者统治国会往往意味着削减对外援助和减少同联合国的合作。杰克逊主义者希望对古巴、伊朗、委内瑞拉、俄罗斯和中国采取更强硬的政策。由于杰克逊主义者的目标是赢得战争，因此他们对奥巴马从阿富汗撤军的计划也比较抵制①。此外，作为一种军人的价值观，杰克逊主义者十分重视荣誉。杰克逊主义者随时准备着为自己的荣誉和信仰而斗争，为国家的利益、尊严而战斗。根深蒂固的国家荣誉观使得杰克逊主义者痛恨胆怯和懦弱，并认为战争是光荣的，对付恃强凌弱的恶棍只能拿出你的拳头，其余都是绥靖。可以说，没有杰克逊主义者的支持，美国甚至不可能发动一场大型的国际战争，也无法维持今日遍布全球的军事战略存在。总之，杰克逊主义是一种既强调普世主义和使命感，也强调美国的例外和优越，并单边追逐美国安全和国家伟大的极端民族主义思想，所以它被印上了美国极右翼保守主义派的标签，在很大程度上代表了茶党这一右翼民粹主义运动的政策诉求。

米德认为，茶党是杰克逊传统在美国政治中的表达，因此其外交政策也与之相匹配②。杰克逊主义的外交政策鹰派支持海外军事存在的扩张，以此来保障美国免于海外的威胁。他们敌视用多边主义和威尔逊主义去促进全球安全，并认为最好的安全保障是强大的国家防御力量。而佩林派的新保守主义外交理念也正好契合茶党的杰克逊传统，迎合了茶党内部大多数右翼保守人士的外交诉求。

2. 保罗派的杰斐逊传统

茶党另一个重要的外交政策传统就是杰斐逊主义。杰斐逊主义的核心是维护美国的民主制度，其外交政策传统基于这样一种信仰："对霍布斯式的国际政治世界进行过度干预，会腐化和破坏美国人民已经建立的洛克式的民主秩

① Michael Gerson, "Will the Tea Party shift American foreign policy?", November 9, 2010, *The Washington Post*, http://www.washingtonpost.com/wp-dyn/content/article/2010/11/08/AR2010110804356.html.

② Walter Russell Mead, "The Tea Party And American Foreign Policy: What Populism Means For Globalism", *Foreign Affairs*, March/April 2011.

序,也就是说美国过度卷入海外事务将会破坏国内的民主标准。"① 杰斐逊主义者把外交政策视为一种必需的邪恶,认为外交政策的任务应该是尽量避免让美国卷入外部世界的纷争,让美国以最小的风险和成本参与世界事务。因此杰斐逊主义也常常被称为孤立主义。

与杰克逊主义截然不同的是,杰斐逊主义把战争视为努力避免的第一位和最大的邪恶,认为战争既是对受害者的惩罚,也是对惩罚者的惩罚。杰斐逊主义认为,海外干预的成本和风险都太高,只有在对国家生存构成真正威胁的情况下才值得进行此类冒险行动。美国当前面临的最大危险是在国际上伸手太长造成的结果,因此最佳的外交政策是顺其自然。在国内政策上,杰斐逊主义者反对大政府和中央集权,怀疑中央政府依靠发动战争达到敛财、集权的目的,并主张为了维护美国的民主制度,应该在国内限制政府权力,削减军队数量。

杰斐逊主义者以国内自由的卫士自居,因此反对通过军事手段扩大美国的海外利益。他们往往将注意力集中在保护美国联邦政府对公民个人自由的侵犯上。在杰斐逊主义者看来,自由是无比珍贵的,而且几乎是无限的脆弱。他们也许比其他任何人更加坚信,民主是最好的政府组织形式,但他们也许是唯一认为历史不是总站在"美国实验"(即向外推行美国价值观)这一边的美国学派。杰克逊主义者认为自由的最大威胁之一是国外广泛的军事存在,而且维持庞大的国防常备军将会带来巨大债务,同时使联邦政府必须集中力量奉行秘密的财政政策,而不是开放和透明的管理。在杰斐逊主义者看来,杰克逊主义者看到的威胁并不是那么真实和迫切,并不是那种"我们要保卫自己免受别人的侵害或寻求在海外推进我们的价值观而必须做的事情"。保罗派深受杰斐逊主义传统的影响,保罗父子在各种场合都疾呼削减海外预算和撤回美国的海外驻军,主张美国对外政策宜采取海外实力收缩战略,并且不赞成美国谋求做世界警察。

在米德看来,目前茶党内部两种相互竞争的对外主张里,佩林派的杰克逊式的外交政策主张明显处于当前美国茶党运动对外政策的上风,而倾向于孤立观点和杰斐逊主义传统的保罗派由于反对美国海外力量的扩张,受到了共和党内部强大的军工复合体集团的打压,因此在对外事务方面成为茶党中的边缘声音②。

---

① Walter Russell Mead, *Special Providence: American Foreign Policy and How It Changed the World*, p. 78.

② Walter Russell Mead, " The Tea Party and American Foreign Policy: What Populism Means for Globalism ", *Foreign Affairs*, March/April, 2011.

三 茶党两派外交政策思想的特点

茶党的外交思想受到杰克逊传统和杰斐逊传统的影响，佩林派和保罗派在具体的外交政策方面分别体现出新保守主义和新孤立主义的外交理念，但是所有的茶党人士在外交关系上都极力推崇美国例外论，反对加强国际法和国际组织在解决全球事务中的作用，主张采取单边行动维护美国的全球霸主地位。

1. 佩林派的新保守主义外交主张

佩林派的茶党人士属于极右翼的保守主义分子，他们鼓吹小布什时期的新保守主义的外交理念，强调美国使命论和美国优越论，追求实力外交，坚持干涉主义，并认为奥巴马政府的外交政策过于软弱，美国应该加大对全球和地区事务的干预力度，以维护自己和盟友在相关地区的战略利益。例如，佩林派主张对全球的恐怖主义采取强硬手段，并认为需要巩固美国和以色列的联盟以维护美国在中东地区的战略利益。从美国的民调统计资料来看，在外交方面佩林派似乎占据了上风，有64%的美国民众支持五角大楼武力打击伊朗核项目，同时强硬应对中国崛起所可能带来的威胁；大部分美国民众还支持政府扩充军备以建立强大的军事力量，并深入参与国际事务，这些均反映出目前大部分美国民众相信必须通过积极参与国际和地区事务才能够保障本土安全的心态。

从2010年中期选举后美国茶党的表现来看，外交方面，在所有茶党人士都坚信美国优越论并坚持美国必须保持自己的全球超级大国地位的基础上，佩林派依旧奉行新保守主义的鹰派观点，主张用核武器打击伊朗，继续在阿富汗和伊拉克的战争，采取强硬手段保持美国在国际关系中的霸主地位。佩林派茶党人在外交上援引冷战时期的历史经验，强调美国应该履行"国际主义"的使命，继续在世界范围内充当警察角色；美国的对外政策包括在海外寻找抵制西方"民主"及"自由"价值的"魔鬼"或"邪恶"力量，然后消灭它们。这说明佩林派依然因循着共和党内新保守主义派的旧路。

综合看来，佩林派代表着共和党内的传统保守主义派，强调美国对外政策应该积极但审慎地卷入国际事务，因为只有深入接触这个世界才能保护美国自身安全。这一派认为，美国应该有效地使用军事力量，在决定派兵卷入海外事务之前明确美国的核心利益所在；作为最后的政治手段，一旦决定出兵，美国宜投入全部力量快速取胜。美国军队的首要任务是取得战争胜利；美国士兵决不能置于外国人的指挥之下[1]。佩林派的新保守主义色彩拥有浓厚的杰克逊传统的印记。这一派的茶党人士普遍拥有一种美国优越论式的道德优越感。在他

---

[1] 刘永涛：《茶党运动与重铸美国极端保守主义》，《教学与研究》2013年第9期。

们眼中，国际社会将会保持暴力和无政府的状态，美国必须提高警惕，加强军队，最好的防御就是进攻，"有时我们必须先发制人地进行战斗。我们绝对没有错，我们颠覆那些拥有明确不良意图的外国政府或暗杀那些邪恶的外国领导人"①。同时，维护国际道德和信念常常被用作佩林派进行对外干涉的借口："由于外国的作恶，使我们不得不卷入战争，不管战争将造成多少死伤，都是他们领导人的过错而不是美国的过错，这是不证自明的。"显然，新干涉主义也是佩林派的新保守主义外交主张的重要内容。

2. 保罗派的新孤立主义外交主张

与佩林派不同，保罗派拥护一种严格的不干涉主义，对美国创建自由世界秩序的能力表示怀疑，倾向于威斯特伐利亚体系下的国际观，其外交主张和理念带有明显的孤立主义色彩。他们对美国政府投入太多资源在海外而没有集中精力解决美国国内问题的做法表示了强烈不满，认为美国政府只需要负责好本国的国家安全，反对美国在政治和军事上卷入其他国家的事务。同时他们坚信孤立主义是美国建国者的外交选择，因此美国政府应当仅在一个国家触犯到美国的国家核心利益或者严重侵犯国际法时，方可对其采取武力或制裁行动。例如，保罗派认为中东不属于美国的利益攸关地区，因此需要削减在该地区的战略投入，并疏远以色列，以减少中东事务给美国带来的麻烦。

在2010年中期选举之后，保罗派仍然坚持新孤立主义的观点，主张在外交上采取更为温和的态度。他们以华盛顿《告别词》中提醒美国人远离不必要的纷争和避免卷入纠缠不清的联盟为借鉴，反对美国政府过多介入并未威胁到美国国家利益的别国事务，认为并非单凭美国的干预（包括政治、经济和军事干预手段）就可以解决这个世界上的所有问题。这一观点对美国政府向海外推行所谓"国家重建"和"民主拓展"做法的政策有效性提出怀疑。在具体政策上，保罗派茶党人士主张把海外的所有美国驻军都撤回国内，并奉行严格的不干涉主义，认为美军应该避免卷入海外军事冲突。例如，2011年3月15日，罗恩·保罗在国会众议院提出了一项共同决议案（H. Con. Res. 31），援引美国宪法第1条和《战争权力条例》，要求奥巴马总统以军事手段干预利比亚国内社会动乱之前，必须征得国会的同意②。茶党代表人士的这一举动在某种程度上反映了2008年金融危机后美国国内反对过分国际干预、倡

---

① Daniel Horowitz, *The Palin Foreign Policy Doctrine: What Is a Conservative Foreign Policy?*, http://www.redstate.com/dhorowitz3/2011/05/04/the-palin-foreign-policy-doctrine/.

② Rep. Paul. Ron, *H. Con. Res. 31 - 112th Congress*, http://beta.congress.gov/bill/112th-congress/house-concurrent-resolution/31? q = % 7B% 22search% 22% 3A% 5B% 22H. + Con. + Res. 31% 22% 5D% 7D.

导海外战略收缩的新孤立主义情绪东山再起。

综合看来，以保罗派为代表的茶党内部非国际干预派主张，美国对外政策宜采取海外实力收缩战略，不赞成美国谋求做世界警察。这一派认为，不能在限制国内大政府、谈论财政紧缩、预算赤字和日益膨胀的国内开支的同时，却支持政府的海外扩张行动、耗费庞大军事开支占领和威吓世界其他地方，不顾在全球维持一个庞大的美利坚帝国所需要的费用。总之，美国的对外政策不能建立在这样一种幻觉上，即通过举债和印钞的方式维持美国在海外的武力存在①。因此，保罗派的外交政策诉求通常被视作杰斐逊主义的产物，信奉新孤立主义的外交理念。保罗派的新孤立主义观点认为，保护美国利益的最佳途径就是保持超然，和其他国家分开，脱离接触和撤出力量。不过，保罗派的新孤立主义者并不是要求美国完全地孤立和隔绝，他们更多是"简约的现实主义者"，"他们认为美国应该缩小其国家利益的定义范畴，并且尽可能使用最低的武力来捍卫这些利益"②。

3. 两派的共识

信奉美国例外论，反对在日趋严格的国际法和国际条约的框架下通过多边机构实现国际交往，维护美国在全球的霸主地位是茶党内部佩林派和保罗派的共识。茶党两派在国家安全方面都坚持美国应该在军事实力上保持绝对领先世界其他各国的优势地位，信奉里根时代提出的"以实力求和平"的保守主义外交理念，要求维持美国现有的国防开支水平，反对国会内民主党人提出的削减防务开支的主张。茶党人士对美国例外论的笃信说明了茶党内部对美国实力和地位的自信，而且茶党人士对自由国际主义和全球多边主义的排斥也印证了茶党内部在外交事务上已经带有新保守主义话语下的单边主义共识。

四　茶党外交政策思想的实质

受美国例外论的影响，茶党在外交政策思想上主要信奉杰克逊主义和杰斐逊主义，由于目前在茶党内部杰克逊传统远强于杰斐逊传统，因此在具体的外交政策方面茶党和美国典型的右翼新保守主义者没有太大的不同。综合看来，茶党外交政策思想的实质主要反映在以下三个方面。

1. 保证美国在国际关系中的领导地位

茶党在意识形态上呈现出强烈的极右翼保守主义倾向，其外交政策自然也

---

① 刘永涛：《茶党运动与重铸美国极端保守主义》，《教学与研究》2013 年第 9 期。

② Ron Paul, *A Tea Party Foreign Policy*: *Why the Growing Grassroots Movement Can't Fight Big Government at Home While Supporting It Abroad*, August 27, 2010, http: //www. foreignpolicy. com/articles/2010/08/27/a_ tea_ party_ foreign_ policy.

带有冷战后兴起的新保守主义的色彩。作为极右翼的保守主义政治组织，茶党信奉杰克逊主义哲学，在金融危机后延续了小布什政府时期先发制人、单边主义的战略理念。一个不容忽视的事实是，不管佩林派还是保罗派，所有的茶党人士都无法容忍美国丧失在全球关系中的领导地位，保持美国的绝对军事优势，防止能挑战美国霸权的新兴大国的崛起是他们的主要任务。同时，由于茶党人士对多边机构和国际组织的漠视，促使他们要求使美国的政治领导地位高于联合国，美国可以根据不同情况的需要成立"志愿者同盟"，而且在无法采取集体行动时，美国要准备单独行动。在必要情况下，美国可以对构成威胁的国家进行先发制人的打击。此外，由于对美国例外论的迷信，大多数茶党人士对美国榜样论和美国使命论极度推崇，导致茶党认为只有在全球推广美式民主，才可能使美国在国际关系中的领导地位得到巩固，使美国变得更加安全。

2. 对外输出民主价值观，做自由世界的"灯塔"

茶党中的大部分政治活动家主要脱胎于共和党内部的右翼势力，因此自然也就把共和党内新保守主义者的世界观和政治哲学反映到茶党的对外政策诉求上来。佩林派是新保守主义的典型代表。他们用二元对立的观点看待世界，简单地把世界分为"善和恶、朋友和敌人"。从这一观点出发，他们认为，美国目前面临的主要威胁是恐怖主义和极权国家，其解决之道就是对外输出美国的民主价值观，对极权和独裁国家实施政权更迭（Regime Change）。同时，茶党中的大部分人士都反对孤立主义"隔岸观火"的做法，提倡美国积极介入国际事务，主张为了美国的自身利益进行国际干预。从"阿拉伯之春"到利比亚战争，从叙利亚内战到乌克兰政权更迭，美国的新保守主义集团通过各种手段（例如鼓动街头"革命"或公然武力干涉）改变全球权力版图，用"输出"民主的方式维护美国在全球各地区的地缘战略利益，使美国继续做自由世界的"灯塔"和领袖。

3. 维护美国的全球超级大国地位

茶党内部的保罗派虽然信奉杰斐逊哲学和坚持新孤立主义，但值得注意的是，茶党的新孤立主义并不同于传统的孤立主义观点，其保守主义倾向有所改变。保罗派的新孤立主义并不要求美国放弃在政治上与世界的联系，而是主张美国在世界政治事务中发挥一定的作用，同时放弃过度承担海外义务而进行的不必要的军事干预，代之以少花钱、多收利的政治经济干涉主义，特别是通过经济援助和文化渗透的方式在第三世界维护和扩展美国的势力。可以说，保罗派的新孤立主义并不意味着脱离世界，其实质是一方面对其他国家承担必要的义务，另一方面保持国家行动的自由不受条约义务的妨碍。从这一点可以看出，即使在茶党内部处于相对边缘的保罗派也同样坚持维护美国与世界的联系，其所求不过是在金融危机的背景下要求缩小美国在海外的不必要开支，对美国的利益目标实施选择性干预，但其确保美国的世界领导权和全球超级大国地位的信念与佩林派并无二致。

第四节　美国茶党的对外政策及其对奥巴马外交的影响

作为极右翼的保守主义民粹政治运动，美国茶党在具体的对外事务上表现出强烈的保守现实主义意识形态。受杰克逊主义和杰斐逊主义影响，茶党内的佩林派和保罗派的对外政策分歧明显，但都强调美国例外论的重要性，赞同里根时代提出的"通过实力追求和平"的保守主义外交信条。值得关注的是，国会中的茶党议员虽然并不直接制定美国的外交政策，外交依然是美国总统的特权，但茶党议员绝非仅仅是国会中的一小股边缘势力（他们寄居在共和党中的事实掩盖了他们支持者的数量）。一方面，通过预算程序，他们对奥巴马政府的外交政策直接施加影响；另一方面，茶党支持者对于世界的看法也成为当下美国政治辩论的热门话题之一，茶党人在外交政策上的一举一动受到美国媒体舆论（尤其是保守派媒体）的极大关注，在无形中对奥巴马政府的外交计划构成了一种舆论压力。

一　美国茶党在对外事务上的基本立场

茶党支持者在美国的国家安全和国际地位等问题上分歧严重，根据美国著名独立民调机构——位于华盛顿特区的皮尤研究中心（Pew Research Center for the People & the Press）的一项民调结果显示，茶党支持者大部分都表现出支持采取进攻性的外交政策、强烈亲以色列和对非法移民采取强硬措施的立场。①

1. 以实力求和平

共和党内的茶党支持者比一般的共和党人与民主党人都要支持里根时期提出的"以实力求和平"（Peace Through Strength）的保守主义外交理念。在茶党内部，这一理念早已成为茶党两派的外交共识，反映了美国例外论的痕迹。在国家安全问题上，一方面，有60%的茶党人赞同维持现有的国防开支水平；另一方面，也有55%的茶党人赞成削减海外军事预算，以降低财政赤字和政

---

① Pew Research Center for the People& the Press, *Tea Party and Foreign* Policy, http：//www.people‑press.org/2011/10/07/strong‑on‑defense‑and‑israel‑tough‑on‑china/.

府债务的水平。这深刻反映出在金融危机的背景下,美国茶党在国家安全问题上既支持强大国防又要求减少海外义务的现实主义态度。

2. 中东问题

在中东问题上,茶党支持者表现出强烈的亲以色列倾向,同时严厉批评奥巴马政府处理以巴问题的方式和做法。超过79%的茶党人在以巴问题上更同情以色列,远远超过共和党内支持以色列的人数(54%)。68%的茶党人认为奥巴马政府在处理中东问题上持偏袒巴勒斯坦的立场。茶党中的大部分人都是杰克逊主义者,在杰克逊式的茶党人眼中,阿拉伯人是不值得信任的,而以色列人则是勇敢和可以信赖的朋友。[①]

3. 自由贸易协定和对华态度

就像大部分美国民众一样,茶党支持者在自由贸易协定这一问题上分歧严重。有43%的茶党人认为自由贸易协议对美国是一件好事情,然而也有44%的茶党人不这么认为。至于在对华关系方面,有超过66%的茶党人(超过茶党人数的三分之二)强烈要求在贸易经济政策上对中国采取更加强硬的措施,只有30%的茶党人认为和中国在贸易经济方面建立良好的合作关系是重要的[②]。这反映出金融危机背景下的当代美国茶党运动是贸易保护主义的鼓吹者,在他们看来,与中国进行贸易谈判,首要目的是保护美国人的就业机会,而不是谈论全球化背景下的经济"双赢"合作。因此,茶党人才会在各种场合不断强烈指责中国"抢走美国人的就业岗位""操纵人民币汇率"。

4. 非法移民问题

在非法移民问题上,大部分美国人支持采取更严厉的移民法和更严格的边境安全措施。在茶党内部,在这一问题上整个茶党的立场完全一致:98%的茶党人赞成实施更严厉的移民法和对美国境内的非法移民采取更强硬的政策。67%的茶党人认为实施更好的边界安全措施和更严格的移民法应该是政府在这一问题上的优先选择,但也有58%的茶党极端势力甚至扬言要修改美国宪法以废除1868年美国国会通过的"落地国籍法"。

5. 阿富汗问题

74%的茶党支持者认为小布什政府在2001年对阿富汗塔利班政权采取军事行动是一个正确的决定。在奥巴马2011年宣布了美国从阿富汗撤军的时间

① Walter Russell Mead, " The Tea Party and American Foreign Policy: What Populism Means for Globalism ", *Foreign Affairs*, March/April, 2011.

② Pew Research Center for the People& the Press, *Tea Party and Foreign* Policy, http://www. people - press. org/2011/10/07/strong - on - defense - and - israel - tough - on - china/.

表后，有55%的茶党支持者认为美军其实应该继续留在那儿直到当地的情况好转。不过，也有42%的茶党人支持尽快从阿富汗撤军。仅有30%的茶党人认为阿富汗政府在美国撤军后还能保持国家稳定，超过66%的茶党人对阿富汗卡尔扎伊政府的前景持悲观态度。

根据皮尤研究中心的另一项研究，相比之下，茶党的支持者更在意美国国际地位的变化，86%的茶党人觉得美国的全球影响力正在下降，超过85%的茶党人对中国的发展持相当负面的认知，认为中国的迅速崛起削弱了美国在当今世界的影响力。84%的茶党人认为伊朗领导人没有认真对待国际社会解决伊核设施的努力。①

总体而言，茶党在对外事务上基本持保守主义的立场，反映出悲观的现实主义意识形态，在安全、贸易经济和对外关系等方面均持相对悲观谨慎的立场，体现了茶党极端右倾的保守主义共识。

二　美国茶党两派在具体外交问题上的立场

在具体外交问题上，美国茶党内部由于受杰克逊主义和杰斐逊主义的影响，佩林派和保罗派的分歧明显，但两派都体现了遵循美国例外论和里根保守主义外交路径的特点。

1. 伊朗问题

伊朗是茶党人的关注重心之一。据皮尤民调显示，39%的茶党人认为伊朗对美国的国家安全构成了最严重的威胁。茶党人恐惧伊朗甚于防备中国。茶党人对伊朗的恐惧和防范在最近的一件外交事件中得到充分体现。2014年4月1日，佩林派的泰德·克鲁斯参议员提出了一项旨在禁止伊朗被提名的驻联合国大使哈米德·阿布塔莱比（Hamid Aboutalebi）进入美国国境的法案（S. 2195）②。克鲁斯认为阿布塔莱比极有可能参与了1979—1981年导致66名美国驻伊朗大使馆的外交官被劫持444天的伊朗人质危机事件，是"已知的恐怖分子"③。美国参议院于2014年4月8日通过了这项法案，导致美国国务院宣布拒绝为阿布塔莱比发放入境签证④。毫无疑问，克鲁斯的这一做法对奥

① Bruce Stokes, *The Tea Party's worldview*, http：//www. europeanvoice. com/article/2014/february/the - tea - party - s - worldview/79627. aspx.

② Sen. Cruz. Ted, *S. 2195 – 113th Congress*, http：//beta. congress. gov/bill/113th - congress/senate - bill/2195? q = % 7B % 22search% 22% 3A% 5B% 22S2195% 22% 5D% 7D.

③ John Parkinson, *Iran traps hostage taker ambassador*, http：//abcnews. go. com/Politics/wireStory/senator - iran - taps - hostage - taker - ambassador - 23150186.

④ Cristina Marcos, *Congress approves bill banning Iran diplomat*, http：//thehill. com/blogs/floor - action/votes/203202 - house - votes - to - ban - irans - un - ambassador.

巴马政府最近缓解与伊朗紧张关系以推进伊核问题谈判的努力构成一定影响，反映了佩林派茶党人的杰克逊主义外交信念。

保罗派对伊朗的态度略有差异。虽然兰德·保罗对伊朗政府没有什么好感，但他认为不应该损害就解决伊核问题而进行的谈判努力，因此保罗是不同意联署《柯克——梅嫩德斯制裁法案》（*Kirk - Menendez Sanctions Bill*）① 的两位共和党议员中的其中一位［另一位是来自亚利桑那州的国会参议员杰夫·弗莱克（Jeff Flake）］，担心制裁措施将损害正在和伊朗进行的核谈判。保罗表示，"我们已经在中东地区陷入两场漫长且昂贵的战争，现在我们最应该能做的事就是避免另一场战争的爆发"②。2013 年 2 月，保罗在右翼智库传统基金会发表演讲，要求美国实施更少干涉主义的对外政策，并批评了奥巴马政府在对待伊朗问题上没有展现出足够的对话诚意。美国的政治观察家认为保罗的新孤立主义外交思想中带有某种现实主义外交的色彩③。

2. 叙利亚问题

在叙利亚问题上，兰德·保罗和泰德·克鲁斯都强烈反对美国直接军事干预叙利亚内战，认为美国的介入只会消耗美国的财富甚至美国人的生命。保罗认为，美国在叙利亚问题上没有明确的国家利益。克鲁斯也使用得州谚语（*America had no "dog in the fight"*）直白地表示美国在叙利亚内战中没有利益。由于担心叙利亚反对力量被伊斯兰极端恐怖主义势力所控制，克鲁斯十分愤怒地说道，"美国的武装力量不应该成为基地组织的空军"④。

对于如何解决叙利亚问题，保罗更倾向遏制，而非发动预防性战争。保罗批评奥巴马在对叙利亚问题上"太好战"，认为解决叙利亚问题的唯一途径是让俄罗斯和中国发挥对阿萨德政府的影响力⑤，他表示，"不管怎样，对话总

---

① 2013 年 12 月 11 日，美国三大重量级议员——美国民主党籍参议员查尔斯·舒默（Charles E. Schumer）、民主党参议院外交关系委员会主席罗伯特·梅嫩德斯（Robert Menendez）以及共和党参议员马克·柯克（Mark Kirk）推动了一份对伊新制裁的法案，该法案要求"如果伊朗没有遵守《日内瓦协定》彻底放弃核计划和对伊斯兰恐怖主义的支持，美国将在该法案签署 6 个月之后自动对伊朗施加新的制裁措施"。

② Antle, J. W., *Can Rand Paul Save GOP Foreign Policy*? http：//www. theamericanconservative. com/ articles/can - rand - paul - save - republican - foreign - policy/.

③ John Glaser, *How Popular Are Rand Paul's Foreign Policy Views, Really*? https：//antiwar. com/blog/ 2014/01/30/how - popular - are - rand - pauls - foreign - policy - views - really/；Robert, *Rand Paul's Foreign Policy*，http：//www. redstate. com/diary/robertm75/2014/02/18/rand - pauls - foreign - policy/.

④ The Economist, *To Bomb or not to Bomb*? http：//www. economist. com/news/united - states/ 21585011 - president - makes - case - pulling - trigger - bomb - or - not - bomb.

⑤ Stephen F. Hayes, *A Tea Party of Rivals*, http：//www. weeklystandard. com/articles/tea - party - rivals_ 78 4917. html? page = 2.

比战争要好"①。因此，他推动茶党帮助来自俄亥俄州的国会众议员丹尼斯·库奇尼奇（Dennis Kucinich）否决了对叙利亚动武的提案。在解决叙利亚问题的方式上，克鲁斯的立场却截然不同。他告诉《华盛顿邮报》的记者，他将敦促奥巴马政府迫使联合国安理会就叙利亚问题进行投票，"只有这样做，才能把世界其他国家团结到美国这边，暴露俄罗斯和中国支持暴君的面目"。保罗反驳了克鲁斯的观点，认为一个好的外交政策应该是寻找相互的共同点，而不是扩大彼此间的分歧。但克鲁斯在传统基金会的外交政策演讲中再次呼吁对俄罗斯和中国采取更强硬的政策，他表示，"我们应该明白和俄罗斯与中国这样的国家打交道不能仅靠大唱'空巴亚'（Kumbaya，美国黑人的传统圣歌）展示和谐与美好的前景，也不能靠手挽着手的拥抱来假装热情和友好。中国和俄罗斯唯一明白和尊重的是实力，……我们不能天真地以为普京总统热爱和平和美国人的生活方式"。克鲁斯进一步威胁道："只要俄罗斯和中国敢在安理会和美国对着干，我们就让他们好看。对俄罗斯，我们要重新恢复在东欧地区部署反导系统；对中国，我们要继续向台湾出售最新型的F16S战机。"② 由此看来，虽然茶党中的佩林派和保罗派都反对国会授权奥巴马在叙利亚问题上使用武力，但在如何解决叙利亚问题上，他们的立场和观点又差异巨大，深刻地反映了茶党内新保守主义和新孤立主义的分歧。

3. 乌克兰问题

保罗和克鲁斯的外交分歧还明显体现在正在进行的乌克兰危机中。克鲁斯表示他完全不同意保罗在外交政策上选择的不干涉主义，他希望美国能够继续领导世界。克鲁斯在2014年的保守政治行动大会（CPAC）上批评奥巴马在最近的乌克兰问题上对俄罗斯"过于软弱"，批评奥巴马的对俄政策将会"疏远我们的朋友，并向敌人发出错误的信号，并让世界其他国家的人看到美国政府在这一事情上的无所作为"③。克鲁斯表示："我和保罗都认为美国在派自己的士兵到其他国家打仗这件事上应该谨慎，但我认为正如里根总统做的那样，美国人民有义务捍卫自己的价值观。那种认为冷战结束后就不再有什么事需要担心的想法是完全错误的，……普京是一个彻头彻尾的克格勃恶棍，……当抗

① Antle, J. W, *Can Rand Paul Save GOP Foreign Policy?* http：//www. theamericanconservative. com/articles/can‐rand‐paul‐save‐republican‐foreign‐policy/.

② Stephen F. Hayes, *A Tea Party of Rivals*, http：//www. weeklystandard. com/articles/tea‐party‐rivals_ 784917. html? page = 2.

③ Sandy Fitzgerald, *Ted Cruz：I Don't Agree with Rand Paul on Foreign Policy*, http：//www. newsmax. com/Newsfront/cruz‐obama‐paul‐putin/2014/03/09/id/556897/.

议示威在乌克兰发生时,奥巴马应该理直气壮地成为乌克兰自由斗士的保护伞。"①

保罗在乌克兰问题上的立场有些前后矛盾。起初,针对克鲁斯的指责,保罗在福克斯电视台的采访中企图将自己打扮成一个真正的里根主义者,他强硬地表示:"普京必须为侵犯乌克兰主权付出代价,如果我是总统,我绝不会让普京逍遥法外。"但过了几天后,保罗在接受另一家媒体访谈时,又提出要"战略性"地运用软实力去遏制普京。保罗为自己辩护道:"即使是里根总统,也曾经因为和苏联领导人进行核军备控制的谈判而被共和党内的鹰派视作绥靖者。"保罗还表示,"当我们中的一些人和俄罗斯打交道的时候,他们的思维还停留在冷战时代"。保罗承认和俄罗斯的关系有时候是敌对的,但他呼吁和普京开展更有建设性的对话以解决乌克兰问题②。

4. 对外援助

就像他的父亲罗恩·保罗一样,兰德·保罗要求美国人先管好自己的事。在当选国会议员后,他经常指责共和党内的新保守主义者在小布什政府时期把这个国家带入旷日持久和花费巨大的对外战争,他认为当前美国面临的最大问题之一就是周期性的海外扩张。为了鼓励美国抵制帝国的诱惑,他在国会建议削减国防预算和减少美国在海外的军事基地和驻军。2013 年 2 月,他在传统基金会说:"新孤立主义是保守主义外交思想的要义,它包含了保守主义的两个重要方面:尊重宪法和财政自律。"③

作为一个所谓的财政保守主义者,保罗认为平衡预算的一个重要办法就是削减美国的对外援助。保罗再三呼吁取消对埃及以及"一切燃烧美国国旗的国家"的援助。但是保罗反对对外援助更多是出于意识形态的考虑,而不是出于节约财政开支的目的,因为对外援助占美国的财政预算的百分之一都不到。即使削减了全部的对外援助,省下的钱也微不足道。

5. 自由贸易

"茶党国家"的领导人贾德森·菲利普斯(Judson Philips)认为,在自由贸易问题上,茶党人"令人遗憾地"带有一种"巴甫洛夫式"的反应。凯托

① Latino, *Tempest in the Tea Party: Ted Cruz and Rand Paul Trade Barbs over Foreign Policy*, http://latino. foxnews. com/latino/politics/2014/03/13/tempest - in - tea - party - ted - cruz - and - rand - paul - trade - barbs - over - foreign - policy/.

② Sandy Fitzgerald, *Ted Cruz: I Don't Agree with Rand Paul on Foreign Policy*, http://www. newsmax. com/Newsfront/cruz - obama - paul - putin/2014/03/09/id/556897/.

③ Kevin D. Williamson, *Ready for Rand*? http://www. politico. com/magazine/story/2014/03/rand - paul - america - hates - liberterians - 104858. html? ml = m_ ms.

研究所的研究认为茶党支持所谓的自由贸易，但茶党反对最近的 TPP 协议（跨太平洋战略经济伙伴关系协定）①。原因有两个，第一是茶党觉得国会给了奥巴马"快速通道权"（Fast Track Authority，即快速审批贸易条约的权力），第二是因为茶党认为协议本身损害了茶党所要维护的美国中产阶层的经济利益。茶党人士把 TPP 称为"奥巴马自贸协定"（Obamatrade），认为 TPP 并不是正常的自由贸易协议，而是美国特殊利益集团和政治精英的敛财工具，是美国跨国大企业集团利用政府骗取纳税人救助和额外补贴的幌子。

从上述分析看来，保罗在外交上的不干涉主义原则为其贴上了新孤立主义的标签。在 2011 年刚进入国会不久，保罗就带头反对奥巴马在利比亚设立禁飞区的决定。保罗指责奥巴马政府滥用了国会的授权去使用武力，指出在利比亚内战中美国缺少明确和足够的国家利益。但是，保罗的外交政策在茶党和共和党内部均不占上风，泰德·克鲁斯在接受美国全国广播公司（ABC）访谈时就表示，保罗的新孤立主义观点绝不代表大部分茶党保守主义者在外交事务上的看法②。

有美国学者认为，保罗派的外交政策简单来说，就是"外交收缩"。它要求美国从海外撤军，削减国防军事预算，保持与其他国家的经贸联系，同时要求欧洲和东亚的盟国为自己的安全承担责任。但是这种做法的最大的问题在于如何遏制潜在的威胁。收缩战略开出的药方是用"离岸平衡战略"，既不用在海外承担昂贵的义务，又可以维持地区秩序的稳定。但在全球化时代的背景下，美国的经济发展已经在一定程度上和美国的全球性军事存在以及跨国公司的扩张息息相关，因此，如果茶党既要求美国从海外撤军又要求保持美国的国际领导地位，将不仅是自相矛盾的，而且将对美国的持久安全构成危害③。美国纽约市布鲁克林区茶党运动负责人约翰·普锐斯博士（Dr. John K. Press）认为，从整个茶党运动来看，茶党支持者既要求"小政府"，限制政府权力，但大部分茶党人（佩林派）在外交上又要求政府在海外积极推进"昂贵的"民主事业，这是相互矛盾的④。

①　Judson Philips, *Trade and the Tea Party：Washington insiders remain clueless*, http：//thehill. com/blogs/congress - blog/foreign - policy/198942 - trade - and - the - tea - party - washington - insiders - remain.

②　Jonathan S. Tobin, *Cruz to Rand：Tea Party is not Isolationist*, http：//www. commentarymagazine. com/2014/03/09/ted - cruz - to - rand - paul - tea - party - % E2% 89% A0 - isolationist - foreign - policy - gop - reagan/.

③　David W. Kearn, *Retrenchment：A Foreign Policy for the Tea Party*, http：//www. huffingtonpost. com/david - w - kearn/tea - party - foreign - policy_ b_ 4085326. html.

④　Tom W. Richmond, *Sarah Palin vs. Ron Paul vs. Tea Party on Foreign Policy*, http：//www. examiner. com/article/sarah - palin - vs - ron - paul - vs - tea - party - on - foreign - policy.

　　对于这种批评，泰德·克鲁斯总结了茶党外交政策的三个原则：我们应该保护美国的国家利益和美国人民的福祉，同时明确我们道德价值标准的重要性，我们应该不停地战斗下去，直到最后的胜利。① 从克鲁斯的这番总结中，我们不难看出茶党内部占主流的新保守主义者的杰克逊主义色彩以及美国例外论的痕迹。

---

① Renee Nal, *Does the Tea Party subscribe to an "isolationist" foreign policy*? http: //libertyunyielding. com/2013/12/29/tea – party – subscribe – isolationist – foreign – policy/.

第九章

美国茶党运动及其对外政策的多维分析

研究美国茶党及其未来走向和社会影响，既需要深入研究茶党自身的理论主张和活动内容，更需要站在全球化的视野下进行全局性、战略性思考，从维护世界和平发展大局、促进人类和谐进步的角度，洞悉茶党的国际影响因素，从而把握茶党及其运动本质，理解美国意识形态和社会制度对茶党形成的决定性影响。这就需要以马克思主义为指导，秉承唯物主义历史观，运用马克思主义时代观，以多维视角探析资本主义历史发展的一般规律和资本主义国家对外关系的本质规定，在更深层次上了解美国茶党运动的社会动因、运动性质和发展趋向。

第一节　坚持用马克思主义时代观认识
时代的主题与趋向[①]

马克思主义时代观提供了科学认识、准确判断时代主题和时代发展的立场、观点和方法。对马克思主义经典作家关于时代的基本观点和理论主张进行系统梳理，对中国马克思主义时代观的内容进行简要归纳，旨在以马克思主义时代观为指导，对当今时代的新发展新问题作出正确判断。基于中国马克思主义时代观，我们要正确认识经济全球化、世界多极化、文化多样化、社会信息化的新问题新现象，准确把握和平与发展仍是当今时代的主题，科学制定世界社会主义发展战略，推动建设持久和平、共同繁荣的和谐世界。

一　时代的内涵及其划分标准

认清时代的性质、特征及其发展，是在复杂多变的世界发展中把握世界发

---

① 本节原文发表在《世界社会主义和左翼思潮：现状与发展趋势》，社会科学文献出版社 2014年版。作者：房广顺。

展和历史发展趋势的思想前提，是一个重要的理论问题和实践问题。列宁指出："只有在这个基础上，即首先考虑到各个'时代'的不同的基本特征（而不是个别国家的个别历史事件），我们才能够正确地制定自己的策略；只有了解了某一时代的基本特征，才能在这一基础上去考虑整个国家或那个国家的更具体的特点。"① 马克思主义经典作家从时代发展的高度进行战略思维，深刻揭示了人类社会发展的一般进程和资本主义时代历史发展的客观规律。中国共产党坚持马克思主义时代观，对中国发展所处的时代背景进行科学分析，站在时代发展的前沿指导中国革命和建设，开创了中国新民主主义革命道路、社会主义改造道路以及中国特色社会主义道路。

辩证唯物主义和历史唯物主义从揭示事物本质出发，科学规定了时代的基本范畴，认为时代既是一个社会关系范畴，又是一个社会实践范畴，也是一个动态范畴②。把握时代的主题和划分时代的标准，要坚持多维视角，把握时代发展进程中不断发生的"重大变化"，站在理论和实践的制高点上观察和认识时代问题。

第一，时代是一定历史时期社会关系的反映和表现。时代是人类社会发展中一个大的历史时期，是不以人的意志为转移的社会历史进程中的一个重要阶段。但是，时代的核心内容是在马克思创立唯物史观后才被发现。马克思在《〈政治经济学批判〉序言》中把人类历史过程区分为几个由低级到高级的具有不同特点的发展阶段，即社会形态，奠定了马克思主义时代观的世界观和方法论基础。他深刻阐述了这一时代观的基本原理："每一历史时代的经济生产以及必然由此产生的社会结构，是该时代政治的和精神的历史的基础。"③ 因此，时代首先是一个社会关系的范畴。

第二，时代是人类社会实践的产物。一方面，人是时代的主体，时代不能离开主体孤立存在。在时代的进程中，人在改造外部世界的同时，也在改造自身；在创造和更新外部世界的同时又在更新着内在的人的世界，给时代的发展准备了根本力量。因此，离开人就无法讨论时代问题。另一方面，实践是时代形成与演进的基础。人的最根本活动是社会实践活动，任何一个时代都是一定的社会共同体在长期的社会实践和共同交往中形成的。同时，时代则展示了人与外部世界的认识关系、实践关系、利益关系以及人的活动的本质特征。实践的观点是马克思主义时代观的首要的、基本的观点。时代的实践性特质决定了

① 《列宁专题文集·论资本主义》，人民出版社 2009 年版，第 91—92 页。
② 高岸起：《时代观》，人民出版社 2013 年版，第 30 页。
③ 《马克思恩格斯选集》第 3 卷，人民出版社 2012 年版，第 380 页。

时代是可以认识和把握的，也是人可以加以运用并推动人类社会健康发展的。

　　第三，时代是发展的动态过程。时代是随着人们的实践活动和历史的发展而发展演进的。随着历史条件的变化，时代的内涵也会发展变化。研究和认识时代的任务，就是在历史进程中，及时捕捉时代内容的变化和演进，了解不同时代的内涵、特征及其差异，把握时代演进的一般进程和客观规律，为确定新的时代特征和发展趋势提供理论、历史和实践的借鉴。马克思主义从来都是具体地而不是抽象地讨论时代问题，强调在划分历史时期的过程中把握不同时代的内容和特点。马克思和恩格斯的卓越贡献是把社会形态的演进与时代发展相联系，克服了唯心主义时代观和形而上学唯物主义时代观的局限，尤其是深刻揭示了资本主义时代的性质、特征和走向，揭示了资本主义必然灭亡、社会主义必然胜利的客观规律。列宁进一步论述了划分时代分期、判断时代标准等重要问题，提出了"这里的分界线也同自然界和社会中所有的分界线一样，是有条件的、可变的、相对的，而不是绝对的"[①] 重要思想。

　　第四，关注"重大变化"是把握时代主题走向的关键环节。区分时代发展、把握时代标准一定要看到时代发生的重大变化。所谓"重大变化"主要体现为以下四个基本问题。一是社会形态的发展演进是判断时代发展和时代特征的重要标准。社会物质资料的生产是人的最基本的实践活动，生产力与生产关系、经济基础与上层建筑的矛盾运动是人类社会不断从低级向高级演进的根本动力，由此形成了基于不同生产力基础的不同的社会形态。社会形态的演变导致时代的转变。二是阶级关系的特点，尤其是哪个阶级在一定社会中处于统治地位，也是判断时代发展的重要标准。列宁在研究时代特征时，把阶级关系作为一个重要的判断尺度。列宁指出："哪一个阶级是这个或那个时代的中心，决定着时代的主要内容、时代发展的主要方向、时代的历史背景的主要特点等。"[②] 三是科学技术在时代发展中起着推动作用，是时代主题转变的"革命的力量"[③]。科学技术是人类实践活动的重要对象，科技革命是推动人类社会发展的重要力量。作为"第一生产力"，科学技术在时代发展中起到了其他因素不可替代的重要作用。正如恩格斯所说："甚至随着自然科学领域中每一个划时代的发现，唯物主义也必然要改变自己的形式；而自从历史也得到唯物主义的解释以后，一条新的发展道路也在这里开辟出来了。"[④]

①　《列宁专题文集·论资本主义》，人民出版社 2009 年版，第 92 页。

②　同上书，第 91—92 页。

③　《马克思恩格斯选集》第 3 卷，人民出版社 2012 年版，第 1003 页。

④　《马克思恩格斯选集》第 4 卷，人民出版社 2012 年版，第 234 页。

二　关于时代主题的判断与分析

马克思主义关于时代主题的判断和分析，提供了准确把握时代内涵与时代发展的正确观点和科学方法。实践的发展要求人们在准确判断大的历史时代的同时，也要对同一历史时代的具体表征作出说明，以借助时代特征推动社会进步。列宁在坚持马克思主义时代观的基础上，对资本主义时代发展的新现象新问题进行科学研究，提出并初步回答了时代主题问题。列宁认为，在资本主义从自由竞争转向垄断阶段后，时代的主题更加明晰，"战争与革命"逐步成为时代主题。他指出："经济政治发展的不平衡是资本主义的绝对规律。"① 这一规律的概括说明了帝国主义时期争夺世界霸权的帝国主义战争的不可避免性和工人阶级利用资本主义矛盾开展社会主义革命的历史必然性。

列宁关于"战争与革命"时代主题的论述体现了列宁时代观的突出特点。第一，时代主题的概括体现了时间和空间两种时代形式的高度统一。时间时代是特定的时期，体现着事物发展过程的延续性和差异性。空间时代是特定时期内处于相互作用、相互影响之中的不同国家和民族。列宁的时代观强调要把问题提到一定的历史范围之内，并估计到在同一历史时代这个国家不同于其他各国的具体特点。第二，时代主题的概括区分了资本主义时代不同时期的内容和特征。由于时代主题的判断，列宁从民族运动的角度把俄国资本主义的发展进程区分为两个资本主义时代，即"一个是封建制度和专制制度崩溃的时代"，"另一个时代……可以叫作资本主义崩溃的时代"②。第三，时代主题的概括为进一步分析和认识社会主义时代性质提供了思想方法。随着资本主义制度的崩溃，无产阶级将建立自己的统治，即无产阶级专政，进入社会主义的新时代。

20世纪80年代初，借鉴科技革命的迅猛发展和世界形势的深刻变化，邓小平对时代主题作出了新的重大论述。邓小平指出："现在世界上真正大的问题，带全球性的战略问题，一个是和平问题，另一个是经济问题或者说发展问题。和平问题是东西问题，发展问题是南北问题。概括起来，就是东西南北四个字。南北问题是核心问题。"③ 党的十三大作出了"和平与发展是当代世界的主题"的科学判断。党的十八大根据新世纪新情况，认识到尽管"当今世界正在发生深刻复杂变化"，但仍坚持和平发展的基本理念，进一步作出了

---

① 《列宁选集》第2卷，1995年版，第554页。
② 《列宁选集》第2卷，人民出版社2012年版，第375—376页。
③ 《邓小平文选》第3卷，人民出版社1993年版，第105页。

"和平与发展仍然是时代主题"① 的科学论述，丰富和发展了马克思主义时代观，奠定了当代中国马克思主义时代观的基础②。

第一，当代中国马克思主义时代观坚持解放思想、实事求是的思想路线。邓小平始终把时代和实际相联系，把正确认识时代新发展与坚持实事求是的思想路线相统一，即坚持了马克思主义思想路线，又深刻揭示了时代发展演进的客观规律。实践证明，人们只有以时代为基础，才能做到实事求是；只有做到实事求是，才能获得时代活动的成功。

第二，当代中国马克思主义时代观把科学技术的发展提到时代高度来认识。中国共产党对时代主题的重新认识和科学把握，与对科学技术的新认识是分不开的。邓小平注意到"现代科学技术正在经历着一场伟大的革命"③，认为"科学技术是第一生产力"④。胡锦涛指出："当今时代，人类社会步入了一个科技创新不断涌现的重要时期，也步入了一个经济结构加快调整的重要时期。……基础研究的重大突破将进一步为人类认知客观规律、推动技术和经济发展展现新的前景。"⑤ 从而把科学技术的发展当作一个根本的时代特征。

第三，当代中国马克思主义时代观抓住当代世界最突出的矛盾、最重要的特征和最根本的变化，从事物本质的高度认识和把握时代特征。邓小平坚持唯物辩证法，在当今世界复杂多变的发展中，对多种矛盾和不同国家与人民的利益诉求进行认真梳理。在当今世界多种矛盾中，和平与发展是两个主要问题，实现了和平与发展的目标，就能够带动世界其他问题的切实解决。在和平与发展的问题上，发展问题是核心，强调"应当把发展问题提高到全人类的高度来认识，要从这个高度去观察问题和解决问题"⑥。

---

① 胡锦涛：《坚定不移沿着中国特色社会主义道路前进，为全面建成小康社会而奋斗——在中国共产党第十八次全国代表大会上的报告》，人民出版社 2012 年版，第 46 页。

② 从"世界主题"到"时代主题"的演进，标志着我们党对"和平与发展"认识的不断深化，体现了我们党对坚持和平发展理念的坚定态度。20 世纪 80 年代中期，我国提出和平与发展是当代世界的主题，强调和坚持在现今世界背景下和平与发展的突出地位和重要作用，开启了我们高举和平发展旗帜的新时期，展示了当代中国和平发展的新形象。进入 21 世纪后，我国把和平发展提升到国家发展战略层面，在坚持和平发展的同时提出了构建和谐世界的理念和实践，和平发展不仅面对当今世界，也面对未来世界。党的十八大提出"和平与发展仍然时代主题"，不仅体现了我们对于世界发展趋势的态度，也体现了我们对社会主义与资本主义关系的基本原则，体现了我们对人类社会未来走向的基本立场。因此，"世界主题"和"时代主题"的内涵是一致的，但其所指向的内容及其运用却有所区别，"时代主题"更显示了我们维护世界和平与发展的坚定立场和不懈追求。

③ 《邓小平文选》第 2 卷，人民出版社 1994 年版，第 87 页。

④ 《邓小平文选》第 3 卷，人民出版社 1994 年版，第 274 页。

⑤ 《十六大以来重要文献选编》（下），中央文献出版社 2008 年版，第 184 页。

⑥ 《邓小平文选》第 3 卷，人民出版社 1993 年版，第 282 页。

第四，当代中国马克思主义时代观坚持价值判断原则，把全人类共同利益作为判断时代主题和推进时代发展的根本依据。正确分析和准确把握时代主题的根本目的是通过凝聚时代力量、推动时代发展，实现人类共同理想。邓小平一贯主张用时代的结果作为检验真理的唯一标准。作出和平与发展是时代主题的判断与推动和平与发展目标的实现，是有机统一的整体，其实践主体和推进力量都在于世界人民。党的十六大进一步提出要"顺应历史潮流，维护全人类的共同利益"[①]。

三　时代主题的变迁与演进趋势

以当代中国马克思主义时代观为指导，认识和判断世界的新发展新变化，要紧紧把握科技革命、经济全球化、世界多极化、文化多样化四个突出问题，正确认识时代主题的现实表现和演进趋势。

首先，科技革命推动世界体系深刻变化。20 世纪世界形势发展的突出特点是形成了社会主义和资本主义两大体系。20 世纪 80 年代末 90 年代初发生的东欧剧变、苏联解体，使社会主义世界体系出现逆转，资产阶级认为社会主义在 20 世纪已经终结，资本主义世界体系成为热捧的对象，世界上似乎不再是两大体系而只是资本主义一个世界体系了。但是，科技革命是时代发展的最强的推动力量。在科技革命深刻而持续的影响下，两大体系并存的局面在经历了苏东剧变的影响之后反而显得更加鲜明，社会主义世界体系的影响正在超越资本主义世界体系，世界体系的发展正在转向对社会主义有利的方向。

20 世纪是科技革命迅猛发展、社会生活深刻改革的世纪。第二次世界大战后，科技革命不断发展。进入新世纪以来，以网络技术为代表，科技革命在各个领域全面推进，并深刻影响了各国经济社会发展和人类的生产生活方式，新的产业重点、新的经济形态、新的经济增长点不断出现，国际分工日益深化和不断扩展，社会的流动性大大加快，人口结构和人的观念发生深刻变化，人们的权利意识极大增强，世界各国进入了快速发展的新时代。科技革命的快速发展使全球范围的经济联系空前活跃，新兴国家的跳跃式发展成为现实，发达国家受到新的牵制和影响，对各国和人类社会来说，发展机遇前所未有，严峻挑战也前所未有。

在科技革命的深刻影响下，资本主义和社会主义两大体系的发展出现新现象。首先，西方发达国家仍然掌握科技革命的主动权，在诸多科技领域处于垄断地位。但是，科技革命也给发达国家带来许多新的困难。2008 年发生于美

---

①　《十六大以来重要文献选编》（上），中央文献出版社 2005 年版，第 36 页。

国的金融危机深刻地影响了美国和西方世界，资产阶级奉为圭臬的新自由主义破产，接踵而至的主权债务危机使经济危机、社会危机相交织，资本主义制度和资产阶级意识形态出现了前所未有的信任危机，资本主义世界体系已经到了需要新兴国家给予支撑的状态。没有新兴力量，资本主义世界体系难以为继。其次，包括中国在内的新兴国家抢抓科技革命的历史机遇，充分利用科技革命的因素发展自己，抢占科技进步和社会发展的制高点，推动社会主义世界体系的国际影响力不断增强。科技革命不仅给新兴国家带来了发展困难，也带来了发展空间。中国、印度、巴西、南非等亚非拉国家的总体科技水平和科技实力得到明显提高。印度 IT 产业在全球产业链中获得了巨大的发展，中国的光伏产业也引起了西方发达国家的高度关注。拉美以社会主义为发展方向的左翼力量不断发展，国际影响不断扩大，并对西方世界造成重要冲击。发达国家垄断科学技术、垄断思想文化、垄断经济发展的时代正在成为过去。

其次，世界转折性变化导致世界格局深刻转型。20 世纪是世界各种力量深刻变化并不断影响格局发展演变的世纪。第二次世界大战后，世界力量对比的显著特点是两极世界，美苏两个超级大国以其强大的经济、政治、军事和文化实力成为世界的主宰，决定世界政治经济局势的发展。苏联解体后，美国力量陡然上升，美国单极世界的战略给世界蒙上了阴影。但是，大国关系的演变并没有超出经济全球化、世界多极化、文化多元化三大时代潮流的限制，并由这三大时代潮流而不断改变大国力量的变迁，推动世界格局深刻转型。

20 世纪是经济全球化、世界多极化、文化多元化深入发展的世纪。20 世纪 80—90 年代经济全球化的深入发展，推动了世界交往的扩大，加深了世界经济的联系，促进了资本、技术、知识和人力等生产要素在全球范围的优化配置，为世界各国的发展既带来了挑战，也提供了发展机遇，为新兴力量的崛起提供了客观环境和赶超条件。世界多极化的发展与经济全球化并存共生，相互作用，深刻改变着世界格局。在经济全球化的影响下，20 世纪 60—70 年代即已显现的多极化趋势获得新的发展空间，不仅表现为中国、印度等一批新兴国家的综合实力快速发展并赶上和超过发达国家，而且表现为新兴国家以合作共赢的新理念加强协调，通过"金砖国家"等形式提升集体自力更生的能力，通过推动国际组织调整改革增强新兴国家的世界话语权。文化多元化的发展以经济全球化为背景，以世界多极化为基础，发生了越来越有利于多样文化共同发展、相互促进的变化，文化多样性是文明发展动力的观念更加深入人心，西方国家推行意识形态输出和文化霸权遭遇前所未有的挑战和阻力。

进入 21 世纪，由经济、政治、文化发展所决定，传统意义上的两极格局不复存在，多种力量协调发展成为最有力的时代诉求。世界格局的这种转折性变化极大地抵制了强权政治和霸权主义。世界联系性和相互依存性的加强，导致少数大国在科技创新、经济贸易、人力资源等方面对外依存度不断加深，新兴国家在发达国家经济社会发展中的地位和作用不可替代，各国利益的共同点和交会点不断增多。多极化的发展和新兴力量的崛起，对少数霸权主义国家的战争政策构成极大的牵制，战争不再是获取本国最大利益的最佳选择，相反成为世界各国普遍反对的危险行为，维护世界和平的力量正在超过战争因素的增长。文化多元化对文化发展作用的显著提升和巨大推动，导致西方发达国家对外输出意识形态的战略受阻，由对外输出西方式民主转向宣扬"普世价值"，用所谓的人类共有文化迷惑其他国家的人民，西方国家的文化霸权最终必将全面失败。

再次，社会生活巨大变革带来新的危险和威胁。科学技术的每一次进步，世界格局的每一次调整，必然引起社会生活的巨大变革。国际社会的深刻变革成为时代发展最突出的现象和最深刻的表现。一是社会的流动性大大加快，各种社会资源在全球范围进行配置为世界范围内经济社会发展带来了巨大的经济社会效益，也带来了更加深刻而巨大的经济社会矛盾。各国在获得新的发展机遇的同时增加了新的社会矛盾，产生了空前尖锐的国际竞争，由此带来新的世界动荡、地区热点甚至局部战争。二是社会更加多元化，人口结构和人的观念发生深刻变化，人们的权利意识空前增强，各国内部事务增加了新的不稳定因素。这就促使各国深化经济、政治和社会改革，用以化解社会矛盾，启动经济社会发展新动力，对社会利益关系进行再平衡。发达国家和发展中国家都面临更加严峻的社会危机的挑战，维持和平稳定的世界局势的任务十分艰巨。三是传统安全威胁和非传统安全威胁因素同时共存，相互影响，为世界的和平发展带来严重威胁。

由社会生活巨大变革给和平发展带来的新问题，对世界社会主义运动的发展构成了新的挑战。它要求马克思主义正视世界发展的新变化新情况，关注人类文明发展面临的新威胁，在推动人类社会健康发展的进程中，推进世界社会主义运动的健康发展和共产主义伟大理想的最终实现。推动世界社会主义发展的战略要求是，坚持在马克思主义指导下推动观念创新、理论创新、道路创新，走出与当今时代发展相适应的世界社会主义发展道路。这条道路要坚持共产主义远大理想，维护世界工人阶级和劳动人民的根本利益与全人类的共同利益，适应和平发展的时代趋势，以不断实现人类物质文化生活新诉求的创新成果，增强马克思主义和共产主义的吸引力和凝聚力。坚决反对资本帝国主义的侵略政策和战争政策，揭露少数霸权主义国家争霸世界的性质和本质，把消除资本主义给人类社会带来的危害作为世界社会主义的时代使命。时代的新发展并没有改变资本主义的本质。以美国为首的西方资本主义国家，利用对世界经济、贸易、金融体制的控制和垄断，仍在肆无忌惮地对发展中国家进行经济剥削和政治压制。美国"棱镜门"事件的发生，深刻说明了美国从未停止对别国的颠覆活动，而且利用科技手段使这种颠覆活动经常化、制度化、全面化、高科技化。资产阶级阻挠世界社会主义发展不减，工人阶级反对资本主义统治的斗争就不能停歇。这同样是时代给我们提出的必须完成的历史课题。

第二节　中国对马克思主义世界和平观的继承与发展①

实现世界和平是马克思主义经典作家的一贯坚持和不懈追求的理想。马克思主义经典作家超越前人，站在人类解放的高度思考什么是世界和平以及怎样实现世界和平的问题，在此过程中形成了马克思主义世界和平观。中国共产党坚持马克思主义和平观，在深刻分析和把握时代发展趋势与世界格局特点基础上提出了一系列新理念、新理论和新政策，形成了具有中国特色的世界和平理论体系，有力地促进了世界和平与发展。

一　马克思主义世界和平观是对传统和平观的超越

在马克思主义诞生之前，曾出现两种关于世界和平的思想，分别是以康德、卢梭等人为代表的资产阶级启蒙思想家的世界和平观和以圣西门、傅立叶、欧文为代表的空想社会主义世界和平观。首先，启蒙思想家的世界和平观是在欧洲文艺复兴和宗教改革的基础上，在反对封建专制统治的斗争中形成的。康德在他的《永久和平论》一书中，将其世界和平的思想限定在了国与国之间的永久和平状态。但是，这种永久和平是建立在资产阶级主权国家基础之上的一种和平机制，是为维护资产阶级和平地统治世界服务的。卢梭以理性为出发点，想要通过建立欧洲联邦的方式实现欧洲的永久和平。但这"也同他们的一切先驱者一样，没有超出他们自己的时代使他们受到的限制"②。因此，一方面，以康德、卢梭等人为代表的资产阶级启蒙思想家拿起了"理性"的武器，对封建专制统治下的现实世界进行批判，既表达了一种向往世界和平的美好夙愿，又推动了人类历史的进步；但另一方面，资产阶级启蒙思想家的世界和平观，其实质归根结底是为了实现资产阶级对世界统治的目标服务的。

---

① 本节原文发表在《人民论坛》2014 年 11 月 （中），总第 460 期。作者房广顺、张雷。
② 《马克思恩格斯选集》第 3 卷，人民出版社 1995 年版，第 356 页。

他们主张的世界和平是资产阶级需要的和平，是以资产阶级通过"和平"的方式剥削和压迫无产阶级、统治和掠夺世界被压迫民族为前提条件的"世界和平"。因为这种世界和平观的性质依然是压迫性的、奴役性的，以牺牲无产阶级利益为代价换取本阶级利益的历史倒退行为，是"虚伪的"世界和平观。其次，空想社会主义世界和平观。空想社会主义流行于19世纪初的西欧。近代空想社会主义者站在人类解放的理想高度，反对阶级压迫，对无产阶级抱有无限同情。但是，空想社会主义者最大缺陷就是没有找到实现世界和平的力量及实现途径。这种缺陷产生的根本原因是空想社会主义者的历史观是唯心的，即英雄主义唯心史观。他们虽然同情无产阶级，但又不相信无产阶级的独立性，更看不到无产阶级是消灭资本主义制度、创造新社会的根本力量，完全没有认识到人民群众是历史的真正创造者，是推动社会前进的真正力量。相反，却总是把希望单纯地寄托于天才或少数人身上。圣西门认为，理性——特别是天才人物的思想和观念——是社会进步的动力，这些天才人物（社会精英）在一个进步的社会里就应该被视为最值得尊敬的人群。"'人类的摇篮是愚昧无知粗野的'，人类的黄金时代不是在过去的'自然状态'，而是在充满'理性'的未来。"[1] 在圣西门提出的实业制度中，主张由最有才能的学者组成最高科学委员会，主管科学、文化和教育事业；由最优秀的实业家组成最高行政委员会，主管行政、生产和财务工作等。因此，这种不相信人民群众、而把实现世界和平单纯寄托于天才人物的空想社会主义世界和平观是无本之木、无源之水，是一种"虚幻的、不可能实现的"世界和平观。

马克思主义世界和平观是马克思和恩格斯在创立科学社会主义过程中形成的科学的思想观念和理论体系。《共产党宣言》的发表标志着世界和平理论进入了马克思主义新阶段。马克思主义经典作家关于世界历史理论研究的著作中，包含着许多世界和平思想。首先，马克思和恩格斯非常关注国际关系的复杂演进。每当世界形势发生重大变化之际，马克思和恩格斯都运用唯物史观并站在国际工人阶级的立场上分析形势的发展，指出资产阶级政府对外关系的战争阴谋和争霸本质，提出工人阶级维护世界和平的任务和使命，倡导以工人阶级的国际努力争取和维护国际和平，要求工人阶级争得民主后的"新社会的国际原则将是和平"[2]，实现了世界和平理论的重大突破。其次，在组织和领导工人阶级政党和制定工人阶级行动纲领的过程中阐述实现世界和平的战略策

---

① 李文华：《关于圣西门的社会学和社会主义思想的几个问题》，《甘肃社会科学》2010年第1期。

② 《马克思恩格斯全集》第17卷，人民出版社1975年版，第9页。

略。马克思和恩格斯指出，未来的共产主义社会是每个人自由而全面发展的社会，在这样联合体中，人与人之间阶级冲突终将消失，影响世界和平并经常存在的战争的物质基础和社会基础彻底清除，真正意义上的世界和平才能够到来。再次，在马克思和恩格斯晚年系统阐述了马克思主义世界和平思想。恩格斯在《反杜林论》中揭示了军国主义必然灭亡的命运，指出随着工人阶级斗争的胜利和资产阶级统治的结束，"君主的军队将转变为人民的军队"，"军国主义将由于自身发展的辩证法而灭亡"①，从而世界和平将会成为现实。马克思主义经典作家超越前人，站在人类解放的高度思考什么是世界和平以及怎样实现世界和平的问题，在此过程中形成了对世界和平多角度、多层次的理解。

第一，马克思和恩格斯深刻分析了资产阶级世界和平观的实质，揭示了资产阶级所谓的世界和平无非是通过"和平"的方式压迫无产阶级，以达到资产阶级统治世界的目的。资产阶级打着和平的旗号干着对外侵略、发动战争与践踏和平的行为，是由资本主义社会的基本矛盾和资产阶级的阶级本性决定的。一方面，生产社会化和私人占有生产资料的矛盾是资本主义社会的根本矛盾，这对矛盾不仅引起资本主义国家内部个别企业生产的计划性与整个社会生产的无政府状态的矛盾、工人阶级贫困的积累与资产阶级财富的积累的矛盾，而且在世界市场的影响下引起上述两个问题在不同资本主义国家之间的矛盾和冲突，从而导致大国间力量对比关系的变化、国际格局的转折和世界和平稳定局面的破坏，进而导致资本主义国家之间的战争不可避免。另一方面，无偿占有工人阶级的剩余价值是资产阶级的本性。为了夺取更多超额垄断利润，资产阶级在全面剥削本国工人阶级并建立起对全世界的经济与政治统治之后，必然把夺取超额垄断利润的重点伸向与其他资本主义国家争夺世界，从而导致资本主义国家之间的冲突和战争，作为管理资产阶级事务的委员会的各国资产阶级政府就充当了战争发动者的角色。这种阶级特性表明，资产阶级国家之间的和平相处是以自身私利为前提的，一旦私利受到阻碍和平就被战争所代替。只要存在资本主义制度，就不会有真正意义的和平。

第二，马克思和恩格斯研究了工人阶级对和平的渴望以及实现世界持久和平的阶级诉求，提出了推翻资产阶级的统治、由无产阶级夺取政权是实现世界和平的唯一途径。唯物史观强调和坚持生产力与生产关系、经济基础与上层建筑之间的关系是人类社会的基本矛盾，阶级斗争是人类进入阶级社会以来社会发展的直接动力。《共产党宣言》第一章开篇就强调，"人类的全部历史（从土地共有的原始氏族社会解体以来）都是阶级斗争的历史，即剥削阶级和被

---

① 《马克思恩格斯选集》第 4 卷，人民出版社 1995 年版，第 514 页。

剥削阶级之间、统治阶级和被压迫阶级之间的历史"①。阶级斗争的历史作用在于"它是现代社会变革的巨大杠杆"②。由于工人阶级实现人类解放建立共产主义制度的最高目标，与彻底消灭战争、实现世界持久和平的理想状态在目标追求上是一致的，因此，工人阶级实现共产主义的路径选择与实现世界和平的路径选择也是一致的。通过反对资产阶级统治的政治斗争，建立社会主义公有制，结束资本对劳动的剥削，实现了人民群众在根本利益上的一致，战争的根源才能彻底根除。

第三，在马克思和恩格斯的世界和平理论基础之上，列宁进一步丰富了马克思主义世界和平理论，提出了资本主义与社会主义可以通过和平相处的方式实现世界和平。苏维埃政权建立之初，帝国主义势力为了将新生的苏维埃政权扼杀在摇篮里，采取了政治、经济、军事与外交等多方面的敌对态势和封锁政策。面对险恶的国际环境和当时国民经济基础非常薄弱的国内形势，列宁意识到，巩固和发展苏维埃政权的关键，在于必须尽快退出帝国主义战争，通过争取和平的环境加快提升综合国力，否则苏维埃政权会因没有强大的物质基础作保障而处于十分危险的境地。因此，列宁提出了社会主义国家和资本主义国家可以和平相处的思想，指出要加强社会主义俄国与世界资本主义国家的经济交往与合作，开展国际贸易，利用外国资金，引进国外先进的科学技术，学习先进的管理经验。外部和平环境的争取以及在和平环境中自身综合国力的快速提升，为巩固和发展新生的苏维埃政权提供了有利的物质保障，也为新的时代条件下，制约大规模战争爆发、巩固世界和平起到了十分重要的作用。

二　中国共产党对世界和平的探索与认识

中国共产党自成立以后，就把世界和平问题作为重要内容进行理论研究和实践探索。

革命战争时期，中国共产党把实现民族独立、人民解放同反对帝国主义殖民统治、实现工人阶级解放基础上的世界和平相统一，力求在实现民族独立和人民解放的斗争中正确世界的持久和平。一方面，中国共产党肩负救亡图存使命，抗击日本帝国主义的侵略和西方资本主义国家对中国内政的干涉。毛泽东在《论持久战》中指出："我们的战争是神圣的、正义的，是进步的、求和平的。不但求一国的和平，而且求永久的和平。欲达此目的，便须决一死战，便

---

① 《马克思恩格斯选集》第 1 卷，人民出版社 1995 年版，第 257 页。
② 《马克思恩格斯选集》第 3 卷，人民出版社 1995 年版，第 685 页。

须准备着一切牺牲，坚持到底，不达目的，绝不停止。牺牲虽大，时间虽长，但是永久和平和永久光明的新世界，已经鲜明地摆在我们的前面。我们从事战争的信念，便建立在这个争取永久和平和永久光明的新中国和新世界的上面。"① 毛泽东将抗日战争的性质和目的与世界和平问题辩证地统一起来，指出了抗日战争的正义性和进步性，阐明了抗日战争的胜利是世界和平进程的重要组成部分的观点。另一方面，抗日战争胜利后，面对国民党反动派背叛人民、蓄意挑起内战的独裁阴谋，中国共产党果断决定以革命战争反对反革命战争。毛泽东指出："人家打来了，我们就打，打是为了和平。不给进攻解放区的反动派很大的打击，和平是不会来的。"② 所谓"得民心者得天下"，中国共产党成为执政党，国民党反动派退出历史舞台，是中国人民的必然选择，也是历史发展的必然结果。作为中国执政党的中国共产党领导下的社会主义中国越强大，世界和平就会得到越加有力的保障。

　　中国共产党在领导中国人民进行社会主义革命和建设的同时，十分关注国际形势的发展变化。毛泽东对世界整体态势向着和平的方向发展持积极的态度，他指出："整个国际形势是向好发展，不是向坏。"③ 但是，毛泽东也明确指出世界大战发生的可能性仍然存在。"疯子要打第三次世界大战怎么办？所以，战争的情况也要估计到。"④ "我们希望和平。但是如果帝国主义硬要打仗，我们也只好横下一条心，打了仗再建设。"⑤ 由此我们可以看出，希望世界和平，热爱世界和平，同时不惧怕战争，重拳打击侵略者，是毛泽东的一贯思想和主张。改革开放以来，世界形势发生了深刻变化，和平与发展成为时代主题，维护世界和平成为中国共产党的时代任务。邓小平以卓越的政治智慧和政治远见提出和平与发展是当今时代主题的科学论断。世纪之交，江泽民指出："维护世界和平，促进发展，事关各国人民的福祉，是各国人民的共同愿望。" 胡锦涛在访问美国时也曾指出："世界赋予世界人民崇高的历史使命，这就是：维护世界和平，促进共同发展，创造人类更加美好的明天。"⑥ 改革开放以来，随着时代主题的变化，国家间日益紧密的联系，世界和平有了强有力的保障。世界上绝大多数的国家和人民都在积极地为维护世界和平做着各种努力。

---

① 《毛泽东选集》第2卷，人民出版社1991年版，第476页。
② 《毛泽东选集》第4卷，人民出版社1991年版，第1159页。
③ 《毛泽东外交文选》，中央文献出版社1994年版，第385页。
④ 《毛泽东文集》第8卷，人民出版社1999年版，第92页。
⑤ 《毛泽东外交文选》，中央文献出版社1994年版，第297页。
⑥ 胡锦涛：《在白宫欢迎仪式上的致辞》，《人民日报》2006年3月24日。

新世纪、新时期，国情和世情都发生了深刻而复杂的变化，以习近平为总书记的党中央高举和平的大旗，从中国人民和世界人民的共同利益及中国与世界共同和平发展的角度出发，继续坚定地维护世界和平，进一步将中国共产党人对世界和平的认识推向了新的高度。

第一，中国梦的提出是中国共产党对新时期世界和平问题认识的新飞跃。中国特色社会主义是主张和平的社会主义，中国梦也是世界和平梦。2013 年 3 月 25 日，习近平在坦桑尼亚首都发表演讲时指出："中国梦要与非洲梦联合起来一起实现，并为实现世界梦做出新贡献。"由此我们可以看出，中国梦不仅是属于中国的，也是属于世界的。"中国发展壮大，我们要实现的中国梦，不仅造福中国人民，而且造福各国人民。"①"世界和平"既是中国梦的重要组成部分，也是世界梦的重要组成部分。中国既致力于充分利用和平的国际环境来发展自己，同时又积极地以自身的发展促进世界和平。因此，作为和谐世界建设的重要载体的"中国梦"的实现，必将为全世界的和平发展增添强大动力。

第二，树立正确的义利观，让世界和平的成果更多惠及中国人民和世界人民。在中国传统文化中，"义"文化得到了淋漓尽致的体现。孔子说："君子义为上也"；孟子说："生亦我所欲也，义亦我所欲也；二者不可得兼，舍生而取义也"。改革开放以来，尤其是跨入新世纪，中国充分利用和平的国际环境加快自身发展，综合国力显著增强，人民生活水平不断提高。世纪之交，中国创造性地提出了"和谐世界"的伟大构想，为中国及世界的发展提供了新的方向指引。中国在加快自身发展的同时，一直在尽己所能地帮助世界上诸多落后的国家加快发展。外交部长王毅在 77 国外长会议上称，"我们将继续增加对发展中国家特别是最不发达国家不附加任何条件的援助，帮助他们实现自主发展和可持续发展。我要告诉发展中国家的兄弟姐妹，我们是一家人，当你们需要中国时，中国就在你们的身边"。和平的国际环境为中国的发展创造了重要条件，造福了中国人民；中国人民在实现自身发展的宏伟蓝图中，其成果也必将惠及世界各国人民。最终，中国人民与世界人民共享世界和平果实。

第三，发挥国际社会作用，共同维护世界和平。国际社会形成于 19 世纪中后期，即自由资本主义向垄断资本主义过渡的时期，是国际间各行为主体、各种关系连接而成的有机整体。其主要成员包括两大类，一类是主权国家；另一类是国际组织（包括国际非政府组织）。国际社会的能量是十分巨大的，涵

---

① 习近平：《顺应时代前进潮流，促进世界和平发展》，《人民日报》2013 年 3 月 24 日。

盖世界范围的政治、经济、军事、外交、文化和民生等方方面面。作为最大的全球性政治性国际组织——联合国的成立，是人类历史上的一件大事。60 年来，联合国在维护国际和平与安全、制止侵略行为、促进国际合作、建立国际政治经济新秩序等方面作出了巨大努力，成为维护世界和平稳定、促进共同发展的最为重要的国际组织之一。国际社会应切实担当自身使命，履行自身义务，为促进世界持久和平提供更加有力的保障。

第四，中国始终高举"和平"的旗帜，始终是维护世界和平的坚定力量。实现世界和平，是中国人民最迫切、最深厚的愿望。维护世界和平也是中国对外政策的重要目标。中国既坚决维护自身的国家利益，也坚决维护国际和平与稳定；既坚决维护国家主权、反对干涉国家内政，也主张国际社会在必要情况下可以对个别国家在特殊时期采取维和、适当干预措施；既大力支持和积极参与国际反恐行动等维护国际安全的措施，也维护国际经济的正常秩序、反对任何国家假借"反恐"为名推行强权政治。近些年，中国在朝核问题、伊朗核问题、叙利亚问题、巴以冲突等地区热点问题上积极劝和促谈，为缓和紧张局势、维护地区和世界的和平及稳定发挥了重要的作用。中国用自己的实际行动表明，中国已经成为维护世界和平的积极因素和坚定力量，在促进世界和平的进程中已经发挥了不可替代的作用。事实证明，中国越强大，世界和平就越有保障。

三 以负责任大国的姿态推进世界和平事业的不断发展

马克思和恩格斯为争取与实现世界和平进行了艰辛的探索，他们的众多观点和立场表明：世界和平是马克思主义的一个基本的价值取向。作为中国积极推动世界和平进程的理论基础的马克思主义世界和平观，对和谐世界的构建以及世界和平进程的有力推动具有重要的理论意义和现实意义，是中国共产党必须坚持的理论原则。

第一，加快推进中国特色社会主义伟大事业，筑牢中国维护世界和平的物质基础，以自身的发展促进世界和平。中国既是世界和平的积极倡导者，又是世界和平的坚实推动者、维护者与实践者。历史证明，中国越发展，世界和平越有保障。然而，需要指出的是，中国是经济大国，却不是经济强国。由"大而不强"到"既大又强"可谓任重道远，这是摆在中国面前最大的挑战，也是时代赋予中国的新的考验。为实现以自身发展促进世界和平的目标，中国必须坚持以经济建设为中心，坚持改革开放，不断深化经济、政治和文化等各个领域的体制改革，进一步提升综合国力。"只有推动经济持续健康发展，才能筑牢国家繁荣富强、人民幸福安康、社会和谐稳定的物质基础"①，才能筑牢中国维护世界和平的物质基础。

第二，要坚定世界持久和平的理论自信和道路自信。有些人认为，人类历史自古以来就是和平与战争相互交替的历史，所以今天的和平不过是两次战争的间歇而已，随之而来地必然是弱肉强食和战争的爆发。唯物辩证法告诉我们，世界是普遍联系的有机整体。看待战争问题也不例外，不能只是孤立的看到战争爆发的现象，而忽视了与战争的爆发紧密联系的国际政治、经济、军事和科技等因素的变化。只有对引发或抑制战争所涉及的诸多因素全面系统地把握，才能使我们对国际形势的发展予以准确的判断。第二次世界大战后，随着国际交往的普遍加深，国际社会诸多方面的关系和状况得到了很大的改善。国与国之间的联系日益紧密，使避免战争成为一种可能。1982 年 8 月，邓小平在会见联合国秘书长德奎利亚尔时指出："战争的因素在增长，但制止战争的因素也在增长。"②"在较长时间内不发生大规模的世界战争是有可能的，维护世界和平是有希望的。"③ 改革开放以后，尤其是进入新世纪，"世界多极化、经济全球化深入发展，文化多样化、社会信息化持续推进，科技革命孕育新突破，全球合作向多层次全方位拓展"④，国家之间日益紧密的联系，许多国家在政治、经济、文化、科技和军事等方面已经形成了"你中有我，我中有你"的局面，相互依赖较强，这些都是抑制世界大战爆发、维护国际形势总体稳定的积极因素。因此，我们应该对世界实现长久和平树立起足够坚定的理论自信和道路自信。

第三，结束冷战思维是实现世界持久和平的重要条件。西方国家的冷战思维定式对世界的和平发展构成巨大威胁。"二战"后，美国作为世界上的唯一超级大国，为了维持其"全球霸主"地位，成功地策划了苏联解体和东欧剧变，成功地通过发动战争、煽动民族分裂、经济制裁和意识形态输出等手段排除异己，为其实现全球战略铺平了道路。随着中国综合国力的日益增强，经济总量跃居到世界第二位，以美国为首的西方国家在"强国必霸"的固有思维习惯下，担心崛起的中国会对其发展构成威胁，所以，他们通过不断的抹黑中国，以达到干扰和遏制中国发展的目的。西方国家大肆渲染"中国威胁论"

---

① 胡锦涛：《坚定不移沿着中国特色社会主义道路前进，为全面建成小康社会而奋斗——在中国共产党第十八次全国代表大会上的报告》，人民出版社 2012 年版，第 19 页。

② 《邓小平文选》第 2 卷，人民出版社 1994 年版，第 416 页。

③ 《邓小平文选》第 3 卷，人民出版社 1993 年版，第 127 页。

④ 胡锦涛：《坚定不移沿着中国特色社会主义道路前进，为全面建成小康社会而奋斗——在中国共产党第十八次全国代表大会上的报告》，人民出版社 2012 年版，第 19 页。

就是最好的例证。在西方霸权逻辑中，无论中国做什么，无论中国怎么做，都是对其不利的，都是他们要反对和尽一切力量阻止的。"今天的世界已经发生了巨大的变化，不能再用过去那种'思维'和'逻辑'来看待中国的发展和进步。"[1] 中国的发展是和平发展，中国的发展的果实，不仅要惠及全体中国人民，更要惠及世界各个国家的人民，让世界人民共享中国和平发展的成果。因此，只有抛开冷战思维，国与国之间彼此真诚相待，求同化异，世界和平才会更加有保障，世界人民才会共享和平成果。

第四，积极推动维护世界和平的力量的发展壮大。当今世界国际力量存在着"三强三弱"态势的悬殊对比。从国家主体来看，西方国家总体力量强，东方国家总体力量弱；从社会制度来看，资本主义国家整体实力强，社会主义国家整体实力弱；从不同主体行为能力来看，发达国家对外干预能力强，发展中国家维护自身主权力能力弱。这种"三强三弱"相差悬殊的国际力量态势对比，为我国乃至世界的和平发展埋下了一定的隐患，也对构建国际政治经济新秩序制造了很大的障碍。就整体情况而言，与发达国家相比，发展中国家普遍存在着经济发展水平低，工业基础薄弱，产业结构不合理的问题，在技术装备、科学水平和运行机制等方面与发达国家相比均有较大差距，不少产业部门尚未形成与发达国家相抗衡的力量。"科学技术是第一生产力"，也是一个国家综合国力的重要标志。发展中国家的科技水平与发达国家的科技水平相比相差甚远，如果差距继续扩大，发展中国家也许将面临着被飞速发展的工业化世界甩得越来越远的危险。因此，广大的社会主义国家和发展中国家，应该充分利用当前整体上趋于和平、稳定的国际环境，抓住一切可供自身发展的机会加快发展，不断提升自身的综合国力。只有这样，社会主义国家和发展中国家才能够在参与国际事务的过程中有更多的话语权，才能够在国际社会中真正形成制约霸权主义和强权政治的强有力因素，打破旧的世界政治经济格局，为维护世界长久的和平贡献力量。

第三节　西方国家对外输出意识形态的特点与应对[2]

尼克松在《1999：不战而胜》一书中表述了如下的鲜明观点："进入

---

① 任仲文编：《深刻领会习近平总书记重要讲话精神》，人民日报出版社 2013 年版，第 254 页。
② 本节原文发表在《大理学院学报》2013 年第 11 期；同时发表在曹苏红主编《世界格局在巨变：社会主义新实践与帝国主义新特点》，社会科学文献出版社 2013 年版。作者房广顺、杨晓光。

二十一世纪，采用武力侵略的代价将会更加高昂，而经济力量和意识形态的号召力，将会成为决定性的因素。"① 以此说明意识形态在美国对外政策中的巨大作用，把意识形态战争作为最主要的对外侵略与和平演变的有效途径。2008年金融危机爆发后，美国为首的西方国家由于受到了巨大的冲击，其对外战略也发生了转变，除了继续展示自己的硬实力外，更多依赖软实力，加强意识形态的对外输出。发生这种对外战略的转变，有着深刻的国际和国内背景，应当引起高度关注。

一　金融危机催化了西方国家意识形态输出的加剧

1. 美国等西方国家在历史上塑造了对外意识形态输出的成功范例，苏联的解体使美国在意识形态输出方面积攒了历史经验

早在美苏争霸的冷战时期，美国对苏联就采取了意识形态输出战略，导致世界上最大的社会主义国家灭亡。1989 年，美国国务卿贝克利发表了《自由的力量：美国新时代的对外政策》的讲话。他指出：为了维护美国对世界的领导地位，发挥美国作为民主国家和经济强国的作用，必须用美国的价值标准来塑造世界②。老布什在对苏联实施遏制战略时，认为遏制战略发挥作用的前提在于西方的价值观念和民主制度是世界上最好的，美国为首的西方国家之间的联盟关系是牢固的，因为自由社会和自由市场优越于停滞的社会主义，从而把苏联的亡党亡国归结为西方资本主义社会的优越性和共产主义自身缺陷的不可克服性。正是在美国强大的意识形态输出和心理战面前，苏联共产党从内部轰然倒塌，美国没有费一兵一卒，就取得了资本主义意识形态的胜利。冷战结束后，美国一直致力于把俄罗斯塑造成美国式的自由市场经济和民主化政府，以证明美国式的资本主义社会比社会主义更具有生命力，始终不渝地对不同制度国家进行意识形态输出。

2. 金融危机后中国在世界经济发展中一枝独秀的表现，引起美国加速战略东移，并通过输出意识形态遏制中国的崛起和发展

冷战后，西方国家认为解体后的俄罗斯如果在各方面的发展取得不了相对于中国的优势，将会影响人们对西方资本主义的信心。虽然中国从总体实力上不及美国等西方大国，但由于坚持走中国特色社会主义道路，坚定不移地推进改革开放，获得了较快的经济发展速度。金融危机爆发后，西方的影响力遭受

---

① ［美］理查德·尼克松：《1999：不战而胜》，世界知识出版社 1996 年版，第 53 页。

② 参见 Secretary Baker, *America's Foreign Policy: A Force for Freedom, before the American Society of Newspaper Editors*, April 14th, 1989, http: // www. Access my library. com/article – 1G1 – 7723189/ power – good – American – foreign. html。

冲击，西方财富增速放缓，出现了世界范围的发达国家债务危机，美国塑造的不可战胜的神话破灭了，让曾经崇拜美式民主的精英人士产生了动摇。面对中国的和平崛起，西方媒体在不断宣扬中国威胁论、中国崩溃论的同时，又搬出了"中国责任论"的论调。2009年，美国财长保尔森发表言论说，中国等新兴市场国家的高储蓄率造成全球经济失衡，是导致金融危机的原因。美国毫无根据地肆意指责中国，妄图给中国发展制造不利环境，遏制中国的科学发展与和平发展。2012年11月19日，奥巴马在竞选总统连任胜利后，高调访问了缅甸、泰国和柬埔寨，向世界传递了其在第二任期内继续深入推进在亚太的存在和"再平衡"战略的决心，加紧对中国的遏制和围堵①。

3. 在世界范围内反美情绪激增的背景下，美国把输出意识形态和民主制度作为化解外来冲击的有效手段

冷战后，美国处于实力鼎盛时期，借此推行单边主义外交政策，干涉别国内政，甚至不惜发动战争，以维护自己的全球霸主地位。小布什政府期间，为了除掉一直高调反美的伊拉克，发动了对伊战争，为了打击塔利班，发动了对阿富汗的反恐战争。世界上哪里有反对美国的力量，哪里就有美军的身影。奥巴马为了缓解全球金融危机对美国的压力，缓和美国同中东地区伊斯兰国家的对立和冲突，制定了从伊拉克撤军计划，并完成撤军。直到现在，美国的伊拉克政策都在饱受人道主义谴责，尤其受到伊斯兰国家的普遍仇视，美国在中东的角色受到挑战。鉴于中东地区反美的实际情况，美国用对话替代原来的对抗政策，采取接触的方式缓和与世界上仇视美国的国家间的关系，把战略重点放在伊朗、叙利亚与朝鲜等反美情绪最大的国家，既注重国际上联合中俄和北约解决相应的问题，又加强了价值观、民主自由与社会制度等意识形态方面的传播。

4. 美国对外进行意识形态输出具有美国特色和美国传统，将是长期的战略性选择

其一，从《圣经》中所提炼的道德教条成为美国的精神支柱，融入民主共和的治国理念中。美国有着世界上最多的宗教信徒，从《圣经》中构建出来的信仰自由和民主观念成为美国的精神支柱。美国社会发展中长期流传的上帝选民心理，认为他们与上帝签订了契约，按照契约，他们要建造一个圣徒的社会，并构建起一座"山巅之城"。美国学者就此指出：人的信仰是深深根植于价值观中能够把整个社会凝聚在一起的力量，这种信仰越是普遍和自愿地被人们所接受，其影响力和凝聚力就越大，在这方面，人们的传

---

① 张跃：《奥巴马：2.0 时代外交风向标》，《东南亚之窗》2012 年第 3 期。

统起着很大的作用①。而美国是以信仰立国的国家，这种信仰以教条、甚至是神学的话语，明晰地阐述在《独立宣言》之中。美国虽然实施宗教信仰自由政策，但是基督教起着主导作用。美国政府通过法律保障人民的宗教信仰自由，而宗教也维持着美国的社会生活。就像美国总统华盛顿在任职时所说：上帝主宰着宇宙，统治着各国的首脑。没有比美国人更坚决地承认和敬重掌管人类事务的上帝了②。基督教文化所倡导的价值观，不仅影响着美国社会，更影响着美国政府的内外政策。

其二，美国的资本主义意识形态造就了个人至上的价值观和自由竞争意识。建立在基督教基础上的美式资本主义社会，信奉基督教中的公义精神，要求把个人的自由和至上当作"普世"的价值观念，人人可以享有，人人生而平等。受此影响，美国社会追求的个人利益至上、私有财产神圣不可侵犯等思想，成为美国人认识和对待外部世界的基石。在西方的社会观念中，强调和坚持个人自由、个人利益至上，才能激励奋斗和实现个人理想。自由体现为思想信仰的自由、经济竞争的自由和贸易的不受约束。美国社会充分肯定竞争的意义，认为"一种事业若对社会有益，就应当任其自由，广其竞争。竞争愈自由，愈普遍，那事业亦愈有利于社会"③，并立足于把这种自由竞争的理念推广到世界各地。

其三，美国敢于冒险、富于想象和创新精神，助推美国步入世界强国之列。冒险精神使美利坚民族敢于尝试有利于自身发展的任何事情，同时又包含着对现实的不断批判，从而产生促进各项事业发展的创新意识。在美国，人们渴求知识、尊重知识，并依赖技术。在激烈竞争的美国社会，只有在知识基础上产生的新思维才能保证在竞争中立于不败之地。正如美国学者所言："美国跃居世界强国地位，依靠的是国内科学和工业领域的一系列独创成就，以及它对本国社会进行的谨慎的重新整合。"④

二　金融危机影响下西方意识形态输出凸显新特点

与以往历史时期相比，冷战后特别是金融危机后，美国等西方国家输出意识形态出现许多新的特点和趋势。主要表现为凸显西方意识形态的"普世"理念和"救世"功能，高度重视科技进步下快速发展的信息技术给意识形态

①　参见［美］奥托·纽曼等《信息时代的美国梦》，社会科学文献出版社 2002 年版，第 35 页。

②　［美］J. 艾捷尔主编：《美国赖以立国的文本》，海南出版社 2000 年版，第 359 页。

③　［英］亚当·斯密：《国民财富的性质和原因的研究》，商务印书馆 1972 年版，第 303 页。

④　［美］奥利维尔·如恩斯：《为什么 20 世纪是美国世纪》，新华出版社 2002 年版，中文版序第 2 页。

输出提供的有利条件，混合使用自由、民主、人权等基本观念和多种手法，重在实现对社会主义国家和其他新兴国家的心理突破，通过攻心达到颠覆别国社会制度的目的。

1. 以自由、民主、人权等传统理念为内容，加紧利用科技和信息技术的最新成就，全面推进意识形态输出

第一，通过玩弄文字和语言游戏，抹黑别国，为自己输出意识形态寻找借口，制造颠覆别国的舆论。美国善于把自己扮演成救世主，以民主的伪善外衣，对其他国家进行干预和制裁。在伊拉克战争和利比亚战争时期，美国就把这些国家比作"敌人"，并给这些国家领导人冠以"独裁"的称号。为了制造让西方国家干涉和出兵的借口，美国把与自己对抗的国家称作"邪恶轴心"，如把朝鲜和伊朗比作邪恶国家，把缅甸比作"暴政前哨"等。金融危机爆发后，美国把中国定义为"汇率操纵者"，通过各种手段逼迫人民币升值。早在160多年前，马克思和恩格斯就对类似的行为给予尖锐的揭露："资产阶级，由于一切生产工具的迅速改进，由于交通的极其便利，把一切民族甚至最野蛮的民族都卷到文明中来了。它的商品的低廉价格，是它用来摧毁一切万里长城、征服野蛮人最顽强的仇外心理的重炮。它迫使一切民族——如果它们不想灭亡的话——采用资产阶级的生产方式；它迫使它们在自己那里推行所谓的文明，即变成资产者。一句话，它按照自己的面貌为自己创造出一个世界。"①西方国家对社会主义国家和其他新兴国家的指责，只不过为西方国家对外输出民主制度制造借口。

第二，通过掌握信息网络技术，控制科技制高点，为自己进行意识形态输出提供后盾。美国充分利用互联网等信息技术发展的机遇，建立了信息高速公路，实现了经济和军事的高速发展。美国前总统克林顿曾经说过，经济的主宰不再以拥有多少土地、黄金、石油和机器设备来衡量了，现在是信息主导的世界，一个国家的强大与否，主要以其处理信息的数量、质量和速度来定义②。2010年，美国国务卿希拉里·克林顿在关于"互联网自由"的报告中指出，网上的言论自由、集会自由和结社自由，是美国所倡导的互联网自由。美国之所以高举互联网自由的大旗，就是利用其在网络技术上的优势，向其他国家渗透美国的自由、民主，对其他国家进行意识形态输出。金融危机爆发后，最先让美国享受到互联网自由成果的就是"阿拉伯之春"革命。这次革命发端于突尼斯和埃及。这两个国家的民众通过使用脸谱、推特等社交网络，发布对政

---

① 《马克思恩格斯选集》第 1 卷，人民出版社 1995 年版，第 276 页。
② ［美］奥托·纽曼等：《信息时代的美国梦》，社会科学文献出版社 2002 年版，第 193 页。

府不满的言论，主张推翻现行政府，建立"民主自由政府"。利用网络传播信息迅速和隐蔽的特点，聚集民众进行示威游行，导致了本·阿里政权和穆巴拉克政权的垮台。"阿拉伯之春"革命之所以发生，除了这些国家经济建设、政治体制等方面的问题外，美国在网上的推波助澜起着至关重要的作用。谷歌公司中东及北非市场部主管戈宁就指出，只要给人们网络，就可以解放一个社会①。

第三，通过文化输出，侵蚀青年一代的思想，为未来的意识形态输出准备条件。以美国为首的西方国家文化产业相当发达。不但可以对内生产出巩固民主、自由的产品，而且通过对外文化输出，蛊惑别国青年的心灵，腐蚀他们的思想，从观念上接受西方文化，认同西方文化的主张，达到不战而胜的目的。意识形态是社会价值观的核心，在外国的影片、电子游戏、新闻报道和图片中，无不夹杂着意识形态色彩②。美国向外输出的娱乐和饮食作品，正在改变着包括我国在内的一代又一代青少年的价值观，甚至起到诱导青少年向往西方的生活方式，逐渐淡忘本民族文化血脉的倾向。美国就有针对中国青年的文化输出宗旨：用物质享受来诱导他们的青年，鼓励他们反对本国的思想教育。要让中国青年迷失自我，毁掉他们勤劳的传统美德，要让他们接受美国的衣食住行，让他们的头脑中充满体育表演、色情暴力和宗教迷信③。

第四，通过宣扬西方的人权理念，把人权凌驾于主权之上，借口人权干预他国内政，成为西方进行意识形态输出最惯用的手法。美欧等西方发达国家，经常打着"人类普遍的价值观"的幌子，对其他国家的民主、人权和自由等进行单方面的评价，并且以"人权无国界""人权高于主权""人道主义干涉"的名义，向世界各地输出西方的价值观念，甚至颠覆别国政府。美国前国务卿希拉里在2009年曾明确地说：美国政府在21世纪的人权议程是要使人权成为人类现实，西方的民主是"最好的政治体制"④。美国总统奥巴马在就职演说中高调表态：美国不论遇到什么情况都要"再次领导""每个追求和平和自尊的国家和个人""踏上追寻之旅"⑤。为此，金融危机爆发后，以美国

---

① 青木等：《美国务卿希拉里就开放互联网发表演讲点名指责中国》，《环球时报》2011年2月18日。

② 参见向楠等《我国应高度重视新媒体时代的意识形态安全》，《中国青年报》2011年12月15日。

③ 转引自金鑫、徐晓萍《中国问题报告：新世纪中国面临的严峻挑战》，中国社会科学出版社2002年版。

④ 李莉：《奥巴马政府人权外交评析》，《现代国际关系》2010年第2期。

⑤ 《第44任美国总统奥巴马就职演说》，[EB/OL]. http://news.sina.com.cn/w/2009-01-21/042417085651.shtml，2012-02-23/2012-05-06。

为首的西方，加强了对俄罗斯、中国等许多国家的人权干涉。2010 年美国发布的《2009 年度各国人权报告》中，指责俄罗斯 2009 年种族仇杀案件虽然减少，但歧视少数民族问题仍然严重，强调俄罗斯腐败现象严重①。2011 年美国要求俄罗斯在对内政策方面做到自由、公正，强调美国的人权外交立场。随后，美国国务卿希拉里批评俄国家杜马选举"既不自由也不公正"，"并以选举存在舞弊现象为由要求对俄罗斯举行的议会选举进行调查"②。针对 2012 年普京就职期间发生的警察拘捕抗议者事件，希拉里又要求俄罗斯政府尊重人民的言论自由。2011 年，欧洲议会通过一项决议案，要求欧盟制定俄罗斯政策要与人权状况挂钩，把俄罗斯的人权状况作为是否与俄达成贸易协定的必要条件③。

美国等西方国家对中国的人权指责由来已久。尼克松就说过："我们应该尽我们所能，在任何时间、任何地点，对中国侵犯人权的作法提出强烈抗议。"④ 金融危机后，以美国为首的西方国家批评中国缺乏人权，法制不健全，要求参照西方的标准改造中国的人权和民主。美欧等西方国家继续利用达赖问题、泛突厥问题、台独问题等指责中国缺乏宗教信仰自由，镇压民主人士，没有人权。2009 年，美国国务卿希拉里访华期间阐述了美国 21 世纪的人权议程，提出要在全球推进美国的民主，使人权成为全世界的现实⑤。"人权观察"组织发布的《全球年度报告（2012）》无视中国在经济发展、社会稳定、实现人民幸福生活上所做的努力，毫无根据地指责我国的人权环境每况愈下，借此攻击我国的社会制度。

2. 西方国家意识形态输出的新手法没有改变其按照自己的意志塑造世界、占领世界和控制世界的本质

以美国为首的西方国家进行意识形态输出的实质，就是用西方的价值观、思想文化、社会制度和生活方式去改造世界，从而使美欧的价值观念、思想文化、民主政治和社会生活等成为各国的范本，强行推进其他国家按照这一范本进行思想和政治改造，达到其在政治思想、社会制度和经济生活等各方面称霸世界、统治世界的目的。一是以经济制度输出控制世界市场。虽然金融危机证

① The U. S. State Department, 2010 *Human Rights Report*：*Russia*, http：//www. state. gov/j/drl/rls/hrrpt/2010/ eur/154447. htm.

② 参见《美国干涉俄罗斯大选》，《国防时报》2011 年 12 月 14 日。

③ 参见 European Parliament resolution of 17 February 2011 on the rule of law in Russia, http：//www. europarl. europa. eu。

④ ［美］理查德·尼克松：《超越和平》，世界知识出版社 1995 年版，第 105 页。

⑤ 李莉：《奥巴马政府人权外交评析》，《现代国际关系》2010 年第 2 期。

明了资本主义市场的失灵和弊端，但美国多数学者认为这场危机仅仅是缺乏政府监管的新自由主义政策的失败，只要加强政府的干预和管理，资本主义市场经济仍然是最好的经济形式。美国前国务卿基辛格认为：监管失灵使全球金融系统更容易发生危机。解决这一问题需要领导力以及改革现有的政治框架[①]。二是以政治制度输出主宰世界秩序。经济的发展和繁荣，需要政治的保障。为确保本国商品在世界市场的自由流通，需要强大的政治影响力为其服务，提供安全保护。在美国人看来，只有全世界的国家都实现美国式的民主、人权和自由，才能实现美国所谋求的对世界秩序的控制。三是以思想文化输出控制人们的心智。思想决定行动。西方思想家和政治家深谙此道。奥托·纽曼指出："许多人认为，心理控制，使用美国产品上瘾和到处散布'你别无选择'的格言，这些办法都帮助了美帝国主义，虽无铁链但却束缚人心。"[②] 四是以宗教信仰输出统领人们的灵魂。西方国家的宗教输出，不仅是简单的宗教信仰行为，还是传播西方自由、民主和人权理念，输出西方政治制度的渠道。[③]

三　把自己的事情办好是应对西方意识形态输出的战略选择

以美国为首的西方国家的意识形态输出战略，对我国坚持中国特色社会主义道路，凝心聚力推进全面建成小康社会的发展战略，造成巨大挑战和压力。坚定不移地把自己的事情办好，实现建设中国特色社会主义的伟大目标，是构筑抵御西方意识形态输出的经济社会基础和政治思想防线的根本保障。因此，应对西方意识形态输出的根本战略选择是切实把中国自己的事情办好。

1. 坚持以经济建设为中心不动摇，筑牢提升中国特色社会主义世界影响力的物质基础

生产力是社会发展的最终推动力。大力发展社会主义生产力，中国特色社会主义的经济基础才能巩固，中国特色社会主义制度才有保障，国家富强、民族振兴、人民幸福才能成为现实。以经济建设为中心，大力发展社会主义的社会生产力、大力提升社会主义国家的综合国力、大力改善人民群众的物质文化生活水平，是社会主义的根本任务，也是社会主义能否取得与资本主义相较优势的根本因素。抵制西方国家意识形态输出的影响，用社会主义意识形态战胜资本主义意识形态，既要有理论的教育和思想的提高，更要以社会主义建设的

---

① [美] 亨利·基辛格：《全球化时代全球经济治理体系的变革》，《经济研究参考》2011 年第 49 期。

② [美] 奥托·纽曼等：《信息时代的美国梦》，社会科学文献出版社 2002 年版，第 193 页。

③ 进一步研究可以参阅刘国平《美国民主制度输出》第 3 章，社会科学文献出版社 2006 年版，第 105—124 页。

卓越成果证明社会主义意识形态的优越性，证明马克思主义作为指导思想的巨大精神威力。邓小平指出："社会主义必须大力发展生产力，逐步消灭贫穷，不断提高人民的生活水平。否则，社会主义怎么能战胜资本主义？"① 展示中国特色社会主义制度的优越性如此，展示中国特色社会主义理论体系的科学性和优越性也要如此。

2. 切实提高党的建设的科学化水平，建设中国特色社会主义政治文明，筑牢中国特色社会主义的政治基础

中国共产党担负着带领人民实现中华民族伟大复兴的历史重任。我国革命、建设和改革的历史证明，只要党领导有力，坚持实事求是，密切联系群众，各项事业就会取得胜利。在世情、国情、党情发生深刻变化的时代，党所面临的西方国家在国际贸易领域对我国经济发展所造成的羁绊和束缚，面临的外部意识形态的渗透和影响，面临的国内改革开放不断深化引发的新情况新问题的挑战，不能有半点疏忽。只有克服精神懈怠、能力不足、脱离群众、消极腐败的不良风气，加强党的思想建设、组织建设、作风建设、反腐倡廉建设和制度建设，才能提高党的领导水平和执政能力，提高拒腐防变和抵御风险的能力，才能保持党的先进性和纯洁性，使我们在抵制西方意识形态输出中形成坚强的领导核心。

3. 用当代中国马克思主义武装青年一代，构筑抵御西方意识形态输出的未来根基

任何意识形态或民主制度都是在一定历史传统和文化积淀的基础上形成的。中国五千年的文化发展和思想积淀，为坚持中国特色社会主义奠定了坚实的历史传统和文化基础，是我们战胜西方意识形态输出的文化力量。西方国家意识形态输出的根本目的是改变马克思主义在中国的指导地位，用西方的自由、民主、人权理念替代当代中国马克思主义的主导地位。因此，我们与西方的矛盾与斗争，是意识形态主导权的斗争，归根结底是争取未来一代的斗争。这就要切实用社会主义核心价值体系教育人民，特别是教育广大青年。党的十八大指出：坚守共产党人的精神追求和政治灵魂，思想理论建设是"根本"②。要坚持不懈地开展马克思列宁主义、毛泽东思想和中国特色社会主义理论体系的教育，引导青年一代认清西方文化和网络中渗透的西方意识形态。普京曾经

① 《邓小平文选》第3卷，人民出版社1993年版，第10页。
② 中国共产党第十八次全国代表大会报告指出："要抓好思想理论建设这个根本，学习马克思列宁主义、毛泽东思想、中国特色社会主义理论体系，深入学习实践科学发展观，推进学习型党组织建设创建，教育引导党员、干部矢志不渝为中国特色社会主义共同理想而奋斗。"胡锦涛《坚定不移沿着中国特色社会主义道路前进，为全面建成小康社会而奋斗》，人民出版社2012年版，第50页。

说，民主和自由必须根据每个国家的历史和需要分别定义，要因地制宜①。西方的民主自由有其适用的土壤和文化氛围。中国特色社会主义是在半殖民地半封建社会基础上逐渐发展起来的，文化传统、经济形态、社会生活与西方国家既存在历史差异，也存在现实区别。由此形成的自由、民主、人权观念与西方倡导的价值观念必然存在很大的差异。面对西方的蛊惑，必须让青年一代认清西方国家意识形态和民主制度输出的实质，坚持中国特色社会主义道路不动摇。加强青年对党在社会主义初级阶段基本路线的科学认识，深化对四项基本原则的理解和认同，净化网络，肃清舆论杂音，用科学理论引领人们正确认识和看待西方社会的历史和现实，培养广大青年的爱国主义、集体主义和社会主义情怀，从而抵制西方资产阶级意识形态的干扰。

4. 弘扬以爱国主义为核心的民族精神和以改革创新为核心的时代精神，以社会主义核心价值体系培育抵御西方意识形态输出的坚定信念

在当今世界各种文化相互激荡，各种价值观念相互碰撞的历史时期，用科学的理论和正确的信仰教育和引导人们特别是广大青年，是抵御西方意识形态输出的铸魂工程。社会主义核心价值体系及在这一思想体系基础上凝练的社会主义核心价值观，蕴含着马克思主义的科学真理，结合了我国文化传统和当今时代诉求，实现了马克思主义价值观与中国历史文化底蕴的融合，体现了鲜明的民族性、时代性、科学性和开放性。对社会主义核心价值体系的学习和贯彻要以人为本，把教育人、引导人和鼓舞人结合起来，让人民群众在共享改革成果中理解和认同党的主张。要着力构建中华民族的精神支柱，弘扬中华民族的民族精神，以中国人民在改革开放和社会主义现代化建设中展现出来的时代精神进行正面引导，不断提高人们的思想道德素质和科学文化素质，促进整个社会风气的好转。以马克思主义引领多样性的社会思潮，抵制腐朽和堕落的文化腐蚀，弘扬正能量，引领社会思潮积极健康发展。

5. 积极发展对外友好关系，加强国际交流与合作，以平等互信、包容互鉴与合作共赢的精神构建抵御西方意识形态输出的世界秩序

西方国家对外进行意识形态输出不利于当今时代和平稳定的世界环境，不利于各国选择有利于本国发展和人类进步的发展道路，遭致世界各国特别是广大发展中国家的反对和抵制具有历史的必然性。加强广大发展中国家的团结合作，坚持和维护公认的国际关系准则与和平发展的国际秩序，是团结动员国际力量共同抵制西方国家意识形态输出的必由之路。中共十八大从"共同维护

---

① 转引自《布什用"自由民主"敲打俄罗斯》。http：//news.xinhuanet.com/world/2005 - 02/28/content_ 2627120.htm（2013 - 05 - 04）。

国际公平正义"的共同理念、共同目的和共同要求出发，提出了"尊重世界文明多样性、发展道路多样化，尊重和维护各国人民自主选择社会制度和发展道路的权利，相互借鉴，取长补短，推动人类文明进步"①的重要主张。这就正面回应了西方国家对包括我国在内的发展中国家推行的意识形态外交。2012年4月，习近平在出访俄罗斯和参加金砖国家首脑会议期间，就团结广大发展中国家积极应对西方意识形态外交发表了重要讲话。习近平指出："我们主张各国和各国人民共同享受尊严，鞋子合不合脚穿着才知道，一个国家的发展道路，只有这个国家的人民才知道。"②这既是对西方国家推行意识形态外交的积极回应，也是对我国尊重世界各国人民自主选择的郑重承诺，反映和代表了广大发展中国家的共同意愿。只要我们和广大发展中国家一道坚定不移地致力于维护世界和平、促进共同发展，西方国家推行意识形态输出的战略就能够被有效抵制。

第四节　西方国家推行人权双重标准的做法与实质③

人权标准是衡量各国人权政策、人权立法、人权状况和人权实践所依据的原则或尺度④。随着世界历史的演进和全球化进程的加快，世界的整体性、联系性和相互依存性快速发展，逐渐形成了基于《世界人权宣言》《联合国人权公约》等国际法文件和公认的国际关系准则的人权标准共识。但是，美国等西方国家从推行其社会制度和意识形态、遏制新兴国家和平发展、维护世界霸权地位的需要出发，在对待本国和其他国家的人权问题上、在对外人权政策上、在对待和处理国际事务上不是根据公认尺度评价各国人权，而是搞人权双重标准。近年来，出于转嫁金融危机、破解自身难题、扩展霸权势力的需要，美国等西方国家加快推行人权双重标准，攻击、指责别国的人权政策和人权状况，在双边关系、地区局势等方面激化了不稳定因素，甚至造成新的人权问题和人权灾难。

---

① 胡锦涛：《坚定不移沿着中国特色社会主义道路前进，为全面建成小康社会而奋斗》，人民出版社 2012 年版，第 47 页。

② 习近平：《顺应时代前进潮流，促进世界和平发展——在莫斯科国际关系学院发表演讲》，《人民日报》2013 年 3 月 24 日。

③ 本节原文发表在《思想理论教育导刊》（CSSCI 来源期刊）2012 年第 11 期；《求是》"百家言" 2013 年第 5 期转载。作者房广顺、郑宗保。

④ 董云虎主编：《从国际法看人权》，新华出版社 1998 年版，第 224 页。

一　西方国家推行人权双重标准的做法

1. 以高标准衡量别国以低标准要求自己

美国政府通过发布国别人权报告的方式，欧盟则通过欧洲议会作出"特别人权决议"的手法，但在评价别国人权状况上都是采用双重标准，某些非政府组织也加入推行双重标准的行列中来。自1977年以来，美国政府已连续发布了35个《国别人权报告》。2008年以来，美国不顾本国经济发展受困、居民生活下降、社会动荡不安、人权状况恶化的事实，以"据说""据信""据传说""未经证实""没有资料表明"等方式对190多个国家和地区的人权状况进行指责或评论。从1973年到1998年欧洲议会通过的特别人权决议达到117个，从2000年到2010年欧洲议会通过的涉华人权决议达33项，其中涉及台湾、西藏问题的有15项。值得一提的是，美国所奉行的双重标准，总是以较高标准要求别国，而以较低标准衡量自己。西方国家每年评价和批评别国人权状况，从来不考虑各国不同的文化传统和发展状况，不顾及发达国家和发展中国家因不同发展水平带来的人权保护方面的不同情况。2010年美国向联合国人权事务高级专员办公室提交了一份有关美国人权状况的报告。这份报告只有29页，与美国每年用几千页的"国别人权报告"指责其他国家的人权状况相比，是微不足道的。

2. 在解决地区事务上采用人权双重标准

在地区事务中指责一国侵犯人权而袒护另一国家，在别国内部事务中指责一方侵犯人权而袒护冲突的另一方，是西方国家推行人权双重标准的一贯做法。美国指责萨达姆搞种族屠杀，以反恐名义发动了伊拉克战争。但在伊拉克战争中，大量平民遭受杀戮，美国还发生了"虐囚"事件。据维基揭秘网站2010年10月22日公布的数据，"2003年3月至2009年年底，在伊拉克战争中，有28.5万人伤亡，至少10.9万人丧生，其中63%为平民"。据《华盛顿邮报》2010年10月15日报道："伊拉克人权部2009年发布的报告说，2004年1月至2008年10月31日，共有85694名伊拉克人丧生。总部设在英国的'伊拉克尸体计数'组织称，自美军入侵伊拉克以来，共有12.2万名平民丧生。"[①] 金融危机在欧美引起了社会动荡和民众抗议。2010—2012年爆发了美国"占领华尔街"运动、英国伦敦街头暴力事件、西班牙马德里暴力事件、希腊暴力冲突事件等，各国政府采取强力驱散抗议和罢工活动，对由此造成的

---

① 国务院新闻办：《2010年美国人权记录》。http://www.gov.cn/jrzg/2011－04/10/content_1841245.htm（上网时间：2012年3月20日）。

人权问题视而不见，却无端攻击别的国家。2009 年民族分裂分子在我国新疆制造"七五事件"，有组织地袭击、残害当地平民，人民群众生命财产受到侵害。某些西方国家无视这些罪行，反而攻击我国政府的民族政策和稳定措施，对逃到国外的热比娅等暴力事件的策划者、组织者、实施者加以庇护，给他们提供资金支持、演讲平台、活动空间。

3. 在对待文化传统与社会制度差异上采用双重标准

冷战结束后西方国家仍然坚持冷战思维，从本国利益出发观察和衡量别国的意识形态和社会制度，在顺从自己和对抗自己的不同国家之间采用不同的人权评价与衡量标准。只要是美国的盟国，不论其奉行何种社会制度都不在人权抨击之列；只要没有顺从美国，不论其信仰何种宗教和思想都列入人权的黑名单之中。在历史上，以"民主榜样"自居的美国，曾支持实行君主专制、军人独裁的政府，因为这些国家在国际事务中服从美国的战略需要。对铲除封建专制、消除军阀独裁、人权状况不断改善的国家却横加指责，置这些国家于政府更迭甚至社会动荡于不顾，动辄发布"人权状况报告"或采取更加严重的外交行为。冷战结束后，美国等西方国家先是把人权攻击的矛头对准东欧、中亚国家，随后又列出"邪恶轴心"国家，当前正借口人权问题处心积虑地颠覆一些国家的政权。形成鲜明对比的是，那些与美国有同盟关系的国家或者是对美国有战略利益的国家，即使国际社会公认其人权状况不好，美国也很少提出人权问题，照样提供援助甚至为这些国家的行为辩护。

二 西方国家推行人权双重标准的特点

1. 人权双重标准受政治利益的驱动

西方国家推行人权双重标准具有为本国政治目标服务的鲜明特点。随着国际人权对话的广泛开展和人权事业的不断推进，人权政治化用心和政治化逻辑更加显著。西方国家人权双重标准的政治化逻辑出发点，一是以本国的政治需要为出发点臆断别国人权状况并为此搜寻并不存在的证据，二是以社会制度和意识形态作为判断人权状况的底线臆断社会主义与人权毫无联系，三是以服从本国外交战略为目的把是否在国际事务中站在本国立场作为判断别国人权是非的根据。总部设在美国的"人权观察"发布的《全球年度报告（2012）》的突出特点，就是把人权攻击的主要矛头放在政治问题上，主观臆断"中国人权环境每况愈下"，并把"每况愈下"的根据定位在我国维护社会稳定、保障国家安全、作为联合国安理会常任理事国正常的投票行为等重要政治事务上，特别是对中国坚持共产党领导的多党合作和政治协商制度、以公有制为主体多种所有制经济共同发展的基本经济制度进行恶意攻击，并公然呼吁西方国家采取团结一致的立场和做法对中国施加政治压力。这种把别国的人权归咎为政治制度，却把本国的政治制度推崇为人权灯塔的双重标准，凸显了人权政治化逻辑的实质。

2. 人权双重标准逐步向新领域拓展

科学技术的发展极大地推动了社会进步，并为维护和保障人权奠定了重要的技术基础和物质基础。西方国家高度关注科技进步的作用并将其作为推行人权双重标准的新领域和新手段。以互联网为代表的信息技术的快速发展为世界各国人民享有更广泛的人权提供了机会。西方国家一方面把互联网作为攻击别国人权状况的重要手段，另一方面又实施"网络自由化"战略遏制别国人民享受信息技术带来的基本权利。2011 年 2 月 14 日，美国国务卿希拉里·克林顿在乔治·华盛顿大学发表了"把'毫无控制的网络进入'作为一项最高外交政策的优先目标"的演说。基于这一战略构想，美国政府于 5 月 16 日和 7 月 14 日相继出台了《网络空间国际战略》和《网络空间行动战略》两个互联网政策文件，构成了美国"网络自由化"战略的基本框架[1]。"网络自由化"战略对内进一步强化监管互联网的专门机构，通过网络安全执行办公室严格监管国内网络言论；对外通过垄断信息技术遏制别国政府对互联网的合理利用和有效管理，通过实施"开发技术工具"战略，以新技术帮助所谓"'压制性国家'的网上活跃分子、持不同政见者和一般公众绕过网络检查"。美国等西方国家正在把对技术的垄断转化为对人权标准的垄断。

3. 人权双重标准与军事介入相联系

美国在 20 世纪 70 年代开始推行人权外交，是长期对社会主义国家进行军事围剿遭到破产而被迫实施的手法，目的是以推行人权双重标准挽救军事干涉的失败。近年来情况发生显著改变，人权双重标准正在成为西方国家对别国进行政治干涉和军事打击的借口和前奏。2011 年以来，北非、西亚的埃及、利比亚和叙利亚等国相继发生反对政府当局、要求领导人下台的抗议活动，出现了社会动荡和暴力事件，当地人权状况堪忧。西方国家不敢贸然直接军事介入，就打着"关注人权"的旗号，通过媒体发布大量歪曲性报道，操纵有关国际组织和相关机构"讨论"当地人权问题，为军事介入制造舆论。2011 年 2 月 26 日联合国安理会为在利比亚停止暴力、避免平民伤亡通过了 1970 号决议，同意在利比亚设立禁飞区[2]。法国等西方国家超出安理会决议内容，对利比亚发动军事打击，设立禁飞区保护人权的决议被北约演变为随意轰炸利比亚

---

① 阚道远：《美国"网络自由"战略评析》，《现代国际关系》2011 年第 8 期。
② 《联合国安理会就利比亚问题通过决议》，《中国青年报》2011 年 2 月 28 日。

的军事行动。

三　西方国家推行人权双重标准的实质

1. 人权双重标准是西方国家兜售本国意识形态、颠覆别国社会制度的工具

美国等西方国家在人权问题上搞双重标准的根本出发点和根本目的都是在批评、压制别国的基础上实现本国利益最大化。推行西方的价值观念和社会制度，是美国等西方国家遏制别国的重要领域，把西方的价值观念和社会制度作为评判别国、别人的最高原则，并把自诩的"国际公认的人权标准"强加给国际社会，树立自己是人权仲裁者的形象，达到按照自己的愿望塑造世界的目的。美国从立国开始，统治者和思想家就把美国的思想文化、价值观念和社会制度作为最高的样板向全世界推广，并作为最高使命以一切可以动用的手段加以实施。在经济全球化和各种思想文化相互激荡的影响下，美国对意识形态和价值观念给予了更大的关注，上升到国家根本利益的最高层级。小布什在2006年3月16日发表的《美国国家安全战略报告》中指出，美国的国家安全战略建立在两个支柱上，第一个支柱是推进自由、公正和人的尊严，第二个支柱是领导数量越来越多的国家。意识形态利益被看作"真正的美国利益"①。美国国务卿希拉里在2009年11月访华期间明确地说：美国政府在21世纪的人权议程是要使人权成为人类现实，西方的民主是"最好的政治体制"②。所以，美国在制定外交政策，发展对外经济、政治、文化关系，决定国际事务时，总是把意识形态和社会制度放在优先考量地位，对别国人权的评价以是否接受、适应、符合美国意识形态和社会制度的需要为前提。

2. 人权双重标准是西方国家操纵国际事务、干涉别国内政的手段

国际法和国际关系准则的新发展使干涉别国内政的传统做法丧失了继续存在的依据，帝国主义、霸权主义、强权政治早已受到世界的唾弃，这就迫使美国等西方国家改换手法，打着维护人权的旗号推行人权双重标准，以达到继续干涉别国内政、操纵世界事务的目的。首先，推行人权双重标准可以使西方国家绕过国际法对国际关系行为的强制约束。互不干涉是公认的国际关系准则，在现代国际法准则下干涉别国内部事务是行不通的。为了绕开这一限制，西方国家偷换人权普遍性概念，用西方的人权标准评判别国人权状况，凡是与西方标准不相符合的情况都可以冠以"人权状况堪忧""人权每

---

① 房广顺：《美国的国家利益与美国文化》，《党政干部学刊》2007年第1期。

② 李莉：《奥巴马政府人权外交评析》，《现代国际关系》2010年第2期。

况愈下""发生人权灾难"等罪名，为干涉别国提供冠冕堂皇的借口。其次，推行人权双重标准可以使西方国家按照自己的意愿任意曲解和动用"人道主义干涉"，为随心所欲地干涉别国内部事务、给别国强加莫须有的罪名提供依据。《联合国宪章》倡导人权、人格尊严和基本人权，赋予安理会制止大规模侵犯人权事件的权力，并对国际组织和任一国家行使这一权力设置了必要的限制。推行人权双重标准就能够打着人道主义的旗号，把并非属于人权、人格尊严的情况冠以"人道主义"，把强权干涉标榜为"人道主义干涉"，实质上还是一种干涉。

3. 人权双重标准是西方国家推行领导世界战略、维护世界霸主地位的策略

西方国家从不隐讳对外输出意识形态、以双重标准推行人权外交的真实目的。罗斯福把美国的外交目标定义为"领导国际社会"，杜鲁门把冷战的理想设计为让全世界都"采用美国的政治制度"，尼克松也强调要使美国"处于领导世界的卓越地位"，"对全世界进行有力的领导"。20 世纪 80 年代初，美国里根总统在提交给国会的"人权备忘录"中就公开提出了人权的双重标准：通过"积极标准"对社会主义国家进行批评、指责、丑化、污蔑、孤立和制裁乃至动武，通过"消极标准"对美国的盟国和对美有战略意义的国家即使公认人权状况恶劣也只是采取口头批评[①]。在遭受金融危机重创的情况下，美国总统奥巴马在就职演说中仍然信誓旦旦地承诺，美国不论遇到什么情况都要"再次领导""每个追求和平和自尊的国家和个人""踏上追寻之旅"[②]。在这一战略目标的驱使下，美国通过推行人权双重标准把人权责任强加给别国，用美国的意识形态和价值观念改造世界，建立美国统治下的世界秩序。由此可见，美国推行人权双重标准是维护其世界霸权的公开的、不加掩饰的宣示和行为。

西方国家推行人权双重标准在理论、法律和实践上都是没有依据可言的，与时代发展格格不入，是没有出路、不可能成功的。早在 1993 年亚洲国家发表的《曼谷宣言》就"强调所有人权的普遍性，客观性和不可选择性，必须避免在实施人权时采用双重标准"[③]。西方国家动辄指责别国人权"倒退"，使用武力干涉别国事务，其海外驻军却不断爆出侵害人权丑闻，国内不断发生新的人权问题，受到国内外的高度关注和普遍批评。只有放弃人权双重标准，开

<hr />

① 苏菲：《美国国别人权报告的前世今生》，《学习月刊》2011 年第 5 期上半月。

② 《第 44 届美国总统奥巴马就职演说》。http://news.sina.com.cn/w/2009 - 01 - 21/042417085651. shtml（上网时间：2012 年 2 月 23 日）。

③ 董云虎、刘武萍主编：《世界人权约法总览续编》，四川人民出版社 1993 年版，第 1012 页。

展平等务实对话与合作，才是唯一出路。抵制西方国家人权双重标准，要积极开展世界范围内的人权对话与交流，消除隔阂与误解，促进共识与合作。胡锦涛指出：我们要"既尊重人权普遍性原则，又从基本国情出发，切实把保障人民的生存权、发展权放在保障人权的首要位置。……加强国际人权合作，同世界各国人民一道，共同为推动世界人权事业健康发展，为建设持久和平、共同繁荣的和谐世界作出应有的贡献"①。这为我们反对人权双重标准指明了正确的方向。

第五节　美国亚太"再平衡"战略的调整与　意识形态输出②

奥巴马第二任期以来，美国亚太"再平衡"战略进行了新的调整。这种调整是适应后金融危机时期新特点、亚太地区形势新发展和美国整体战略新转变作出的。这一调整尽管没有改变美国主导地区事务、实现与维护自身利益、制衡中国的基本战略意图，但值得注意的是，奥巴马第二任期以来的"再平衡"战略凸显了美国意识形态输出的目的性，并在诸多领域进行了意识形态输出内容与手段的变革。新变化的特点及其对亚太地区形势发展的影响，值得关注。

一　美国的亚太"再平衡"战略及其调整

奥巴马第一任期是亚太"再平衡"战略的提出、发展与积极推行的时期。2009 年上任伊始，面对小布什政府留下的两场战争和金融危机，奥巴马执政团队基于"巧实力"的理念加快了外交战略的调整，执政团队成员多次到亚太国家访问，高度重视亚太国家在美国战略中的重要地位，重返亚太的步伐明显加快。2011 年 11 月，奥巴马在堪培拉对澳大利亚国会的演讲中表示"美国是个太平洋强国，我们会长期留在这里"，承诺美国将在亚太发挥"更大而且长期的作用，包括充当和平、经济自由和人权的护卫者"。虽然奥巴马并没有

---

① 《胡锦涛致信中国人权研究会强调：一如既往坚持以人为本，切实推动人权事业发展》，《人民日报》2008 年 12 月 12 日。

② 本节原文发表在《东北亚论坛》（CSSCI 来源期刊）2014 年第 3 期；同时发表在 China International Studies（《中国国际问题研究》英文期刊）2014 年第 5 期，以及李慎明主编《世界社会主义跟踪研究报告（2013—2014）——且听低谷新潮声（之十）》（下），社会科学文献出版社 2015 年版。本文获中国社会科学院 2014 年优秀对策信息情况报告类三等奖。作者房广顺、马强。

明确提出亚太"再平衡"这一概念，但因为"该演讲是对美国亚太政策的明确阐述，是呼唤自由的号角，也是在涉及亚太时美国'倾囊下注'的另一个例子"①。因而，被认为是"公开宣布了再平衡战略"②。同月，时任国务卿希拉里在《外交政策》期刊上发表了《美国的太平洋世纪》一文，高调宣称美国将重返亚太，并对美国亚太新战略的内容进行了相对系统和完整的阐述："美国重返亚太战略包含政治、军事和经济三方面，政治上开展'前沿部署性外交'、'多边外交'、'价值观外交'等；军事上'巩固老朋友，寻找新伙伴'；经济上欲主导《跨太平洋战略伙伴关系协议》的建设，构建以美国为核心的东亚经济合作机制。"③ 2012 年 6 月，美国国防部长帕内塔在香格里拉对话会上发表了《美国对亚太的再平衡》的演讲，第一次公开使用了亚太"再平衡"这一概念，重点阐述了美国在亚太地区的作用以及如何推进"再平衡"的新军事战略。

亚太"再平衡"战略是奥巴马第一任期对美国外交战略的重大调整。然而这一战略从论述到推行都充满了矛盾与问题。首先，美国亚太战略表述的多变性。奥巴马政府关于亚太战略出现过"战略重心东移""重返亚太""战略转向"和"亚太再平衡"等不同的表述，表明奥巴马政府一方面极为重视亚太地区，同时又未能对其亚太战略作出准确清晰的说明。其次，在以强势的希拉里国务卿为代表的行政团队的推动下，亚太"再平衡"战略表现出咄咄逼人的态势，造成了地区安全局势的紧张，其明显针对中国的意图也引起了中国的疑虑与担忧。最后，"再平衡"战略推行中过度强调安全与经济，表现为军事上军力布置调整动作明显，经济上强力推动排除中国在外的"跨太平洋伙伴关系计划"（TPP）。

鉴于第一任期亚太"再平衡"战略在执行中出现的各种问题，奥巴马第二任期开始对亚太"再平衡"战略在内容表述上加以完善，在推行策略上进行调整与修正。国务卿克里在东京发表的关于 21 世纪太平洋伙伴关系的讲话，表明了美国继续推行亚太"再平衡"战略的决心。他说："让我明确地说：奥巴马总统承诺重新平衡我们在亚洲的利益和投资，这是一项明智的战略性承诺。我对你们的承诺是，作为一个重视太平洋伙伴关系的太平洋国家，我们将

---

① 《总统国家安全事务助理多尼隆谈美国的亚太政策》，URLhttp：//iipdigital. usembassy. gov/st/chinese/texttrans/2013/03/20130314144171. html。

② 《副助理国务卿贝尔谈美国向亚太地区"再平衡"》，URLhttp：//iipdigital. usembassy. gov/st/chinese/texttrans/2013/03/20130326144833. html。

③ 金灿荣：《"美国亚太再平衡战略"对中美关系的影响》，《东北亚论坛》2013 年第 5 期。

继续加强我们在这里的积极和持久的参与。"① 国家安全事务助理赖斯在《美国的未来在亚洲》的讲话中概括了美国亚太"再平衡"战略的目标。"最终，美国的目的是在亚洲建立一个更加稳定的安全环境，一个开放和透明的经济环境，一个尊重所有人普世权利和自由的公允的政治环境。实现这样的未来将必须是连续几届政府持久的努力。在近期内，奥巴马总统将继续在四个关键领域为持久的进步奠定关键的基础——加强安全、扩大繁荣、增进民主价值观以及促进人类尊严。"② 针对"再平衡"战略执行中存在的偏重于传统安全领域的问题，副助理国务卿贝尔强调了"民主"和"人权"对于亚太"再平衡"战略的重要性。他说："政治进步的作用——尤其是推进人权和民主的作用——较少成为涉及转折战略的公众舆论中的话题。因此，这次听证会的主题有助于填补这一空白，让我们有机会来思考一些重要问题：作为美国外交政策中专门增添的一项内容，'再平衡'是否也将人权和民主进步作为一个目标？人权和民主治理的进步或不足是否会影响作为更广泛的'再平衡'初衷的各种目标的实现？当然，这两个问题互为相关，而且问题的答案都是明确肯定的。"③ 这些都表明奥巴马第二任期中，亚太"再平衡"战略不仅要继续坚持，而且要在强调均衡的基础上、在"民主""人权"的旗号下继续推进。

二　奥巴马第二任期亚太"再平衡"战略中的意识形态输出

奥巴马第二任期亚太"再平衡"战略调整的一个鲜明特点是，更加强调意识形态输出在"再平衡"战略中的重要作用和意义，意识形态输出的内容和对象更加明确，推进意识形态输出的载体与手段更加多样。

1. 意识形态输出对亚太"再平衡"战略具有重要意义

在美国的外交政策词汇中，意识形态的概念更多地是以"价值观"的面貌出现的。前任国务卿希拉里把"价值观外交"在美国亚太战略中的地位和作用定义为"非凡的意义"。希拉里秉承美国一贯坚持的民主和人权是美国国家战略和外交政策基础的理念，并具体地移植到美国亚太战略当中，认为推行美国的价值观将有助于从内部保持东亚地区的和平与稳定，以保持美国在该地

---

① 《克里国务卿关于 21 世纪太平洋伙伴关系的讲话》，URLhttp：//iipdigital. usembassy. gov/st/chinese/texttrans/2013/04/20130419146134. html。

② Susan E. Rice，"America's Future in Asia"，URLhttp：//iipdigital. usembassy. gov/st/chinese/text-trans/2013/11/20131126287931. html.

③ 《副助理国务卿贝尔谈美国向亚太地区"再平衡"》，URLhttp：//iipdigital. usembassy. gov/st/chinese/texttrans/2013/03/20130326144833. html。

区的主导地位①。代理助理国务卿约瑟夫·云在参议院外委会的发言中，强调
"民主"和"人权"等价值观问题是维系亚太"再平衡"战略的根本问题，
指出："尽管再平衡反映了美国政府重视在亚太地区的战略和经济参与，但维
系我们整个战略的却是我们对推进民主和人权的大力支持。"② 美国亚太"再
平衡"战略背景下开展的意识形态输出或者说"价值观外交"是维系美国同
亚太盟友关系的重要基础，也是美国企图影响亚太地区国家价值观取向，构建
自己主导的地区规则与制度安排的重要前提。正如克里在东京的讲话所指出：
"我们的关系是建立在共同价值观之上的全球伙伴关系，拥有强大的双边安全
联盟和应对地区和全球挑战的共同方针。""我今天恭敬地向你们所说的这些
共同价值观，应该成为一个由明确规则指导的新的合作时代的基础。我们的太
平洋梦（Pacific Dream）是要将我们最为强大的价值观转变为前所未有的安
全、经济和社会合作。"③

因此可以看出，美国亚太"再平衡"战略中意识形态输出的目标可以概
括为三点：维系与传统盟友的关系、影响地区新兴国家、对中国进行渗透以影
响中国未来走向。

2. 亚太"再平衡"战略中意识形态输出的基本内容

价值观外交作为维系美国亚太"再平衡"战略的根基，从根本上讲是为
实现和维护美国在亚太地区的利益服务的，其基本内容就是推广"民主""人
权""自由"等"普世价值"，具体看则主要集中在政治民主与自由问题以及
包含宗教、少数民族和网络自由等在内的人权问题。

推进政治民主与自由是美国在亚太"再平衡"战略中进行意识形态输出
的第一个重要方面。国家安全事务助理赖斯指出："在这个新世纪初期，我们
必须帮助巩固和扩大亚洲各地的民主，使越来越多的人能够充分参与各自国家
的政治生活。"④ 美国依据这一理念在亚太地区推进政治民主与自由所取得的
重大突破，就是通过施加影响成功地促使缅甸转向民主政治，通过经济制裁和
政治施压迫使缅甸军政府实行大选，昂山素季重返该国政治舞台。对缅甸民主
政治未来的发展美国也寄予厚望，"如能继续取得进展，到奥巴马总统第二任

①　金灿荣：《"美国亚太再平衡战略"对中美关系的影响》，《东北亚论坛》2013年第5期。

②　《代理助理国务卿约瑟夫·云谈民主、人权和"亚洲再平衡"》，URLhttp：//iipdigital. usem-
bassy. gov/st/chinese/texttrans/2013/03/20130322144715. html。

③　《克里国务卿关于21世纪太平洋伙伴关系的讲话》，URLhttp：//iipdigital. usembassy. gov/st/
chinese/texttrans/2013/04/20130419146134. html。

④　Susan E. Rice，"America's Future in Asia"，URLhttp：//iipdigital. usembassy. gov/st/chinese/text-
trans/2013/11/20131126287931. html。

期结束时，我们希望已经帮助缅甸重新确立起区域领导者的地位，并成为一个蓬勃发展、繁荣昌盛的民主国家"。同时，美国更希望能将缅甸的"成功案例"复制到其他国家，在更广阔的亚太地区推广民主价值观与实践。克里说："流血和打仗不是唯一的变革催化剂。其他国家可以选择复制邻国的转型。他们可以非常和平地完成转型、鼓舞世界并加入到我们正在为未来建设的太平洋社区中来。"① 为实现这一目标，美国将"支持从柬埔寨到斐济的那些正在努力让民主之门敞开得更大一点的人士。我们将继续帮助各国加强体制建设，以维护公正和法治，并满足各国人民的基本需求"②。

维护和增进人权是美国亚太"再平衡"战略下意识形态输出的另一个重要方面。人权问题一直是美国外交政策的中心问题。正如赖斯所言："这是我国历史和我们的价值观使然，但也与我们的利益密切相关"，"我们对民主和人权的承诺绝对增强了我国的国家安全，对我国安全最大的威胁往往来自人权纪录最差的国家"③。美国对亚太地区人权问题的关注集中体现在宗教问题、少数民族问题尤其是互联网自由问题等几个方面。在宗教问题上，克里认为，"宗教自由是美国人的一项核心价值，是它帮助创建了我们的国家。……但宗教自由并非美国人的发明，这是一项普世价值。……促进国际宗教自由是奥巴马总统也是我身为国务卿的首要任务。我将确保，并将一直确保，宗教自由始终是我们全球外交关系中不可分割的一部分"④。在互联网问题上，美国将互联自由和安全问题提升到了"人权"的高度，副国务卿霍马茨明确指出："美国政府坚决支持对言论自由的尊重，包括因特网言论自由。……但我们认为，言论自由并非只是美国人民的权利。言论自由是一项普遍的人权，杰斐逊所描述的理由恰恰表明了这点。而且，这项权利与在实体世界中一样，适用于虚拟世界。"⑤ 副助理国务卿贝尔表示，"我们必须继续证明，人权在网上网下同样适用"⑥。

---

① 《克里国务卿关于21世纪太平洋伙伴关系的讲话》，URLhttp：//iipdigital. usembassy. gov/st/chinese/texttrans/2013/04/20130419146134. html。

② Susan E. Rice，"America's Future in Asia"，URLhttp：//iipdigital. usembassy. gov/st/chinese/text-trans/2013/11/20131126287931. html.

③ 赖斯：《人权：推进美国利益和价值观》，在"人权第一"（Human Rights First）年度峰会上的讲话，URLhttp：//iipdigital. usembassy. gov/st/chinese/texttrans/2013/12/20131211288777. html。

④ 克里国务卿就发布《国际宗教自由报告》发表讲话，URLhttp：//iipdigital. usembassy. gov/st/chinese/texttrans/2013/05/20130521147743. html。

⑤ 《副国务卿霍马茨在美中因特网产业论坛上的讲话》，URLhttp：//iipdigital. usembassy. gov/st/chinese/texttrans/2013/04/20130417145989. html。

⑥ 《亚洲再平衡中的民主和人权——副助理国务卿贝尔谈美国向亚太地区"再平衡"》。URLht-tp：//iipdigital. usembassy. gov/st/chinese/texttrans/2013/03/20130326144833. html。

　　美国认为亚太地区的人权状况依然有待改进，因为"这一地区也包括普遍人权尚未得到保护的亿万人民；包括操纵不规则的选举和压制言论表达以便继续掌权的强权者；包括明显没有'法治'的地方和虐待宗教及少数族裔成员却不受惩罚的地方；包括将因特网视为需要管控的新威胁，而不是言论自由的平台与机会的政府"①。对中国等国家的民族、宗教、网络自由等问题，美国进行直接的指责和批评。美国国务院发布的《2012 年度各国人权报告》就指责中国"继续对维吾尔族和藏族人实行压制性政策——包括对言论、宗教、集会和迁徙自由实行官方限制。这两个群体的成员极难获得护照，从而实际限制了他们当中许多人的出国旅行。此外，政府对电话和因特网通信的监控和干扰在西藏和维族地区尤为普遍。在有重大事件时，例如外国官员来访、敏感的周年纪念日以及 11 月召开中共十八大前夕，对人权的践踏进一步加重"②。这显然是以人权为借口干涉中国内政，以达到输出美国价值观念的目的。

　　3. 美国在亚太推行意识形态输出的主要载体与手段

　　美国在亚太地区的意识形态输出是通过不同载体、借助多种手段来实现的，其载体与操作手段包括：美国政府机构的直接推动、通过美国主导的政府间组织开展活动、资助相关非政府组织开展活动、借助文化教育交流合作项目、围绕互联网自由开展工作、必要时公开直接地向有关国家政府施压。

　　国务院及其驻外使领馆是美国推行意识形态输出的主力部门。在奥巴马第二任期的亚太"再平衡"战略更加突出"民主"与"人权"的价值观外交的背景下，美国国务院设立了新任负责公民安全、民主和人权的副国务卿，协调并整合了八个职能局和职能办公室的活动和项目。同时，国务院还加强了同美国国际开发署（USAID）等其他美国政府部门的合作，共同推进美国在亚太地区的价值观外交。克里在谈到美国外交政策时公开表示："国务院和美国国际开发署的有益工作，并不是仅靠美元的价值来衡量，而是还要用我们最深层的价值观来衡量"。"国务院和美国国际开发署勇敢的雇员们——还有保护我们在海外工作的文职人员的外交安保人员——他们工作在地球上一些最危险的地方。他们充分认识到，与我们有着对民主价值观和人权的共同承诺的国家，同我们有着更有利的合作伙伴关系。"③

---

　　①　《亚洲再平衡中的民主和人权——副助理国务卿贝尔谈美国向亚太地区"再平衡"》，URLhttp：//iipdigital. usembassy. gov/st/chinese/texttrans/2013/03/20130326144833. html。

　　②　美国国务院《2012 年度人权报告》导言，URLhttp：//iipdigital. usembassy. gov/st/chinese/texttrans/2013/04/20130423146324. html。

　　③　《国务卿克里谈美国外交政策》，URLhttp：//iipdigital. usembassy. gov/st/chinese/texttrans/2013/02/20130227143182. html。

通过"民主共同体""开放政府伙伴关系计划"等政府间合作组织与机制加强对亚太地区进行"民主"与"人权"价值观的意识形态输出。在美国主导下，于2013年5月在蒙古召开了"民主共同体"部长级会议，决定将民主共同体转变成为一个在全球范围内推进民主及加强公民社会的创新和行动平台，同时启动了"亚洲民主网络"（Asia Democracy Network）行动计划。美国国务院发言人办公室指出："这是一项开创性的努力，将汇聚整个亚太地区的民主活动家和决策人士。亚太地区各个民主体的外交部长在部长级会议间隙举行了他们有史以来的首次会议，并开创了一项定期与公民社会协商的计划。"①

重视"公民社会组织"等非政府机构在意识形态输出方面所发挥的重要作用。"公民社会组织是在世界各地——包括美国国内——推动加强透明度和问责制的主要动力，但在其努力中遭遇重重困难。"②"美国还把与公民社会的外展联络作为其外交政策的一块基石。国务院的'与公民社会的战略对话'（Strategic Dialogue with Civil Society）已经在世界各地40多个美国外交使团成立了公民社会工作组"。③

从具体操作层面来看，美国的意识形态输出方式主要包括：

一是制定和开展各种文化教育交流项目。如支持东盟成员国学者赴美交流的"美国—东盟富布赖特计划"、赞助东盟成员国高中学生和教育工作者到美国进行交流的"东南亚青年领袖计划""10万人留学中国计划基金会"等。克里对富布赖特计划的评价是："在过去20年里，1000名越南留学生和学者通过富布赖特计划到美国求学及讲学，其中包括越南外交部长——前几天我刚跟他交谈过——请相信我，当年的交流使他对美国产生了感情。"④

二是为"公民社会组织"开展活动提供资金帮助。"美国在40多个国家为跟踪、监测限制公民社会工作的立法的项目提供资助，并且新近承诺拨款350万美元以扩大并长期开展此项工作"。"通过'生命线：支持处境危急的公民社会组织援助基金'在公民团体受到威胁时提供紧急金融援助。自2011年创立以来，'生命线'已在64个国家帮助了218个公民社会组织。美国将在

---

① 美国国务院发言人办公室：《在蒙古举行的民主共同体会议简报》。URLhttp：//iipdigital. usembassy. gov/st/chinese/texttrans/2013/05/20130501146668. html。

② 赖斯：《人权：推进美国利益和价值观》，在"人权第一"（Human Rights First）年度峰会上的讲话，URL＜http：iipdigital. usembassy. gov/st/chinese/texttrans/2013/12/20131211288777. html＞。

③ 《白宫发布关于美国支持公民社会的简报》，URLhttp：iipdigital. usembassy. gov/st/chinese/texttrans/2013/09/20130925283473. html。

④ 《国务卿克里谈美国外交政策》，URLhttp：//iipdigital. usembassy. gov/st/chinese/texttrans/2013/02/20130227143182. html。

今后 5 年内提供 500 万美元加强这项行动。"① "美国国务院牵头建立了生命线伙伴关系（Lifeline Partnership），为公民社会组织提供紧急援助。我们正在直接与非政府组织（NGO）界的所有各方联系，以了解我们可以如何提供最佳支持并为你们在世界各地的姊妹组织提供培训。"②

三是极力倡导网络自由。美国国务院在《2012 年度人权报告》中极力强调了网络言论自由的重要性："不受限制的媒体报道——包括所有新兴形式媒体——对民主社会的运作有着前所未有的重要功能。"③ "在奥巴马政府的领导下，美国已把保护因特网自由作为向公民社会提供支持的核心部分。" 例如，美国支持 "数码卫士伙伴关系"（Digital Defenders Partnership），该伙伴关系向在网上讨论民主和人权问题并因此遭到骚扰、恐吓或逮捕的活动人士、博客作者、公民记者和普通公民提供紧急援助，并已投入 1400 多万美元，用于加强公民社会要求制定法律和政策为不受限制地上网提供便利的能力④。

四是直接谴责有关国家并施加压力。当其他手段不能发挥作用，或者美国认为某一国家的行为破坏了所谓民主与自由的普世价值观时，就直接对相关国家加以指责甚至是制裁，以期通过施压使相关国家发生符合美国要求的改变。这一点在赖斯的讲话中明白地表达出来："不论到哪里，奥巴马总统都在公开和非公开场合重点指出侵犯人权的行为，并帮助各国认识到保护其人民的权利最终符合它们自己的利益。我们运用我国无与伦比的经济实力对违反人权者施加包括制裁在内的经济压力。我们发挥我国军事援助和其他形式的双边支持的杠杆作用，鼓励各国履行其国际承诺。"⑤

三 美国意识形态输出的本质、特征与应对

1. 将自己的价值观推广到全世界是美国意识形态输出的实质

美国的意识形态输出同其外交政策一样，是理想主义和现实主义的复合体，不论从理想主义还是从现实主义的角度考察，美国意识形态输出的实质和

---

① 《白宫发布关于美国支持公民社会的简报》，URLhttp：//iipdigital. usembassy. gov/st/chinese/texttrans/2013/09/20130925283473. html。

② 赖斯：《人权：推进美国利益和价值观》，在 "人权第一"（Human Rights First）年度峰会上的讲话，URL < http：//iipdigital. usembassy. gov/st/chinese/texttrans/2013/12/20131211288777. html >。

③ 美国国务院《2012 年度人权报告》导言，URL http：//iipdigital. usembassy. gov/st/chinese/texttrans/2013/04/20130423146324. html。

④ 《白宫发布关于美国支持公民社会的简报》，URL http：//iipdigital. usembassy. gov/st/chinese/texttrans/2013/09/20130925283473. html。

⑤ 赖斯：《人权：推进美国利益和价值观》，在 "人权第一"（Human Rights First）年度峰会上的讲话，URL < http：//iipdigital. usembassy. gov/st/chinese/texttrans/2013/12/20131211288777. html >。

追求的最基本目标是一致的，就是将自己的价值观推广到全世界，成为通行的"普世价值观"。

在奥巴马第二任期对亚太"再平衡"战略进行调整，日益重视经济、政治、安全领域战略协调推进的现实背景下，美国在亚太地区的意识形态输出将表现出灵活性、多样性与隐蔽性的特征。

所谓灵活性，是指意识形态输出可以通过不同的行为主体来进行，有时以政府开展官方项目的面目出现，有时又以政府间或半政府间组织的形式出现，也可以通过所谓"公民社会组织"开展活动的方式进行。根据客观条件的不同和形势的需要，在三者间灵活切换和协调。

所谓多样性，是指意识形态输出可以与不同问题相结合，在不同的领域以不同的形式表现出来，既可以表现在传统的政治与经济领域，也可以表现在环境保护和网络自由领域。只要存在适合的条件和土壤，只要社会上存在着利益团体的差异，就可能成为美国意识形态输出的标靶。

所谓隐蔽性，是指意识形态输出将会以比较温、隐蔽和低调的方式推行。"从面向政府的'人权'等价值观对话，转到平行推进面向当地社会'深入基层'的互动"。"美国将会愈来愈注重以非对抗方式争取舆论和民意，在潜移默化中推动当地社会转变，继而形成对于政府的压力。"①

2. 积极应对是抵制美国意识形态输出的必要选择

应对西方意识形态外交攻势，根本任务是巩固马克思主义在我国意识形态领域的指导地位，巩固全党全国人民团结奋斗的共同思想基础。为此，要把应对西方意识形态攻势纳入党和国家战略全局之中，深化外交战略调整，变革外交理念和应对策略，把握对外意识形态斗争的主动权。

第一，紧紧把握国内国际两个大局，把对外意识形态斗争放到全面建成小康社会全局和对外关系大局中加以顶层设计和整体考量。面对西方特别是美国不断加强的意识形态输出，我们必须保持清醒的头脑。一方面，不能因为应对全球化快速发展的新形势需要加大对外开放力度、深化与西方国家在政治、经济、科技、文化和军事等领域的交往而忽视西方国家对我国的意识形态敌视，放松意识形态警惕；另一方面，也不能因为抵御和防止西方意识形态输出对我国造成的巨大压力而轻视中国与西方国家在各个领域的广泛交流和深度合作，脱离我国总体外交布局片面强调意识形态斗争。为此，在对外意识形态斗争中一定要做到胸中装着"两个大局""一个全局"。"两个大局"就是国际国内两个大局，全面建成小康社会、实现中国梦和社会主义现代化是国内大局，维

---

① 薛晨：《美国亚太再平衡战略进入第二阶段》，《东方早报》2012 年 12 月 26 日。

护世界和平与发展、推动构建持久和平、共同发展的和谐世界是国际大局，把
对外意识形态斗争放到这两个大局中统一思想、统一步骤、统一行动，使意识
形态外交服从和服务于实现"两个一百年"奋斗目标、实现中华民族伟大复
兴中国梦。"一个全局"就是我国外交全局，把意识形态问题放到总体外交中
加以全面考量，使意识形态斗争为总体外交目标服务，推动我国对外关系的健
康发展和整体推进，使意识形态斗争起到为深化改革开放、加快实现社会主义
现代化创造良好外部环境的根本目的。

　　第二，推进外交战略变革，构建新型大国关系。寄希望于单纯的意识形态
斗争或抵制西方国家的某种"断然行动"，是不可能根本解决问题的。因为意
识形态问题具有深厚而复杂的历史、人文和心理特点，需要长期的努力和多种
方式的工作，不是通过减少甚至断绝交往交流、拒敌于国门之外就能解决的。
为此，在外交战略上中国要积极推动构建"不冲突、不对抗，相互尊重，合
作共赢"的新型大国关系，加强各领域特别是文化领域的对话与合作，使美
国和其他西方国家认识到不同国家之间在意识形态领域存在差异是客观现象，
世界上从不存在唯一的、"普世"的单一意识形态模式，固守以意识形态划线
的僵化思维不符合当今世界发展的潮流。相反，通过交流合作增进共识，才能
有效消除隔阂，化解矛盾，实现共同利益。这就要求我们加强对外宣传工作、
公共外交、民间外交和人文外交，宣讲我国的内外方针政策，讲好中国故事，
传播好中国声音。

　　第三，保持思想上高度警惕，实际工作中不畏惧、不回避。要保持头脑
清醒和高度警惕，深刻认识到意识形态工作是党的一项极端重要的工作。一
方面，继续通过中美人权对话等相关对话与交流机制，增进沟通与了解，阐
明我方立场，对人权、民主等领域的非议作出正面回应。另一方面，通过联
合国人权理事会等国际组织和场合，揭露西方国家以"人权""民主"为幌
子推行意识形态输出的本质，对西方国家的意识形态输出与干涉作出回击与
反制。

　　第四，坚持与邻为善、以邻为伴，睦邻、安邻和富邻的周边外交方针，积
极发展同周边国家的友好关系。我们注意到，美国近年来推行的"亚太再平
衡"战略具有鲜明的意识形态色彩，力图通过价值观外交拉拢、控制中国周
边国家，渲染中国威胁以干扰周边国家同中国的关系，并在中国周边积极构筑
基于"共同价值观"的针对中国的意识形态包围圈。做好周边国家的工作，
维护我国周边地区的稳定，揭露美国构筑共同价值链条的实质，打破美国的意
识形态包围和封锁，意义重大。中央周边外交工作座谈会提出：在全面发展同
周边国家的关系的同时，密切与周边国家的人文联系，尤其要"倡导包容的

思想，强调亚太之大容得下大家共同发展，以更加开放的胸襟和更加积极的态度促进地区合作"，"让命运共同体意识在周边国家落地生根"。"让周边国家得益于我国发展，使我国也从周边国家共同发展中获得裨益和助力。"① 通过倡导"亲、诚、惠、容"四字理念和高层访问与民间交流，在经济、政治、文化等领域与周边国家开展双边和区域合作，实现互利共赢，建立战略互信。这是应对意识形态外交的基本要求。

第五，应对西方意识形态输出关键在于把自己的事情办好。当前我们要处理好如下突出问题。一是坚持对外开放与掌握意识形态主导权的关系，即在为实现持续稳定发展、发挥更大国际影响力而坚持对外开放的同时，切实坚持原则、把握尺度，树立自信，主动应对意识形态输出。二是做好新媒体时代的意识形态宣传工作，对基于互联网的新兴媒体加强监管与治理，积极整合新媒体与传统媒体资源，加强意识形态宣传工作，牢固占领意识形态阵地。三是正确处理中国与西方国家在经济、政治、科技、军事和文化领域的正常交往与意识形态矛盾的关系，以积极主动的文化交流增进相互了解和相互信任，化解意识形态斗争的负面作用。四是在构建新型大国关系的过程中，做到既对西方的意识形态输出加以有效抵制，又避免因此影响两国整体关系。就中国同周边国家关系而言，在推进周边国家同中国一道树立"命运共同体意识"、摆脱外来意识形态输出的同时，努力消除周边国家对中国崛起的疑虑，妥善处理有关国家与中国存在争议的问题。

第六节　奥巴马政府 20 国集团政策与应对②

美国布鲁金斯学会的研究人员在奥巴马总统就职之前，就为新政府提出了针对 20 国集团的具体建议。这些建议包括：应该支持 20 国集团成为目前适宜全球治理的顶尖机构；讨论如何完善 20 国集团峰会的构成以便在基本不质疑 20 国集团框架的情况下，提升其可信性和有效性；支持通过合作的方式解决

---

① 《习近平在周边外交工作座谈会上发表重要讲话强调：为我国发展争取良好周边环境推动我国发展更多惠及周边国家》，《人民日报》2013 年 10 月 26 日。

② 本节原文发表在《美国研究》（CSSCI 来源期刊）2011 年第 2 期；同时发表在曲星主编《后危机时期国际格局演变与中国的和平发展环境：2010 年国际形势研讨会论文集》，时事出版社 2011 年版；同时发表在《世界在反思之二：批判新自由主义观点全球扫描》，李慎明主编，社会科学文献出版社 2012 年版。本文的主要观点也体现在《美国的 20 国集团政策及其目的》（《高校理论战线》［CSSCI 来源期刊］2011 年第 4 期，中国人民大学复印报刊资料《马克思主义文摘》2011 年第 7 期转载》）一文中。作者房广顺、唐彦林。

目前的金融危机，同时重建全球金融体系；做好探索创新性的方法来有效管理20 国集团进程的准备①。奥巴马就职后，基本采纳了上述建议，确立了对20 国集团的总体战略。

一　美国对 20 国集团的基本战略

1. 承认 20 国集团在世界经济乃至全球社会中的重要地位和作用，将20 国集团视为应对国际金融危机，加强国际经济合作的主要论坛

20 国集团的诞生和爆发出勃勃生机均与国际金融危机相关。20 国集团建立最初由美国等七个工业化国家的财政部长于 1999 年 6 月在德国科隆提出的，目的是防止类似亚洲金融风暴的重演，让有关国家就国际经济、货币政策举行非正式对话，以利于国际金融和货币体系的稳定。20 国集团旨在促进工业化国家和新兴市场国家就国际经济、货币政策和金融体系的重要问题开展富有建设性和开放性的对话，并通过对话，为有关实质问题的讨论和协商奠定广泛基础，以寻求合作并推动国际金融体制的改革，加强国际金融体系架构，促进经济的稳定和持续增长。2008 年金融危机发生以后，20 国集团先后召开 4 次峰会，协调国际合作，成果显著，灾难性的全球大萧条没有出现，20 国集团做出了突出贡献。2009 年 4 月 2 日，伦敦 G20 峰会结束，英国首相布朗宣布，中国将向国际货币基金会（IMF）注资 400 亿美元，而欧盟和日本分别注资 1000 亿美元。多国注资后，IMF 的规模将新增 5000 亿美元。G20 领导人已承诺提供 1.1 万亿美元为世界经济恢复信贷，促进经济增长和就业。在 2009 年 9 月匹兹堡举行的第三次峰会上，决定将 20 国集团作为处理全球金融、经济问题的最重要的平台。奥巴马提出："我们正在经历一个全球经济困难时期，靠中庸措施或任何国家单枪匹马的行动都不足以战胜挑战。现在，20 国集团领导人肩负着采取大胆、全面、协调行动的重任，不仅要刺激带动复苏，而且要开启一个经济接触的新时代，杜绝类似的危机再度发生。20 国集团会议为一种新的全球经济合作提供了论坛。"②美国正在通过 20 国集团（G20）维持永久性全球复苏③。2010 年 5 月 28 日，在美国公布的《国家安全战略》中，同样强调 20 国集团的重要地位和作用，美国已经将重点转移至 G20，以此作

---

①　Colin Bradford, Johannes Linn and Paul Martin, "Global Governance Breakthrough: The G20 Summit and the Future Agenda", *Brookings Policy Brief* #168, p. 5.

②　http://www.america.gov/st/econ - chinese/2009/March/20090324155736bpuh2.466983e - 02. html.

③　2010.01.27 奥巴马总统发表 2010 年国情咨文（对外政策部份），http://www.america.gov/st/usg - chinese/2010/January/20100128014408SBlebahC0.2082788. html。

为国际经济合作的主要平台，并正在努力重新平衡全球需求，使美国增加储蓄及扩大出口，新兴经济体则需要创造更多的需求①。美国政府的观点也得到了学术界的认同。美国学者普拉萨德（Eswar Prasad）提出，20 国集团已经实际上成为设定世界经济复苏议程的机构。美国是这次金融危机的中心，要想实现正增长还有很长的路要走。欧洲大陆的经济体特别是法国和德国，令人惊讶地迅速恢复了活力，但不大可能实现高增长。而新兴市场国家则是另一番景象：特别是中国和印度的经济在 2008 年好像陷入困境之后，很快实现了引人注目的高增长率②。美国学者金柏莉·阿玛迪欧（Kimberly Amadeo）认为，1999年建立的 20 国集团将给发展中国家在全球经济中更多的发言权。为什么 20 国集团是重要的？现在金砖四国引领着全球经济的发展，而 8 国集团的经济增长放缓。所以，金砖四国对确保全球经济持续繁荣至关重要。过去，美国和欧洲可以集会和决定全球经济问题，而现在，金砖四国在为 8 国集团提供所需方面变得更加重要。俄罗斯为欧洲提供了大部分天然气，中国为美国提供了大量的制造业产品，而印度则提供高技术服务③。

2. 要求 20 国集团采取配合美国政策措施，同 20 国集团合作是美国化解其金融危机和确保经济复苏的关键战略措施之一

美国政府认为，实现创造切实就业机会的更强劲的增长，取决于扩大全球经济。而 20 国集团的经济规模非常可观，20 国集团人口占全球人口的2/3，国内生产总值和在全球贸易中的比重分别占 85% 和 80%。因此，美国明确要求 20 国集团配合美国恢复经济的一系列行动。第一，要求 20 国集团实施财政刺激方案，配合美国的经济复苏计划，迅速行动刺激增长。2009年美国通过《美国复苏和重新投资法》（American Recovery and Reinvestment Act），20 国集团其他成员也实施了财政刺激方案，美国要求 20 国集团应当共同承诺鼓励开放贸易和投资，同时遏制将会加深危机的保护主义。第二，美国寻求与 20 国集团合作，稳定美国金融体制。奥巴马提出，美国在调查主要银行的资产状况，并直接促成贷款，帮助美国人购物、保住住房、扩大经营等行动上，必须继续得到 20 国集团伙伴方的配合。与 20 国集团采纳一个共同框架——坚持透明制和问责制，并着力恢复信贷流动这条全球经济增

---

① 2010.05.28 美国《国家安全战略》总纲，http://www.america.gov/st/usg-chinese/2010/May/20100528163835kkgnast0.8604962.html。

② Eswar Prasad, "The World Economy: Bottoming Out or a Respite before the Next Crunch?" *Cato Journal*, Vol.30, No.2 (Spring/Summer 2010), pp.383-384.

③ Kimberly Amadeo, *G20 - What Is the Group of 20*? http://useconomy.about.com/od/internationalorganizations/p/G_20_Group.htm.

长的生命线。此外，20 国集团能够协同有关多边机构提供贸易融资，帮助增加出口和创造就业机会。第三，要求 20 国集团配合美国的对外援助行动，维持美国的世界经济领导者角色。"我们肩负着经济、安全和道义三重义务，必须向面临最大风险的国家和人民伸出援手。我们如果置他们于不顾，这场危机造成的恶果就将蔓延，进而造成我国产品出口市场进一步缩小，更多美国人失业，延迟我们自身的复苏。G20 集团应当迅速调配资源，以稳定新兴市场，大力加强国际货币基金组织的应急能力，帮助各地区开发银行加快贷款速度。与此同时，美国将支持对口粮保障进行实质性的新投资，帮助最贫困人口渡过今后一段困难时期。"①

3. 以领导者自居，为 20 国集团未来发展设定议程

美国财政部部长蒂莫西·盖特纳（Timothy F. Geithner）和国家经济委员会主任（National Economic Council）劳伦斯·萨默斯（Lawrence H. Summers）2010 年 6 月 23 日在《华尔街日报》（Wall Street Journal）联名发表题为《我们在 20 国集团峰会的议程》（Our Agenda for the G20）的文章。20 国集团对确保全球经济增长至关重要，提出了多伦多峰会的三个重点议题。第一，20 国集团必须继续共同努力，继续保障通过如此巨大努力带来的全球经济复苏。我们必须保证全球需求继续强劲和平衡。第二，我们需要加紧努力，建立一个全球金融监管框架。进一步推动 20 国集团为实现将全球性的机构和市场纳入更透明的监管制度所作的努力。第三，我们需要在其他一些对世界未来安全与繁荣至关重要的全球性问题上取得进展。在匹兹堡，20 国集团国家同意逐步取消对低效化石燃料的补贴。美国已经表明美国将如何实现这一目标。20 国集团的协调行动是对抗未来挑战的唯一有效途径②。上述提议的确成为 20 国集团多伦多峰会的重要内容。2010 年 6 月 27 日，第四次 20 国集团峰会在加拿大多伦多闭幕，会议发表了《二十国集团多伦多峰会宣言》。20 国集团要求各发达国家力求稳定复苏，同时力争在 2013 年之前将各国目前的财政赤字减半，在 2016 年前稳定并减少政府债务占各国国内生产总值的比例。在会后举行的新闻发布会上，美国总统奥巴马说，美国同意在短期经济增长和中期财政政策可持续性之间寻求平衡，政府将制定目标到 2013 年把目前的财政赤字削减一半。西方媒体解读，这意味着欧洲人的财政紧缩意见在峰会上压过美国的继续经济刺激意见。

---

① 2009 年 3 月 23 日，奥巴马《全球共同行动的时刻》，http：//www. america. gov/st/econ - chinese/2009/March/20090324155736bpuh2. 466983e - 02. html。

② http：//www. america. gov/st/business - chinese/2010/June/20100624162427xdiy0. 92263. html。

4. 迫于压力，美国将20国集团视为推动金融秩序改革，维护美国金融霸权地位的重要舞台

美国除了将20国集团视为共商当前国际经济问题的平台以外，还将20国集团当作推动国际金融秩序改革的重要场所。2009年9月24—25日，20国集团第三次领导人匹兹堡峰会上，一致决定发达国家需将把部分配额转移给发展中国家，发展中国家的配额将从43%提高到48%。会上发表的《领导人声明》宣布，20国集团领导人同意将新兴市场和发展中国家在国际货币基金组织的份额至少增加5%，将发展中国家和转轨经济体在世界银行的投票权至少增加3%。2010年4月25日世界银行春季会议通过了发达国家向发展中国家转移投票权的改革方案，发达国家向发展中国家共转移了3.13个百分点的投票权，使发展中国家整体投票权从44.06%提高到47.19%；通过了国际金融公司提高基本投票权以及2亿美元规模的特别增资方案，使发展中国家在国际金融公司整体的投票权从33.41%上升到39.48%；会议还决定世界银行进行总规模为584亿美元的普遍增资，提高世界银行支持发展中国家减贫发展的财务能力。与此同时，此次改革方案使中国在世界银行的投票权从目前的2.77%提高到4.42%，成为世界银行第三大股东国，仅次于美国和日本。与此同时，国际货币基金组织也表示，将在2011年1月前完成对配额改革计划的评估，相应提高发展中国家在国际货币基金组织的份额。美国主动提出提高新兴经济体投票权，将G8机制向G20机制过渡，在持续经济干预与IMF配额方面与中国等新兴市场经济国家大力合作，以换取其他领域——如银行高管薪酬、货币政策等方面的上述国家的支持，这实际上是美国金融霸权的策略性调整。而且拿欧洲的利益开刀，对美国利益有百利而无一害。

5. 对制约20国集团发展的因素也有清晰的认识

2009年4月英国首相戈登·布朗在20国峰会闭幕式上提出："今天，世界上最大的国家集团就经济复苏和改革达成一致意见……我认为一个新的全球秩序正在呈现，同时为一个新的而进步的国际合作时代的来临奠定基础。"针对上述说法，美国学者迈克尔·佩蒂斯认为，参加伦敦20国集团会议的各国领导人就采取一些具有实质意义或者象征意义的措施达成了一致，但他们回避了引起主要经济强国分化的真正议题，因此，不能解决全球贸易和投资不平衡的根本原因。而这几乎是不可避免的，因为在理解全球金融危机的原因方面，中国、欧洲和美国有着不可调和的概念框架。此外，它们彼此冲突的国内政治约束也很难就如何解决问题达成一致[1]。

---

[1]　Michael Pettis, "The G20 Meetings: No Common Framework, No Consensus", *Policy Brief* 79, p.1.

二　美国 20 国集团政策动因

1. 美国 20 国集团政策的根本目的是维护美国的国家利益，维持其霸权地位

美国将 20 国集团视为全球资本主义集团讨论和制定政策的董事会，而国际货币基金组织则被视为 20 国集团的执行机构，从而确保制定的政策在全球实施，而 8 国集团则掌控着政治领导权。美国作出这样的调整是确保东方的新兴经济体同化到全球管理体系中，并承担相应的责任来确保资本主义平稳运行，共同平等地担当解决金融危机的代价①。奥巴马积极推动 G20 框架，目的是在美国单独治理很难行得通的情况下，通过集体合作，保持美国的国际主导权。在历次 G20 峰会上，美国、欧元区与新兴市场国家也必将在救市的风险和成本分担，刺激经济增长的货币政策以及国际金融机构体制变革等方面展开激烈的国家利益博弈。美国最关注的是如何推动各国进一步联手扩大市场资金投入以刺激经济复苏，而并非金融体系的改革②。美国推动 G20 发展的根本原因在于避免国际经济体系"伤筋动骨"式的改造，而只是"小修小补"的工作，比如适当加强监管、有限增加某些国家在国际货币基金组织和世界银行中的份额等。在此类改革中，美国划定了两条底线：一是任何国家不得削弱美国在国际金融体系中的控制权；二是任何改革建议不得动摇美元的支柱地位。从这个意义上讲，全球经济失衡的格局难以得到根本改变。G20 从危机中走来，步履蹒跚，困难重重。其未来的发展如何，将取决于美国对其金融霸权政策的调整，也取决于美国金融霸权与新兴经济力量的持续博弈③。实际上，20 国集团只是美国维持其全球霸权战略的一个组成部分。早在 2007 年，奥巴马在当年的《外交》杂志上发表文章，阐述他的对外政策构想，提出美国必须以负责任的方式结束伊拉克战争，同时重新确立美国的领导地位，以应对新的全球性挑战并抓住种种新契机。希拉里·克林顿则表示，"单靠美国无法解决最为紧迫的（国际）问题，而没有美国，世界也无法解决这些问题"，"我相信世界一向需要美国的主导，而现在仍然需要。现在的问题不是美国能否或是否应该担当领导，而是美国如何在 21 世纪领导世界。只要美国信守理念，并采纳符合时代要求的战略，它就将始终是一个国际领袖④。

---

① http：//www.leftbanker.net/g20 – usa – restructures – the – management – of – global – capitalism.

② 王东：《G20 如何推动国际金融体系改革》，《国际融资》2010 年第 8 期。

③ 杨成：《G20 机制与美国金融霸权的策略性调整》，《国际融资》2010 年第 8 期。

④ http：//www.state.gov/secretary/rm/2009a/01/115196.htm.

2. 金融危机在一定程度上削弱了美国霸权，国际社会中的权力转移出现新特点

2008 年，美国国家情报委员会对未来国际社会的发展进行了评估：由于中国、印度和其他国家的崛起，全球多级体系正在出现。以前从未出现过的财富和经济实力从西方向东方的转移正在进行，并将持续下去。美国将继续保持世界上最强大国家的地位，但优势逐渐减少①。20 国集团的出现和兴起就反映了国际舞台权力转移变化，反映了权力从西方国家向发展中国家转移的趋势。而更为重要的是，伴随着世界政治多极化和经济全球化的进展，国际社会中的相互依赖程度日益加深，国际格局呈现复杂、多元和多重因素相互影响的态势。约瑟夫·奈曾形象指出，国际力量格局不再是简单的单极或者多极，而是一个复杂的、具有军事、经济和多类行为体的三维尺度的立体格局。第一维是军事的。国际军事力量格局仍然是单极的，以美国为首。第二维是经济的。国际经济力量格局已经呈多极化趋势，以美国、欧洲和日本与中国各占一极。美国在这一维中不占有霸权地位，需要平等地与其他几极讨价还价。第三维包括所有政府以外的跨国行为，其中包括银行之间的大额电子转账交易，恐怖分子的武器交易，黑客攻击，全球气候变暖，传染病的流行等。在这一维中，力量是分散的。这一维给安全带来了新的定义；传统的第一维中的军事力量已经不能简单地解决这些对安全的威胁。因此，建议美国依靠军事力量实行霸权主义外交政策，就如同建议美国在这样一个三维的棋局里扮演一个只有一维思维的棋手，其结果注定是要失败的②。而从大国之间的关系来看，从冷战结束以来，外交学者和分析家们就一直争论美国应该创造一个什么样的世界秩序——以美国为核心的霸权秩序，多边机构系统，还是大国协调体系。一开始最主要的问题是，美国试图维持首要地位有可能引起其他大国的制衡。但从 2003 年伊拉克战争以来，一个新的问题就出现了——美国如何赢得其他大国的合作。因为美国越来越明显地发现，没有其他国家的合作，美国几乎不能解决所有它面临的棘手的国际问题，包括控制恐怖主义、防止大规模杀伤性武器扩散、重建失败国家和保持经济稳定等。在美国需要合作的国家中，最为关键的是中国和俄罗斯③。美国学者从全球治理的角度对 8 国集团和 20 国集团进行了比较分析，阐述了建立 20 国集团的必要性。诸如全球贸易谈判僵局、禽流感的威

---

① National Intelligence Council, ‘*Global trends 2025：a transformed world*’, NIC 2008 - 003, p. iv.

② Joseph S. Nye, Jr, “Recovering American Leadership,” *Survival*, Vol. 50, No. 1, pp. 55 - 68, February/March 2008.

③ Deborah Welch Larson and Alexei Shevchenko, “Status Seeker - Chinese and Russian Responses to U. S. Primacy,” *International Security*, Vol. 34, No. 4, p. 63, Spring 2010.

胁、伊朗发展核武器的努力以及与全球贫困斗争等全球挑战需要更加具有包容性、代表性和效率更高的全球治理新途径。8 国集团作为 8 个工业化国家的论坛，由 20 世纪中期的主导国家构成，排除了 21 世纪的新兴大国，已经逐渐变得缺乏效力、缺乏代表性和缺乏合法性。而美国的全球利益可以通过增加全球发展进程的包容性和有效性，而不是坚守过时的、过多形式化和缺乏代表性的 8 国集团的方式才能得以实现。因此，最适宜和实用的解决办法是将 8 国集团扩展为 20 国集团。通过将主要的新兴市场经济体纳入全球治理体系，鼓励它们为解决全球性问题做出建设性贡献，分担工业化国家不能独立承担的挑战①。

3. 提升 20 国集团地位，加强与 20 国集团合作是奥巴马政府实施"巧实力"外交政策的一个重要组成部分

奥巴马政府就职后逐步实施了"巧实力"外交政策。"巧实力"外交政策既是出于对小布什政府饱受争议的外交政策的反思，也是基于美国国内状况和国际局势的综合考量。从目前情况看，修补小布什政府时期的外交创伤、提升美国软实力、倚重多边主义，在自身实力相对下降的背景下维持美国霸权地位成为奥巴马政府"巧实力"外交政策的主要内容。美国国务卿希拉里·克林顿对"巧实力"是这样表述的：就是要通过灵巧运用可由美国支配的所有政策工具，包括外交、经济、军事、政治、法律和文化等各种手段，恢复美国的全球领导力②。"巧实力"包括硬实力和软实力两种权力。在国际政治中，拥有权力就是拥有影响别国按照某些方式而不是其他方式来行动的能力。硬实力是胁迫他们这样做的能力。硬实力战略集中在军事干涉、强制外交和经济制裁来获取国家利益③。软实力指文化力、榜样力、理念和理想等力量的巧妙发挥，是使别国做你想做的④。奥巴马政府认识到，美国和全世界面临的巨大挑战与紧急外交政策挑战包括：正在进行的战争和地区冲突、全球经济危机，恐怖主义、大规模杀伤性武器、气候变化、世界性贫困、不安全食品和流行疾病等。有时候，军事力量对于保护我们的人民和利益是必需的。但是，外交和发

---

① Johannes F. Linn And Colin I. Bradford, Jr., Pragmatic Reform of Global Governance: Creating an L20 Summit Forum, *The Brookings Institution Policy Brief* #152, p. 1, 2006.

② http://www.state.gov/secretary/rm/2009a/01/115196.htm.

③ Robert J. Art, "The Fungibility of Force", in Robert J. Art and Kenneth N. Waltz, eds., *The Use of Force: Military Power in International Politics*, Rowman & Littlefield, 1996; Kurt M. Campbell and Michael E. O'Hanlon, *Hard Power: The New Politics of National Security*, Basic Books, 2006; Robert Cooper, Hard Power, Soft Power and the Goals of Diplomacy, in David Held and Mathias Koenig - Archibugi, eds., *American Power in the 21st Century*, Cambridge, UK: Polity, pp. 167 - 80, 2004.

④ Joseph S. Nye Jr., *The Paradox of American Power.* Oxford University Press, p. 51, 2002.

展对于构建一个和平、稳定和繁荣的世界来说，将是同等重要的。这就是
"巧实力"的本质①。奥巴马政府"巧实力"外交的重要内容之一，就是重新
认识和运用多边主义。美国学者建议，如果多边主义被有效地运用，美国就能
重建在国际社会的声望，从而为美国在全球的国家利益和行动提供更大的合法
性②。在金融危机背景下，奥巴马政府外交政策以重新振兴美国经济为核心，
在对外政策方式方法上，倾向于采用多边合作的策略。奥巴马政府注重多边主
义主要表现在三个途径上：一是积极加强与联合国的关系；二是确保在 8 国集
团中的领导地位，修补与发达国家的关系；三是积极参加 20 国集团的活动，
与发展中国家合作应对全球挑战，提升美国软实力。

三 美国 20 国集团政策影响下的中国应对

作为当今世界唯一的超级大国，美国的态度对 20 国集团的发展至关重
要。但美国的态度对 20 国集团的发展具有明显的双重作用。一方面，美国
对 20 国集团的积极参与无疑为推动 20 国集团的发展注入活力，并在一定程
度上解决了 20 国集团的领导权问题，引领 20 国集团的发展；另一方面，美
国借助 20 国集团拒绝国际金融秩序在内的国际经济秩序进行实质性改革，
维持其金融乃至经济霸主的做法，必然引发与其他发达国家、发展中国家的
尖锐矛盾，从而阻碍 20 国集团的继续深入发展。从目前情况来看，20 国集
团在协调全球刺激计划、促进金融体制改革和增强全球金融系统稳定方面采
取了有效措施。同时，20 国集团已经成为新兴市场大国发出更强声音的重
要论坛。作为最大的发展中国家和金砖四国的重要成员，中国在 20 国集团
大有可为。

1. 20 国集团是中国实施"负责任大国"战略的重要舞台

20 世纪 90 年代，我国提出要做"负责任的大国"。1997 年东南亚金融危
机发生后，中国坚持人民币不贬值，获得了"负责任大国"的赞誉。伴随着
中国国家实力和国际地位的提高，是否以及如何进一步承担与中国国力相适应
的国际责任是中国必须面对和回答的问题。2008 年金融危机发生后，中国同
样表现出色。由于 20 国集团成为协商解决国际金融危机的最重要舞台，中国
应将 20 国集团设定为实施"负责任大国"战略的重要舞台。20 国的成员具有
广泛的代表性，包括：8 国集团成员国美国、日本、德国、法国、英国、意大

---

① http://www.state.gov/r/pa/scp/fs/2009/122579.htm.

② Johanna Mendelson Forman, *Investing in a New Multilateralism – A Smart Power Approach to the United Nations*, Center for Strategic and International Studies, Smart Power Initiative, p. 13, January 2009.

利、加拿大和俄罗斯，作为一个实体的欧盟以及具有广泛代表性的发展中国家中国、阿根廷、澳大利亚、巴西、印度、印度尼西亚、墨西哥、沙特阿拉伯、南非、韩国和土耳其。20 国集团是国际关系中的一个新生事物。在过去四五百年中，第一次由一个国际机制，把世界上的主要国家集聚在一起，既有发达国家，也有新兴大国。这个说法颇有道理，也说明这个机制的重要性①。中国是发展中国家，这一点毋庸置疑，由于中国经济的快速健康发展，中国在国际体制中的重要性日益增加。"中国自我定义为发展中国家，但很多具体的利益又和发达国家趋同。中国在现有的国际体系权力结构中处于重要地位，但在现有国际制度结构中却处于弱势地位。中国以何种身份继续融入现行国际体系，以何种身份要求改造现行的国际秩序，最大程度地维护自身利益，成为中国外交主观上需要解决的问题。"② 在这样的背景下，中国可以成为连接发达国家与发展中国家的重要纽带，寻求双方利益的共同点，推动国际经济秩序朝着更加公正合理的方向发展。

2. 将 20 国集团设定为加强南南合作、推动南北对话的重要途径

以垄断为基础的金融秩序是国际经济旧秩序的重要内容，在目前的情形下，改变不公正不合理的国际经济旧秩序只能通过谈判的方式。G20 地位的提升凸显出发展中国家作为整体，其经济实力的相对提高以及在全球经济事务中作用的日益增加，表明世界主要国家以合作方式通过政策协调应对危机的立场与共识。从根本上讲，G20 的发展是国际经济格局力量对比的直接反映，西方国家实力相对削弱，新兴经济体迅速崛起，旧的全球治理机制与新的世界经济格局之间产生了激烈的矛盾，从而要求全球经济治理机制作出相应变革③。在乌拉圭回合谈判中，新兴市场国家通过发展整合的谈判手段来与发达国家谈判，这比单纯的反抗效果要好得多。在多哈回合谈判中，新兴市场国家复制了上述模式并进一步加以发展。现在，新兴市场国家的新的联盟提交了有关谈判的程序和内容的具体建议，而且，新兴国家的联盟不再根据发展水平来界定，而是由它们所应对的议题来组合的。特别是围绕印度、巴西和中国而形成的20 国集团，也包括其他志趣相投的集团和大量依据临时特定议题而组建的集团都是这些新战略的例证。由于它们联合的市场支配力，体现新兴市场国家要求的需要陡然增加，并为它们批评世贸组织谈判的程序和达成协议的公正性提供了空间④。而在如何推动国际经济秩序朝着公正合理方向发展的路径上，美

---

① 吴建民：《重视 G20 这个新生事物》，《人民日报·海外版》2010 年 6 月 29 日。
② 金灿荣、董春岭：《中国外交现状与发展战略》，《当代世界》2009 年第 9 期。
③ 杨成：《G20 机制与美国金融霸权的策略性调整》，《国际融资》2010 年第 8 期。
④ Cornelia Woll, *Emerging Power Strategies in the World Trade Organization*, p. 2.

国学者根据当今的实际，对美国如何实施制度秩序改革提出了具体的建议，这对我们推动国际秩序的合理变革也提供了一些借鉴。第一，制度改革在能够为所有的参与者带来利益的时候，更有可能被赞同支持。如果国家确信能从一个新的或修改的制度中获得越来越多的利益，它们就将越不倾向于反对它。第二，任何一种机制变化都应该确定能够提供公共产品，比如抑制恐怖主义或者稳定全球经济，达到提醒其他国家在美国的领导下获益的目的。从总体来看，美国体现出越多的利他性，其他国家越有可能支持美国提出的制度修正意见。第三，将建议的机制改革与已经获得广泛认同的秩序部分相连接被证明是另一种推进体系改革的方法。机制改革成功的可能性有赖于与更广泛的秩序的相容性。第四，进行较大制度变革的提倡者应该确保他们的倡议与他们过去的立场相一致，并从战略上寻找和利用对手观点的矛盾性。当提议改革时，美国需要考虑其他国家的可能反对意见，设法将他们的反对意见的法律效力降到最低。最后，国际环境的变化往往要求进行制度相应的修改，当寻求修改国际制度或建立新的国际制度时，改革者必须使其他国家确信这样的改革是必要的和明智的。①

因此，中国推动国际秩序朝着更加公正、合理的方向转变时要采取恰当的原则、方式和方法。具体来说是：其一，外交思维方式从"问题导向外交"向"规则导向外交"转变。根据中美关系的相互依赖程度和中美之间实力的变化，中国面临着如何遵守、修改和提出相应国际秩序规则和规范的新课题。其二，基本原则应该是先易后难、先经济后政治，在时间和力度上要适时适度。其三，注重发展中国的软实力，增强中国的吸引力、影响力和感召力。从国际秩序规则产生的方式和过程来看，这些秩序规则一般要经历提出新规则倡议—赞成国家不断增加—获得普遍的支持—获得国际约束力—旧规则出现弊端—出现修改旧规则的呼声—提出修正性意见—国际社会评判和当事国协商—新的秩序规则出现等这样一个反复的过程，我们在很多环节上都是可以有所作为的。

3. 中国要对 20 国集团的内部分歧和运行挑战充分了解和评估

这个论坛的不同国家集团还存在着实质上和理论上的分歧，在我们面临最严重金融危机，各种经济体开始出现返祖现象的时候，这种分歧就越发变得明显。美国和英国保持着对益格鲁—撒克逊人对市场经济力量的强烈推

---

① Stephen G. Brooks；William C. Wohlforth，"Reshaping the world order：how Washington should reform international institutions，the role of the United States in reforming international institutions"，*Foreign Affairs*，Vol. 88 Iss. 2，pp. 49 – 63，March – April 2009.

崇，而法国和德国带领的欧洲经济体则希望增加管理的范围和程度。主要的新兴市场国家大多关心如何融入一个新的国际调控框架。而要想使论坛运作起来需要应对三个方面的挑战：界定论坛的目标，确定定量的标准和执行机制。由于 20 国集团中的主要国家对上述三个方面有着完全不同的观点，这意味着拥有潜在的冲突。有的国家从政策变量角度来界定 20 国集团的目标——财政平衡和实施监管政策；而其他国家关注结果变量，即经常账户收支应该包括在框架之中。即使目标达成了一致，也不大可能就定量标准取得一致，比如将经常账户收支设定为国内生产总值的 3%。即使就目标和标准取得一致，最重要的问题是缺乏有效的机制来让国家作出可信承诺来实现那些目标。缺乏有效机制，就容易出现欺骗。国际货币基金组织承担了 20 国集团管理者的角色。现在需要的是一个强有力的实施者来采取哪怕是象征的行动来反对不履行承诺的国家[1]。上述困难和压力是中国制定 20 国集团策略时必须要考虑的因素。

第七节　茶党运动的兴起及其对美国政党政治的影响[2]

奥巴马就职后不久，美国兴起了茶党运动。茶党运动是右翼民粹主义运动，其政治立场与共和党接近。从茶党的成员及其支持者的构成来看，有白人至上的种族主义倾向。茶党运动兴起的根本原因在于，美国资本主义制度基本矛盾所造成的经济动荡、周期性金融危机所引发的社会恐慌。茶党运动的兴起暴露了美国政党制度的局限与缺陷。茶党作为一支组织松散但不可忽视政治力量，已对 2010 年 11 月的美国中期选举造成了较大影响。2012 年的美国大选是检验茶党运动未来走向与成败的重要试金石。

一　茶党运动的起源及基本概况

目前美国的茶党名称有两个来源：一是 2009 年 2 月美国全国广播公司财经频道记者里克·桑特利呼吁美国应该"再现茶党"，意指 1773 年反抗英国殖民者强行征税的茶党（Tea Party）运动。二是来源于茶党成员游行时所持标语"Taxd Enough Already"（"税收已经够多了"）首字母的缩写。如伊利诺伊

① Eswar Prasad, "The World Economy: Bottoming Out or a Respite before the Next Crunch?" *Cato Journal*, Vol. 30, No. 2, pp. 387 - 388, Spring/Summer 2010.

② 本节原文发表在《高校理论战线》（CSSCI 来源期刊）2012 年第 8 期；同时发表在于洪君主编《当代世界政党情势（2012）》，党建读物出版社 2013 年版。作者房广顺、唐彦林。

州政策研究会外联部的副主席约翰·奥哈拉认为，茶党运动支持自由市场经济原则和以自由为基础的公共政策，以"受够了"（"enough"）为第一口号，表达了茶党对美国联邦政府权力不断膨胀、增加税收和干预个人自由的不满。他认为，茶党对政府的扩张的反对是必要和具有重要意义的①。实际上，在奥巴马就职一个月之后就已经出现了茶党运动。之后，名称多样、组织形式不一、人数不等的茶党运动风起云涌。在 2009 年 4 月 15 日美国纳税日，茶党发动了席卷全国、有上百万人参加的游行示威活动。茶党现象存在于以下三个不同的层次。第一层次：最外围的茶党成员。根据一些全国范围内的民意测验，美国成年人中的 16%—18% 属于此类范畴；第二层次：中间层次。支持茶党、加上同情茶党的，有几千万人；居于中间层次的有几百万的活跃分子，他们经常参加集会、购买茶党材料并参加本地和全国范围的抗议活动；第三层次：最核心成员。最核心的是分布于 50 个州的大约 25 万成员，在茶党组织的网站上注册，是"茶党运动的核心成员"②。根据 2012 年 2 月 27 日在 meetup 网站上的检索，在主题栏中输入"tea party"，搜索结果有 1083 个。其中 9/12 项目（The 9/12 Project）人数最多，有 12848 人，然后是有 1000 多人的组织，最少的仅有 1 名成员③。

从地域分布来看，茶党数目位居前列的 11 个州主要位于美国的西南部、南部、东南部、东北部等（见表 9–1）。

表 9–1   茶党组织排名前 11 位的州④

州	加利福尼亚	得克萨斯	佛罗里达	佐治亚	伊利诺伊	宾夕法尼亚	纽约	密歇根	俄亥俄	密苏里	北卡罗来纳
茶党团体数	239	211	154	145	105	110	122	94	96	81	93

从茶党及其支持者成员来看，大部分为已婚、男性，受过良好教育的 40 岁以上的白人中产阶级（见表 9–2）。与普通美国人相比，他们更富裕，受教育程度更高，多数为注册共和党人或共和党的支持者，其政治立场与共和党的主张较为接近，但较一般共和党人更保守。

① John M. O'Hara, *A New American Tea Party: The Counterrevolution Against Bailouts, Handouts, Reckless Spending, and More Taxes*, Wiley, January 12, 2010.

② Devin Burghart and Leonard Zeskind, *Tea Party Nationalism: A Critical Examination of the Tea Party Movement and the Size, Scope, and Focus of Its National Factions*, Fall 2010, p.8.

③ http://www.meetup.com/.

④ http://www.theteaparty.net/locate-a-tea-party-group.

表 9 - 2　　　　　　　　　茶党成员及其支持者基本情况　　　　　　　　　%

党派分布		年龄				地域分布				种族			受教育程度			
共和党	民主党	中间人士	55岁以上	41—55岁	26—40岁	东部	中西部	南部	西部	白人	非白人	大学	研究生	读过大学	高中学历
62	25	10	57	26	9	16	19	45	21	81	16	36	16	29	16

资料来源：http：//www.mclaughlinonline.com/6？article = 27.

　　茶党成员及其支持者构成极其复杂，涵盖本土主义、自由论、保守主义、基督教福音主义等社会思潮及运动的倡导者。茶党是他们结合体的代言人。此外，茶党人士有时自称爱国者、立宪主义者等。在学术界获得普遍共识的是，茶党运动是右翼民粹主义运动。茶党不是一个政党，而是草根运动。

二　茶党运动的基本主张和主要特点

　　茶党运动的基本主张可以通过规模较大的茶党组织所提出的基本原则来概括和总结。茶党运动的基本主张可以分为以下几个方面：第一，茶党运动提出主张的主要依据是美国宪法，从美国宪法中寻找对己有利的条款。如"茶党国度"的核心原则是，"有限政府、言论自由、美国宪法第二修正案，国家和领土的安宁"[1]。"茶党爱国者"的核心原则包括财政责任、宪法规定的有限政府和自由市场经济[2]。茶党成员发起签署的"美国契约"的核心内容有：个人自由、有限政府和经济自由[3]。此外还包括支持个人合法拥有枪支的美国宪法第二修正案、个人自由权力不容侵犯等。第二，主张奥巴马政府的政策必须遵守美国宪法，并修改或者废除奥巴马政府违反宪法的政策。如"茶党快车"提出了六项简单原则：不再增加紧急救助；缩减政府规模，弱化政府干涉；停止增加我们的税收，废除奥巴马医改计划；停止失控的开支；恢复美国的繁荣。并提出支持保守派候选人，恢复曾经使美国成为山巅之城的宪法原则[4]。第三，提出自己的政策主张。如"茶党组织"提出了15条不可改变的核心理念：非法移民在美国是非法的、优先考虑国内就业是责无旁贷的、强大军队是必要的、特殊利益必须被消除、拥有枪支是神圣不可侵犯的、政府规模必须削减、国家预算必须平衡、终止财政赤字、紧急救助和刺激计划是非法的、减少个人税收是不可或缺的、减少营业所得税是强制性的、普通民众可以利用政治

---

① http：//www.teapartynation.com/.

② http：//www.teapartypatriots.org/.

③ http：//www.thecontract.org/the - contract - from - america/.

④ http：//www.teapartyexpress.org/mission.

机构、政府入侵必须停止、英语作为我们的核心语言是必需的、传统的家庭价值观必须得到鼓励①。此外，茶党运动中暗含白人种族优越论。尽管这种观点无法拿到公开场合宣传，但右翼民粹主义通过把对白人种族优越论的注意力转移到对诸如福利、移民、税收和教育等政策上，从而对种族主义进行了伪装和再构造②。

综合来看，茶党的主要主张可以概括为：以黑人总统奥巴马为反对的主要对象，质疑其美国公民身份；不相信精英主义；奉行"小"就是美的理念，主张"小政府"，反对政府权力膨胀；主张自由市场经济，反对凯恩斯主义；维护宪法权力，反对干涉个人自由；在外交上，主张维持美国的霸主地位，政策立场接近共和党。

上述主张决定了美国茶党运动具有以下特点：

1. 组织松散而且组织形式灵活多样

到目前为止，茶党运动尚未形成全国性的委员会和协调机构，活动大多集中于地方。虽然在政治立场上与共和党接近，但并不受共和党全国委员会的指导和领导，也没有直接联系。具有讽刺意味的是，茶党运动正在运用奥巴马曾经运用过的组织技巧来反对奥巴马。在网络时代，茶党正在运用诸如 Meetup、Twitter 和 Skype 等网站作为社会关系网络来推动茶党运动的发展，在网上通过录像、电子邮件和其他手段来推动发展。YouTube 成为茶党构建联系网络的最好伙伴。网络成为茶党政治主张强有力的技术工具③。

2. 茶党运动具备美国右翼民粹主义运动的基本特征，暗含白人至上种族主义

根据凯文·菲利普斯的研究，美国历史上出现的右翼民粹主义通常具有如下共同要素：通过抬高美国普通人来对抗富裕、受过良好教育的精英阶层；藐视华盛顿（指美国联邦政府）；挑起人种、种族和宗教敌意；对移民和外国人充满担心；对国际主义感到厌倦并集中精力重建美国和美国生活方式④。美国人权研究与教育协会的研究人员通过考察具有代表性的茶党组织的内部结构及领导机制、财政情况、成员情况、各自的动机主张及其明显的相互区别等，得

①　http：//www.teaparty.org/about.php.

②　Chip Berlet, *Taking Tea Parties Seriously：Corporate Globalization, Populism, and Resentment*, PG-DT 10, p.17, 2011.

③　David Von Drehle, Jay Newton – Small, Sam Jewler, Kevin O'Leary, Sophia Yan 和 Wendy Malloy, Tea Party America, Time, 3/1/2010.

④　转引自 Chip Berlet, Taking Tea Parties Seriously：Corporate Globalization, Populism, and Resentment, PGDT 10, 2011, p.11.

出了以下结论：茶党组织自己提出，他们只关注于预算赤字、税收和联邦政府的权力。然而，经过调研发现，茶党组织为反犹太主义、种族主义和偏执狂提供了活动的平台，宣扬白人优越至上论①。

3. 反对奥巴马总统

从美国右翼民粹主义运动的历史来看，土著人、非洲奴隶、有色人种、移民、犹太人和激进分子（尤其是社会主义者和无政府主义者）都成为右翼民粹主义运动的替罪羊②。既是有色人种，同时被认为在美国推行"社会主义"的奥巴马总统必然成为茶党运动的替罪羊和攻击目标。茶党将奥巴马总统作为反对的主要对象，真正美国的白人捍卫者和反美国的总统之间的关系是重要的节点③。哥伦比亚广播公司的资深主持人鲍伯·西弗和美国广播公司的丹·哈里斯将茶党运动形容为一种极端运动或者种族主义运动。"在某种程度上，是拒绝承认一个黑人总统。"④ 在一定意义上，茶党运动的出现是奥巴马总统当选以来，白人中产阶级和工人阶级选民中日益增长的焦虑、恐惧和愤怒的产物⑤。茶党作为右翼民粹主义运动不仅担心经济，还担心日益增多的移民、穆斯林恐怖分子、同性恋婚姻以及白宫中的持自由主义观点的黑人总统⑥。因此，茶党成员及其支持者质疑奥巴马的美国公民身份，强调奥巴马的中间名字"侯赛因"，将奥巴马比拟为希特勒、反基督教者和毛主义者，在美国正在推行"社会主义"等。白人为主体的茶党极力反对黑人总统奥巴马也与以下的统计数据有关：根据美国人口普查局预计，到2050年白人就不再是美国人口中的大多数了，白人中产阶级担心失去工作和房屋净值贷款。奥巴马当选为美国历史上第一位黑人总统导致一部分白人精神上受到很大刺激，一些右翼激进分子借助电视和网络，开始活跃和上升。右翼分子的愤怒、恐惧和不满汇集成对奥巴马总统的反对浪潮⑦。

———————————

① Devin Burghart and Leonard Zeskind, *Tea Party Nationalism: A Critical Examination of the Tea Party Movement and the Size, Scope, and Focus of Its National Factions*, Fall 2010.

② Chip Berlet, Taking Tea Parties Seriously: Corporate Globalization, Populism, and Resentment, PG-DT 10, 2011, p. 11.

③ Donald E. Pease, *States of Fantasy: Barack Obama versus the Tea Party Movement*, boundary 2, p. 103, Summer 2010.

④ TV's Tea Party Travesty, *How ABC, CBS and NBC Have Dismissed and Disparaged the Tea Party Movement*.

⑤ Chip Berlet, *Taking Tea Parties Seriously: Corporate Globalization, Populism, and Resentment*, PG-DT 10, p. 11, 2011.

⑥ Ibid.

⑦ Will Bunch, *The Backlash: Right - Wing Radicals, High - Def Hucksters, and Paranoid Politics in the Age of Obama*, Harper Paperbacks; *Reprint edition*, September 13, 2011.

4. 信奉阴谋论

茶党成员及其支持者将他们自己视为正常、遵守法律和信奉基督教的公民，是美国生活方式的典型代表①。他们将自身发起的茶党运动视为思维清晰、理性的美国人走上尽头而发起的自由和资本主义历史上最大规模的草根抗议运动②。因此，将奥巴马实施的政策视为"社会主义"知识分子制定的政策，是在实施金融暴行及政治恐怖主义。在美国，民粹主义经常描绘这样的情景：由努力工作的生产者构成的高尚的中产阶级被居于上层的神秘精英和居于下层的懒惰的、有罪的、起破坏作用的寄生虫等人群所共同设定的阴谋所挤压③。茶党分子利用了次贷危机后普遍出现的国内不安全感，提出他们相信奥巴马总统卷入了旨在破坏美国宪法，继而利用并囚禁主流美国公民的全球阴谋④。美国的右翼民粹主义经常由于人们承受经济、社会以及文化教育等压力而引发，而散播阴谋论有助于右翼组织者把本来疏远隔绝的跨阶层的人们组织起来⑤。

5. 备受争议

茶党运动引发了广泛的质疑与争议。支持者把它当成了美国核心价值理念的回归，反对者把它视为种族主义，反对改革，反对多元文化和多种族美国，并反对政府活动日益活跃的新时代。位于弗吉尼亚州的媒体研究中心（The Media Research Center）以 2009 年 2 月 19 日到 2010 年 3 月 31 日为考察时间段，考察了不同媒体对茶党的态度。倾向于民主党奥巴马总统的自由派媒体如美国广播公司（ABC）、哥伦比亚广播公司（CBS）和美国全国广播公司（NBC）"歪曲"茶党运动，歧视并试图解散茶党运动。而倾向于保守派的福克斯电视台（FOX）则力挺茶党⑥。不同倾向性的媒体对待茶党的不同态度也反映了茶党是备受争议的社会运动。

---

①　Donald E. Pease, *States of Fantasy: Barack Obama versus the Tea Party Movement*, boundary 2, p. 97, Summer 2010.

②　Charly Gullett, *Official Tea Party Handbook: A Tactical Playbook for Tea Party Patriots*, *Warfield Press LLC*, September 11, 2009.

③　Margaret Canovan, *Populism*, Harcourt Brace Jovanovich, pp. 3 – 16, 1981.

④　Donald E. Pease, *States of Fantasy: Barack Obama versus the Tea Party Movement*, boundary 2, p. 95, Summer 2010,

⑤　Ernesto Laclau, *Politics and ideology in Marxist theory: Capitalism, fascism, populism*, NLB/Atlantic Highlands Humanities Press, pp. 1 – 18, 1977.

⑥　The Media Research Center, *TV's Tea Party Travesty, How ABC, CBS and NBC Have Dismissed and Disparaged the Tea Party Movement.*

三　茶党运动兴起的原因

美国社会发生动荡的时期往往伴随着民粹主义运动的兴起。茶党运动的兴起也是美国国内外环境发生巨大变化的产物。在美国陷入金融危机泥潭不能自拔的同时，面临以中国等新兴市场国家"他者的崛起"，美国国家实力和国际地位不断下滑。同时，过去的民粹主义运动"非左即右"，且通常是左翼运动居多。而现在，美国国内的左翼和右翼民粹主义运动同时并存，左翼民粹主义运动被奥巴马和国会中的民主党有效地代表着，而右翼被福克斯电视台和茶党运动所代表。左翼和右翼民粹主义运动针锋相对，刺激了以茶党为代表的右翼民粹主义运动的发展。

1. 茶党成员多为年长的白人中产阶级，茶党主张与其对美国社会历史与现实的认知息息相关

实际上，从20世纪60年代的民权运动开始，美国社会科学家就已经观察到，反对政府扩大开支与这样的认知有关：扩大的政府开支将会使少数有色人种受益。从20世纪60年兴起的民权运动开始，共和党和保守派运动就反对联邦政府干涉社会和经济生活，他们经常认为，这样的干涉的意图是进行种族融合并为有色人种提供帮助[1]。另一个认知茶党的因素在于年龄差距。老年人发现，在2008—2009年的金融危机之中，他们的房屋和养老金的价值直线下降。虚幻的"死亡小组"也引发了老年人的恐慌[2]。奥巴马的医疗改革被认为是将增加勤奋工作的美国公民和商业企业的税金，为年轻人、不是很富裕的人和包括非法移民在内的不应该拥有医疗保险的人来提供医疗保险[3]。

2. 奥巴马政府推行的国内政治经济和社会政策成为茶党运动兴起的直接原因

奥巴马政府出台的对银行和汽车业的救助计划被茶党分子认为是破坏美国崇尚的自由市场经济原则；强行推行医疗保险计划被认为是干涉美国人视若生命的个人自由，剥夺了个人进行选择的权利；扩大联邦政府开支、组建大政府被认为违背联邦宪法。"在应对次贷危机的过程中，奥巴马总统试图说服大多数美国人将对小布什政府全球反恐战争的信任转移到他提出的跨代梦想的实现

---

[1]　Martin Gilens, *Why Americans Hate Welfare: Race, Media, and the Politics of Antipoverty Policy*, University of Chicago Press, 1999.

[2]　Lawrence R. Jacobs and Theda Skocpol, *Health Care Reform and American Politics: What EveryoneNeeds to Know*, Oxford University Press, 2010.

[3]　Vanessa Williamson, "Theda Skocpol and John Coggin, The Tea Party and the Remaking of Republican Conservatism", *Perspectives on Politics*, Vol. 9/No. 1, p. 35, 2011.

上。但奥巴马救助金融机构和改革医疗保险计划触动了美国人最敏感的安全神经——工作、健康和住房。茶党领导人将奥巴马的新政视作'9·11事件'后的经济恐怖主义。"① 茶党分子认为奥巴马政府所进行的改革违背了美国宪法，而遵守宪法对茶党成员来说是基本常识，对奥巴马政府来说是激进的。这就是目前政府和茶党运动的矛盾所在。根据宪法，茶党提出了一系列主张，如政治家必须遵守宪法；政府的规模必须削减，以符合宪法的规定；个人的权力与自由必须得到保护和政治家必须为他们制定的预算与产生的债务负责②。因此，茶党极力反对奥巴马政府出台的《经济稳定紧急法案》《美国恢复和再投资法案》及一系列医疗保险改革法案等政策。

3. 美国金融危机的发生是引发茶党运动的重要诱因

茶党分子将金融危机爆发的原因限于过于宽松的监管、大金融机构的腐败和由非美国自由主义精英所造成的，等等。金融危机出现后，美国政府的一贯政策就是强化政府对国家经济的干预，扩展政府职能，扩大政府权力，继而引发抗议和质疑。失业率高居不下，经济持续低迷，导致茶党成员及其支持者对美国经济状态更加不满，同时也增加了中产阶级对自身命运的进一步担忧。美国人普遍认同的中产阶级的标准是：有自己的住房且住在较好的社区，子女能够接受大学教育，不为医疗和养老保险发愁。如今美国中产阶级曾经普遍拥有的优越感在下降，而住房、教育和医疗保险已经成为背负在美国中产阶级身上的"三座大山"③。在金融危机的情况下，中产阶级每况愈下，经济萧条、平等和机遇的丧失导致中产阶级对联邦政府、政党、大型企业、工会、媒体和宗教组织等机构的信心下降。茶党分子试图通过自己的方式和语言表达自己的心声，维护自身利益。

4. 茶党产生的重要原因还在于美国两党制度的局限和缺陷

唐纳德·皮斯认为，茶党的产生是因为民主党和共和党中的任何党派均不能充分代表茶党的想法和利益。因此，茶党试图将这部分被孤立的社会群体组织起来，组建一个新的政治集团。茶党运动可以追溯到里根时期的沉默的大多数。茶党在已经成型的社会意识形态框架内来重塑家庭和国家等传统主题以应

---

① Donald E. Pease, *States of Fantasy*: *Barack Obama versus the Tea Party Movement*, boundary 2, p. 93, Summer 2010.

② B. L. Baker, *Tea Party Revival*: *The Conscience of a Conservative Reborn*: *The Tea Party Revolt Against Unconstrained Spending and Growth of the Federal Government*, Outskirts Press, October 29, 2009.

③ 刘丽娜：《美中产阶级丧失优越感》，《经济参考报》2009年11月13日。

对现实政治的焦虑①。同时，两党制在一定程度上弱化了茶党发挥"杠杆政治"的作用。

引发茶党运动的原因是多方面的，但其最终根源则在于美国资本主义制度的基本矛盾。资本主义不可调和的基本矛盾引发周期性的经济危机和经济动荡，这必然在社会层面引起焦虑和不安，往往激起左翼和右翼民粹主义运动。

四　茶党运动对美国政党政治的影响

短短几年，茶党已经成为美国政治中不可忽视的一支力量，影响着美国的选举，并对政府的政策和做法展开辩论，施加了影响。

1. 利用手中的选票是茶党成员及其支持者影响美国国内政治和外交政策的最直接、最有力、也是最基本的途径

在 2010 年的中期选举中，具有茶党背景的马萨诸塞州共和党人斯科特·布朗获选国会参议员被认为是茶党的第一个重大胜利。在 2010 年 11 月 2 日进行的美国中期选举中，与茶党有关联的候选人获得了众议院 129 个议席中的 39 个。9 个茶党候选人中的 5 个获得了参议员席位。在这次中期选举中，不到一半的合法选民参加了投票，而参加投票的选民中，年长并比较富裕的白人占很大的比例，更确切地说，就是被茶党运动吸引的人。投票之后的民意调查也表明，年长的白人明显倾向于共和党。茶党帮助共和党在美国众议院中获得了多数席位，民主党在参议院中保留了微弱优势，这必将影响奥巴马的内政和外交。议会中的茶党议员还通过构建"茶党连线"来增强茶党议员的团结，通过共同提出议案等方式，增强对美国国内外政策的影响力。2010 年 7 月，茶党众议院女议员米歇尔·巴克曼（Michele Bachmann）创立了"茶党连线"，截至 2011 年 7 月 12 日，正式加入茶党连线的议员数已经达到 60 位②。她在解释创立茶党连线的原因时强调，国会已经偏离了宪法的基本原则，并且没有倾听美国人民的呼声。她要使茶党连线成为满足每个美国人向国会议员表达自身见解的一种途径③。茶党在美国政治社会乃至外交中起到了出人预料的作用。2011 年 8 月茶党延迟国会两党就美国国债上限达成一致的事件就是鲜明的例证。

① Donald E. Pease, *States of Fantasy: Barack Obama versus the Tea Party Movement*, boundary 2, p. 91, Summer 2010.

② http://bachmann.house.gov/News/DocumentSingle.aspx? DocumentID = 226594.

③ http://bachmann.house.gov/TeaPartyCaucus/.

2. 茶党将对2012年美国大选产生影响

澳大利亚悉尼大学美国研究中心的汤姆·斯威策认为，茶党运动正在重塑美国政治，但作为一种政治力量，茶党的未来取决于其领导人能否将不同的茶党派别联合为稳固的联盟。因为正如美国学者加里·杨格所说，茶党是有不同的声音，但却没有一个统一的组织；有不同的派别，缺乏一个统一的声音①。2009年12月，支持茶党的福克斯电视台主持人比尔·奥雷利和该电视台的撰稿人迈克·盖拉格提出，茶党成为第三党是非常非常困难的。因为从投票规则、竞选基金和其他成为第三党的条件来看，都是非常困难的。极右翼的茶党正在威胁共和党，就像极左运动会危害民主党一样②。因为美国共和党、民主党和中间人士大概各占三分之一，同时，中间人士的比例在不断加大。茶党的极右翼观点可能减少中间选民对共和党的支持。

茶党的出现和兴起将对奥巴马竞选连任产生重要影响。2008年奥巴马的竞选总统运动旨在结束小布什政府破坏公民权利、先发制人等违背宪法的国家政策。实际上，奥巴马的竞选就是一种草根运动，利用网络等发起竞选运动，最终大获成功。奥巴马是草根运动的榜样，就职一个月之后，伴随茶党运动的出现，也成为草根运动的靶子。2012年的美国大选是检验茶党运动未来走向和成败的重要试金石。

第八节　美国茶党运动的政治诉求及其走向③

茶党源起于2008年美国金融危机后的右翼抗议运动。茶党运动经历了从最初的迅速扩张、2010年对美国中期选举的显著影响、2012年大选期间的持续活动，到当下伴随美国社会问题的发展若隐若现，已成为影响美国社会舆论和政治生活的社会力量。本节通过茶党运动理论主张和政治诉求的梳理，剖析美国社会运动的当今发展和未来走向。

一　美国茶党运动政治诉求的理论主张

美国茶党运动理论尽管繁杂不一，但在基本层面上仍然表现出一定的相同倾向。主张缩减政府规模、压缩政府开支、降低税收和弱化监管，强调美国政

---

①　Gary Younge, *How the Tea Is Brewed*, *The Nation*, December 6, 2010.

②　*Will Tea Party Become America's Third Political Party?* December 18, 2009, http://www.foxnews.com/on-air/oreilly/2009/12/18/will-tea-party-become-americas-third-political-party.

③　本节原文发表在《井冈山大学学报》2014年第6期。作者房广顺、张敬阡。

治活动应限定在美国宪法的范围，追求经济自由与追求个人自由同等重要，对不同于美国民族的主张采取抵触和排斥态度。美国茶党运动的理论主张主要包括以下内容。

1. 美国政治活动应限定在美国宪法的范围

茶党运动对美国的政治态度认为，一切都应限定在美国宪法的范围内。在美国的政治文化中，宪法的重要性影响深远。不论是对组织、活动自身的行为限定还是对政府行为的限定都是以宪法为最根本的理论依据。因此，宪政作为茶党的政治理论主张具有极其稳定的理论基础。宪法是阶级斗争的一种形式与工具，反映阶级力量的实际对比，同时也反映一定阶级的意志和利益。在茶党运动激起美国民粹主义运动的同时，民众对于政府错误理解宪法并且滥用宪法的权力的做法也极为反感，认为这是不可原谅的。所以，茶党运动将改革的原则确定在对宪法的信仰上。

对宪法的重视，使得茶党运动将宪政作为自己的政治理论主张。这缘起于奥巴马政府超限度地使用政府权力，尤其是医疗改革法案的提出激起了民众对于宪法的重新关注。"对于宪法的滥用而产生的抗议，在于奥巴马政府轻视或者忽视了《宪法》第一章第八节中对于'所列举的权力'的范围。"[1] 对于立宪主义者，也就是绝大部分茶党运动者来说，他们关心的是宪法的限定范围与政府之间哪一个能够指导美国民众未来的方向。评论家查尔斯·克劳萨穆尔称：对宪政的关心在于，它是作为一种保守主义中心思想的延伸的核心而存在的[2]。因此，茶党运动对于宪政的关心和倾向，是因为持有右翼民粹主义态度的民众对政府所代表的政治方向产生了怀疑。

对于宪法的原则，从美国建国以来就被美国社会所接受并沿用至今，即使有过修正案的填补也从没有在方向上偏离。奥巴马执政以来，民众普遍认为政府对于宪法的尊重没有达到美国人应有的水平，甚至似乎越走越远。以医疗改革法案为例，由于政府补贴要投入很多资金，据推算它将控制美国六分之一的经济。如果它被作为法律被通过，也就预示着政府的权力将上升并且极大地影响到美国的社会经济和个人生活领域。当茶党运动重新聚焦在宪政问题的时候，是因为政府的执政哲学超出了其应有的范围。在违背宪法前提下运行的政府是不能被保守派所接受的，也违背美国自建国以来的社会哲学。对于宪法的重视，对于宪政的坚守，是茶党运动

---

① Douglas E. Schoen, *Hopelessly Divided*, Lanham, Maryland: Rowman & Littlefield Publishers, INC., p. 137, 2012.

② Jim Newell, *charles krauthammer despises 'fairness'*, dagnabbit, http://wonkette.com/407525/charles-krauthammer-despises-fairness-dagnabbit.

的理论主张之一。

2. 追求经济自由与追求个人自由同等重要

茶党运动经济发展的理论主张体现为根深蒂固的自由主义。美国人一贯认为，能够为美国的发展带来繁荣并且成为超级大国的经济原因就是坚持资本主义和自由市场经济。因此，茶党运动者认为，为了使美国能够长期发展就要坚持和守卫固有的原则不动摇，只有在自由市场经济的模式下才能提供给全社会最大的经济机遇，并且继续引领美国的经济发展。即使有贫富差距存在，也只是说明对于经济的适应能力因人而异。对于全社会来说，正是因为自由市场经济的情况，美国才能提供给所有人工作的机会、获取经济利益的机会和达到更高生活质量的机会。在另外一个层面，自由市场能够给公司、个人、产业带来竞争，因此才会为社会带来发展的空间。

茶党运动认为，自由市场经济的发展才是美国资本主义发展的重要原因。因此，"我们支持自由市场法则，反对政府干预私营企业的运营"①。作为保守派，茶党运动对于经济的态度需要美国继续坚持经济的自由发展，而不能采取介入企业的方式。美国应当继续按照资本主义自由市场经济的运行模式进行有效的发展。在茶党的眼中，对于自由市场经济的追求是社会优胜劣汰的必然趋势，既然在经济危机中底特律汽车行业已然崩溃，为什么要救助？可以让汽车业转移到更加需要工业发展的区域。如果底特律汽车行业在失去竞争力之前能够提高效率、发明创新，就不会使得政府插手自由市场经济来对他们进行救助。在茶党的观点中，"即使自由市场经济不是完美的，但是它能够给社会带来竞争的机制，从而在根本上解决危机的发生"②。

3. 对于不同于美国民族的主张采取抵触和排斥态度

美国的民族主义自建国以来就对社会产生了巨大影响。因为民族主义的存在，美国人偏执于相信美国的优越和进步，对不同于美国民族的任何方面都采用抵触和排斥的态度。同时，在部分极端主义者的利用下演变成对待有色人种和非法移民的攻击。以保守派右翼民粹主义为思想指导的茶党在面对美国社会中存在的问题时，也有针对这些方面的主张和偏见。美国政治文化中的民族主义在茶党运动中的体现十分明显。

根据表 9 - 3 的数据分析得出茶党参与者由于大部分都是白人，所以对非洲裔美国人和拉丁裔人有较少的好感。根据 CBS 和时代周刊的民意调查

① Meckler Mark, *Tea Party Patriots*, Henry Holt and Company LLC: New York, 2012.

② Douglas E. Schoen, *Hopelessly Divided*, Lanham, Maryland: Rowman & Littlefield Publishers, INC., p. 136, 2012.

发现，52%的茶党参与者认为在面对黑人的问题上我们已经做得太多了，而这一问题相比于全部成年作为调查对象时，比例是28%①。随后，华盛顿大学在12个州做的调查报告中也得到了类似的数据。研究者做了一个更加显著的调查，将主流的保守派分成"保守派共和党"和"茶党共和党"两个组，当提出总统是否是一个身体力行的基督教徒的问题后，后一组中有27%的人认为总统是一个身体力行的伊斯兰教徒，前一组是16%；而且后一组有26%的人确信总统的出生证明是伪造的②。对于顽固的少数人，不在乎文件是否存在，主要是针对总统个人甚至对于非裔的偏见而作出的言论。因此有部分评论家认为茶党运动具有种族主义的倾向，即使茶党组织不愿意承认，但是现实情况证明茶党运动过程中明显地表现出种族歧视的态度。即使在参与茶党活动的成员中存在有色人种，但是在"全国有色人种协进会"2010年6月的报告中称，在茶党集会过程中发现有太多用种族主义语言诋毁奥巴马的标语，从而谴责有种族主义分子渗入活动中，并且呼吁活动领导人迅速解决这个问题。因为参与茶党运动的人数众多，而且标榜多元化的活动很可能有极端的因素出现。

表9－3　　　　　　茶党支持者和非支持者的社会角色和政治态度

		茶党支持者	非支持者
社会角色和态度	大于44岁	70%	59%
	白人	85%	75%
	男性	63%	45%
	已婚	62%	49%
	收入超过75000美元	31%	24%
	大学毕业	27%	30%
	重生派基督教徒/福音派信徒	52%	33%
	每周去做礼拜者	50%	36%
	相信圣经中上帝之道	49%	28%
	枪械持有者	43%	29%

　　① University of Washington Institute for the Study of Ethnicity, Race, and Sexuality (WISER), 2010 Multi－State Survey of Race and Polictics, http: //depts. washington. edu/uwiser/racepolitics. html.

　　② WISER, "2011 Multi－State Survey of Race and Politics".

续表

		茶党支持者	非支持者
政治和种族态度	强烈的共和党认同感	86%	32%
	保守主义认同感	85%	29%
	不喜欢奥巴马	84%	27%
	喜欢佩林	77%	19%
	反对清洁能源	74%	21%
	反对医疗改革	81%	33%
	反对干细胞研究	66%	29%
	反对经济刺激计划	87%	41%
	不同意黑人是受害者	74%	39%
	不同意黑人所得越来越少	77%	42%
	同意黑人需要继续努力	66%	36%
	同意不向黑人提供帮助	80%	48%

资料来源：Douglas E. Schoen, *Hopelessly Divided*, Lanham, Maryland: Rowman & Littlefield Publishers, INC., p. 29, 2012.

另外一个值得关注的社会问题是茶党普遍反对非法移民。美国与周边国家甚至许多发展中国家之间的经济发展不平衡是非法移民产生的重要原因。经过长期的历史发展，美国的非法移民逐渐形成移民潮。因此造成的社会问题已成为美国非传统安全威胁的重要因素而引起了美国社会的普遍关注。茶党认为，由于非法移民占据了美国劳动力市场的部分资源，影响了本国人民的就业环境，成为美国失业率居高不下的重要原因之一①。美国移民研究中心学者斯蒂芬·卡马罗塔（Steven A. Camarota）指出："2002 年，非法移民家庭所造成的美国联邦政府开支超过了 263 亿美元，而其缴纳的税款仅为 160 亿美元，从而造成了净财政赤字 104 亿美元，即每个非法移民家庭造成 2700 美元赤字。"②如果美国在非法移民方面没有出台更加严苛的政策，那么这个数据一定会随着时间的过渡和人口数量的增加而逐年递增。这种认为非法移民对于美国经济产生消极影响的观点不仅见于那些具有限制移民思想的学者，更见于普通的美国公众。从茶党的角度出发，非法移民作为由来已久的问题对美国社会的发展产生了消极的长久的影响，如果现任政府不能有效解决这个问题，那么反对政府

① 陈积敏：《利弊之辩：浅析非法移民对美国经济的影响》，《新远见》2013 年第 3 期。

② Mary Fitzgerlad, "Illegal Immigrants Cost to Government Studied", *The Washington Post*, August 26. 2004, http://www.washingtonpost.com/wp-dyn/articles/A33783-2004Aug25.html.

的民粹主义的声音可能会将此作为另外一个核心主张来抗议政府。

二　美国茶党运动政治诉求的基本内涵

美国茶党运动的政治诉求不仅涉及政治领域，而且涉及经济和社会生活的其他领域。

1. 限制政府规模，减少政府开支

从 20 世纪 90 年代开始，美国很多部门的人员冗余和机构臃肿即已存在。国防部、退伍军人服务局、农业部等部门的雇员编制庞大。"9·11 事件"后，布什政府基于对国家安全的考虑，不断扩张联邦政府的规模。机构的扩张意味着政府雇员数量的增加，使政府在这方面的财政支出不断增多。

茶党运动的政治诉求是，更少的制度限制和制度管理者、更少的社会程序、更少的政府部门和官僚机制，才是美国社会发展的前提条件。政府的规模过于庞大可能造成联邦政府的权力超出预期，并造成政府高昂的开支，导致税收上涨，给普通民众带来更大的经济负担。政府应当维持的是一种能够满足社会基本需求的规模。茶党主张，教育部门应当削减并且将全部的职权、功能交付给州一级别或者本地的机构，这样就能更加贴近人民的生活，更加清楚民众的需求[1]。在民生的问题上，往往将更多的注意力放在社会福利、环境保护甚至消费者权益保护等问题上，这些问题往往是自由主义者和激进主义者所关心的，并不能为民众的生活水平带来提升。如果不削减，政府的多余开销将由纳税人承担。

能够使得政府规模缩小的唯一办法就是减少政府的开支。"只有当政府的层级减少，并且尽量地减少开销才能开始努力地缩减规模。"[2] 但是，奥巴马政府过分浪费国库资源，从 8000 亿美元经济刺激计划到医疗改革法案的提出，震惊和激怒了对于限制政府规模的支持者们。奥巴马政府的经济刺激政策被网民起了一个名词"猪刺激"（Porkulus，Pork 猪肉和 Stimulus 刺激的合成词），因为所有的政策制定都是有益于能够得到特殊利益的团体。部分茶党运动者提出疑问："如果第一个刺激经济的方案有效的话，为什么还会有一系列的刺激方案？经济刺激方案的钱都是纳税人的钱，使用得如此没有效率岂不是浪费纳税人的钱吗？"[3] 因此刺激政策的开销问题造成的财政支出数额巨大，是茶党运动所极力反对的情况。

---

①　Douglas E. Schoen, *Hopelessly Divided*, Lanham, Maryland: Rowman & Littlefield Publishers, INC., p. 131, 2012.

②　Ibid.

③　Meckler Mark, *Tea Party Patriots*, Henry Holt and Company LLC: New York, p. 47, 2012.

茶党运动者认为，当政府滥用民众每一美元的时候，政府就违背了民众意愿的一个单位层级，也就打击了民众自由的一个单位层级，当这种开支达到了上万亿美元的时候，美国民众的态度将会发生剧烈的变化。在右翼民粹主义者看来，当政府过度开销的同时，人民因为失去被浪费的钱而失去个人的权利，从而失去个人的自由。"政治家往往会将他们对国家财政的不负责任称为'一场公共的赐福'，但是当他们拯救了上百家银行，接手上万亿美元的抵押，支持两三家汽车企业，掌管了世界上最大的保险公司，将全国六分之一的经济投入到奥巴马医改中的时候，这种赐福也就仅仅是对人民不负责的一个挡箭牌而已。"① 因此，政府一系列的举措对于民众来说是将人民推向危机的最前端。

2. 减少债务上限，改革税收政策，放宽对资本的限制

债务上限指的是在特定的国际社会和国内社会中，既定的行为主体在能够正常运营的情况下，所能承受的最大的债务能力。债务上限根据收支配比，扣除固有支出部分剩余的即是最大债务承受力。对于剩余的核准定义不完全，但是当债务大于固有资产，营运周期收益总和不能维持债务偿还和可持续运营时，将不再享有资产自主权益。美国的债务上限是指美国国会批准的一定时期内美国国债最大发行额。茶党指出："如果我们能够看到激起茶党运动的一个重要原因，那就是我们惊愕地看到我们的政府超负荷的开支，因为他们拥有上万亿美元的债务。"② 债务上限提高就是允许美国财政赤字增加，虽能在短期内刺激需求和增加产出，但从长期看，当经济复苏接近充分就业时，政府的赤字及增发的美元势必引发财政危机和通货膨胀，进而迫使利率上升，抑制投资和消费③。因此，在茶党运动者看来，债务上限的提高使得美国民众所纳的税将有一大部分用来给美国政府还债，对于政府增加的这部分债务，最终的负担者将是美国民众。对于茶党运动者来说，债务上限的无休止上涨是美国政府财政方面的不负责任的行为，因为政府开支上涨造成的债务是将民众的钱拿去做政府开销的先决条件；甚至认为，政府的债务问题将成为美国几代人的负担，会让民众感觉到自己的下一代甚至下下一代都将生活在国家债务危机的阴影中。

茶党一词最初起源于 1773 年，就是针对税收问题源起。当时还作为殖民地的美国人为了抵制英国殖民当局的高税收政策，发起了"波士顿倾茶事件"。在茶党运动发起的今天，因为有标语 "Tax Enough Already" 缩写成

---

① Meckler Mark, *Tea Party Patriots*, Henry Holt and Company LLC；New York, p. 47, 2012.

② Ibid.

③ 中国财经报：《美国突破"债务天花板"困难重重》，[N/OL]. http://www.chinanews.com/cj/2011/06 - 02/3085754. shtml。

"TEA"，因此被称为茶党。所以，税收问题不论是在历史和现在都是茶党运动
兴起的重要原因。税收问题是与民众的民生问题直接相关的，税收的高低直接
影响一个国家的运行以及民众生活水平的质量。2008 奥巴马参加总统竞选时
明确表示，要降低税收，这也成为他获得广大中间派选票的原因之一。然而在
经济危机的大背景下，奥巴马政府为了刺激经济不得不扩大政府的财政开支和
提高债务上限，最初的减税承诺并没有做到，因此民众的愤怒也是显而易
见的。

　　在茶党看来，美国的税收制度是存在问题的。首先，美国的税务系统不论
在个人层面还是企业层面都过于复杂。来自卡托研究所的材料证实，"美国的
税法守则，在 1984 年时有 26300 条，而这个数字到了 2011 年则达到了
71684"[1]。如此复杂的税务守则，民众根本无法理解税务的内容。其次，美国
税率过高影响了社会的发展。当世界 30 个工业化国家的企业平均税率在
1992—2011 年从 38% 降到 25.5% 的时候，美国的企业平均税率却是 39.2%[2]。
间接的问题是，当全美民众都在抱怨税收问题的时候，往往已经忽视了抱怨的
时间可以用来工作。很大一部分美国人没有反对收入税上涨的动机，因为这些
人根本不去缴纳这个税。然而在经济危机中受伤害最严重的中产阶级却不得不
反对税率过高的问题。茶党对于税收问题的解决态度在于，一是将美国的税务
系统化繁为简，二是降低税率，三是极力逆转长达十年破坏了国家生产力的、
压榨个人和企业的税法。

三　美国茶党运动政治诉求的可能前景

　　研究一个运动的最终走向需要从多重角度进行分析。回顾以往的民粹主义
运动，其基本特点都是在活动没有新方向的情况下慢慢走向不同的结局，即使
已经对民众产生了一定的影响，也只是作为社会稳定的隐性条件而存在。关于
茶党运动的持续性问题，需要从宏观角度和微观角度进行分析和描述。

　　茶党运动的发展是与民粹主义的特点分不开的。民粹主义运动在美国的历
史中时有出现，当民粹主义的组织或者政党在社会中的作用越来越大的时候，
美国的两大主流政党往往不会坐视不管。因为宪法的存在，采取强硬的手段是
违反宪法的行为，所以两大主流政党往往会通过多种方式来控制其发展方向。
一是改变自身形象，通过党内纲领的转变以适应社会的需求；二是尽量通过瓦
解和兼并的手段对主流之外的政党或组织进行整合；三是通过满足其内部成员

---

[1]　http：//www. cato. org/research/fiscal_ policy/facts/tax_ charts. html.

[2]　Meckler Mark. *Tea Party Patriots*，Henry Holt and Company LLC：New York，P48，2012.

的利益诉求，从内部分化。例如，19世纪末期的人民党运动，作为代表农民利益的政治力量，在多年发展之后，民主党和共和党通过抄袭人民党的纲领并且转做自用的同时抓住人民党内部的分化倾向，迫使其出现"合并派"和"中间道路派"，使其内部早已存在的阶级差异和地域矛盾顿时显现①，致使其放弃"奥马哈纲领"，组织内部产生分化，接受民主党的主张并在28个州实行合并。随着民主党在大选中的胜利，联合阵线的存在也失去了意义，因此这场具有特殊意义的民粹主义运动就此结束。由此，很多主流媒体以及政治精英认为，茶党运动也将成为美国政治历史洪流中的一个分岔而已，慢慢就会消失。

对于茶党来说，类似的情况是否能够出现，需要时间的验证。根据茶党部分组织的纲领和支持茶党运动的个人意见分析，这场运动的持续是必然的。因为民众的诉求并没有完全实现，社会的不稳定因素依然存在。在众多不可预测的结果面前，茶党的存在对于具有民粹主义思想的美国人来说是有必然性的。美国作家罗纳德·P.佛米萨诺说："现在对于茶党是否改变了历史还为时尚早，但是这场运动对于美国的政治社会，尤其是民主党，却产生了巨大的影响。"它不仅仅改变了民主党的政治方向，还将其转向了"右翼"②。这是一场运动对政党的影响是否具有持续性的重要标志，因为在政党的态度和政策方向有了变化的情况下，说明一场运动的指向性具有极大的影响力。因此对于茶党运动来说，把握影响力的方向是其是否具有持续性的重点。同时，茶党以民众的诉求为首要前提，不论环境如何变化，这种诉求的原则不会变化。那么在普遍获得民众认可并且有众多人参与其中的情况下，茶党的影响力方向不会改变，并将指导美国社会的诉求导向。因此，运动的持续性将持续存在。

另一种观点认为，茶党在未来的持续发展基于他们对于国家人口统计的反映。因为根据2010年美国人口普查局的研究，美国已经进入一个存在"大多数少数民族"的情况③。当18周岁以下的外来民族青年人占据了此年龄段46.8%的人口比例时，预计在2020年这种少数的情况将演变成多数。这样的大多数人群将成为受现阶段政治状况影响最深远的一个群体。目前对于他们来说，更多的诉求将集中于公立学校的投资、医疗保险、经济前景的预期等。如果茶党对于这些诉求的关注极大地影响到这一代人对于美国现状的关心从而产

① 林红：《民粹主义——概念、理论与实证》，中央编译出版社2007年版，第63页。

② Ronald P. Formisano, *The Tea Party*, Baltimore, Maryland: The Johns Hopkins University Press, p. 2, 2012.

③ Ronald Brownstein, "America's New Electorate," *The Atlantic Monthly*, April 1, 2011, available at. http://www.thatlantic.com/politics/archive/2011/04/americaselectorate/73317/.

生对茶党运动的关注，就会极有可能推动茶党运动的持续发展。

　　从茶党组织方面来看，不同的组织对其持续发展给出了不同的方向。大多数茶党组织依然以集会活动为主，例如"茶党组织"截至 2014 年 3 月，每月的全国范围活动依然保持在 25 个以上[①]，并且集会和宣传活动已经延展到美国的各个中小型城市甚至城镇中；"茶党快车"作为美国国内最大的政治行动委员会（PAC）在政治方向上更加明显，已经将注意力投向 2016 年美国的大选。"茶党快车"于 2014 年 2 月 27 日宣布，全面支持米尔顿·沃尔夫参加参议院议员竞选[②]。同时继续支持参议院欧文·希尔的未来竞选地位[③]。同时，"茶党快车"用肯定的语言表示茶党运动不会停止，2014 年 2 月 29 日在其网站上庆祝茶党运动五周年的文章写道："茶党运动正在也将继续为我们美丽的国家做贡献。我们要为了我们的后代而捍卫我们的自由。我们要阻止对美国隐私的入侵。我们永远不会停止反对奥巴马医改，因为它使美国丧失了宪法的权力。我们要为了我们的下一代塑造一个比最初我们刚刚建立她的时候更好的国家……'自由'永远不是代代相传的，而是我们坚持斗争而来并努力保护的。否则，我们在残烛之年只能用语言对我们的下一代们描述：自由这个东西是什么样子。"[④] 此外，最草根的"茶党爱国者"提出了一项"美国未来 40 年计划"，目的在于将未来规划不局限于周和月，而是要以年、十年为单位。这个方案的特别之处在于，不是某一个人或者某一个团队写出的计划，而是通过"茶党爱国者"的影响力引起网上无数茶党支持者的参与，将所有意见根据经济、政治、教育、司法和文化五个方面对美国将来的自由给出新的建设意见。这是通过集思广益的方式将民众的思想活动集中起来对美国未来的发展道路提出意见，"茶党爱国者"将活动以未来 40 年的规划进行设计，同时为运动的发展按照持续发展的方式进行规划。

---

　　① 有关数据来自 http：//www. theteaparty. net/the – tea – party – calendar/. 网站中自 2014 年 2 月份的相关材料中的日程表综合统计得出——作者。

　　② Tea Party Express Endorses Milton wolf US Senate http：//www. teapartyexpress. org/7484/tea – party – express – endorses – milton – wolf – for – u – s – senate.

　　③ Tea party favorite in 2nd bid for Senate in Colo. http：//archive. 9news. com/news/article/376074/222/Tea – party – favorite – in – 2nd – bid – for – Senate – in – Colo –.

　　④ Donlyn Turnbull, *Happy 5th Birthday to the Tea Party movement*！http：//www. teaprtyexpress. org/7468/ happy – 5th – birthday – to – the – tea – party – movement.

参考文献

英文文献

［1］ "Entity Details, Wake Up America U. S. A., Inc". Nevada Secretary of State website, Accessed January 30, 2010, http: //nvsos. gov/sosentitysearch/ CorpDetails. aspx? lx8nvq = XPMZz4NYoNT9RtS1WwSMdQ%253d%253d.

［2］ "Frequently Asked Questions (FAQ)", Grassfire. net website, December 21, 2002, Accessed at archive. org August 5, 2010, http: //web. archive. org/web/20021221164825/ www. grassfire. net/images/myGrassfire/faq. asp.

［3］ "Tea Party Patriots Statement on Dale Robertson", Tea Party Patriots Website, Undated, http: //www. teapartypatriots. org/PressReleases. aspx.

［4］ "Thank You And Fight On!" Email message to all members of TeaParty. org ［J］. April 11, 2010.

［5］ "Welcome to Tea Party Nation!" Tea Party Nation website homepage, undated, accessed August 1, 2010, http: //www. teapartynation. com/.

［6］［39］ "What is Grassfire Nation?" Grassfire. com Website, Accessed August 9, 2010, http: //www. grassfire. com/faq. shtm.

［7］ 1776 Tea Party Group Profile on Tea Party Patriots Website, Last Accessed August 5, 2010, http: //teapartypatriots. org/GroupNew/1287db83 – 2a48 – 46cb – ac9d – 27c388a 56ba3/1776_ Tea_ Party.

［8］ A crossover of only 93 unique usernames exists between the Campaign for Liberty online membership (http: //www. campaignforliberty. com/memberlist. php) compiled by IREHR in June 2010 and the membership database of the members of all the national Tea Party factions compiled by IREHR in May/June 2010.

［9］ Amy Lorentzen, "Web groups claim victory in bill defeat", AP News, June 30, 2007, accessed athttp: //www. thefreelibrary. com/_ /print/PrintArticle. aspx? id = 1611367799; According to its website, http: //www. grassrootsaction.
tion.

[10] Bachmann, Michele. Why I Called for a Tea Party Caucus [EB/OL]. July 19, 2009. http: //bachmann. house. gov/News/DocumentSingle. aspx? Document.

[11] Charles Hurt, "Sarah's Tea Talk Sounds Presidential", [N/OL]. New York Post, February 8, 2010. http: //www. nypost. com/p/news/national/sarah_ tea_ talk_ sounds_ presidential_ w3U7DqYM18s7uhq6ydzDiL.

[12] Chris Good, "The Dwindling, Victorious Tea Party", [N/OL]. The Atlantic Monthly, April 18, 2011, available ate www. theatlantic. com/politics/ print/2011/04/the – dwindling – victorious – tea – party/237514/.

[13] Daniel Libit, "For the Tea Party Movement, Sturdy Roots in the Chicago Area", [J]. New York Times, February 18, 2010, http: //www. nytimes. com/2010/ 02/19/us/ 19cncodom. html? ref = us; The "DontGo Movement. "

[14] Darla Dawald, "Key Contacts on ResistNet. com, Home of the Patriotic Resistance", ResistNet Website, December20, 2009, http: //www. resistnet. com/ notes/Key_ Contacts.

[15] Dave Brady, "Libertarian Party of Illinois: We gave Rick Santelli the idea for the Tax Day Tea Parties", Independent Political Report Website, April 14, 2009, http: //www. independentpoliticalreport. com/2009/04/libertarian – party – ofNotes81illinois – we – gave – rick – santelli – the – idea – for – the – tax – day – tea – parties/.

[16] David Brooks, "The Tea Party Teens", [N/OL]. New York Times, January 4, 2010, http: //www. nytimes. com/2010/01/05/opinion/05brooks. html.

[17] David Weigel, "'N – Word' Sign Dogs Would – Be Tea Party Leader", [J]. The Washington Independent, January 4, 2010. http: //washingtonindependent. com/73036/n – word – sign – dogs – would – be – tea – party – leader.

[18] Declaration of Tea Party Independence, [N/OL]. SaveOurMovement. com. October 25, 2011, http: //www. saveourmovement. com.

[19] Domenico Montanaro, "Tea Partying for profit?", MSNBC, Jan. 15, 2010, http: //firstread. msnbc. msn. com/_ news/2010/01/15/4431927 – tea – partying – for – profit.

[20] Donlyn Turnbull, Happy 5th Birthday to the Tea Party movement! [N/ OL]. http: //www. teaprtyexpress. org/7468/happy – 5th – birthday – to – the – tea – party – movement.

[21] Douglas E. Schoen. Hopelessly Divided [M]. Lanham, Maryland: Rowman & Littlefield Publishers, INC., 2012.

[22] Eichler is the president of the for – profit company FaxDC, which 1776 Tea Party utilizes. The company shares the same mailing address as the 1776 Tea Party address in California. Visitors to the 1776 Tea Party website who clicked on the "Fax Congress" link could be taken to a page where they would be asked to pay $ 57.76 to send faxes to members of Congress using FaxDC. Until around August 2010, payments were going directly to FaxDC.

[23] Elizabeth Price Foley, The Tea Party Three Principles [M]. Cambridge University Press.

[24] Figure available from Grassfire. org Alliance, IRS Form 990, 2008. According to the non – profit website, Guidestar. org, Grassfire. org Alliance Inc. was formed in 2004, http://www2. guidestar. org/ReportNonProfit. aspx? ein = 20 – 0440372&name = grassfire – rg – alliance#; In Colorado only, the non – profit fund – raising status of Grassfire. org Alliance was suspended in January 2010, according to the Colorado Secretary of State website summary page for Grassfire. org Alliance Inc, Accessed August 1, 2010, http://www. sos. state. co. us/ccsa/View-Summary. do? ceId = 38928.

[25] Foreword: on American Exceptionalism; Symposium on Treaties, Enforcement, and U.S. Sovereignty, Stanford Law Review, 2003 – 05 – 01: 1479.

[26] George Washington, Farewell Address, September 19, 1796.

[27] George Washington, First Annual Address to Congress [J]. January 8, 1790, athttp://avalon. law. yale. edu/18th _ century/washs01. asp (May 23, 2011).

[28] Gerald Sib, "Populist Vein Resurfaces in Protest", [N/OL]. WSJ. com, September 15, 2009. Accessed October 25, 2011, at http://online. wsj. com/article/ SB12529537428640 9541. html.

[29] Harris, Paul & Milne, Seamus. America is better than this: paralysis at the top leaves voters desperate for change [J]. the Gaurdian, 2011, (11).

[30] http://www. takeamericaback. org/id95. html.

[31] James F. Smith, "Ron Paul's Tea Party for Dollars", [N/OL]. Boston Globe, December 16, 2007 is available in the website, www. boston. com/news/ politics /politicalintelligence/2007/12/ron_ pauls_ tea_ p. html.

[32] Janie Lorber and Liz Robbins, "Tax Day Is Met With Tea Parties", New

York Times, April 15, 2009. www. nytimes. com/2009/04/16/us/politics/ 16taxday. html? _ r = l&ref = your – money.

[33] Jill Lepore, The Whites of Their Eyes The Tea Party's Revolution and the Battle over American History [M]. Princeton University Press.

[34] Jim Newell. CHARLES KRAUTHAMMER DESPISES 'FAIRNESS', DAGNABBIT [N/OL]. http: //wonkette. com/407525/charles – krauthammer – despises – fairness – dagnabbit.

[35] Jim Spellman, "Tea Party Movement Has Anger, No Dominant Leaders" [N/OL]. CNN. com September 12, 2009. http: //www. cnn. com/2009/ POLITICS/09/12/ tea. party. express/index. html.

[36] Joe Garofoli, "Limbaugh is talk host king, not leader of GOP"; San Francisco Chronicle, January 29, 2009, http: //www. sfgate. com/cgi – bin/article. cgi? f = /c/a/ 2009/ 01/29/MNEU15IVR0. DTL&type = printable; "Porkulus", New York Times, February 8, 2009, http: //ideas. blogs. nytimes. com/ 2009/02/08/porkulus/.

[37] John Kenneth White. Still Seeing Red: How the Cold War Shapes the New American Politics [R]. 11.

[38] John M. O'hara, A New American Tea Party [M]. John Wiley&Sons, Inc. , Hoboken, New Jersey.

[39] Judson Phillips, "Tea Party battles racism allegations", Live Q &A, Washington Post, May 5, 2010, http: //www. washingtonpost. com/wp – dyn/ content/ discussion/2010/05/ 05/ DI2010050502168. html.

[40] Lisa Richards, "Why Bipartisanship is Just as Dangerous as Multiculturalism", Take America Back Website, February25, 2010.

[41] Lydia Saad, "In 2010, Conservatives Still Outnumber Moderates, Liberals", Gallup, June 25, 2010, http: //www. gallup. com/poll /141032 /2010 – Conservatives – Outnumber – Moderates – Liberals, aspx.

[42] Lydia Saad, "Tea Partiers Are Fairly Mainstream in Their Demographics" [J]. Gallup, April 5, 2010, http; //www. gallup. com/poll/127181/tea – partiers – fairly – mainstream – demographics. aspx.

[43] Mackenzie Eaglen, "Why Provide for the Common Defense?" [J]. Heritage Foundation Understanding America Report, January 19, 2011, http: // www. heritage. org/Research/Reports/2011/01/Why – Provide – for – the – Common – Defense.

［44］ Marion Smith, A Tea Party Foreign Policy? ［J］ June 8, 2011 at 12: 45 pm. http://blog. heritage. org/2011/06/08/a – tea – party – foreign – policy/.

［45］ Mary Fitzgerlad, "Illegal Immigrants Cost to Government Studied". ［N/OL］. The Washington Post. August 26. 2004. http://www. washingtonpost. com/wp – dyn/ articles/ A33783 – 2004 Aug25. html.

［46］ Mary Papenfuss, Sarah Palin to Headline Tea Party Convention ［N/OL］. http://www. newser. com/story/77758/sarah – palin – to – headline – tea – party – convention. html.

［47］ Mead, Walter Russell. Foreign Affairs ［J］. Mar/Apr2011, Vol. 90 Issue 2.

［48］ Meckler Mark. Tea Party Patriots ［M］. Henry Holt and Company LLC: New York, 2012.

［49］ Michael Gerson, Will the Tea Party shift American foreign policy? ［J］. Tuesday, November 9, 2010.

［50］ Michael Kazin, "The Outrage Factor", Newsweek, March 21, 2009, March 30, 2009.

［51］ Michelle Malkin, "Yes, we care!" Porkulus protesters holler back ［J］. Michelle Malkin website, February 17, 2009, http://michellemalkin. com/2009/02/17/ yes – we – care – porkulus – protesters – holler – back/.

［52］ National Survey of Tea Party Supporters New York Times/CBS News Poll; April 14, 2010. ; U. S. Census Bureau. "Data Set: 2008 American Community Survey 1 – Year Estimates". Survey: American Community Survey.

［53］ NextMark, Inc. , "Grassroots Action Masterfile (Formerly Known as Grassfire. net Masterfile) Mailing List" Next – Mark Mailing List Finder Website, Accessed August 1, 2010, http://lists. nextmark. com/market; jsessionid = C2198A3CCA36582397 BCACC 2B41FCBD6? page = order/online/datacard&id = 74913.

［54］ Nick Wadhams, "Corsi in Kenya: Obama's Nation Boots Obama Nation", ［J］. Time, October7, 2008, http://www. time. com/time/world/article/0, 8599, 1847965, 00. html? imw = Y.

［55］ Oleszek, Walter J. Congressional Procedures and the Policy Process ［M］. CQ Press, 2011.

［56］ Paul Krugman, "Tea Parties Forever", ［N/OL］. New York Times, April 12, 2009. www. nytimes. com/2009/04/13/opinion/13krugman. html.

［57］ People for the American Way, "The Emerging Right – Wing 'Resistance ' " , Right Wing Watch Website, November19, 2008, http: //www. rightwingwatch. org/content/ emerging – right – wing – resistance.

[58] Redistributing Knowledge Website, http: //redistributingknowledge. blogspot. com/.

[59] Ronald Brownstein, "America's New Electorate", [N/OL]. The Atlantic Monthly, April 1, 2011, available at http: //www. thatlantic. com/politics/archive/2011/04/ americaselectorate/ 73317/.

[60] Ronald P. Formisano. The Tea Party [M]. Baltimore, Maryland: The Johns Hopkins University Press, 2012: 6.

[61] S. A. Miller, "Tea Party Warns GOP of Fla. Repeat", The Washington Times, January 6, 2010, http: //www. washingtontimes. com/news/2010/jan/ 06/tea – party – head – warns – gop – florida – repeat/.

[62] Scott Rasmussen, Douglas Schoen. Mad As Hell [M]. New York: HarperCollins Publishers, 2010: 116.

[63] See John Quincy Adams, speech to Congress, July 4, 1821.

[64] See Marion Smith, "The Myth of Isolationism [M]. Part I: American Leadership and the Cause of Liberty", Heritage Foundation First Principles Essay No. 34, December 6, 2010, http: //www. heritage. org/Research/Reports/2010/ 12/The – Myth – of – Isolationism – Part – 1 – American – Leadership – and – the – Cause – of – Liberty.

[65] See WALTER RUSSELL MEAD The Tea Party and U. S. Foreign Policy Published: February 21, 2011, http: //www. nytimes. com/2011/02/22/opinion/ 22iht – edrusselmead22. html.

[66] Stephanie Mencimer, "Dick Armey Skips Reid Protest", Mother Jones, March 12, 2010, http: //motherjones. com/mojo/2010/03/dick – armey – skips – reid – protest.

[67] The Pew Research Center, "Political Survey", Aug, 2010, http: // people – press, org /questions/? qid = 1770825&pid = 51&ccid =51#top.

[68] The Sam Adams Alliance, an organization that promoted "free market economics", was also involved in building the network.

[69] The video clip quickly became CNBC. com's most popular video clip ever. Brian Stelter, "CNBC Replays Its Reporter's Tirade", New York Times, February 22, 2009, http: //www. nytimes. com/2009/02/23/business/media/23cnbc. html.

［70］Thomas J. Espenshade. Jessica L. Baraka. George A. Huber. "Implications of the 1996 Welfare and Immigration Reform Acts for U. S. Immigration". Population and Development Review (Vol. 23. No. 4. December 1997).

［71］Transcript："On the Record", FoxNews, April 15, 2009. www. foxnews. com/story/0, 2933, 516618, 00. html.

［72］U. S. Bureau of Labor Statistics, "Employment Status of The Civilian Noninstitutional Population 16 Years and Over, 1970 to Date", ftp: //ftp. bls. gov /pub/suppl/empsit. cpseea1. txt.

［73］University of Washington Institute for the Study of Ethnicity, Race, and Sexuality (WISER), "2010 Multi – State Survey of Race and Polictics", ［N/OL］. available ate http: //depts. washington. edu/uwiser/racepolitics. html.

［74］Vanessa Williamson, Theda Skocpol, and John Coggin, "The Tea Party and the Remaking of Republican Conservatism". Perspective on Politics 9, No. 1, March 2011.

［75］Walter Russell Mead, "The Tea Party and American Foreign Policy", Foreign Affairs ［J］. Vol. 90, No. 2 (2011); also see Colin Dueck, "Surging Tea Party Will not Lead to Isolationism", Richmond Times – Dispatch, November 28, 2010.

［76］Zachary Courser, "The Tea Party at the Election", The Forum 8, No. 4 (2010): 2, 15.

［77］Zernike, Kate. Unlikely Activist Who Got to the Tea Party Early ［EB/OL］. http: //www. nytim es. com/2010 /02 /28 /us/politics/28kel. ihtml/.

中文文献

［1］［美］卡罗尔·帕金、克里斯托弗·米勒等:《美国史》（上、中、下），葛腾飞、张金兰译，东方出版中心 2013 年版。

［2］［美］霍华德·津恩:《美国人民史》（第五版），蒲国良、许光春、张爱平、高增霞译，上海人民出版社 2013 年版。

［3］［美］乔治·布朗·廷德尔、大卫·埃默里·施:《美国史》（第1—4卷），宫齐等译，南方日报出版社 2012 年版。

［4］［英］保罗·约翰逊:《美国人的历史》（上、中、下），秦传安译，中央编译出版社 2010 年版。

［5］［美］J. 艾捷尔编，J. 卡尔顿点评:《美国赖以立国的文本》，赵一凡、郭国良译，海南出版社 2000 年版。

［6］［美］华盛顿·欧文：《华盛顿》，张今等译，国际文化出版公司2003年版。

［7］［美］威廉·富特·怀特：《街角社会》，黄育馥译，商务印书馆2006年版。

［8］［美］罗伯特·H. 威布：《自治——美国民主的文化史》，李振广译，商务印书馆2006年版。

［9］［美］雷蒙德·塔塔洛维奇、拜伦·W. 戴恩斯：《美国政治中的道德争论》，吴念、谢应光、贺微、余泽梅译，重庆出版社2001年版。

［10］［美］罗伯特·阿特：《美国大战略》，郭树勇译，北京大学出版社2005年版。

［11］［美］威廉·詹姆斯：《实用主义》，陈羽纶、孙瑞禾译，商务印书馆1979年版。

［12］［美］加里·沃塞里：《自由主义》，朱曾汶译，商务印书馆1979年版。

［13］［美］罗伯特·基欧汉、约瑟夫·奈：《权利与相互依赖》（第三版），门洪华译，北京大学出版社2002年版。

［14］［美］沃特尔·拉塞尔·米德：《美国外交政策及其如何影响了世界》，曹化银译，中信出版社2003年版。

［15］［英］保罗·塔格特：《民粹主义》，袁明旭译，吉林人民出版社2005年版。

［16］［英］查尔斯·库普乾：《美国时代的终结：美国外交政策与21世纪的地缘政治》，上海人民出版社2004年版。

［17］刘绪贻、杨生茂总主编：《美国通史》（第1—6卷），人民出版社2002年版。

［18］曹德谦：《美国通史演义》（上下），辽宁大学出版社1996年版。

［19］韩毅、张兵：《美国赶超经济史》，经济科学出版社2006年版。

［20］张兹暑：《美国两党制发展史》，河北教育出版社2003年版。

［21］于歌：《美国的本质》，当代中国出版社2006年版。

［22］刘国平：《美国民主制度输出》，社会科学文献出版社2006年版。

［23］刘建飞：《美国"民主联盟"战略研究》，当代世界出版社2013年版。

［24］赵景芳：《美国战略文化研究》，时事出版社2009年版。

［25］倪世雄：《当代西方国际关系理论》，复旦大学出版社2001年版。

［26］倪世雄、刘永涛：《美国问题研究》（第三辑），时事出版社2004

年版。

　　［27］赵心树：《选举的困境——民选制度及宪政改革批判》，四川人民出版社 2008 年版。

　　［28］王缉思：《对美国研究的几点浅见》，《现代国际关系》2010 年第 7 期。

　　［29］孙哲：《美国内政研究的方向》，《现代国际关系》2010 年第 7 期。

　　［30］廖坚：《茶党运动及其对美国政治的影响》，《国际资料信息》2011 年第 2 期。

　　［31］赵敏：《美国“茶党”运动初探》，《现代国际关系》2010 年第 10 期。

　　［32］丁晔：《茶党运动：伪草根运动？美国茶党运动的诱因与性质》，《当代世界社会主义问题》2013 年第 4 期。

　　［33］郑琦：《关注美国茶党运动》，《学习时报》2010 年 11 月 29 日。

　　［34］孙立平：《论当代美国的保守主义运动》，《太平洋学报》2002 年第 4 期。

　　［35］张红：《茶党赢了吗》，《人民日报·海外版》2011 年 8 月 4 日。

　　［36］李劲民：《美国“茶党运动”及其背后的智库》，《中国经济时报》2010 年 11 月 17 日。

　　［37］卢一心：《美国“茶党”风暴蔓延值得警惕》，《中国商报》2010 年 10 月 15 日。

　　［38］王洋：《茶党运动影响美国社会政治进程》，《光明日报》2011 年 4 月 16 日。

　　［39］高祖贵：《奥巴马治下的美国对外政策走向》，《今日中国论坛》2008 年第 12 期。

　　［40］黎民：《金融危机引发全欧革命？不完全是危言耸听》［N/OL］. http：//military. china. com/zh_ cn/critical3/ 27/20090113/15280897. html。

　　［41］李强：《自由主义》，中国社会科学出版社 1998 年版。

　　［42］林红：《民粹主义——概念、理论与实证》，中央编译出版社 2007 年版。

　　［43］刘建飞：《美国政治文化的基本要素对其国民行为的影响》，《中共中央党校学报》2003 年第 7 期。

　　［44］刘丽娜、蒋旭峰：《奥巴马签署债限法案 并称首要任务是创造就业》，http：//finance. eastmoney. com/news/1366, 20110803153022276_1. html。

　　［45］秦亚青：《权力·制度·文化》，北京大学出版社 2007 年版。

［46］孙哲：《美国内政研究的方向》，《现代国际关系》2010 年第 7 期。

［47］陶文钊主编：《中美关系史（1949—1972）》，上海人民出版社 1999 年版。

［48］王凡：《美国宪法与美国民权》，《中山大学学报》（社会科学版）1997 年第 1 期。

［49］倪峰：《美国"茶党"现象辨析》，《人民论坛》2015 年第 31 期。

［50］付随鑫：《从右翼平民主义的视角看美国茶党运动》，《美国研究》2015 年第 5 期。

［51］杨悦：《"占领华尔街"运动与茶党运动的对比分析——政治过程理论视角》，《美国研究》2014 年第 3 期。

［52］冯黛梅：《茶党运动兴起与"白色衰落"有关》，《中国社会科学报》2016 年 5 月 18 日第三版。

［53］杨悦：《20 世纪 70 年代以来美国左、右翼社会运动的政治过程比较研究》，博士学位论文，中国社会科学院，2013 年。

［54］林佳：《茶党运动的发展及其对美国政治的影响》，硕士学位论文，复旦大学，2013 年。

［55］马小璇：《美国茶党运动及其影响》，硕士学位论文，辽宁大学，2013 年。

［56］申韬：《从美国例外论探究茶党的外交思想》，硕士学位论文，辽宁大学，2014 年。

［57］张敬阡：《美国茶党的理论主张和政治诉求评析》，硕士学位论文，辽宁大学，2014 年。

［58］王晶莹：《美国茶党运动的社会影响与前景分析》，硕士学位论文，辽宁大学，2015 年。

［59］高子昕：《茶党运动及其对美国政治的影响》，硕士学位论文，西南交通大学，2015 年。

后　记

　　《美国茶党研究》是在国家社会科学基金 2012 年度一般项目"美国茶党的兴起及其对外交政策的影响研究"（课题编号：12BKS057）最终成果的基础上编写而成。

　　《美国茶党的兴起及其对外交政策的影响研究》课题以 2008 年在美国出现的茶党及其政策为研究对象，对茶党的历史演进、思想诉求、当前活动、未来走向等进行了系统的梳理，对美国茶党影响外交政策及其可能的发展趋向进行了深入分析。课题研究历经三年多的时间，课题组成员精诚团结，广泛收集和查阅中外文资料，特别是广泛收集了仍在活动的美国茶党的材料，不断形成阶段性成果，在《美国研究》《东北亚论坛》《东南亚纵横》《当代世界与社会主义》《高校理论战线》《思想理论教育导刊》《红旗文稿》《人民论坛》《光明日报》等重要学术期刊发表了 15 篇论文，多篇论文被《新华文摘》《求是》、中国人民大学复印报刊资料等转载，《奥巴马新任期的亚太"再平衡"战略与美国的意识形态输出》一文荣获"中国社会科学院 2014 年优秀对策信息情况报告类三等奖"。

　　《美国茶党的兴起及其对外交政策的影响研究》课题负责人：辽宁大学马克思主义学院房广顺教授。课题组成员：辽宁大学国际关系学院唐彦林教授、辽宁大学国际关系学院谢晓光教授、辽宁大学外国语学院高兴伟教授、辽宁大学历史学院石庆环教授、辽宁大学公共基础学院车艳秋教授、辽宁大学马克思主义学院王音副教授、辽宁大学法学院高宁副教授、沈阳医学院李忠博士。辽宁大学马克思主义学院、国际关系学院的博士研究生和硕士研究生也参加了阶段论文和材料收集的工作，他们是：杨晓光、马强、张雷、郑宗保、王进、符豪、董海涛、李鸿凯、崔明浩、顾世春、苏里等。辽宁大学尚大鹏、沈阳海关苏宇等提供了部分英文资料。

　　2015 年课题组向全国哲学社会科学规划办公室提交了课题结项申请报告。课题结项工作得到了全国哲学社会科学规划办公室、辽宁省哲学社会科学规划办公室的大力支持，得到了相关专家学者的审阅和积极评价。2016 年 1 月，全国哲学社会科学规划办公室公布了国家社会科学基金一般项目鉴定结果，《美国茶党的兴起及其对外交政策的影响研究》被鉴定为优秀等级（证书号：20160045）。

《美国茶党研究》一书的撰稿人分别是：绪论：房广顺；第一章：房广顺；第二章：谢晓光、刘钊；第三章：唐彦林、马晓璇；第四章：房广顺、张敬阡；第五章：高兴伟、武巍；第六章：唐彦林、王晶莹；第七章：唐彦林、吴志焜；第八章：房广顺、申韬；第九章：房广顺。房广顺负责提纲的整体设计和书稿的修改统编。

《美国茶党研究》一书得到教育部高校辅导员培训和研修基地（辽宁大学）、辽宁大学马克思主义学院出版基金资助。本书出版得到辽宁省委宣传部理论处袁希名、辽宁大学马克思主义学院谢晓娟、王晓红、刘辉、王斌、张波、倪娜等同志的支持。在课题研究和书稿撰写中，广泛参考了中外文献，借鉴了专家学者的研究成果，得到了多方面支持帮助。向支持本书写作出版并提供帮助的所有同志致以衷心感谢！

美国茶党运动是新型社会运动，产生时间较短，活动规模较小，总体影响力不大。这就在各方面增加了研究工作的难度。尽管课题组千方百计收集资料和深入研讨，但研究成果仍显薄弱和不足，诸多问题需要进一步深入研究和解决。欢迎专家学者和读者批评指正。

房广顺

2016 年 8 月 3 日